U0525091

蜀学文库

杨世文 著

蜀儒杂俎

中国社会科学出版社

图书在版编目（CIP）数据

蜀儒杂俎 / 杨世文著 . —北京：中国社会科学出版社，2020.3
（蜀学文库）
ISBN 978-7-5203-5964-1

Ⅰ.①蜀… Ⅱ.①杨… Ⅲ.①文化史—四川—文集②巴蜀文化—文集③人物研究—四川—文集 Ⅳ.①K297.1-53②K872.71-53③K820.871-53

中国版本图书馆 CIP 数据核字（2020）第 022755 号

出 版 人	赵剑英
责任编辑	郝玉明
责任校对	张　婉
责任印制	王　超

出　　版	中国社会科学出版社
社　　址	北京鼓楼西大街甲 158 号
邮　　编	100720
网　　址	http://www.csspw.cn
发 行 部	010-84083685
门 市 部	010-84029450
经　　销	新华书店及其他书店
印　　刷	北京明恒达印务有限公司
装　　订	廊坊市广阳区广增装订厂
版　　次	2020 年 3 月第 1 版
印　　次	2020 年 3 月第 1 次印刷
开　　本	710×1000　1/16
印　　张	20.25
插　　页	2
字　　数	322 千字
定　　价	108.00 元

凡购买中国社会科学出版社图书，如有质量问题请与本社营销中心联系调换
电话：010-84083683
版权所有　侵权必究

《蜀学文库》编委会

学术顾问(按姓氏笔画排序):

王中江　朱汉民　刘学智　杜泽逊　李存山　李晨阳
李景林　吴　光　张新民　陈　来　陈祖武　陈　静
单　纯　郭齐勇　景海峰　廖名春

编　委　会(按姓氏笔画排序):

王小红　王智勇　王瑞来　尹　波　刘复生　杨世文
吴洪泽　张茂泽　郭　齐　黄开国　彭　华　粟品孝
舒大刚　蔡方鹿

主　编：舒大刚

总　　序

　　岷山巍巍，上应井络；蜀学绵绵，下亲坤维。

　　蚕丛与鱼凫，开国何茫然？《山经》及《禹记》，叙事多奇幻。往事渺渺，缙绅先生难言；先哲谭谭，青衿后学乐道。班孟坚谓："巴蜀文章，冠于天下。"谢耑庵言："蜀之有学，先于中原。"言似夸诞，必有由焉。若乎三皇开运，神妙契乎天地人；五主继轨，悠久毗于夏商周。天皇地皇人皇，是谓三皇；青赤白黑黄帝，兹为五帝。三才合一，上契广都神坛；五行生克，下符《洪范》八政。

　　禹兴西羌，生于广柔，卑彼宫室，而尽力于沟洫；菲吾饮食，而致孝乎鬼神。顺天因地以定农本，报恩重始而兴孝道。复得河图演《连山》，三易因之肇始；又因洛书著《洪范》，九畴于焉成列。夏后世室，以奠明堂之制；禹会涂山，乃创一统之规。是故箕子陈治，首著崇伯；孔子述孝，无间大禹。

　　若乎三星神树，明寓十日秘历；金沙赤乌，已兆四时大法。苌弘碧珠，曾膺仲尼乐问；尸佼流放，尝启商君利源。及乎文翁化蜀，首立学校，建国君民，教学为先；治郡牧民，德礼莫后。蜀士鳞比，学于京藩；儒风浩荡，齐鲁比肩。七经律令，首先畅行蜀滇；六艺诗骚，同化播于巴黔。相如、子云，辉映汉家赋坛；车官、锦官，衣食住行居半。君平市隐，《老子指归》遂书；儒道兼融，道德仁义礼备。往圣述作，孔裁六艺经传；后贤续撰，雄制《太玄》《法言》。"伏牺之易，老子之无，孔子之元"，偕"扬雄之玄"以成四教；"志道据德，依仁由义，冠礼佩乐"，兼"形上形下"而铸五德。落下主《太初》之历，庄遵衍浑天之说。六略四部，不乏蜀人之文；八士四义，半膺国士之选。涣涣乎，文章冠冕天下；济济焉，人材充盈河汉。

自是厥后，蜀学统序不断，文脉渊源赓连。两汉鼎盛，可谓灵光鲁殿；魏晋弘宣，堪比稷下学园。隋唐五代，异军突起；天下诗人，胥皆入蜀。两宋呈高峰之状，三学数蜀洛及闽。蒙元兵燹，啼血西川；巴蜀学脉，续衍东南。明有升庵，足以振耻；清得张（问陶）李（调元），可堪不觑。洎乎晚清民国，文风丕振，教泽广宣。玉垒浮云，变幻古今星汉；锦江风雨，再续中西学缘。尊经存古，领袖群伦；中体西用，导引桅帆。于是乎诵经之声盈耳，文章之美绍先。蜀学七期三峰，无愧华章；蜀勒六经七传，播名国典。

蜀之人才不愧于殊方，蜀之文献称雄于震旦。言经艺则有"易学在蜀"之誉，言史册而有"莫隆于蜀"之称，言文章则赞其"冠于天下"，言术数则号曰"天数在蜀"。人才不世出，而曰"出则杰出"；名媛不常有，犹称"蜀出才妇"。至若文有相如、子瞻，诗有太白、船山，历有落下、思训，易有资中、梁山，史有承祚、心传，书有东坡、耑庵，画有文同、大千。博物君子，莫如李石、杨慎；义理哲思，当数子云、南轩。开新则有六译、槐轩，守文则如了翁、调元，宏通有若文通、君毅，讲学则如子休、正元。方技术数，必举慎微、九韶；道德文章，莫忘昌衡、张澜。才士尤数东坡、升庵，才女无愧文君、花蕊，世遂谓"无学不有蜀，无蜀不成学"矣！宋人所谓"蜀学之盛，冠天下而垂无穷"云云者，亦有以哉！

蜀之经籍无虑万千，蜀之成就充斥简编。石室、礼殿，立我精神家园；蜀刻石经，示彼经籍典范。三皇五帝，别中原自为一篇；道德仁义，合礼乐以裨五典。谈天究玄妙之道，淑世著实效之验。显微无间，体用一源。

至乎身毒偎人爱人，已见《山经》；佛法北道南道，并名《丹铅》。蜀士南航，求佛法于瀛寰；玄奘西来，受具足于慈殿。若夫蜀人一匹马，踏杀天下，禅门千家宗，于兹为大。开宝首雕，爰成大藏之经；圭峰破山，肇启独门之宗。菩萨在蜀，此说佛者不可不知也。

至若神农入川，本草于焉始备；黄帝问疾，岐伯推为医祖。涯涯水涘，云隐涪翁奇技；莽莽山峦，雾锁药王仙迹。经效产宝，首创始于昝殷；政和证类，卒收功乎时珍。峨眉女医，发明人工种痘；天回汉简，重见扁鹊遗篇。雷神火神，既各呈其神通；川药蜀医，遂称名乎海外矣。

又有客于此者，亦立不世之名，而得终身之缘。老子归隐青羊之肆，张陵学道鹤鸣之山；女皇降诞于广元，永叔复生乎左绵；司马砸缸以著少年之奇，濂溪识图而结先天之缘。横渠侍父于涪，少成民胞物与之性；蠋叟随亲诞蜀，得近尊道贵德之染。是皆学于蜀者大，入于蜀者远也。

系曰：巴山高兮蜀水远，蜀有学兮自渊源。肇开郡学兮启儒教，化育万世兮德音宣。我所思兮在古贤，欲往从之兮道阻艰。仰弥高兮钻弥坚，候人猗兮思绵绵。

舒大刚

自 序

回想近30年来,我先后参与《全宋文》《儒藏》《巴蜀全书》的编纂工作,点校了不少古籍。兴之所至,日就月将,也撰写了百余篇论文、札记,内容主要关涉儒学与蜀学。由于发表时间不一,主题也不太集中,近于杂碎饾饤,故以"杂俎"命之,倒也贴切。这里选录的十余篇论文,论题比较分散,然而归总起来,也可以约略分为三类。

第一类,关于儒家政治文化。20世纪80年代末,中国大陆出现传统文化热,我那时正在求学,也开始关注儒学文化。20世纪90年代以来,撰写过一系列文章阐发儒家天道观对传统政治的影响。基本看法是:一方面,纵观周秦两汉以降的中国政治文化的发展轨迹,无论是政治思想还是政治行为,都是以"人"为出发点和最终目的,这反映了中华文化的人本精神;但另一方面,中国古代政治生活中又渗透着浓厚的神秘主义色彩。这种色彩源远流长,历经改造、发展,形成了独特的政治文化传统。它既区别于现代意义上的人本主义政治,也不同于西方中世纪那种神权政治,而是具有鲜明东方特色的世俗政治。"君道论"是儒家思想体系的核心问题之一。对君权、君主人格的设计无疑在儒家思想中占据重要位置。《天道与君道:殷周君主观念与儒家君主理论的一个视角》一文试图通过探讨殷周君主观念中天道与君道的分合发展历程,从历史和逻辑两个方面对儒家"君道论"进行探讨。《汉代灾异学说与儒家君道论》一文指出:灾异谴告学说作为两汉的一股思潮,其非理性的色彩是显而易见的,但这并不能说明先秦儒家人本主义精神的失落。事实上,汉代灾异学家并没有遗落现实去论证超越的永恒存在——神性之天。表面上汉儒将先儒的内圣原则归于神性之天,但也只是为儒家政治学说寻求一个新的支点。"屈民而伸君,屈君而伸天"(《春秋繁露·玉杯》),

人的地位似乎贬值，但是汉儒只是借用"天"的外衣包裹自己心中的"道"，即人间的政治理想和道德法则。汉儒用灾异学说制约君主，无疑获得了一定的成功。在后世，虽然对灾异学说的重视和冷落程度不同，但它作为一种政治理论与思想方法，却贯穿中国君主政治的始终。《儒家神道传统与宋代政治文化》一文即以宋代为样本，指出"神道传统"一方面作为儒家士大夫承认新王朝的合法性、对当前政治权威加以认可和适应的工具，另一方面作为他们进行政治批评和政治斗争的有力武器，在宋人意识和宋代政治生活中发挥着举足轻重的作用。如果忽视它的影响，将无法对宋代乃至整个中国古代政治史、思想史进行全面的诠释。

第二类，关于唐宋经学变古。20世纪八九十年代，我因参与编纂《全宋文》的机缘，接触宋代文献比较多，对其中的经学史料尤其在意，萌发了研究唐宋经学变古的兴趣，出版了《走出汉学——宋代经典辨疑思潮研究》（四川大学出版社2008年版）一书，对这个问题做了探究。唐代中叶，学术界兴起了一个新《春秋》学派。这个学派以啖助、赵匡为先驱，陆淳集其大成，对当时学术界产生过很大的影响，并带动了整个经学的蜕变，开启了宋代经学变古的先河。这里选录了《啖助学派通论》《易简功夫：宋儒的经学取向》《范式转移：宋儒新经学形态之建立》等几篇聚焦于唐宋经学变古的文章。宋代经学重义理，好创获，重发挥，喜新说，在阐释与发展儒学内在价值的同时，高扬主体意识和理性精神。在经学观念、经学方法、经学内容等方面，宋儒都有许多创新，显露出鲜明的宋学特征。在经学取向上，宋儒另辟蹊径，力图超越汉唐，崇尚"简易"，弃传求经，通过研究、玩味经典"本文"，直接探求圣人"本意"、经典"本义"，发掘经典中所蕴含的儒学价值。"六经注我，我注六经"体现了宋儒主体意识的强化。从学术形态上说，宋学与汉学、清学的根本区别在于治学方法与学术取向。汉学讲师法家法、章句训诂；清学尊汉，重视名物训诂、小学考证；宋学则主张会通，打破家法门户，重视义理阐发，以道德性命之学为旨归。因此，元、明学术也被看成宋学的延伸。宋学的基本特征之一，就是怀疑精神。北宋中期以后，形成了一股经典辨疑思潮，影响深远，及于明清。乾嘉学者往往贬斥宋学，但对宋人的考据成果、疑古辨伪的收获等，也往往能够加以吸取。20世纪上半叶兴起的"古史辨"运动，究其远源，实承宋学绪余。

第三类，关于巴蜀文化。由于参加"巴蜀全书"项目，近年来我在巴蜀文献整理与学人研究基础上做过一些工作，点校出版了《张栻集》（中华书局2015年版），合作点校出版了《廖平全集》（上海古籍出版社2015年版）。同时，对张栻、廖平的学术思想也做了一些思考，撰写了《道术之间：张栻的政治哲学》《明伦知要：张栻的教育哲学》《尊孔·弘道·经世：廖平的经学建构》等文。众所周知，张栻作为南宋乾淳之际与朱熹齐名的学者，以理学名于世，被后人称为"一代学者宗师"。张栻一方面与朱熹、吕祖谦等讨论学术，共同发扬光大理学；另一方面在政治上也颇有建树。作为一位儒家学者，张栻对孔孟的治国理政思想深信不疑，并将其贯穿于自己治国理政的实践之中。他在自身的理论建构中，也深入思考了治道与治术问题，阐发政治哲学思想，提倡"儒者之政"。此外，张栻又是一位卓越的教育家，他从实践和理论两个方面着手，恢复儒家的教育传统，传播儒家"以德育人"的教育理念。张栻的教育思想植根于儒家传统，重视人格培养，强调伦理道德教育，在教育的目标、方法、成效等方面，有比较系统、深入的论述，同时，也表现出鲜明的理学色彩，丰富了儒家教育思想的宝库。廖平是晚清民国四川的经学大师，其思想新锐，著作宏富，对后世影响巨大。《尊孔·弘道·经世：廖平的经学建构》一文总结了廖平经学思想的三个面相，认为廖氏经学既是旧经学的终结，又是20世纪新儒学的先声。廖氏一生为孔经辩护，面对儒学的危机，希望通过自己的阐发，凸显儒学的价值，并努力使其与时代合拍。

关于巴蜀学术与文献研究，除了对于张栻与廖平的研究成果外，还有对南宋大儒魏了翁《周礼折衷》的探讨。在清代巴蜀经学文献的研究方面，通过查阅四川省志、各府县方志及其他相关资料，对清代四川地区的经学著述、经学家进行了统计，获得了一些比较有价值的数据，撰成《清代四川经学著述简目》，并在此基础上撰成《时间分布考》《经典分布考》《地域分布考》，以期从一个侧面反映清代四川经学研究的总体情况，并试图描述其发展演变的历史轨迹。

此外，《从迷茫到回归：近百年儒家经典研究平议》一文，系国家社会科学基金项目的研究成果《近百年儒学文献研究史》（福建人民出版社2015年版）的结语部分。该书讨论了近百年儒学文献研究的学术背景、时代思潮的影响，以及各个历史阶段的学术特色、重要学者、论著及其贡献等。同时，对促使儒学文献研究取得突破性进展的考古发现予以了特别关注。将近百年儒学文献研究置于两千余年儒学发展和近代古今中西文化竞争的历史背景中，使历史性与时代性相结合。通过对新旧成果进行全面、系统的总结与反思，对近百年儒学文献研究方法与手段进行归纳和提炼，向读者呈现了近百年儒学文献研究的整体面貌。

这本小书，虽然有些文章属于早年未定之作，且不成系统，但也部分反映了我这30年来的学术历程。舒大刚教授倡议编纂《蜀学文库》，我的这本小书也忝列其中，幸莫大焉。故菲葑不弃，敝帚自珍，食芹而甘，献之君子，知我教我，是所望焉。

杨世文

目　　录

天道与君道:殷周君主观念与儒家君主理论的一个视角 …………（1）
汉代灾异说与儒家君道论 ……………………………………………（11）
啖助学派通论 …………………………………………………………（21）
儒家神道传统与宋代政治文化 ………………………………………（34）
"易简功夫":宋儒的经学取向 ………………………………………（51）
范式转移:宋儒新经学形态之建立 …………………………………（68）
道术之间:张栻的政治哲学 …………………………………………（94）
"明伦知要":张栻的教育哲学 ………………………………………（111）
《张栻集》前言 …………………………………………………………（135）
读《南轩集》札记 ………………………………………………………（155）
张栻传世六札考释 ……………………………………………………（173）
张杅事迹钩沉:张栻家族人物杂考 …………………………………（187）
魏了翁《周礼折衷》析论 ………………………………………………（195）
儒者之政:魏了翁治泸州 ……………………………………………（216）
尊孔·弘道·经世:廖平的经学建构 ………………………………（226）
至圣前知:廖平的大统世界 …………………………………………（251）
清代四川经学三考 ……………………………………………………（266）
从迷茫到回归:近百年儒家经典研究平议 …………………………（299）

天道与君道：殷周君主观念与
儒家君主理论的一个视角

君道论是儒家思想体系的核心问题之一。对君权、君主人格的设计在儒家思想中占据重要位置。本文试图通过探讨殷周君主观念中天道与君道分合的发展历程，从历史和逻辑两个方面对儒家君道论进行检讨。

一

王权出现的具体时间，已难确考。从殷墟甲骨卜辞看，至迟商代，王权已相当成熟。甲骨文中的"王"字，徐中舒先生认为像人端拱而坐之形；又有人释为斧钺之形。因此可知，从字的形体上已全面反映了王权存在的基本性质。"王，有天下也。"（《战国策·秦策》）"夫王者，能攻人者也。"（《韩非子·五蠹》）诸说从王权的职能上求解，符合殷王的实际。从卜辞看，殷王的职能是多方面的，自称"余一人"，表明其在人间的权力至高无上。但我们也应注意到：第一，冥冥之中有一个司祸福、主吉凶的"帝"，他才是人间和大自然的真正主宰；第二，天上的帝与人间的王并无温情脉脉的血缘关系，人王只能通过先公先王或其他诸神向上帝祈年求雨；第三，殷王每事必卜，试图根据兆纹把握事物的因果联系，但人事的吉凶取决于卜纹的偶然性显现，看不出殷王的自主意识；第四，殷人从来没有对王权的根源进行过反思，殷人的上帝与殷王祖先似乎有些纠缠不清，但殷人不敢奢望上帝对王权进行偏袒[①]，他们敬畏上帝，但不认为王权乃上帝所赐，也不存在上帝监督王权的思想，因而吉

---

① 参见张光直《中国青铜时代》，生活·读书·新知三联书店1983年版。

凶祸福没有道德上的意义；第五，与此相应，殷人也没有形成上天谴告的意识，自然的变异，人间的祸福，并不是上帝对人类的惩罚或奖赏，而仅仅是上帝喜怒无常的结果；第六，因而顺理成章地，上帝无道可循，人王也就无道可遵，自然的变异与君主行为无关，君主也就不存在反思意识，吉凶在天，祸福有命，纣王"我生不有命在天"（《尚书·西伯戡黎》），正是这种任意君权的写照。

二

周人取殷而王天下，殷人的一些意识形态，如繁缛的祖先崇拜与上帝观念多被周人所接受。张光直教授甚至认为商周之际只有一个文明系统的持续发展，而找不到任何中断与不整合的现象。① 虽然西周的几个重要政治概念（如"德""民"）在殷末已经出现，但殷、周在意识形态上的重大差别是极为明显的。王国维在《殷周制度论》中认为周人制度大异于殷者在于纳上下于道德，而合天子、诸侯、卿大夫、士成一道德之团体，今天来看仍为确论。② "民""德"两个概念的出现，开始了从殷代那种带血腥味的强力政治向人性化转化的第一步。天道观念是周人的发明。周人的天与殷人的"帝"可以互用，但天的功能与特性则有显著差异。"天道无亲，常与善人"（《道德经》第七十九章），天对人间事务的干预依据一定的原则，它不再是冷冰冰的模糊不清的冥冥权威，而成为遵循至善之道的尊神，这在"帝"那里是不存在的。

历史发展到了西周，中华文明的特色已逐渐显露并趋于成熟。周公、召公等伟大政治家与立法者以殷朝灭亡的历史教训为基点，对君主权力进行了反思。正是他们的为君之道，才使君主观念第一次实现系统化。第一，强调君主权力来自天命，周王自称"天子"。这样，人王与上天有了某种血缘上的关系，君主的权力也有了一个得以成立的根源。《大盂鼎》铭文载："丕显文王，受天有大命……故天翼临子，法保先王……"③ 正是这

---

① 参见张光直《中国青铜时代》，生活·读书·新知三联书店1983年版。
② 王国维：《观堂集林》卷10《殷周制度论》，中华书局1959年版，第541页。
③ 李学勤：《大盂鼎新论》，《郑州大学学报》（哲学社会科学版）1985年第3期。

种观念的鲜明体现。第二，周初诏诰多根据当时的政治情势而发，这在甲骨文中是没有的。天命归周，殷王朝因失德而为天所弃，四夷宾服、万国来朝的殷王朝灭亡，是活生生的历史教训。因此君主统治必须遵循某种法则。这种法则虽取之于天，但天之降命，后于人之修德。因而人王必须"聿修厥德"，以保天命之不坠。因此，周初的政治家们一方面将周王的地位极力拔高，使其与天有了割不断的联系；另一方面，又因为承认周王乃天的亲子，故强调对天负责。而天是至善的主宰，赏善罚恶，所以"敬德保民"成为西周君道论的核心。

周初统治者不像殷王那样肆无忌惮。在他们的诏诰中，诚惧心理与危机意识是显而易见的。"德"，《说文解字》曰"从直心"，孙诒让、郭沫若认为从"省心"。无论何说，皆与"心"相关。《尚书·康诰》曰"朕心朕德，惟乃知"，"用康乃心，顾乃德"。《师望鼎》曰"穆穆明其心，惎其德"。"心""德"往往连用。"明德""敬德"是指在神灵面前的敬慎心理。日本学者金谷治认为"德"的原义是在神前以审慎之心，受天命保护的人类的资质和作为。① 所以，"德"具有了更广泛的宗教含义。综合《书经》，可以发现"敬德"与"保民"紧密相关，如《康诰》中讲"用保乂民""用康保民"。而"明德慎罚"成为"保民说"的重要内容。由此可知，西周"以德配天"，建构了宗教、伦理、政治三位一体的统治学说。这种学说强调君主行为的得失与天命存亡的同步关系。天根据人王之德决定天命之予夺，这实际上肯定了君主在天之下的相对自立，人类已清楚地认识到自身是一个独立的领域。天命丧失，并非天之不仁，而在于君主之失德。君主可以通过修德来匡正自己的行为。因而要求君主有道，即行为必须遵循一定的法则。这种法则与其说得自天启，不如说得自历史的经验教训，实际上依靠人类自身来确定行为规范。这一点已从周人的占筮中反映出来。《尚书·洪范》有言："女则有大疑，谋及乃心，谋及卿士，谋及庶人，谋及卜筮。"《诗经·大雅·绵》有言："爰始爰谋，爰契我龟。"可知蓍龟在社会政治生活中不再居于主导地位。而且筮辞的内容也更为宽泛，行为的善恶成为判断吉凶的重要标准，因

---

① 参见［日］金谷治《中国古代人类观的觉醒》，载《日本学者论中国哲学史》，中华书局1986年版。

而更具有伦理的意义。

综上所述，西周在建立自己的意识形态时，也构造了一套新的君道论。这种君道理论强调天的至善特性，以及它对君权的制约功能。"敬德保民"是君道论的根本法则。周初诏诰表明了这样一个事实：周人力图建立一个以天为中心、以周王为共主、以亲情为纽带，以敬德保民为实际内容的新的社会结构。

三

春秋时代，是中国古代思想史最重要的时期。西周建构的以天为中心、以周王为共主、以亲情为纽带的社会秩序已经动摇。与此相应，先哲所创建的一整套文化秩序也正在衰落。旧文化崩溃的时代，也是新文化巨人产生的时代。士阶层从社会中游离出来，肩负起了重整文化的责任。这个时期形成的儒家学派打着恢复西周文化传统的旗号，在继承西周思想遗产的同时，也实现了对传统的突破与超越。这种突破与超越表现在三个方面。

（一）君主行为的独立价值更受重视，有脱离天而言治乱的趋势。也就是说，在天、人因果链中天的地位逐渐低落甚至被忽视。"君使民慢，乱将作矣。"（《左传·庄公八年》）君主行为成为导致祸乱的直接原因。"上失其民，作则不济，求则不获。"（《国语·周语下》）执政者自身的行为决定了政治的进程。"其身正，不令而行，其身不正，虽令不从。"（《论语·子路》）强调为政者行为的主体价值，是通过自身行为的合理性来体现的。战国时的孟子、荀子，都继承了这一思想传统。

（二）天道观念的发展，到西周晚叶以后，形成了一种新的政治学意义上的天道理论。它被当作人类社会的规范，特别是君主行为规范的最后和至善的根据。《国语·越语》有言："天道盈而不溢，盛而不骄，劳而不矜其功。"《左传》有"天法""天常""天地之性""天之经""天之制"等用语。可知春秋时代，天道更加抽象化、原则化。一方面天道是对自然现象的规律性认识，如《国语·越语》说"天道皇皇，日月以为常"；另一方面，人们认为社会政治生活中的规律与自然规律相通，遵循的是同样的法则。因此，自然法则与社会法则使用了同样的语言，甚至将自然法则等同于人间法则，将人间秩序等同于自然秩序。《左传·襄公二十二年》记载晏子说："君人执信，臣人执共（恭），忠信笃敬，上下同之，天之道也。"在这里，"君人"之道与"臣人"之道被作为"天之道"来强调。事实上这里的天道已失去了神秘的色彩，而是人道的折射，是现实社会政治原则在自然规律中的投影。天道的本质是现实的，包括对现实政治合理性的追求。

（三）与天道相应，先进的政治思想家建构了一套更为系统的社会政治原则和政治传统。社会法则（人道）依据于自然法则（天道），人道法天，春秋以来已成为一个普遍性的认识。但天道的具体内容，从来没有人去规定过，它的模糊性导致了其内涵的任意性。但无论如何，天道在谈论者心目中都具有神圣性。人们理想的君主必须"法天"，"天生民而树之君"（《左传·文公十三年》），故人王必须"承天之休"（《左传·襄公十八年》），担负一定的道德义务，以维持社会的稳定和谐。这里的天作为君权的形而上之根源，其哲学意味较宗教气息更为浓重。《左传·襄公十六年》中曰："国人望君，如望岁焉。"君主不能使人民失望。《国语·晋语》中丕郑说："吾闻事君从其义，不阿其惑。"又说："民之有君，以治义也。义以生利，利以丰民。"可见，在当时人们的观念中，"义"高于君已是较普遍的认识，"利民"成为君主的义务。"社稷无常奉，君臣无常位"（《左传·昭公三十二年》），是历史的规律，也是天道之必然。天道与人道在更高的基础上合一。

"君道"是人道的中心。《左传·襄公十四年》记载晋侯与师旷的一段对话可以代表春秋时期君主观念的新发展。卫国君主无道而为国人所逐，晋侯认为国人做得太过分，而师旷却认为"其君实甚（过分）"。从师旷接着的解说中我们可以看到：明确地将君主划分为"良君"与"困民之主"两类。"良君"，"赏善而刑淫，养民如子，盖之如天，容之如地"，故"民奉其君，爱之如父母，仰之如日月，敬之如神明，畏之如雷霆"。而"困民之主"则"匮神乏祀，百姓绝望，社稷无主"，所以被人驱逐是必然的。这一思想在春秋时期颇为流行并为儒家学派所继承。《左传·襄公九年》载晋知武子对献子说："我之不德，民将弃我。"《左传·僖公十四年》也有"背施，幸灾，民所弃也"之语。故"亲民""恤民""安民""养民""惠民""以德和民"成为当时政治生活中的普遍观念和原则。这种观念在孔孟儒家那里得到更进一步的确认。

《论语·为政》有言："为政以德，譬如北辰，居其所而众星共之。"《论语·尧曰》一篇是孔子理想政治原则的总结，他认为名副其实的良君应该"尊五美，摒四恶"。孟子更将古今君主区分为"圣王""贤王""暴君""一夫"等类型，强调好的君主必须施行王道政治。孟子甚至公然承认诛暴君的合法性。"民"被抬高到政治的中心和出发点。"天之爱民甚矣，岂其使一人肆于民上，以从其淫而弃天地之性？不然也"，故"天生民而立之君，使司牧之，勿使失性"。（《左传·襄公十四年》）所以君主对民负责就是对天负责。《左传·桓公六年》季梁曰："所谓道，忠于民而信于神也。……夫民，神之主也，是以圣王先成民而后致力于神。……今民各有心，而鬼神乏主。"如果说师旷、季梁辈还没有舍神言事的话，那么在更多的人那里则舍开神道而言人道了。"国将兴，听于民，将亡，听于神。"（《左传·庄公三十二年》）"民者，君之本也。"（《左传·桓公十四年》）"吾怨其君而矜其民。"（《左传·僖公十五年》）

得民者昌，失民者亡，爱民者昌，祸民者亡，这个不变的历史规律已被当时人们普遍接受。所以逢滑说："国之兴也，视民如伤，是其福也，其亡也，以民为土芥，是其祸也。"（《左传·哀公元年》）因此，"民"是君道论的核心。这种民本思想在儒家那里得到更大的发扬。特别是孟子，明确主张"民为贵，君为轻"（《孟子·尽心下》），故"暴其民，甚则身弑国亡，不甚则身危国削"（《孟子·离娄上》），"桀纣之失天下者，失其民也；失其民者，失其心也。得天下有道：得其民，斯得天下矣"（《孟子·离娄上》）。"民"的价值被抬到了一个新的高度。谏诤作为对君权进行舆论监督的一种形式，逐渐成为一个政治传统。师旷认为："有君而为之贰，使师保之，勿使过度"（《左传·僖公十五年》），故天子有三公，诸侯有卿，以相辅佐，"善则赏之，过则匡之，患则救之，失则革之"。此外，"史为书，瞽为诗，工诵箴谏，大夫规诲，士传言，庶人谤，商旅于市，工执艺事以谏"（《左传·襄公十四年》）。如此，形成一个严密的舆论网络，可以减少君主行为的失误。后世儒家继承了这一思想传统。孟子从而区分出"贵戚之卿"与"异姓之卿"，认为前者"君有大过则谏，反复之而不听则易位"，后者则"君有过则谏，反复之而不听则去"。(《孟子·万章下》)这是两种不同的谏诤方式。显然,谏诤传统企图从功能上对君主权力进行适当的调节,以减少其滥用,使之不至于离道太远,从而维持权力的相对稳固。

为了加强现实政治原则的神圣性,春秋以来又形成了一套"先王论"。先王是观念化、理想化的圣王,是"王道"的化身。在他们身上,天道与"君道"达到了完美的合一。"先王"范围的不确定性与事功的模糊性,决定了作为一种观念干预政治生活的广泛性。可以发现,第一,先王生活于遥远的过去。《左传》中称较晚近的君主往往使用"先君",并有确指,如《左传·庄公十四年》言"先君桓公命我先人典司宗祐",即是一例。而"先王"则指称模糊而非具体的某位君王。第二,"先王"是垂法创制的文化英雄或奠基立业者。现实生活中的一切制度设施、政治原则、伦理规范都是先王所创。甚至人间的一些琐屑小事,先王都曾关照过。如《国语·周语》中说:"故先王之教曰:'雨毕而除道,水涸而成梁'。"《左传》中有"先王之命"(《左传·僖公二十六年》)、"先王之制"(《左传·襄公九年》)、"先王之乐"(《左传·昭公元年》)、"先王之礼"(《左传·成公二年》)等。第三,"先王"的制度行事,都符合道德理性原则,因而先王的时代是一个理想化的时代。所以《左传·昭公十六年》曰:"先王无刑罪。"《国语·鲁语》中匠师庆以"先王尚俭"对庄公进行批评。实际上,"先王论"作为批评的武器,反映了人们对理想君主的追求。儒家学派继承了这种先王理论。孔子"祖述尧舜,宪章文武",言必称"先王"。孟子更盛赞"古之贤王,好善而忘势"(《孟子·万章下》),认为"五霸者,三王之罪人也"(《孟子·尽心上》),理想的君主应该像先王那样崇德尚贤,爱民省刑,重义轻利。荀子力主"法后王",他批评孟子"略法先王而不知其统"(《荀子·非十二子》),"略法先王而足乱世,术谬学杂,而不知法后王而一制度"(《荀子·儒效》)。但是,荀子谈论"先王之道"与"先王之制"并不异于孟子。《荀子·荣辱》中言:"先王案为之制礼义以分之。"《荀子·君道》中言:"古者先王审礼以方皇周浃于天下。"他也提到"法先王",如"儒者法先王,隆礼义"。(《荀子·儒效》)

实际上,百王之道一以贯之,无论"法先王"还是"法后王",皆法其道。因此《荀子》有言:"善言古者必有节于今。"(《荀子·性恶》)

说"古"的目的在于为"今"提供一套理想的君主政治的参照系。因此，荀子在《王制》中从"王者之人""王者之制""王者之论""王者之法"四个方面规划了理想君主人格及其制度模型，对儒家"君道论"进行了全面的总结与发展，对后世有深远的影响。

晚周春秋时期，政治生活中天的宗教色彩逐渐减弱，而殷、周、春秋以降的政治思想主流可以表述为"贵天——贵君——贵民"的流向。天道观念、"先王"观念、谏诤传统被孔子及其儒家学派继承。孔子以弘扬文化传统为己任，使僵化的礼乐制度重显生机。为此，他为君主找到一个新的精神基础——"仁"。他强调"为仁由己"，把道德政治的理想构筑在新的起点上。先秦儒家往往把天道解释为自然界的总规律，或人类与自然共有的普遍法则。事实上孔子及儒家学派在理论上希望建立以"人"为中心的社会政治秩序，而对那种外化的社会本质（无论是作为宗教人格神的天，还是作为自然界主体的天）态度暧昧。自西周末开始，将人间政治的主宰复归于人。儒家学者要求君主内心生活应该以"仁"为核心，提高内心自觉。孔子的"仁"内涵深广，但基本意思应该是"仁者，人也"（《礼记·中庸》）。樊迟问仁，孔子说："仁者爱人。"（《论语·颜渊》）孟子也有类似的表述。"仁"即内心"原善"的自觉。孟子讲："有不忍人之心，斯有不忍人之政。"（《孟子·滕文公上》）这种"不忍人之心"即是"善端"，即孔子的"仁"；"不忍人之政"即"仁政"，即君主内在道德自觉外化的政治行为。这样，儒家最终完成了君主政治行为的源泉从外在的冥冥权威（天）向人类精神深处的理性自觉（仁）的转变。

但是，儒家的君道论不可避免地陷入了两难境地。儒家学者绝不是反君权论者。相反，他们在一切需要的场合，都严申君权的神圣性。但我们又会发现，儒家学者也不是绝对君权论者。儒家向往的是一种贤君政治，君主有"絜矩之道"。修身、尚贤、明赏、慎罚、宽民，被认为是一位"有道之君"的必要条件。否则臣民就不承认对君主的单方面义务，而以"去之"做消极的反抗，以"弃之""诛之"做积极的反抗。这样，道、义似乎比君主更重要。在理论上，儒家认为"不可一日无君"，与其说是一种偏执，不如说是把君主作为组织社会生活的领袖，维系社会秩序及社会有机体稳定的必要手段。荀子说："天之生民，非为君也；天之立君，以为民也。"(《荀子·大略》)又说："人之生不能无群，群而无分则争，争则乱。"(《荀子·富民》)所以，君主的作用就是制礼作乐，使社会君臣、父子、夫妇、兄弟有序，士、农、工、商有别。在此前提下，行王者之政。

儒家标榜"有治人，无治法"(《荀子·王制》)，"法不能独立，类不能自行，得其人则存，失其人则亡。法者，治之端，君子者，法之原也"(《荀子·君道》)。所以，为政在人。要使"天下有道"，必先君主有道。儒家所谓道，指政治理性原则。儒家将道的实现诉诸君主的道德自觉。而道德只是一个在意识中被设定的现实，道德义务如果仅仅停留在唤醒自我意识的纯粹说教上，对君主并没有多少约束力。儒家思想由于大体上排除了天的宗教性影响，因而极力扩大"先王"的影响，甚至编造古史，将"先王"装扮成神圣的立法者。道不仅来自天，更来自先王，因而是神圣的。但即使这样，也不能保证君主能对"道行天下"感兴趣。正如黑格尔所说："因为道德自我意识是它自己的绝对，而义务仅仅是它所知道的那种义务。"① 所以，道德并不具备绝对的约束力。君主至高无上的地位，决定其意志自由的无限性。孟德斯鸠论述专制政体的性质是"一个单独的个人依据他的意志和反复无常的爱好在那里治国"②。国家的治乱，完全取决于君主个人意志的随意选择，君与道从根本上说没有必然的同一性。所以儒家一方面尊君，另一方面要求君主有道，必然陷入二律背反的两难境地。这种理论上的缺陷，导致汉代天治主义的复活。③

马克斯·韦伯在《儒教与道教》一书中认为，儒家对"此世"的一切秩序与习俗都采取"适应"(adjustment)的态度，又说儒家认为"此世"是一切可能的世界中最好的世界。④ 事实上，先秦儒家从来没有肯定过"现世"政治的合理性，而是对他们所处的时代进行了尖锐的批评。儒家学者以道自任，孔子曾干七十余君，以求"能用我者"(《史记·孔

---

① [德]黑格尔：《精神现象学》上卷，商务印书馆1987年版，第143页。
② [法]孟德斯鸠：《论法的精神》(上册)，张雁梁译，商务印书馆1982年版，第19页。
③ 参见拙文《汉代灾异学说与儒家君道论》，《中国社会科学》1991年第3期。
④ 参见[德]马克斯·韦伯《儒教与道教》，王容芬译，商务印书馆1995年版。

子世家》）。孟子更夸口："如欲平治天下，当今之世，舍我其谁与！"（《孟子·公孙丑上》）他们汲汲求用，企图使天下从"无道"臻于"有道"，从不合理变为合理。

　　但是，先秦儒家君道论并没有得到当世君主的青睐。他们将理论基础建构在"内在超越"之上，将一切价值问题收归于"人心"，在当时纷繁复杂的政治背景下，这种做法注定了失败的命运。秦王朝的建立，宣告先秦儒家君道论的重大挫折。相反，荀子思想中流露出来的重法观念更适合专制君主的性格，被法家吸收，成为秦王朝暴力政治的理论依据。先秦儒家只能在理想世界中徘徊。即使在后世，儒家学说定于一尊，也只不过表明儒家学者从理想世界回到了现实世界，是"道"（政治伦理）对"势"（政治权威）的让步与妥协。但先儒对君主的批判传统一直为正直的儒家学者所继承。

（原载《孔子研究》1996年第3期）

汉代灾异说与儒家君道论

从汉代灾异说的历史渊源来看，殷商时期还没有形成"谴告"意识和"君道"观念，周人开始把对天人交感的认识建立在"明德慎罚""敬天保民"的思想基础上。春秋以降，一些思想家强调君主的行为选择必须对自然界的灾变承担责任。成书于战国末期的《吕氏春秋》为汉代的天人感应论和灾异说建构了严整的框架。汉代儒学在获得了官方的支持以后，一方面强化尊君的思想；另一方面把阴阳家学说融入儒家学说，用天人感应、灾异谴告来警戒、限制君主的失德行为，使"天"成为儒家的道德政治符号，灾异说成为汉儒的政治语言。汉儒用灾异说制约君主起到了一定的作用，但这种作用在后世被减弱。

一 灾异说的历史考察

"天人交感"作为一种自然观，曾经是人类初民的一种普遍存在的思维模式。按照卡西尔的说法，在原始人的观念中，人与自然的关系往往混杂不清。初民们相信有一种基本的、不可磨灭的"生命一体化"沟通了人与自然界形形色色个别生命形式之间的联系。[①] 自然界的拟人化与人的自然化，显然属于原始宗教所具有的特征；而把自然界人格化、理性化、道德化，无疑是较后发展的事，它是人类自我意识在自然界的投影和确认。随着自我意识的发现，自然界不再是喜怒无常的盲目主宰，而变成一个充满温情的理智存在物：它根据善恶而施赏罚，人只能"靠正

---

① 参见［德］卡西尔《人论》，甘阳译，上海译文出版社1985年版。

义的力量去寻求或接近上帝"①。于是人们相信：自然界的作用在很大程度上依赖于人类自身的行为，"天"成为人们最高道德理想的表达符号。

从甲骨卜辞中还看不出殷人的"帝"是一位代表正义的尊神。它"令雨""降若""降艰"，人间祸福完全取决于"帝"的无目的性意志。人只能通过观察卜骨的纹路来揣测上帝的意志。所以殷人并没有赋予天帝以德性，更没有形成"谴告"意识和"君道"观念。

周人对天人交感的认识则是建立在"明德慎罚""敬天保民"的基础上的。《尚书·召诰》说"天亦哀于四方民"，故要求"王其疾敬德"，以"祈天永命"。伦理的力量在周人的"天道观"中占据了重要的一席。从此，"世界变成了一个大道德剧，而自然和人都不得不在其中扮演他们的角色"②。自然界的变化染上了鲜明的目的论色彩，人不再仅仅是自然界的旁观者与受制者。

晚周春秋以降，随着理性化思潮的兴起，思想家们开始用新的眼光来解释天道。在天人交感的二元结构中，人占据了更为主动的地位。这是一种新型的自我意识，是对"属他"之物的扬弃与自我本质的确认。一些思想家继承了西周的传统，更加强调君主的行为选择必须对自然界的种种灾变承担责任。"若德之秽，禳之何损？""祝史之为，无能补也。"（《左传·昭公二十六年》）既然君主的行为导致灾异现象的出现，那么也只有君主的行为才能使灾异消失，他人和外在的力量是无补的。

早在《尚书·洪范》时代，古人就构造了一个以"五行说"为框架的宇宙图式。在这个宇宙图式中，人已经占据了中心位置。虽然人没有天那样大的威势，但是天变的根源在于人事。"洪范九畴"要求人君"敬用五事""农用八政""协用五纪""乂用三德""明用稽疑""念用庶徵""向用五福""威用六极"，这样才能休征咸至、风雨以时，否则天将威以"六极"，有害于家，有凶于国。所以，为了使五行系统正常运转，人君行为应合乎五行之道。这样，天与人在新的基础上合一，顺天者昌，逆天者亡。但是，《洪范》中的五行运转还停留在经验论与机械论的水平。真正将阴阳说与五行说相配，使五行运转有了一个内在的普遍

---

① ［德］卡西尔：《人论》，甘阳译，上海译文出版社1985年版，第129页。
② 同上书，第128页。

动力的哲学家，当为战国时期的邹衍。邹衍是一位自然哲学家，但他的目的在于通过对自然的研究为人类社会的进程提供一种全新的解释模式。他的政治哲学正是建立在其自然哲学基础之上的。到《吕氏春秋》，阴阳五行学说形成了一个更加严密宏大的宇宙图式。它把四时、五音、五色、五方等对应搭配，并附之以与其相应的政令。这样，"天之道""地之理""人之纪"若合符契。圣王为政必法天地，行事须合宇宙的节律，否则就会产生灾异。"国有此物，其主不知惊惶亟革，上帝降祸，凶灾必亟。其残亡死丧，殄绝无类，流散循饥无日矣。"（《吕氏春秋·明理》）可见，天人感应论在《吕氏春秋》中已经系统化。又说："祥者，福之先者也，见祥而为不善，则福不至。妖者，祸之先者也，见妖而为善，则祸不至。"（《吕氏春秋·制乐》）这是一种典型而精致的谴告论。《吕氏春秋》是关于先秦政治思想的一部百科全书，它已经为汉代的天人感应论和灾异谴告说建构了严整的框架。

综上所述，汉代以前的自然哲学与政治哲学是同步发展的。这个思想史的进程已经突出了中国古代思想的主题——天人关系论。自然的中心是"天"，人类社会的中心是"君"，因此，天道与君道的关系问题，更是天人关系论的主题。

二 两汉灾异说与儒家的理想君主

马克斯·韦伯在《儒教与道教》一书中曾说，儒家对"此世"的一切秩序与习俗都采取"适应"的态度，并认为"此世"是一切可能的世界中最好的世界。① 但事实却相反，先秦儒家的批判精神是显而易见的。无论孔子、孟子还是荀子，他们的理想君主都不是现实的当政者。不过先秦儒家从来没有在政治舞台上走运，他们只能在理想的世界中孤独漫步，抒发对"王道政治"的渴望与思愁。

董仲舒倡导"罢黜百家，独尊儒术"，使儒家学说第一次获得了来自官方的支持。在新形势下，儒家必须提供适合统治者的君权理论。尊君思想虽然在汉儒那里有所强化，但秦王朝那种无法无天的赤裸裸的独裁

---

① 参见［德］马克斯·韦伯《儒教与道教》，王容芬译，商务印书馆1995年版。

显然也不是汉儒的希望。贾谊等人总结秦亡教训，认为是"仁义不施"促成了秦王朝的倾覆。为了避免重蹈覆辙，他希望为汉家制法，特别强调培养理想人格的君主的重要性，并进行新体制的设计，注重统治集团的"集体意志"，以此来减少君主的"逾矩"行为。① 但贾谊的理想并未成为现实，他自己也只是古代儒家的一个悲剧式人物。汉儒要使君主接受自己的"王道"理想，还须另寻他途。

汉代儒家对政治理想的表述，往往采用解经的形式。朝廷设立"五经"博士以后，儒家先师的说教增加了神圣的意味。经义在国家政治生活中的重要性是不容置疑的。但是，有理想的儒生绝非仅仅笺注先师的思想，空洞的说教并不能使君主悚然而惧。因为专制政体的性质正如孟德斯鸠所说，是"一个单独的个人依据他的意志和反复无常的爱好在那里治国"②。因此，汉儒一反"罕言天道""不语怪力乱神"的传统，将阴阳家的神秘主义学说作为表达儒家政治理想的外壳。《汉书·艺文志》说，儒家者流，助人君"顺阴阳、明教化"。刘歆、班固对儒家的理解显然体现了汉儒的特征。司马迁说，邹衍亲睹有国者淫侈而不尚德，"乃深观阴阳消息，而作怪迁之变"，"然要其归，必止乎仁义节俭、君臣上下六亲之施"。（《史记·孟子荀卿列传》）可见，司马迁认为阴阳家与儒家有着相同的政治追求。孔子《春秋》记灾变；《尚书·洪范》言天人之际；儒家与阴阳家有着源远流长的关系。正因为如此，两家能够在新的基础上互有认同。

汉代儒学弥漫着神秘主义气息。以阴阳家学说附会儒家经典，最有名的有治《尚书》的夏侯始昌、夏侯胜、李寻；治《易》的京房、谷永；治《齐诗》的夏侯始昌、翼奉；治《春秋经》的眭孟；治《公羊传》的董仲舒；治《谷梁传》的刘向。上述各家皆明于象数，善推祸福，以著天人之应，而除刘向外皆属齐学之传。阴阳家本源于燕齐方士，齐地儒学以阴阳家之说入经，有其得天独厚的优势。

如果将纷繁复杂的汉代天人感应论进行粗略的分类，大致可以发现三个主要方面的内容。第一，人副天数。言者认为"人事法天"，人是

---

① 参见贾谊《新书》的《过秦》《傅职》《保傅》《辅佐》《君道》《胎教》诸篇。
② ［法］孟德斯鸠：《论法的精神》（上册），张雁深译，商务印书馆1961年版，第19页。

天、地以外的第三自然，人的形体、道德规范、政治制度，以及政治行为无不"与天地参"。天人同类，天人同道。第二，祥瑞说。王政治平、阴阳和顺，则瑞应咸至、风调雨顺、五谷丰登。另外，有王者兴则有嘉瑞至。祥瑞的种类颇多。河图、洛书、灵芝、宝鼎、嘉禾、麒麟、德星、膏露等常见于《汉书·五行志》。第三，灾异说。《尚书·尧典》曰"眚灾肆赦"；清儒孙星衍说"日月之食谓之眚"（《尚书今古文注疏》）；《左传》又说"天反时曰灾，地反物曰妖"（《左传·宣公十五年》）；《洪范五行传》说"非常曰异，害物曰灾"（《毛诗正义·正月》）；《汉书·五行志》将灾异现象归纳为八类：灾、妖、孽、痾、眚、祥。各种灾异现象中以地震、日食危害最烈，所以说"典籍所忌，震、食为重"（《后汉书·顺帝纪》）。《春秋》二百四十二年，载日食三十六次，而两汉四百零八年，班、范二书载日食一百三十一次，可见其为史官所关注。危害稍次于震、食的是彗星、水、火、虫等灾害。

汉王朝建立后，儒生既作为现实政治的操作者，又作为现实政治的批判者活动于政治舞台。这种双重角色使他们面临着一个迫切的问题：如何找到一条简捷的途径，将自己的社会价值理想转化为社会存在。虽然儒家学说与阴阳家学说融合，增加了不少宗教神秘主义色彩，但正统儒生仍与方士有别。秦汉方士大多为利禄之徒，饰邪说以邀宠，言灾祥以惑君。儒生也谈瑞应，但认为瑞应并不出现在现实的君主政治中，而在三皇五帝之世，它是对有道之主的嘉奖，无道之君不得见。董仲舒说："臣闻天之所大奉使之王者，必有非人力所能致而自至者，此受命之符也。天下之人同心归之，若归父母，故天瑞应诚而至。"（《天人三策》）这都是积善累德、行仁施义的结果。"及至后世，淫逸衰微，不能统理群生，诸侯背畔，残贼良民以争壤土，废德教而任刑罚。刑罚不中，则生邪气；邪气积于下，怨恶畜于上。上下不和，则阴阳缪戾而妖孽生矣。"（《汉书·董仲舒传》）后世君主骄奢淫逸，道不修，德不讲，滥施刑罚，违背为君之道和自然的节律，以致阴阳二气不能正常周流运转，灾异现象因之而起。但汉代儒家也不否认后世君主有导致瑞应的可能性。他们为了使君主能够接受自己的政治理想，设计了一种给君主的最高奖赏，"天为之下甘露，朱草生，醴泉出，风雨时，嘉禾兴，凤凰麒麟游于郊"（《春秋繁露·王道》），这个时候"民家给人足，无怨望忿怒之患，强弱之难，无谗贼妒疾之人。民修德而美好，被发衔哺而游，不慕富贵，耻恶不犯，父不哭子，兄不哭弟，毒虫不螫，猛兽不搏，抵虫不触"(《春秋繁露·王道》)。要实现这个理想也并不困难，只要"不敢有君民之心，什一而税，教以爱，使以忠，敬长老，亲亲而尊尊，不夺民时，使民不过岁三日"(《春秋繁露·王道》)，就能收到神奇的效果。总之，是应祥瑞还是降灾异，关键在于能否力行三皇五帝之道。人事和则阴阳和，人道乖则天道乖。"瑞应说"成为敦促君主向善慕道的兴奋剂。

汉儒谈灾异，从天人交感、人道法天的原则出发，把合阴阳、顺四时作为社会政治生活的依据。《周易·系辞》就有"天生神物，圣人则之；天地变化，圣人效之；天垂象，见吉凶，圣人象之"之说。汉儒更认为君主的喜怒哀乐、庆赏刑罚必须以四时为法，而"天道"与君道终归于仁。董仲舒说："察于天之意，无穷极之仁也。人之受命于天也，取仁于天而仁也。"(《春秋繁露·王道通三》)"仁"作为天德，当然是对君德的要求。君主既然担当天命，禀承天意，他的职责就须维持儒家的最高社会理想——"和"。人和则阴阳和，阴阳和则风调雨顺、五谷丰登，否则便灾异频至、世乱不已。"人和"的内容是相当广泛的，其根本之点就是保持现实社会结构的稳定和谐。君主与臣民都是社会有机体中的重要因素，因此，"和"不仅仅要求臣民遵守礼制秩序，而且更要求君主必须循仁道而行。这是矛盾的两个方面，如果有一个方面越轨，就会使"和"的局面遭到破坏。而君主处于天、君、民三元结构的中心，所以君德尤其重要。董仲舒说："凡灾异之本，尽生于国家之失。"(《春秋繁露·必仁且智》)所谓"国家之失"，主要指君主道德、行为之失。诸如奢侈过度、刑罚失中、赋役太重、任人不当、后宫不肃、违礼乱制、穷兵黩武等，都是君主失德的表现。

如果君主失德造成阴阳失调，招致灾异，他还可以有改弦更张的机会。董仲舒说："国家之失，乃始萌芽，而天出灾害以谴告之。谴告之而不知变，乃见怪异以惊骇之。惊骇之尚不知畏恐，其殃咎乃至。"(《春秋繁露·必仁且智》)由此可知，灾异是天对君主的警告，它体现了"天意之仁"，目的是使君主更新自己的行为，使之合于道。

董仲舒对道的阐释，具有三个明显特征。第一，道的多元性。自然界有天道、"地道"，社会生活中有"治道"、人道。"道者，所由适于治之路也，仁义礼乐皆其具也。"(《汉书·董仲舒传》)"人道者，人之所由。"(《春秋繁露·天地阴阳》)"治道"、人道就是为了达到理想的政治目标而必须遵循的社会原则。天、地、人三道既浑然一体又各有其特征，即"天道施，地道化，人道义"(《春秋繁露·天道施》)。第二，道的相关性。董仲舒认为天道与人道相通，人道本于天道，"唯人道为可以参天"(《春秋繁露·王道通三》)，所以"不顺天道者谓之不义"(《春秋繁露·天地阴阳》)。而只有王道能够"通三"，"古之造文者，三画而连其中，谓之王。三画者，天、地与人也。而连其中者，通其道也"(《春秋繁露·王道通三》)。第三，对天道与人道的解释，有一个由表入里的深化过程。首先，基于当时的经验科学对于自然和人体的认识水平，对天人关系进行粗浅的描述。如天有三百六十日，而人有三百六十节，故人法天。其次，通过对自然现象的观察，对天的性格进行描述。天地四时，春生夏长，秋收冬藏，这些自然规律都被赋予社会性意义。"春者天之和也，夏者天之德也，秋者天之平也，冬者天之威也。"(《春秋繁露·威德所生》)董仲舒用比附法论证"以类合之，天人一也"，所以"天有喜怒之气，哀乐之心"。(《春秋繁露·阴阳义》)董仲舒进行论证的基本前提是自然界的各种变异绝非偶然，而是有一种神秘的目的性："天地之生万物也，以养人。故其可食者以养身体，其可威者以为容服。"(《春秋繁露·服制象》)这种推衍法并不是在论证神的真实存在，而是为儒家的社会原则、政治理想提供神学的证明。故天道、天德、天性、天法、天理、天威、天心等，完全是人间法则的投影；人间法则通过天的权威而被确认，成为现实生活中不可移易的准则——"天不变，则道亦不变"(《汉书·董仲舒传》)。违背这些准则，就是藐视天威，扰乱自然规律，必然阴阳错谬，五行失序，灾异频仍。这样，"天"成为儒家的道德政治符号，"灾异说"变成了汉儒的政治语言。他们从天上找到了自己理想政治原则的基石，以元统天，以天统君，天道成为君主行为价值的解释尺度。

三 灾异说与汉代君主政治

历代君主对于天象与吉凶问题都很重视。"古之王者恐己不能无失德，又恐子孙不能无过举也，常假天变以示儆惕"（皮锡瑞《经学通论·易经》），故古有卜、祝、巫、史，"察禨祥，候星气"（《史记·天官书》）。而史（官）的作用尤为重要，凡天时星历、日月星气、瑞应灾异，皆为其掌。汉代君主对于天地之变给予了前所未有的关注。明习阴阳灾异成为察举的一科，两汉元、安二帝皆曾下诏察举明习阴阳的人。

据《汉书·五行志》与《汉书·天文志》所载，汉代每次重大历史事件几乎都与灾异现象有关，其中多数显然出自史官的追记与附会。研究对当时君主政治发生过实际影响的灾异现象，还必须从诏奏中去寻找，因为只有诏奏中提到过的灾异现象才可能对君主起到诫惧作用。君主身贯天、地、人三才，天变异常、人事失和等，君主都难辞其咎，汉代君主对此有明确的认识。如文帝诏："人主不德，则天示之灾"；宣帝诏："皇天见异，以戒朕躬"；光武帝诏："吾德致灾"；明帝诏："朕奉承祖业，无有善政""日月薄蚀，彗星见天"；章帝诏："朕之不德，上累三光"。文、宣、明、章皆"有道"之主、太平之君，尚遇灾而惧，其他如成、哀、和诸帝，虽是庸主，也以灾异为忧，屡下罪己诏。（《廿二史札记》卷1）由于君主在原则上接受了这种"灾异谴告说"，所以儒生们便借机开导君主勤修政事，以求禳除之道。他们解释说："政失于此，则变于彼，犹景之象形、响之应声。是以明君观之而悟，饬身正事，思其咎谢，则祸除而福至，自然之符也。"（《汉书·天文志》）谷永说：灾异乃"皇天所以谴告人君过失，犹严父之明诫"（《汉书·谷永传》），认为改过则祸消，不改则咎罚。成于唐初的《晋书·五行志序》对汉代灾异说的要旨有两个最为明晰的概括："班固据《大传》，采仲舒、刘向、刘歆等著《五行志》，综而为言，凡有三术：其一曰君治以道，臣辅克忠，万物咸遂其性，则和气应，休征效，国以安；二曰君违其道，小人在位，众庶失常，则乖气应，咎征效，国以亡；三曰人君、大臣见灾异，退而自省，躬责修德，共御补过，则消祸而福至。此其大略也。""三术"正是汉儒对于国家治乱兴衰与自然节律关系的解释模式。汉代君主则每遇灾异，不得不思禳除之道，包括下诏罪己、素服避朝，继而也在政治上进行一些更张，诸如减免赋税、赈济灾民、问民疾苦、大赦天下、求谏问过、选贤举能、节制奢侈、废除苛政、宽疏利民，等等。这些措施都是儒家"仁政"的内容。有的虽然只是纸上的表面文章，但不可否认也确实进行过一些改革，对君主的"逾矩"行为有一些约束力。成帝因灾异而出宠臣张放，登用翟方进、周堪；哀帝也因灾异用鲍宣之言而召彭宣、孔光、何武，罢孙宠、息夫躬。"其视天犹有影响相应之理，故应之以实不以文。"（赵翼《廿二史札记》卷2）

"灾异谴告说"作为两汉的一股思潮，其非理性的色彩是显而易见的，但这并不能说明先秦儒家人本主义精神的失落。事实上，汉代灾异学家并没有遗落现实去论证超越的永恒存在——神性之"天"。先儒在政治上的失败，反应出要靠君主的人格自觉去实现"王道政治"是何等的困难。表面上，汉儒将先儒的"内圣"原则归于神性之"天"，但这只是为儒家政治学说寻求一个新的支点。"天"似乎在汉儒心目中占据了神圣的位置，"屈民而伸君，屈君而伸天"（《春秋繁露·玉杯》），人的地位似乎贬值，但是汉儒只是借用"天"的外衣包裹自己心目中的"道"，即人间的政治理想和道德法则。

孟德斯鸠曾说过，在专制国家里，君臣关系只是一个生物服从另一个发出意志的生物，绝无所谓调节、限制、谏诤这些东西。[①] 但是，中国儒家确实曾经努力寻找过制约君主的方法。儒生虽是君主的臣民，但也有令"天子不得臣"的高蹈远栖之士。"天下有道则见，无道则隐"（《论语·泰伯》）是先儒的训诫。孔子有"君子儒"与"小人儒"之辨，荀子也有"正身之士"与"仰禄之士"之分，其判断标准是能否致君以道。值得注意的是，儒家虽然标榜"道"以与君主的"势"相抗衡，但当他们进入统治圈后，便不得不面对如何将"道"与"势"结合起来的问题。一方面，他们绝不是非君论者，相反，维护君主的权威被看成臻于至道的先决条件；另一方面，他们向往的绝不是无限的君权，而是要把它纳入仁政的轨道，使其不至于成为无节制的权力源。

灾异说无疑为解决上述矛盾提供了新的理论基础。这种学说一方面对侵害君权的行为进行谴责；另一方面又严厉地批判君主的"逾矩"行为。灾异现象的解释者大多深受儒学的熏陶，所以解释的依据来源于儒家的政治原则。天象学、物候学早就被儒家所重视，但对人间事务的关注掩盖了他们对自然界的兴趣。当自然变异与日常经验出现乖离时，他

---

① [法]孟德斯鸠：《论法的精神》，张雁深译，第27页。

们并不去寻找思维方式的纰漏和深究大自然的奥秘,而是从人类社会活动中去寻求致变之因。由于对灾异现象的解释立足于现实政治,所以实用主义色彩极浓;又由于对灾异现象的解释不遵循一贯的逻辑,所以主观随意性颇为明显,同一现象往往有不同甚至互相矛盾的解释。《汉书·五行志》所载董仲舒、刘向、刘歆等人对灾异的解释就多有不同,这不仅因为他们的师法、家法不同,也因为面临的实际政治情势不一样。但是,解释并不是目的,更重要的是解释后面隐含的政治期望。

汉儒用灾异说去制约君主,无疑获得了一定的成功。赵翼《廿二史札记》认为两汉之衰但有庸主,而无暴君,说明君主实际上受到了某种限制。但是,灾异说只能产生短期效应。随着自然科学的进步,它越来越失去其存在的基础。另外,专制权力对"灾异谴告说"也有一个容纳的限度。后世君主往往因灾异而策免三公,将灾异咎责归于三公,导致对君主的批判必然减弱。

(原载《中国社会科学》1991年第3期)

啖助学派通论

唐代中叶，学术界兴起了一个新《春秋》学派。这个学派以啖助、赵匡为先驱，陆淳（质）集其大成，对当时学术界产生过很大的影响。宋人陈振孙说："汉儒以来，言《春秋》者惟宗三传，三传之外，能卓然有见于千载之后者，自啖氏始，不可没也。"（《直斋书录解题》卷2）清末学者皮锡瑞也说："《春秋》杂采三传，自啖助始。"又说："今世所传合三传为一书者，自唐陆淳《春秋纂例》始。"（《经学通论》之四《春秋》）"淳本啖助、赵匡之说，杂采三传，以意去取，合为一书，变专门为通学，是《春秋》经学一大变。宋儒治《春秋》学者，皆此一派。"（《经学通论》之四《春秋》）《四库全书总目提要》经部总序认为，清代以前两千年经学凡六变，其中唐代的"孔颖达、贾公彦、啖助、陆淳"为上承章句之学，下启宋明理学的第二变。这些评价表明了啖、赵、陆等人在经学史上的重要地位。

啖助著有《春秋集传集注》及《春秋统例》，赵匡著有《春秋阐微纂类义统》，均已佚。陆淳的著作今存三种：《春秋集传纂例》十卷，《春秋集传辨疑》十卷，《春秋集传微旨》三卷。这三种书是陆淳在啖赵二人的研究基础上完成的，实际上集中了啖、赵、陆三人的《春秋》学思想。他在《春秋集传辨疑》凡例中说：

> 《集传》取舍三传之义，可入条例者于《春秋集传纂例》诸篇言之备矣。其有随文解释，非例可举者，恐有疑难，故纂啖、赵之说，著《辨疑》。

这就说明了《春秋集传纂例》《疑辨》二书综合了啖、赵二人的研究成果，集其大成。二书中多处明标"陆淳曰"，提出自己观点。至于《春秋集传微旨》，则先列"三传"异同，参以啖、赵之说，而断其是非。在该书自序中，陆淳说"其有事或反经而志协乎道，迹虽近义而意实蕴奸，或本正而末邪，或始非而终是，介乎疑似之间者，并委曲发明，故曰《春秋集传微旨》"。可知该书大体上为陆淳自撰，代表了他本人的观点。但每条必称"淳闻于师曰"，以示不忘所本。

一 对《春秋》的理解

在《春秋集传纂例》[①] 一书的开头，陆淳以八篇文字，比较详尽地阐述了啖助、赵匡及他本人对《春秋》及"三传"的理解。这是他们学术思想的纲领和治学的出发点。

首先，啖助、赵匡、陆淳等人对《春秋》经是深信不疑的。他们相信《春秋》是孔子所修，体现了孔子的政治理念、哲学思想和历史观。但是，孔子修《春秋》的用意究竟是什么？这是每个治《春秋》的学者都无法回避的问题。过去《左传》学者认为孔子修《春秋》是为了"考其行事而正其典礼，上以遵周公之遗制，下以明将来之法"；《公羊》学者认为是为了"将以黜周王鲁，变周之文，从先代之质"；《谷梁》学者则认为是为了"明黜陟，著劝戒，成天下之事业，定天下之邪正，使夫善人劝焉，淫人惧焉"。比较而言，《左传》着重于制度典礼，从历史的角度去探求孔子修《春秋》之旨；《公羊》《谷梁》二家则着重于善恶褒贬，从道德的角度去探求孔子作《春秋》之旨。啖助却认为，三家之说都"未达乎《春秋》之大宗"，因此不可能真正理解孔夫子作《春秋》的深刻用意。他认为，《春秋》之作，是为了"救世之弊，革礼之薄"。他具体论证说：

> 夏政忠，忠之弊野，殷人承之以敬；敬之弊鬼，周人承之以文；文之弊塞，救塞莫若以忠，复当从夏政。

[①] 本文引用该书不再出现书名，只出篇章名。

夏文化以"忠"为特色，殷文化以"敬"为特色，周文化以"文"为特色。到了春秋时期，出现了"礼崩乐坏"的局面，表明以周礼为主要内容的周文化已失去了其应有的社会功能，因此孔子作《春秋》，"以权辅正，以诚断礼"，正是以"忠道原情"为本，不拘浮名，不尚狷介，从宜救乱，因时黜陟；或贵非礼勿动，或贵贞而不谅，进退抑扬，去华居实，所以说孔子作《春秋》是为了"救周之弊，革礼之薄"。

其次，啖助从变革的角度解释孔子修《春秋》的用意，把孔子看成一个文化改良主义者，而不是文化保守主义者。因此他不同意所谓孔子修《春秋》是为了复兴周礼的说法，主张《春秋》之作在于用夏政以救周失。他提出：

《春秋》参用二帝三王之法，以夏为本，不全守周典，理必然也矣。（《春秋宗旨议第一》）

啖助认为在这一点上，杜预的认识全错了。而何休所说"变周之文，从先代之质"，虽然话是说对了，但语焉不详，没有把握关键所在，因而只对了一半。

那么，杜预、何休为什么错了？啖助认为他们"用非其所"，即不从"性情"上去说，却从"名位"上去说，从外在的虚文去看《春秋》之旨。表面上孔子修《春秋》，致力于"改革爵列，损益礼乐"，但实际上真正目的在于"立忠为教，原情为本"。

所谓"立忠为教"，是说孔子作《春秋》，在于树立"忠道"进行教化；所谓"原情为本"，是说孔子提倡的"忠道"来源于人类固有的"性情"，"原情"即分析人物的思想动机，将目的与手段分开，强调"权""宜"，重视人物或事件的价值意义，至于如何实现其价值目的，则允许有一定的灵活性。啖助等人用这种方法对《春秋》经文进行重新诠释，在对《春秋》中的人物和事件进行评价时，比纯粹用事实、用效果、用礼法去衡量要灵活得多，主观随意性也更大。这种"忠道原情"的分析方法，被啖助等人广泛地用于《春秋》学的研究之中。如僖公二十八年（前632）"天王狩于河阳"，《左传》引用孔子的话批评晋文公"以臣召君，不可以训"，陆淳则说："若原其自嫌之心，嘉其尊王之义，则晋侯请王以狩，忠亦至矣。"他通过发掘历史人物的心理动机，宣传"尊王"的"忠道"。所以陆淳总结为什么要"为贤者讳"，即"凡事不合常礼，而心可嘉者，皆以讳为善"。（《春秋集传微旨》卷中）

最后，赵匡论《春秋》宗旨时也有与啖助相似的观点。他认为"《春秋》因史制经，以明王道"，其方法大略有二："兴常典"，"著权制"。如凡是郊庙、丧纪、朝聘、蒐狩、婚娶等违礼则讥之，这是"兴常典"，相当于啖助的"立忠为教"。至于"非常之事，典礼所不及，则裁之圣心，以定褒贬，所以穷精理也，精理者非权无以及之"，是所谓的"著权制"，相当于啖助的"原情为本"。但赵匡比啖助更强调《春秋》的褒贬大义。他认为《春秋》之作，目的在于救世，即"尊王室，正陵僭，举三纲，提五常，彰善瘅恶"，也就是通过"例""体"而寓褒贬。所以他说："故褒贬之指在乎例，缀叙之意在乎体。""知其体，观其大意，然后可以议之耳。"（《赵氏损益义第五》）

二 对《春秋》传注的批评

啖助等人在提出了自己理解的《春秋》宗旨后，对"三传"进行了严厉的批评。应该注意的是，他们在批评"三传"时虽然使用了比较尖刻的言词，如"《左氏》之例非""《公羊》之例非""《谷梁》之例亦非"。（《用兵例第十七》）但对"三传"并非一概否定，在批评的同时还是有所肯定的。

关于"三传"，他们认为古人对《春秋》的解说，本来就口口相传，自汉以后才有章句著于竹帛，"三传"才得以广为流传。《左传》博采载籍，叙事尤为详备，能使百代之下详知春秋历史本末，人们可以通过它的叙事去探求《春秋》经文的意旨。何况"论大义得其本源，解三数条大义亦以原情为说，欲令后人推此以及余事"，故"比余二传，其功最高"。在这里啖助等人并没有抹杀《左传》叙事翔实的优点，甚至认为它比《公羊》《谷梁》二传对《春秋》的贡献更大。但是，在他们看来，《左传》"叙事虽多，释意殊少，是非交错，混然难证"（《三传得失议第二》），对《春秋》经义的阐述远远不够，而且记事是非混杂，让人难以把握。在啖助等人的著作中，批评《左氏》的语句相当多。如"先君遇弑，嗣子废即位之礼……《左氏》不达其意，曲为其说"（《公即位例第十》）；"纳币不书，《左氏》不达此例"（《婚姻例第十三》）；"《左氏传》……博采诸记，错综而为之也"（《姓氏名字爵谥义例第三十一》）；"《左氏传》事迹倒错者甚多"（《脱谬略第三十六》）。

关于《公羊》《谷梁》二传，啖助等人认为，最初也是口口相传，后人根据先儒口授的大义，将它散配入经文之下。由于传授之间难免滋生歧义，以讹传讹，因此与《春秋经》的本旨乖谬颇多，没有体现圣人的真正用心。不过，他们还是承认，尽管二传有这样那样的缺点，但由于其大义是由子夏传下来的，故从传经这一方面来看，比《左传》要严密得多。啖助等人对《公羊》《谷梁》二传的批评采取了一分为二的态度。一方面，他们说"《谷梁》意深，《公羊》辞辨，随文解释，往往钩深"，即对圣人的微言大义有所发明；但另一方面，他们又批评二传"守文坚滞，泥难不通；比附日月，曲生条例；义有不合，亦复强通；蹐驳不伦，或至矛盾"，太拘泥于文句，往往穿凿附会，强作解人，故奇谈怪论，随处可见，妄加比附，矛盾百出，不合"圣人夷旷之体"。啖助特别批评二传处处以"一字褒贬"之说释经。他虽然不反对《春秋》寓褒贬之说，但认为"褒贬说"对于解释《春秋》大义并非普遍适用。事实上也有许多"文异而意不异"的经文，无法用"褒贬"去兼赅。因此他批评二传"繁碎甚于左氏"。（《三传得失议第二》）

在解经时，啖助等人大胆地对"《春秋》三传"的经说提出质疑。如《春秋集传纂例》卷2释"望"字，陆淳记赵匡之说：

> 三望之名，《公羊》云泰山、河、海也，而《左氏》《谷梁》无其名。说《左氏》者云"分野之星及封内山川"，说《谷梁》者云"泰山、淮、海"。据《礼》篇云，诸侯祭名山大川在其封内者，而不言星辰，又淮、海非鲁之封内，《公羊》云山川不在其封内则不祭，而云祀河、海，则三家之义皆可疑也。

啖助等人不仅对"《春秋》三传"不尽信，而且对汉魏以来注疏家之说也不盲从，甚至大胆地加以怀疑，经过考证，得出自己的结论。在当时学术界，《公羊》何休注、《左传》杜预注、《谷梁》范宁注被作为官方法定的《春秋》注本，其地位几乎与经书本文相等，在社会上广为流行。啖助等人以巨大的勇气，反对旧《春秋》学，在批评"三传"的同时，也向何、杜、范三家注发难。他们认为三家注没有真正找到通往圣人之道的正确途径，去理解圣人的深意，在注解过程中没有以王道作为指归，对经书中的人物或事件做出符合儒家价值观的论断，并发挥圣人的微言大义。他们提出注疏之学虽然不是直接用著作的形式去表达作者的思想，但作者在为圣人之书作注时应该有自己的主体意识在里面。因此，注疏之学"虽因旧史"，但要"酌以圣心，拨乱反正，归诸王道"，遗憾的是，"三家之说，俱不得其门也"。啖助等人进而指出，"两汉专门，传之于今，悖礼诬圣，反经毁传，训人以逆，罪莫大焉"。他们对汉唐以来的传注家批评之严厉，于此可见一斑。

"三传"没有把握圣人作《春秋》的宗旨，注疏家又没有发挥出"三传"的大意，致使《春秋》大义湮没不彰，这是啖助等人总结汉唐以来《春秋》学而得出的结论：

> 传已互失经旨，注又不尽传意，《春秋》之义几乎泯灭。（《春秋宗指议第一》）

因此，他们要舍弃前人的传注，直接探求圣经大义。他们批评传注家故弄玄虚，事实上《春秋》经文并不像有的传注者理解的那样"文义隐秘"，而是非常简易明白的。啖助说：

> 《春秋》之文简易如天地焉，其理著明如日月焉。但先儒各守一传，不肯相通，互相弹射，仇雠不若，诡辞迂说，附会本学，鳞杂米聚，难见易滞，益令后人不识宗本，因注迷经，因疏迷注，党于所习，其俗若此。（《啖氏集传注议第三》）

传注者把本来"简易著明"的一部《春秋经》弄得晦涩难懂。不仅如此，《春秋》一经而分"三传"，每传自两汉以来又有许多家注，注中又有疏，强调"疏不破注"，不离师说，家法、师法门户之见很深，各家各派互相攻讦，扰乱了人们的视听。平心而论，啖助等人对两汉以来经学的批评是有道理的，自两汉以来，经学作为官方扶植的学术，发展到唐代出现了种种弊端。虽然孔颖达《五经正义》颁行以后，经学表面上归于一统，但并没有克服烦琐晦涩的毛病，而仅仅对文句的解释有了一个统一的标准，谈经者"不复知有《春秋》微旨"，特别是学者不再去探求儒家经典中蕴含的深刻义理。啖助等人抨击前人传注的目的，就是为了建立一种新的解经传统，创造一种新的治经模式。这种模式就是"但以通经为意"，不讲家法，不跟师说，兼取"三传"，合而为一。啖助说：

> 予所注经传，若旧注理通，则依而书之；小有不安，则随文改易；若理不尽者，则演而通之；理不通者，则全削而别注；其未详者，则据旧说而已。（《啖氏集注义例第四》）

所谓"理"，实际上是他们这一学派开创的一种主观的解经方法。借助于他们标举的"理"，以其作为标准去衡量前人传注的是非，"考核三传，去短取长"，直接为《春秋》经文作注。因此，他们主张凡是与《春秋》经文无关的传注，应予删削。在回答有关"无经之传，有仁义诚节、知谋功业、政理礼乐、说言善训多矣，顿皆除之，不亦惜乎"的责难时，啖助说：

> 此经《春秋》也，此传《春秋》传也。非传《春秋》之言，理自不得录耳。非谓其不善也，且历代史籍，善言多矣，岂可尽入《春秋》乎！（《啖子取舍三传义例第六》）

这样，经学变得更加简易明白，较少繁杂芜秽之弊。啖助等人在自己的经学研究实践中，力求简明，点到为止。现存陆氏三书，解经要而不繁，确实让人耳目一新。这也是啖、赵、陆之《春秋》学能够在中唐风靡一时的重要原因。

三 啖助学派经学与中唐变革思潮

啖、赵、陆新《春秋》学的出现，与中唐的社会政治、文化背景有着密切的关系。

两汉以来，儒家经学一直以章句训诂为主要形式。儒家义理被湮没在训诂义疏的海洋之中，学者把明章句、通训诂作为治学的目标，甚至皓首穷经，花费毕生的精力于一字一句、一名一物，使儒学失去原来那种切近社会、重视经世致用的特征，积极向上的精神大为减弱。经学甚至成了一些俗儒致显宦、求利禄的工具。学者成了书虫，对社会、对民生缺乏应有的关心。另外，从东汉以来，经学成为少数门阀世族的传家之学，世代专守一经或数经，炫耀门第、垄断文化，使儒家文化丧失了它大众性的一面。部分学者死守先儒之说，不知变通。因此经学也越来越难以适应新的形势。到隋末唐初，这种章句之学已开始受到批判。隋末大儒王通著《中说》，以阐明儒家之道为己任，对儒家文化的内在精神做出自己的理解，提出"通变之谓道""道能利生民"，主张"通变"，重视生民，使儒学能切合现实，解决社会实际问题。到了中唐，逐渐形成一股怀疑思潮。面对唐王朝建立以后逐渐出现的社会矛盾，部分学者对旧的经学和传统观念表示怀疑，提倡富于批判精神的独断之学。刘知几《史通》就是这一思潮的卓越代表。这股怀疑思潮，是唐代中后期儒学复兴运动的前奏。啖助、赵匡、陆淳等人的《春秋》学，正是这一思潮的继续发展。他们的经学研究具有"通经致用"的时代特点。啖助说："夫子之志，冀行道以拯生灵也。"（《春秋宗旨议第一》）他认为儒学的创始人——孔子一生都以行道济民为目标，后世口诵孔夫子之言的学者更应该效法孔子的救世精神，而不应该把治学与行道判为两途。赵匡在《举选议》一文中批评那些远离实用的章句之徒说：

> 疏以释经，盖筌蹄耳。明经读书，勤苦已甚，既口问义，又诵疏文，徒竭其精华，习不急之业，而其当代礼法，无不面墙，及临民决事，取办胥吏之口而已。（《全唐文》卷355《选举议》）

他看不起那些"口问义、诵疏文"的读书人，认为这是白费精神去学习那些既无益于自己又无益于社会的学问。陆淳也有相似的看法。他曾对吕温说：

> 良时未来，吾老子少，异日河图出，凤鸟至，天子咸临泰阶，请问理本，其能以生人为重，社稷次之之义发吾君聪明，跻盛唐于雍熙者，子若不死，吾有望焉！（《全唐文》卷631《祭陆给事文》）

在陆淳看来，国家政治的根本在于"生人为重，社稷次之"。因此，陆淳等人在章句训诂盛行于世的时代，独具慧眼，重申儒家文化的用世精神。他们的主张代表了对两汉以来经学的反动，以及向儒学原旨复归的历史潮流。柳宗元曾概括陆淳著作的中心思想是"以生人为主，以尧舜为的"（《柳宗元集》卷9《陆文通先生墓表》）。他们继承了孔孟儒学的"仁政"理想，并将其贯穿在《春秋》学研究的始终。在《春秋集传微旨》卷上解释庄公四年"纪侯大去其国"的一条经文时，陆淳不采用"三传"旧说，认为"天生民而树之君，所以司牧之"，因此非贤非德之人不应该居于统治地位。如果"捐躯以守位，残民以守国"，便是三代以下"家天下"的恶果，而非儒家提倡的理想制度。在这里，他实际上是利用儒家理想之道对专制制度进行批判。又如在《春秋集传纂例》卷6《军旅例第十九》中，陆淳记啖助之语说：

> 观民以定赋，量赋以制用，于是经之文之，董之以武，使文足以经纶，武足以御寇。故静而自保，则为礼乐之邦，动而救乱，则为仁义之师。……今政弛民困，而增虚名以奉私欲，危亡之道也。

同书同卷《赋税例第二十一》中，陆淳记赵匡的话说：

> 赋税者国之所以治乱也，故志之。民，国之本也，取之甚则流亡，国必危矣，故君子慎之。

这类解释，是对儒家原始精神中"民本主义"思想的发挥。

啖助等人解释《春秋》，不仅比较注意发挥儒学中蕴含的"仁政""民本"思想，还对春秋霸业进行否定。在先秦儒家孔子、孟子看来，齐桓公、晋文公等春秋霸主打着"尊王攘夷"的旗号，图谋称霸诸侯，其心可诛，但客观上也对当时"礼崩乐坏"的局面有所匡正。那么啖助等人为什么要对春秋霸业进行否定呢？这要从中唐的社会政治形势中去找原因。

自安史之乱后，唐代形成了藩镇割据的政治局面，手握重兵的节度使闹独立。唐德宗建中年间，以朱滔为首的河朔四镇自比春秋诸侯，模仿春秋盟会的形式叛唐称王。啖助等人否定霸业，正是针对困扰唐代政治的藩镇割据。在《春秋集传纂例》卷4《盟会例第十六》中，赵匡抨击诸侯盟会说：

> 若王政举则诸侯莫敢相害，盟何为焉！贤君立则信著而义达，盟可息焉。观春秋之盟，有以见王政不行，而天下无贤侯也。

他们强调"王纲""贤君"的重要性，而对盟会加以否定。否定了霸业的合理性，也就否定了当时藩镇割据的合理性。

唐代社会矛盾积累得越来越多。到了中唐，朝廷中出现了一股要求变革的势力，"永贞革新"就是这股变革势力的一次大亮相。变革思想在意识形态中有所反映。啖助等人的《春秋》学主张就充满了通权达变的思想。他们反对董仲舒的"天不变道亦不变"，主张"反经合道""变而得中"（《春秋集传微旨》卷中），肯定变革是事物发展的常规，从而得出在政治上应积极变法的结论。在《春秋集传纂例》卷6《改革例第二十三》中，陆淳记赵匡之语说：

> 法者，以保邦也，中才守之，久之而有弊，况淫君邪臣从而坏之哉！故革而上者比于治，革而下者比于乱，察其所革，而兴亡兆矣！

政治生活中的各种弊端必须通过变革来加以消除，使天下重归于治。变革与否，是治乱所系的重大问题，从中可以看出兴亡的征兆。如果说柳宗元等人站在政治改革的前沿，那么啖助等人则站在学术变革的前沿，他们的变革思想为改革派作了理论上的准备。

四　啖助学派在经学史上的地位

啖助等人的《春秋》学研究，是从汉学向宋学过渡的产物。他们在当时被看成"异儒"，受到不少学者的推崇。不仅柳宗元曾师事陆淳，大和年间著名学者刘蕡的对策中许多观点与他们的精神一致，陈商、陆龟蒙等人也都相信陆淳的学说。因此，啖助等人《春秋》学的出现，带动了整个经学的蜕变，是《春秋》学史上的一个转折点。通过这次蜕变，经学在一定程度上恢复了面向现实的特征。从文化意义上说，啖助等人的《春秋》学研究，是韩愈、柳宗元等人掀起的儒学复兴运动的前奏，并成为其中的一个组成部分。

从啖助等人开始直到清朝乾嘉年间，《春秋》学显示出与前后不同的特点。这种特点的形成，是与啖助等人的影响分不开的。

第一，从章句训诂向义理阐发转变。啖助以前的《春秋》学研究大多拘泥于对字句的阐释，较少重视对义理的发挥。事实上，《春秋》作为儒家"五经"之一，它的特殊地位决定了对它的研究不能仅仅停留在字义诠释上，还应该对其中隐含的义理加以必要的发挥。经学是中国封建社会的主流意识形态，发挥着为社会政治提供理论依据的功能。而现实社会政治形势是不断变化的，因此意识形态中的观念也要不断加以调整，否则它就会成为僵死的教条，难以在人们的精神领域占有一席之地。经学义理化，有助于建立起一个不断适应社会政治形势变化的意识形态体系。因为从总体来说，谈义理比讲训诂具有更大的灵活性与自由度，能使经学更具有实用价值。

第二，从《春秋》"三传"分立走向"三传"统一，变专门之学为通学。自汉代以来，《春秋》分为"三传"，左氏偏重于补充史实；公羊氏则着重于对义理的阐发；谷梁氏介于二者之间。"三传"互不相容，壁垒森严，互相排斥，形同水火。即使一传之下，也往往分出数家。如一部《公羊传》，就有胡毋氏、董氏、严氏、颜氏等不同的派别。门户不同，使《春秋》学成为聚讼之学，读书人莫知谁是而无所适从。啖助等人把《春秋》学从"三传"纠纷中解放出来，不再死守传注，而是发挥自己的主体意识，依据自己的理解去解释经文，这就是人们常说的"舍传求经"。但这并不是说他们完全弃传注于不顾。在他们的研究中,对于"三传"的优点常加以吸收。如史实取左氏最多,义理则不论左氏、公羊、谷梁,合则留,不合则自出胸臆,另作解说,期融为一家之学。啖助、赵匡、陆淳这种"会通三传"的《春秋》学出现以后,"三传"分立的时代就基本结束了。

自啖助、赵匡、陆淳开创新《春秋》学派之后,继起者大有其人。卢仝著《春秋摘微》,韩愈曾赠诗说:"《春秋》三传束高阁,独抱遗经究始终。"可知其舍传求经更为彻底。此外,冯伉有《三传异同》,刘轲有《三传指要》,韦表微有《春秋三传总例》,陈岳有《春秋折衷论》。这类书大体上都调和"三传",目的在于"幸是非殆乎息矣"(《全唐文》卷741《三传指要序》)。由此可见,会通"三传"或舍弃"三传",是中唐以来《春秋》学的总趋势。

宋代学者继承了啖助、赵匡、陆淳的治学传统,在《春秋》学研究中往往弃传就经或重经轻传,注重以经求经,直寻《春秋》大义。如孙复、孙觉、刘敞、崔子方、叶梦得、吕本中、胡安国、高闶、吕祖谦、张洽、程公说、吕大圭、家铉翁等,都是其中较为著名的人物。啖助等人的学风受到宋代学者的推崇。邵雍说:"《春秋》三传而外,陆淳、啖助可以兼治。"(《皇极经世书》卷13《观物外篇》)将他们的《春秋》学提到与"三传"并称的地位。程颐从维护儒家学说的权威地位出发,赞扬其绝出诸家,有攘异端、开正途之功。朱子对他们的治学方法十分赞赏,称"孙明复、赵匡、啖助、陆淳、胡文定皆说得好"(《朱子五经语类》卷57《春秋》)。元朝名儒吴澄高度评价了啖、赵、陆的创新之功:

  唐啖助、赵匡、陆淳三子,始能信经驳传,以圣人书法纂而为例,得其义者十七八,自汉以来,未闻或之先。(《吴文正集》卷1《四经叙录》)

啖、赵、陆《春秋》学方法的影响还波及其他诸经的研究。北宋初,李之才教邵雍学《易》,就先让他读陆淳等人的著作。不过,正如皮锡瑞所说:"宋人说《春秋》本啖、赵、陆一派,而不如啖、赵、陆之平允。"

(《经学通论》之四《春秋》)的确,自从啖助等人开风气于先,宋人继流风于后,说《春秋》者大有其人。孙复作《春秋尊王发微》,大力发挥"尊王大义"。以后效法者众多,《春秋》成为宋代第一大经,《春秋》经文被随意引申,主体意识被过分张扬。南宋胡安国作《春秋传》,以议论解经,标举《春秋》的核心为"尊君父,讨乱贼",连朱熹也批评其牵强之处很多,不尽合经旨。但由于该书的政治实用性很强,宋以后一直受到尊崇。元朝确定"四书""五经"为取士标准,《春秋》采用《胡传》。《胡传》与《左传》《公羊传》《谷梁传》被称为"《春秋》四传"。

以主观臆见解经,难免横生议论,曲解经义。因此啖、赵、陆的《春秋》学尽管得到勇于创新的学者的喝彩,但也受到了一些严谨学者的批评。如欧阳修说:

> 啖助在唐,名治《春秋》,摭讪三家,不本所承,自用名学,凭私臆决,尊之曰"孔子意也"。赵、陆从而唱之,遂显于时。呜呼!孔子没乃数千年,助所推著果其意乎?其未必也。以未可必而必之,则固;持一己之固而倡兹世,则诬。诬与固,君子所不取,助果谓可乎?徒令后生穿凿诡辨,诟前人,舍成说,而自为纷纷,助所阶也。(《新唐书》卷200《儒学下》)

这番严厉的批评,从某些方面击中了啖助等人《春秋》学的要害。他们虽然克服了过去经学中烦琐拘泥的弊病,却往往又走向另一个极端,造成解经时的主观随意性。这种主观随意性在他们的著作中有所反映。因此,我们在肯定啖、赵、陆《春秋》学历史作用的同时,也应该看到其消极影响。

(原载《中国史研究》1996年第3期)

儒家神道传统与宋代政治文化

纵观周秦两汉以降中国政治文化发展的轨迹，无论是政治思想还是政治行为，都以"人"为政治的出发点和最终目的，这反映了中华文化的人文精神。但另一方面，中国古代政治生活中又渗透着大量的神秘主义色彩。这种色彩源远流长，历经改造、发展，形成了独特的政治文化传统。它既区别于现代意义的人本主义政治，也不同于西方中世纪的神权政治，而是具有鲜明东方色彩的世俗政治，其基本特点是"神道设教"。作为一种政治神秘主义，"神道设教"的政治传统具有非常丰富的内容。它对古代政治生活、思想意识的渗透可以说无处不在。因此这是一个值得研究的重要课题。本文只对与君主政治密切相关的神道传统及其在宋代政治和宋人意识中的表现形态作一些探讨，并对其政治学、文化学意义进行粗略诠释。①

一 理性与传统：宋人意识的双重性格

宋代文化是中国古代文化发展的一个高峰。文人政治已相当成熟，儒家士大夫广泛参政，他们以自己的理解方式实践着儒家的政治理想。而儒家文化的天人合一特色，也在他们的思想深处打上了深深的烙印，影响着他们的政治意识和政治行为。无论是在学术上还是在实践中，都促使他们对天地神鬼等问题做出自己的解释。

宋代文人士大夫大体上在学术领域内摒弃了汉学的神仙方士成分。

---

① 注：当然，道教、佛教等宗教在两汉以后的中国政治生活中无疑扮演了相当重要的角色。关于这一点，本文不拟涉及，只讨论纯粹"传统"的"神道设教"对宋人意识和宋代政治的影响。

这一方面归功于科学精神的日益增长所引发的怀疑精神与理性精神深入"人心";另一方面也是儒家人文精神本身对宗教神秘主义色彩进行自我清除的结果。但是,儒家思想内部并没有完全抛弃天、地、神、祖等观念,这又为宗教神秘主义因素的存在提供了空间。为了解决这一矛盾,宋儒使用了两套语言工具。在他们的思想中,已经没有面目清晰的人格神,他们一般只从纯哲学的角度去探讨世界秩序的根源,但当面对具体的政治情势时,即使当时最彻底的唯物论者也难免要"谈天说神"。如欧阳修、王安石主张"天人相分",人自人,天自天,也不过仅仅否认了天人感应,并没有彻底否认天的存在,只是各人对天的解释不同而已。欧阳修说:"自尧舜三代以来,莫不称天以举事,孔子删《诗》《书》,不去也。盖圣人不绝天于人,亦不以天参人。绝天于人则天道废,以天参人则人事惑,故常存而不究也。"(《新五代史》卷59《司天考第二》)因为欧阳修看到了天道观念作为儒家的一个古老传统,对"人事"具有深刻的影响,所以提倡"常存不究"的不确定态度。

天命观是儒家神道传统的一个重要方面。每个人都生活在特定的文化传统中,传统文化往往影响着人们的思想和行为,代复一代,形成了集体无意识的状态。人类生活于社会之中,对外在于我的世界及其秩序、社会规范及自我存在的价值、社会合理性等问题,往往要追问其终极根源。为此,程颢"体贴"出"天理"二字。朱熹对天、帝、主宰的阐释,足以代表宋人对宇宙本原的看法。有人问经传中的"天"字,朱熹说:"要人自看得分晓。也有说苍苍者,也有说主宰者,也有单训理时。"(《朱子语类》卷1)朱熹列举了三种对"天"的解释:一为自然之天,一为主宰之天,一为义理之天。他没有明确地说自己对"天"的看法。事实上在朱熹的思想中,三种对"天"的理解兼而有之。有人问"天",朱熹以主宰言之,什么是主宰?朱熹回答说:"自有主宰。盖天是至刚至明之物,然如此运转不息,则所以如此,自必有主宰之者,此等处要人自见得,非语言所能尽。"(《朱子语类》卷68)很难说朱熹相信有一个主宰宇宙和社会的天帝神,但为了给这个世界找到一个支点,使万事万物有其存在的根据,才假定有一个主宰。关于"天"的问题,与其说他在进行神学论证,毋宁说他在进行哲学追问。因为朱熹的本体论是建立在"理"或"太极"之上的。在朱熹的思想中,"天"是一个哲学范畴,而不是一个神学名词。

宋人思想中的这种双重性格是不容忽视的。在他们的意识中，理性精神与神道传统并非互不相容。相反，他们能够以理性精神驾驭神道传统，使之成为自己手中的工具。因为神道传统一方面为官僚士大夫进行谏诤提供了最为明快的工具；另一方面它又是对百姓施行教化最有效的手段，所以不会被轻易抛弃。难怪富弼再入相时听说有人在皇帝面前讲灾异皆天数而非人事得失所致时叹息道："人君所畏惟天，若不畏天，何事不可为者！去乱亡无几矣。"（《宋宰辅编年录校补》卷7）他认为如果把"天"的作用从政治生活中去除，那么会使"辅弼谏诤之臣无所复施其力"，这是关系到"治乱之机"的大问题，必须加以重视。① 在集权专制主义政治体制中，皇权至高无上，皇帝具有绝对的自由意志。这种无限制的权力一旦被滥用，后果不堪设想。而高于皇权的只有"天"，皇帝仅仅是"天子"，故"天"的地位为历代多数政治家、思想家所承认，姑且不论他们是真信还是假信，是使皇帝信还是他们本人也信。

"天"具有丰富的内涵，是神道传统的核心概念。又由于"天"的模糊性，儒家士大夫在借天言事时往往加以充分发挥，以"兜售"自己的政治主张。他们参与政治生活以后，涉及如何处理道与"势"（理想与现实）的关系问题。真正的儒家士大夫往往采取"批判地适应"的态度。一方面，他们作为政治的实践者，要竭力维护自己赖以生存的政治法统。宋代士大夫具有比历朝都优越得多的地位。赵家王朝"不杀士大夫"的祖训，使他们的主体精神得以较为自由地展示，集团意识也空前突出。在他们看来，宋朝天下并非赵氏一家所独有，而是皇帝与士大夫所共有，故"天下事当与天下共之，非人主所可得私"（《宋史》卷405《刘黻传》）。因此，维持天下的稳定与和谐，并为宋王朝的存在提供可以普遍接受的理论根据，是他们的义务与责任。另一方面，儒家的理想主义精神，又使他们在维护现有政治法统的同时，对现实的政治弊端进行批判。有时他们的批判是惊人地坦率。无论是维护、论证政治法统的合理性，还是批判、针砭现实政治的弊端，都贯穿着他们的"主体意识"。而在表

---

① 关于灾异说与君主政治的关系，参见拙文《汉代灾异说与儒家君道论》，《中国社会科学》1991年第3期。

达他们的"主体意识"时，神道传统与天命观念经常成为他们立论的根据。

二 天命与嬗代：宋受周禅的官方解释

经过五代十国的剧烈动荡，到赵宋王朝建立，中国历史又走完了一个分久而合、乱极而治的圆圈。按照儒家传统的说法，王朝之兴必由天命，而同一传统又宣称"天命靡常"，也就是说天命并不是恒久不变的。

汉代的董仲舒提出了一套比较系统的"天人感应"理论。符瑞、灾异被看作天命得丧的重要启示。同时，儒家德治主义与民本思想又使他在天、地、人的宇宙结构中，强调人的中心地位，主张人是天人感应的主体。故董仲舒说："天之生民，非为王也，而天立王以为民也。故其德足以安乐民者，天予之；其恶足以贼害民者，天夺之。"（《春秋繁露义证》卷7《尧舜不擅移汤武不专杀》）"天予"与"人归"是兴王的两个必要条件。赵普在"陈桥兵变"时劝宋太祖黄袍加身时就说过："兴王易姓，虽云天命，实系人心。"（《续资治通鉴长编》卷1）新的王朝已经建立，百废待兴。宋太祖虽是一介武夫，但他逐渐认识到治天下须用儒生。而儒生士大夫们也开始了新的思考，很多重大的现实理论问题亟待他们去解决。首先，新王朝的建立是否具有天命的神圣性？其次，新王朝是否有延续下去的坚实基础？再次，新旧嬗代模式是否合法？最后，这一切是否与儒家价值系统相冲突？诸如此类的问题，迫切要求他们尽快地加以论证，并做出回答。对如此种种问题要做出合理而又令统治者满意的回答并不容易。

宋太祖受禅，实际上是一场兵变，与五代诸帝并无二致。因此如何对此事进行解释，确实令当时的历史学家们头痛。今天我们看到的宋人记录，较具有权威性的如《续资治通鉴长编》等书，清一色地使用《春秋》笔法，为尊者讳，为贤者讳，对这一事加以粉饰。据宋太祖的《即位谕郡国诏》说："六师方次于近郊，一夕遽生于大变，告予以丹商之事，谓予有舜禹之功，注矢横戈，势不可遏。"（《宋大诏令集》卷156）据诏书的说法：第一，兵变乃兵士幕僚所为，与太祖本人无关；第二，强调即位是"人心"所向，并非巧取豪夺；第三，不讳言武力威胁在事件中的作用。这代表了宋初官方对周宋嬗代的立场。但这一立场后来又有了变化，特别强调"禅让"而讳言兵变。据魏泰《东轩笔录》记载，仁宗朝李淑出知郑州，奉祠祀于周少主恭陵而作诗："弄耟牵车晚鼓催，不知门外倒戈回。荒坟断陇才三尺，又道房陵半仗来。"仁宗将该书送交中书讨论，翰林学士叶清臣言："本朝以揖让得天下，而淑诬以干戈，非臣子所宜言。"仁宗"亦深恶之"，遂褫李淑所居之职。（《东轩笔录》卷3）兵变夺权对宋朝君臣而言很不光彩，因此要千方百计地加以掩饰，并让天下人接受周宋更代是效法尧舜的禅让。

既然官方立场上确定了宋受周禅是效法尧舜，那么还必须解决新的问题：宋有何德而王天下？天命观被宋代的儒家士大夫沿用。

首先，编造帝王神异之事，借以说明天命非他莫属。据称，太祖出生时"赤光绕室"，异香经宿不散，"体有金色，三日不变"。长大以后，"容貌雄伟，器度豁如，识者知其非常人"。（《宋史》卷1《太祖本纪》）又相传赵匡胤尚未显贵之时，曾乘酒兴到南京（今河南商丘）高辛庙求签，占卜自己一生的名位，"自小校以上至节度使，一一掷之，皆不应。忽曰：'过此则为天子乎？'一掷而得圣筊"（《石林燕语》卷1）。这件事在民间流传颇广。而在宋代，南京高辛庙香火旺盛，制度甚雄。晏殊在南京留守时于庙中题诗："炎宋肇英主，初九方潜鳞。尝因蓍蔡占，来卜天地屯。唐唐大横兆，謦咳如有闻。"（《苕溪渔隐丛话后集》卷29引《蔡宽夫诗话》）经过文人士大夫的渲染，这些传说散布民间，成为佐教辅治的有力工具。

其次，附会符瑞，说明宋祚之兴乃得于天启。据《宋史》载，周世宗显德六年（959）北征途中阅四方文书而得韦囊，中有木三尺余，题曰"点检作天子"。（《宋史》卷1《太祖本纪》）这条史料显然系宋人伪造。同卷又载陈桥兵变之日，军中善占星术者苗训和门吏楚昭辅"视日下复有一日，黑光摩荡者久之"。日者君也，天无二日，国无二君。如今天有两日相斗，预示着人间有一个君将取代另一个君。天以其昭昭之象，显示了人间王朝嬗代的合理性。文人士大夫以普通百姓喜闻乐见的方式，初步证明了宋太祖代周合乎天意。第一，非常之人必能成非常之事；第二，王之将兴，天必示吉。这些都本于神道传统。其政治学意义在于，真龙天子应天而生，并已君临人间。由此揭示，新王朝一经建立，其神圣性不容置疑，"易姓受命，王者所以应期"（《宋史》卷484《韩通传》）。太祖也颇以此自得，曾对臣僚说："帝王之兴，自有天命。周世宗见诸将方面大耳者皆杀之，我终日侍侧，不能加害也。"在位期间，他还多次微服出行，群臣谏阻，则说："有天命者任自为之，不汝禁也。"（《宋史》卷3《太祖本纪》三）言外之意，是向臣僚显示天命对自己有所独钟。

最后，"神道设教"的政治功能，促使宋代史学家在追述君主出生行事时无一例外地涂上了神秘主义色彩。元修《宋史》本于宋人记录，记太宗母"梦神人捧日以授，已而有娠"，太宗出生之夜"赤光上腾如火，闾巷闻有异香"。（《宋史》卷4《太宗本纪》一）宋代每位帝王之母都有"梦日有娠"的经历，每位帝王出生时都"赤光照室"，这些神异怪诞的记录背后，有丰富的文化内涵和政治功利，并非仅仅用迷信、虚妄所能解释。"帝王感生"之说来自古老的"神道设教"，而"五帝"信仰则自秦汉以来一直沿袭，"感生帝"即五帝之一。"帝王之兴，必感其一。"（《宋史》卷100《礼志》三）从北齐、隋、唐以来专门祭祀感生帝，隋唐还以祖考升配，宋沿唐制。宋朝"五德"中的"火德"，奉"赤帝"为"感生帝"，故历代帝王出生时都以"火""赤"附会，以表明赵家天子都是"赤帝"之子。

对君主人格的神化，一方面有利于增加社会的向心力，维持社会的稳定和谐；另一方面，儒家士大夫还借以表达自己的理想主义精神，敦促君主向善慕道、敬天爱民。司马光说："自幼学先王之道，意欲有益于当时。"（《司马光奏议》卷3《日食遇阴云不见乞不称贺状》）可以代表具有济世精神的儒家士大夫的心理。胡宏说："天者，道之总名也。子者，男子之美称也。此之谓大道。为天下男子之冠，则可谓天子矣。"（《胡宏集·知言》）天子奉天而行道，"赏罚一毫不得其当，是慢天也。慢而至于颠倒错乱，则天道灭矣。灭天道，则为自绝于天"（《陈亮集》卷10《六经发题·礼记》）。所以天子的责任至艰至重。如王安石于熙宁二年（1069）迁参知政事时上奏说："天既以圣人之材付陛下，则人亦将望圣人之泽于此时。"（《临川先生文集》卷39《进戒疏》）言外之意，寄托了儒家士大夫对君主的多少期望啊！

三　德运与正闰：历史序列的重新编排

证明了宋王朝得天下的合法性，并不意味着完成了对宋王朝在整个历史序列中的合法性论证。如果说前面只是承认了历史的事实，那么现在就要上升到价值层面，对历史序列进行评估，从而为宋王朝在历史的观念序列中的合理存在找到价值依据。"五德终始说"与"正闰论"是解决这个问题的基本工具。

"五德终始说"本来是阴阳家的理论，它用一种超历史的先验图式去解释历史。儒家理论体系将它吸收以后，糅合了儒家的价值关怀与政治期望，"五德终始说"成为古代史学家、政治家诠释历史运行的一个重要观念。"正闰论"与"五德终始说"密切相关。天下不可一日无君，于是乎有"统"；又因为天无二日，民无二主，于是乎有"正"与"非正"（闰）之别。① "正者所以正天下之不正也；统者所以合天下之一也。"（欧阳修《原正统论》）但哪个王朝为"正"，哪个王朝为"非正"，其间就包含了价值判断。人们价值观的差异，造成了判断的差异，因此历代对正闰问题聚讼纷纷。著名史学家司马光在《资治通鉴》中著"正闰论"说："学者始推五德生胜，以秦为闰位，在木火之间，霸而不王，于是正闰之论兴矣。……若以道德者为正耶？则蕞尔之国必有令主，三代之季，岂无僻王？是以正闰之论，自古及今，未有能通其义，确然使人不可移夺者也。"（《资治通鉴》卷69）由于立论标准各异，这一直是一个历史难题。

宋太祖于建隆元年（960）三月壬戌"定国运以火德王，色尚赤，腊用戌"（《宋史》卷1《太祖本纪》一）。其根据是"国家受禅于周，周木德，木生火，合以火德王"（《宋会要辑稿》运历一之一）。这就承认了本朝与五代的历史一脉相承性。但官方的这一立场以后多次遭到非议。太宗雍熙元年（984）四月，布衣赵垂庆首先发难，由此引发了长期的争论。他认为，本朝应该越过五代而上承唐统是为金德。何况梁继唐，历经五代，正好走完一个终始，到本朝也应该为金德。他还举出大量的白

---

① 参见梁启超《论正统》，载《新史学》，《饮冰室合集》（第1册），中华书局1989年版。

色符瑞作为"证据",希望朝廷改正朔,易服色,"以承天统"。经尚书省集议后,被常侍徐铉等人驳回。此后真宗朝开封府功曹参军张君房又上言主张"金德说"。他比赵垂庆更进一步指出,五代立国短暂,根本不足以立统,而南唐自称唐后,宋平江南而一统,应承土德而为金。主金德的还有大理丞董行父。真宗天禧四年(1020)光禄寺丞谢绛又上书提出宋应绍唐运而为土德,他认为应仿效汉为尧后黜秦绍周的先例,还为"土德说"找出了很多"证据"。

针对如此种种异议,朝廷多次加以驳斥。第一,"五运迭迁,亲承历数,质文相次,间不容发,岂可越数姓之上,继百年之运?"如果无视五代历史的存在,直承唐统,就割断了历史的连续性,那样历史序列将是残缺不全的。第二,朱温篡唐,不足以立统;后唐庄宗中兴唐祚,"重新土德",五代的历史序列应该是"晋以金,汉以水,周以木"。根据五行相生的原理,至宋代为火。第三,本朝自国初以来祀赤帝为"感生帝",奉火德之运已是既成事实,"此事体大,非容轻议"。(《宋史》卷70《律历志》三)所以徐铉等人强调"宜从定制,上答天休","圣宋永为火德"(《续资治通鉴长编》卷25),官方一再重申这一立场。

虽然德运之争在真宗朝告一段落,但正闰问题远没有解决,学者私议不绝。王钦若、张方平、欧阳修、苏轼、章望之、毕仲游、陈师道、司马光、刘恕、廖行之、张栻、李焘、朱熹、叶适、黄裳、周密、郑思肖等人对正闰问题都有专门论述。[①] 五代的历史地位问题,是当时的史学家、政治家关注的焦点。因为只有确定了五代的历史地位,才能确定宋朝在历史序列中的位置。德运与正闰之争,远言之是关于历史序列如何编排的问题,近言之则是赵家王朝如何承统的问题,所以已经超出了单纯学术争论的范围,而成为一个重大的现实理论问题。从历史进程本身的轨迹来说,宋朝的前身是五代的乱世。但两汉以来形成的伦理化历史观,在事实上的历史进程之外确定了一个理想化的历史序列。这个序列以重治世,轻乱世,尊正统,黜僭乱为原则。在五代,儒家的政治伦理经受了严重的打击。如何使超越的"伦理化历史"与活的历史实际协调一致,首先关系到一个评判标准的问题。据此,宋代学者对正闰问题的

---

① 参见饶宗颐《中国史学上之正统论》,香港龙门书店1977年版。

争论大体可以分为重名（形式）与重实（内在本质）两派。前者以欧阳修、司马光为代表。欧阳修认为"五胜"之说是"秦世不经之说"，而汉以后所传的"正统论"不合"《春秋》正统之旨"（《欧阳文粹》卷1）。所以欧阳修、司马光在具体的历史编纂中对历史序列的编排较为尊重历史的客观实际。而"重实"一派则力图通过自己的主观设计，整理出一个伦理化的历史秩序。所以王钦若等人列出"闰位"与"僭伪"（《册府元龟》"闰位部""僭伪部"），章望之区分"正统"与"霸统"。陈师道提出解决正统问题的四法宝：天、地、人、义。他说："正之说有三，而其用一。"（《后山集》卷13）三者指天、地、人；一者指义。虽然天时、地利、人和，但如果得之不义，则不得预于正统。这种重视"历史本质"的态度，给历史顺序的编排带来了困难。因为每个人都有一个自认为的正统标准，每个人就有一部主观化的历史。相比之下，欧阳修等人更能简捷地把握住历史的实际。所以苏轼评论欧阳修与章望之的正统论说："欧阳子以名言而纯乎名，章子以实言而不尽乎实。"（《东坡全集》卷44《正统论三首》）也就是说，尊重客观的历史进程，比用主观的道德评价去把握历史更为真实。尽管如此，围绕正闰问题的名实之争仍没有解决。"膺运"问题事实上是对王朝合法性的自我确认。新王朝是否有坚实的理由建立并延续下去，得到当代人和历史的认可，是一个至关重要的问题。

尽管德运与正闰问题有诸多争论，但宋王朝官方始终认定火德，这一立场对宋代政治文化有许多影响。火德、赤色成为宋王朝的象征，国家的政治性祭祀——腊祭相应地定在戌日举行，赤丹之物成为国泰民安、天命眷渥的瑞应。国家每遇危机，往往重申火运，显示大宋江山不会中绝，以增加王朝的自信心和天下的向心力。如至道元年（995）知通利军钱昭序献赤乌、白兔各一，并上表说："乌禀阳精，兔昭阴瑞，报火德蕃昌之兆，示金方驯服之祥。"（《宋会要辑稿》瑞异一之九）赤乌为阳，白兔为阴，阳必胜阴，故西方必定驯服。当时王小波、李顺在四川举事，波及范围很广，所向披靡，朝野震动。钱昭序在这时献赤乌、白兔等祥瑞之物，增强了朝廷平定内乱的信心。北宋被金灭后，高宗赵构南渡，改元建炎、绍兴，实寓重振火德、延续宋祚之意。（《建炎以来朝野杂记》甲集卷3）光宗时廖行之作《问正统策》，要求诸生"考古知今"，推明南渡以来正统接受之详而论其故（《省斋集》卷9），显然也是利用天命观念、正闰理论等传统思想回答一个现实的理论问题。

四 礼乐与祭祀：治定功成的神学依据

确定了宋王朝在历史序列中的位置，还要进行神学论证。张方平说："夫帝王之作也，必膺箓受图，改正易号，定制度以大一统，推历数以叙五运，所以应天休命，与民更始。"（《乐全集》卷19《南北正闰论》）"膺箓受图"指的是接受符命，"改正（朔）易（国）号""定制度""推历数"指新王朝应根据上天的启示建立一套新的礼乐文化系统。在这一系列变革完成以后，才算治定功成。宋朝建立后，于建隆元年（960）春正月乙巳大赦天下，改元，定国号为宋，赏赐内外百官军士，贬降者叙复，流配者释放，父母该恩者封赠，遣使遍告郡国，并赐书南唐，又遣官告祭天地社稷。随后立太庙，追尊祖考，完成了政治法统的递变。政治法统有因革，与之相应的礼乐文化系统也有因革。正如孔子所说："殷因于夏礼，所损益可知也；周因于殷礼，所损益可知也。"（《论语·为政》）也就是说，每个朝代都有自己特有的礼乐文化特征，故夏尚忠，殷尚质，周尚文，救文以质。礼最初指祭祀活动。王国维说："盛玉以奉神人之器谓之豐若丰，推之而奉神人之酒醴亦谓之醴，又推之而奉神人之事，通谓之礼。"（《观堂集林》卷6《释礼》）后来礼的范围有所扩大，事神事人通谓之礼，而"礼有五经，莫重于祭"（《礼记·祭统》），所以神道因素在各种礼中仍占主要地位。

宋代五礼编修绵绵不绝。宋太祖即位的第二年，因太常博士聂崇义上《重修三礼图》，故诏太子詹事尹拙集儒学之士详定之，从此礼典代有编修。开宝年间，刘温叟等人奉命依唐《开元礼》为蓝本，加以损益，撰成《开宝通礼》二百卷，既而又定《通礼义纂》一百卷。到仁宗嘉祐年间，欧阳修纂集散失，命官设局，"主《通礼》而记其变，及《新礼》（案：指贾昌朝的《太常新礼》）以类相从，为一百卷，赐名《太常因革礼》，异于旧者盖十三四焉"（《宋史》卷98《礼志》一）。以后又多次修订。南宋孝宗时曾续编《太常因革礼》，其后朱熹想取《仪礼》《周官》《二戴记》为本，编次朝廷公卿大夫士民之礼，尽取汉、晋而下及唐诸儒之说，考订辨证，以为当代之典，未及成书而卒。(《宋史》卷98《礼志》一)宋代统治者十分重视礼典的编修。宋高宗曾对辅臣说："晋武平吴之后，上下不知有礼，旋致祸乱。周礼不秉，其何能国？"(《宋史》卷98《礼志》一)礼是立国之本，国家靠礼来文饰，社会靠礼来维系，而高宗的半壁河山更要靠礼来支撑，所以即使在汲汲奔忙之中，也念念不忘礼典的修复。"五礼之序，以吉礼为首，主邦国神祇祭祀之事。"(《宋史》卷98《礼志》一)吉礼鲜明地体现了天命传统对国家政治生活的渗透。国家性的祀典中每年大祀三十次，中祀九次，小祀九次，加上一些其他祭祀，"每岁大、中、小祀百有余所，罔敢废阙"(《宋史》卷98《礼志》一)。神权与政权是密切相关的。哪级政权该祭何神，有严格的规定，不许僭越，否则就是"淫祠"，予以取缔。祭祀是国家政治生活的重要内容。自五代以来，凡遇大祀，以宰相为大礼使，太常卿为礼仪使，御史中丞为仪仗使，兵部尚书为卤簿使，京府尹为桥道顿处使，总称"大礼五使"。至宋代大礼使有时用亲王充任，礼仪使则专用翰林学士，仪仗使、卤簿使抑或以他官充任。由此可见国家对大祀的重视。从祭祀对象看，上自天地四时，日月星辰，下至祖考、圣贤，遍及百神。天地神祖与自然崇拜的文化传统植根于中国农业社会，在儒家文化体系中有其象征意义。最重要的祭祀大礼是拜祭天地，"古者祀天于地之圜丘，在国之南；祭地于泽中之丘，在国之北"，"所以顺阴阳、因高下而事之以其类也"。(《宋史》卷100《礼志》三)以冬至祀天，夏至祀地，盛礼容，具乐舞，以成"王者父天母地"之意。自宋初以来，南郊四祭及"感生帝"、皇地祇、神州凡七祭并以四祖迭配。配享制度的目的在于"推本奉先""尊亲明等"。此外尚有祈谷、雩祀、"五方帝"、"感生帝"、社稷之祀及明堂、宗庙之礼。这一切表明，从帝王血统到四时政令都有神学上的依据。皇帝也希望通过祭祀大礼向世人显示"事天之诚，爱民之仁"，而国家"所以垂万世之统者在是"。(《宋史》卷99《礼志》二)

最具严肃性与神圣性的祭祀大典是封禅。宋代封禅之议始于太宗朝。当时宰臣宋琪等上表认为："皇王大功，莫大于混一中夏；古今盛礼，莫盛于登封介丘"。而现在"刑清讼息，俗阜民和，草木效祥，尽入朱弦之奏，羽毛荐瑞，皆登清庙之歌"，"自古受命封禅之君，交三神之欢，接千岁之统，未有如陛下之盛也"，故请求太宗"叙华夷亿兆之心，述天地神祇之意，乞展告成之礼，聿修帝类之仪，庶耀玄功，式昭盛德"。（钱若水《太宗皇帝实录》卷29）由此可知，第一，政通人和，天与人归是封禅的先决条件。第二，封禅的目的在于"告成功于上帝，祈景福于下民"（《宋大诏令集》卷116），向"华夷亿兆"之民显示大宋江山的稳固，神佑之坚实与国力之雄厚，而向"上帝"报告自己秉承天意治理下民之成效，从而表明自己"治定功成"。但太宗朝最终没有行封禅礼。宋代的封禅告成礼完成于真宗朝。史载真宗聪明，心有大志，而对澶渊之盟深以为辱，常怏怏不乐。用兵复仇，又不是契丹人的对手。王钦若看出真宗的心思，进言说："惟封禅可以镇服四海，夸示外国。"（《宋史纪事本末》卷4）可见封禅有明确的政治目的。但是，"自古封禅，当得天瑞希世绝伦之事乃可尔"（《宋史纪事本末》卷4）。王钦若认为天瑞不一定有，前代有人为制造的，只要大家"深信而崇奉之，以明示天下"，则与天瑞无异。他还认为《河图》《洛书》并不存在，而是圣人用以"神道设教"的工具。为了现实的需要，制造符瑞也无妨。于是真宗君臣造异梦，制天书，演出了一幕封禅闹剧。大中祥符元年（1008）春正月乙丑，"天书"降于承天门，此前真宗已感异梦。六月，"天书"又降于泰山。十月，真宗到泰山行封禅大礼。大中祥符四年（1011）又在临汾阴祀后土，并加封五岳帝号。至此，完成了登封告成之礼。五年（1012），真宗又称梦"圣祖"赵玄朗。综合"天书"与"异梦"，可以看出这样四层意思：第一，申明真宗统治的宋王朝有天命的坚实基础，如承天门"天书"文有"赵受命，兴于宋，付于恒（案：真宗御名），居其器，守于正，世七百，九九定"。第二，上帝对真宗的统治表示满意。如泰山"天书"文曰："汝崇孝奉吾，育民广福。锡尔嘉瑞，黎庶咸知。"第三，显示宋王朝国运长久。如承天门降"黄字天书"三幅，"终述世祚延永之意"；泰山"天书"也有"国祚延永，寿历遐岁"之文。第四，编造赵宋王朝的神圣谱系。真宗于大中祥符五年（1012）冬十月感"圣祖"赵玄朗之梦，梦中"圣祖"告诉他："吾人皇九人中一人也，是赵之始祖；再降，乃轩辕黄帝；后唐时复降，主赵氏之族，今已百年。"赵宋皇帝既有这样神圣的血统，其统治天下就理所当然了。真宗朝芝草及瑞物不计其数。瑞物有文成大"宋"字、大"吉"字、"天下太平"字、"真君王万岁"字、"赵二十一帝"字，等等。自澶渊盟后，封禅事作，祥瑞沓臻，天书屡降，而"导迎奠安，一国君臣如病狂然"。(《宋史》卷8《真宗本纪》三) 其间掺和了浓烈的神仙方士色彩，一些利欲熏心的道教徒从中起了推波助澜的作用。而许多儒家士大夫如王钦若、陈尧叟、陈彭年、丁谓、杜镐等人利用儒家经义附和"天书"之事，争言祥瑞，成为一时风气。① 如果仅仅认为这是真宗君臣粉饰太平、好大喜功，是不全面的。面对当时日益严重的内忧外患，真宗君臣企图利用儒家古老的神道传统，唤起朝野内外对大宋王朝的信心，借以增强国家的凝聚力。这实际上是"末日"之感的忧患意识的另一种表现。另外，根据元朝史臣的推测，真宗"奉天"、封禅、制造"天书"，还有借此以耸动契丹人之听闻、潜消其凯觎之志的目的。(《宋史》卷8《真宗本纪》三) 可见，在天命观念影响下的政治神秘主义传统在宋代仍然发挥着很大的作用。

五　符瑞与灾异：两种政治语言的文化意义

儒家最高的社会理想是"和"，为此强调社会生活中"尊尊""亲亲"的礼治秩序，在政治生活中主张"法阴阳、顺四时"，按照自然法则处理人间事务，达到"神人以和""天地同和"的境界。宋代儒家士大夫普遍接受了这个观念。张知白说："三才者，人居其中，乃天地之和气，人心和则阴阳和，阴阳和则日月星辰咸顺其晷，雪霜风雨不失其时。"(《国朝诸臣奏议》卷36《上真宗论周伯星现札子》) 富弼上神宗奏章也认为："帝王所为之政和则天下人喜，人喜则其心亦和。和气既生，充于上下，天地自然以和气应之。"(《历代名臣奏议》卷301) 而"和气致祥，乖气致沴，天人之际，应若影响"(《历代名臣奏议》卷306)，这就是"祥瑞说"与"灾异谴告说"的理论依据。

宋代比较正派的儒家士大夫一般不信符瑞。欧阳修斥之为"异端之说""诡怪之言"。(《新五代史》卷63《前蜀世家》) 而且宋代义理之学

---

① 儒家士大夫在真宗封禅告成活动中的作用不可低估。据苏辙《龙川别志》卷上说，真宗将封禅，偶幸秘阁，遇杜镐方值宿，上骤问曰："古人言河出图、洛出书，果何如？"杜镐乃一老儒，不知上问何意，遂对曰："圣人以神道设教耳。"杜的对答正"意与上合，上意乃决"。

兴起，儒者讲五行，一般"原于理而究于诚"（《宋史》卷61《五行志》一），巫史成分大大减少。很多人对"符瑞说"进行了批判。第一，指斥符瑞不见于先圣经典。第二，指出所谓"异物"不足为异。第三，如果崇信符瑞，难免邪人饰伪以邀宠。第四，劳民伤财，困穷生灵。第五，符瑞影响君主的勤政。韩琦推测《春秋》不言符瑞之旨说："岂不以君于人者，阅瑞牒则意安，睹灾异则心惧，意之安则其政怠，心之惧则其德修，圣人重诚之深，其旨斯在。"（《国朝诸臣奏议》卷36）第六，即使承认符瑞之真，也希望君主持谨慎的态度，以"虽休勿休"为念。他希望真宗勤勉政事，革除时弊："陛下诚能宝兹数事，虽休勿休，则瑞星不出，臣亦贺"；否则，"瑞星虽出，臣亦不敢同众人之贺矣"。（《国朝诸臣奏议》卷36）显然这些儒家士大夫将德治主义传统看得比虚无飘缈的符瑞更为重要。受其影响，宋代多数皇帝对符瑞采取了明智的态度。如太宗认为："时和岁稔，天下人安，乐此为上瑞，鸟兽草木之异，何足尚焉！"并诏两京诸州不得以珍禽异兽充贡。高宗自谓从来不受瑞物，他说："朕今若得岁丰，人不乏食，朝廷有贤辅佐，军中有十万铁骑，乃为祥瑞，此外皆不足信。"他还认为"比年以来，四方奏祥瑞，皆饰空文，取悦一时"，诏诸路州郡不要以祥瑞奏闻。孝宗朝淮南运判姚岳、知池州鲁詧等还因妄进祥瑞被放黜。（《宋会要辑稿》瑞异一之八至瑞异一之二七）

但是，"祥瑞说"作为"神道设教"的政治神秘主义传统，仍然被宋代政治生活所容纳。宋朝旧史"自太祖而嘉禾、瑞麦、甘露、醴泉、芝草之属不绝于书"（《宋史》卷61《五行志》一），说明祥瑞在宋代仍受到重视。符瑞之目，"皆如礼部式务载其事于国史"，各地所献符瑞皆宣付史馆。建隆元年（960）驯象至京师，宰相率百官称贺，"自后凡符瑞内外奏至，必宣示宰相，即时奏贺；天瑞率群臣诣阁门拜表"。（《宋会要辑稿》瑞异一之二七）符瑞甚至还被分送到州郡，藏之于名山，图之于宫观，帝王与群臣时常观看。符瑞之献以真、徽二朝为多。高宗虽不信符瑞，而对"宗庙产芝"却倍加珍视，认为此乃"祖宗积德流庆，其来有自"。（《宋会要辑稿》瑞异一之二七）因为宗庙供奉祖宗神主，宗庙产芝，正意味着先帝余荫犹存，中兴有望。

虽然说宋代多数儒家士大夫反对"祥瑞说"，但基本上不反对"灾异谴告说"。这并不意味着他们与神仙方士有多少瓜葛。宋代君主集权有所强化，他们希望借天变以规诫人君，使其"遇灾而惧，修德正事"（《历代名臣奏议》卷310《上灾异札子》），"于政教之间思所未至，随其变以应之"，即所谓"日食修德，月食修刑"（《国朝诸臣奏议》卷36），这就是儒家"屈君而申天"的传统。灾异的范围相当广泛。凡是自然界不常见的灾害性变异，都属于灾异之列。科学技术发展到宋代，已能对一些自然变异给予正确的解释。如地震、日食在汉代被看成最严重的灾异现象，但到了宋代，已经可以比较精确地测度日食。因此，对于日食是否还算灾异，已有了不同的看法。如神宗熙宁元年（1068）正月一日日食，群臣拜表称"天人之交，虽灾祥之宜戒，日月之会，亦盈缩之有常"（《宋会要辑稿》瑞异二之二），把日食看成自然界的正常现象。但是，人君遇灾而惧，戒慎修省，已成为千年传统。所以高宗认为："日食虽是躔度之交，术家能逆知之，《春秋》日食必书，谨天戒。"（《宋史全文》卷19上）沈与求认为："日食虽躔度可推，然日为阳类，至于薄食，则人君所当恐惧修省，以应天变。"（《建炎以来系年要录》卷83）因而宋代君臣原则上仍把日月星变、水旱虫霾、雨雪雷震等视为上天的谴告，要求君臣共孚"应天之诚"，备"事天之礼"，允"应天之实"，总正万事，以消天灾。发生灾异，皇帝依照惯例避正殿，减膳撤乐，素服不视事以"待罪"。特殊情况下须减尊号，大赦天下，决滞狱，赈灾民，并更新政治经济政策。皇帝还往往下诏罪己，并令臣僚上书说民间疾苦，检讨时政阙失。如神宗因日食下诏责己："岂非庶政之失加于四方，德谊未孚，刑罚未中，善气缪戾，以累三光？"要求"公卿庶士，善励百职，图救厥异，以昭棐忱"。（《宋会要辑稿》瑞异二之二至瑞异二之一六）高宗以久阴罪己四失：一昧经邦之大略，二昧戡难之远图，三无绥人之德，四失驭臣之柄。并榜于朝堂，遍谕天下，其念咎责躬之意，不可不谓痛切。（《宋史》卷25《高宗本纪》）

灾异谴告理论为儒家士大夫提供了一个充分发表自己意见的谏诤机会。他们利用天人合一理论，说明人事失和与天地之变，其义相通。天子作为神圣的象征，"奉天子民"，对天人之变必须承担责任。叶清臣说："王者上承天之为而下以正其所为，君政有治乱，天应有灾祥，盖天人相与之际，系君德之感通。"（《历代名臣奏议》卷299）儒家士大夫以灾异理论为工具，对致变之因进行阐释，借以对君主失德加以矫正。此外，宰相也应对灾异的出现承担责任。宋代很多宰相的罢免都与灾异有关。单是仁宗天圣七年（1029）至皇祐元年（1049）这二十一年间，因为灾异而罢相的就有王曾、王随、陈尧佐、贾昌朝、陈执中五人。

由于对灾异的原因的解释具有不确定性，使借题发挥的范围具有随意性，导致灾异理论往往成为政治斗争的工具。这在党争激烈的宋代屡见不鲜。影响最大的有三次：神宗朝围绕王安石新法的斗争，徽宗朝围绕蔡京"绍述之政"的斗争，以及理宗朝围绕贾似道专权误国的斗争。神宗朝王安石以"三不畏"著称，故他的反对者认为他背弃了儒家传统。史称熙宁七年（1074）旱灾，王安石认为水旱乃天地之"常数"，尧汤亦不能免，"但当修人事以应天灾"；而神宗在反对派的影响下认为"此非细事"，王安石因此而去位。（《宋宰辅编年录校补》卷3至卷8）徽宗朝以灾异为武器进行的政治斗争持续时间更长，始于元符三年（1100）日食求直言，终于大观四年（1110）蔡京因彗星见而出居杭州，共历十年，党争几经反复。（《宋史纪事本末》卷49）理宗时宋王朝内忧外患日益严重。特别是北方的蒙古，从西、南两路包抄，准备一举灭宋。右丞相贾似道却谎报军情，粉饰太平，专权自恣，迫害忠良，朝野正人君子对他恨之入骨。理宗景定五年（1264）秋七月，"彗出柳，光烛天，长数十丈，自四更见东方，日高始灭"（《宋史》卷474《贾似道传》）。这引起朝野极大的惊慌，理宗慌忙避殿，减膳，下诏责己，求直言，大赦天下。久受压抑的士民纷纷上书，指斥朝政，矛头直指奸相贾似道，要求罢黜三公，以应天变。很多人都卷入了这场议政风潮。但是议政风潮持续两个月后，上书言事的人却被以"谤讪生事"的罪名"追捕勘证"，"议罪施行各有差"。从此"中外结舌"，朝政日益腐败，危机更加严重。

宋代君权有所加强，相权也很大。灾异理论凸显了高于皇权而又具有绝对权威性的镜鉴，为政治生活提供了最高准则。它对君权、相权的批判，可以预防阶级和社会矛盾过于激化，有利于政治机体间的互相适应和协调，使政治车轮不至于离轨太远。值得注意的是，对灾异谴告理论的接受程度往往取决于对儒家传统德治主义的信仰程度，不具有强制性，故其对政治行为的约束力也因人而异。

总之，神道传统一方面作为儒家士大夫承认新王朝的合法性、对当前政治权威加以认可和适应的工具；另一方面作为他们进行政治批评和政治斗争的有力武器，在宋人意识和宋代政治生活中发挥着举足轻重的作用。如果忽视了它的影响，将无法对宋代乃至整个中国古代政治史、思想史进行全面的诠释。

（原载《四川大学学报丛刊》1991年第53辑）

"易简功夫"：宋儒的经学取向

清末学者皮锡瑞在其所著《经学历史》中将经学史上的宋代时期称为"经学变古时代"。的确，从宋代经学所表现出来的种种特征来看，与此前的汉唐经学、此后的清人学术都有较大的区别。宋代经学重义理，好创获，重发挥，喜新说，在阐释与发展儒学内在价值的同时，高扬主体意识和理性精神，显露出鲜明的宋学特征。宋儒对于汉唐章句注疏之学进行了反思，认为汉唐注疏不能穷尽儒经之旨，而且传注众多易造成经学分裂。因此，在经学观念、经学方法、经学内容等方面，宋儒都有许多创新。在经学取向上，宋儒另辟蹊径，力图超越汉唐，崇尚"易简"，扫除汉唐传注之学，弃传求经。通过研究、玩味经典"本文"，直接探求圣人"本意"、经典"本义"，发掘经典中所蕴含的儒学价值，"六经注我，我注六经"体现了宋儒主体意识的强化。

一 "六经简要"

汉唐经学的特征表现为章句注疏之学。章句既是一种解经体裁，也是一种解经方法。冯友兰说：

> 章句是从汉朝以来的一种注解的名称。先秦的书是一连串写下来的，既不分章，又无断句。分章断句，都须要老师的口授，在分章断句之中，也表现了老师对于书的理解，因此，章句也成为一种注解的名称。①

---

① 冯友兰：《中国哲学史史料学初稿》，上海人民出版社1962年版，第140页。

一般认为，章句与家法密切相关。章句是家法的必要条件，没有章句，也就无所谓家法。因此钱穆先生认为"家法"即"章句"，"盖有章句家法，则为师者易以教，为弟子者亦易以学"①。由于章句之学要对经典分章析句，难免割裂经文，断章取义。又由于要"左右采获""具文饰说"，难免引用资料太多，烦芜堆砌，妨碍对经文的理解。如小夏侯再传弟子秦恭（延君）增师法至百万言，注《尧典》十余万言，其中解"曰若稽古"四字就用了两万言。可见章句之学末流之烦琐。班固《汉书·艺文志》批评章句之弊说：

> 古之学者耕且养，三年而通一艺，存其大体，玩经文而已，是故用日少而畜德多，三十而五经立也。后世经传既已乖离，博学者又不思多闻阙疑之义，而务碎义逃难，便辞巧说，破坏形体；说五字之文，至于二三万言。后进弥以驰逐，故幼童而守一艺，白首而后能言；安其所习，毁所不见，终以自蔽。此学者之大患也。

所谓"不思多闻阙疑之义，而务碎义逃难，便辞巧说"，指对经籍中的一些问题本来不全明白，但为了显示博学，多方附会，不惜广征博引，证成己说，以逃避问难。所谓"破坏形体"，有两层含义：一是破坏经文的完整性，断章取义；二是如颜师古说，经师为逃避别人的攻击，析破文字的形体以饰说。汉初经师多通"五经"，训诂举大义而已。因为章句注疏烦琐，牵引繁广，汉初古学之风渐失，经师往往白首不能通一经，虽然经说文字日益增多，但见解狭隘，不能会通。②

汉代经注除章句外，还有传、说、故、微、记、笺、解、注、解故、训诂、故训、集解、义、论等诸多名目。大体上有的侧重于对字义的解释，有的侧重于对文义的疏通。南北朝时出现一种新的解经体裁——

---

① 钱穆：《两汉博士家法考》，载《两汉经学今古文平议》，商务印书馆2001年版，第238页。

② 有关章句之学的讨论，参见林庆彰《两汉章句之学重探》，载《中国经学史论文选集》上册，台北：文史哲出版社1990年版。

"义疏"，又称"讲疏"。隋唐时期，继承了这种注疏方式，又对经书的传注作了新疏。唐贞观十四年（640），孔颖达等人奉唐太宗诏命，为"五经"作"义赞"，亦即注疏。书成之后，唐太宗下令改为"正义"。这以后注疏又称为"正义"。在唐代，疏是单独流行的，自成一书，不与注文合。到了宋代才把注疏合刻在一起，把疏分属于注文之下。注疏的一个重要特点是"疏不破注"，也就是疏必维护注的观点，在注的基础上引申发挥，补充资料，以把原文注释的每一句话解释清楚为目的。刘师培解释唐人"正义"说：

> 至冲远（孔颖达字）作疏，始立正义之名。夫所谓正义者，即以所用之注为正，而所舍之注为邪，故定名之始，已具委弃旧疏之心。故其例必守一家之注，有引申而无驳诘。凡言之出于所用之注者，则奉之为精言；凡言之非出于所用之注者，则拒之若寇敌。故所用之注，虽短亦长，而所舍之言，虽长亦短。①

这段话对唐人注疏"疏不破注"特点的概括与批评，大体上是符合实际的。无论是章句，还是注疏，其最大的弊病莫过于烦琐。汉代的桓谭、王充、班固早就提出过批评。西汉扬雄"不为章句，训诂通而已"（《汉书·扬雄传》），但他撰《法言》，提出"五经不可使人易知"的观点，认为圣人之道如果易知，就如"天俄而可测，其覆物也薄矣；地俄而可度，其载物也浅矣"（《法言·问神篇》）。圣人之经是易知还是难测的讨论，反映了两种经学取向。汉儒注重章句训诂，一经之说常达"百万余言"，这与他们的经学取向不无关系。虽然汉儒在字句的解释方面取得了不少成就，但儒家思想的精髓，往往淹没在烦琐的注释之中，儒学在汉唐时期的发展停滞不前，这不能不说是其中的一个重要原因。

宋代经学"变古"，是变汉唐之"古"。宋儒在反思汉唐经学的同时，也涉及经典的难易问题。宋儒多倾向于"六经简要"。如欧阳修撰《六经简要说》，认为"妙论精言，不以多为贵"，但"人非聪明不能达其义"。当然，承认"六经简要"，并不是要否定"六经"文本。要探求"圣人

---

① 范文澜：《群经概论》第1章第3节引，朴社1933年版，第4页。

之意",还得依靠经典。所以欧阳修《系辞说》批评"书不尽言,言不尽意"说:

> 自古圣贤之意,万古得以推而求之者,岂非言之传欤?圣人之意所以存者,得非书乎?然则书不尽言之烦,而尽其要;言不尽意之委曲,而尽其理。谓书不尽言,言不尽意者,非深明之论也。(《欧阳文忠公集》卷130)

故欧阳修治经尤其注意区分本末,"于经术务究大本,其所发明简易明白"。其论《诗》曰:

> 察其美刺,知其善恶,以为劝戒,所谓圣人之志者,本也;因其失传而妄自为之说者,经师之末也。今夫学者得其本而通其末,斯善矣;得其本而不通其末,阙其所疑可也,不求异于诸儒。(《欧阳文忠公集》附录)

这种"务究大本"的经学方法贯穿于欧阳修的注经实践之中。

徐积也认为治经应着重于"大体",而不应当斤斤于章句训诂这样的细枝末节。他以《诗经》为例,认为"治《诗》者必论其大体。其章句细碎,不足道也"(《节孝语录》)。苏轼在他的几篇经论中也反复阐述了"六经之道简易明白"的道理。如在《诗论》中说:

> 自仲尼之亡,六经之道遂散而不可解。盖其患在于责其义太深,而求其法之术太切。夫六经之道,惟其近于人情,是以久传而不废。而世之迂学,乃曲为之说,虽其义之不至于此者,必强牵合以为如此,故其论委曲而莫通也。

《春秋论》也有类似的看法。为什么"天下之人常患求而莫得其之所主"?在苏轼看来,"天下之人以为圣人之文章非复天下之言也,而求之者太过,是以圣人之言更为深远而不可晓"。认为其实大可不必把圣人之道看得如此神秘高远,只要明白"六经之道"近于"人情"即可,不必过为深求，这样也许对于接近圣人之道更有好处。但是，世人往往做不到这点，而是曲为之说，不得要领。所以苏轼在《中庸论》中慨叹：

> 甚矣！道之难明也！论其著者鄙滞而不通，论其微者汗漫而不可考。其弊始于昔之儒者求为圣人之道而无所得，于是务为不可知之文，庶几乎后世之以我为深知之也。后之儒者见其难知，而不知其空虚无有，以为将有所深造乎道者，而自耻其不能，则从而和之曰然。相欺以为高，相习以为深，而圣人之道日以远矣！（《苏文忠公全集》卷2）①

苏轼从社会心理层面分析了"求道过深"的原因，确有见识。与苏轼同列蜀党的吕陶，也有类似的观点。其《应制举上诸公书》（之一）认为："圣人之所谓道者，以简易为宗，以该天下之理；以仁义为用，以成天下之务。非幽远而难明，阔疏而难施，汗漫而不可考信。"（《净德集》卷15）他也作有《春秋论》，说："圣人之道，要在使天下之人皆可以知之，不为高说异论，以惑后世。故五经之言大率简易明白，惟道所存。"他批评"后之学者务欲推明圣人之道，张而大之，而思之太深，求之太过，虽较然可晓之义，必亦为之立说。说立而莫能归其理，则从而攻夺争辩。是以大经大法破碎紊乱，而莫可考正"（《新刊国朝二百家名贤文粹》卷16）。吕氏的观点与苏氏如此相近，难怪《宋元学案》将他列入"苏氏同调"。

二 经道关系

对于圣人之道与经典之关系的认识，宋儒大体上都强调从经典文本的角度去理解"圣人之道""圣人之旨"，绝不放弃对经典文本的注释、研究。如种放在《辨学》一文中批评"不穷尧、舜、文、武、周、孔之

---

① 《易论》《书论》《诗论》《礼论》《春秋论》既见于《苏文忠公全集》卷2，又见于《栾城应诏集》卷4。洪迈《容斋五笔》卷10《公谷解经书日》条引"苏子由《春秋论》"云云，文句正同，则似应为苏辙之作。

法言，但抉摘百家诸子巧谲纵横之言，以资辩利而争霸其说"的学风，认为"大抵圣人之旨尽在乎经，学者不当舍经而求百家之说。道德淳正，莫过乎周、孔，学者不当叛周、孔以从杨、墨"（《新刊国朝二百家名贤文粹》卷16）。范仲淹说："夫育材之方莫先劝学，劝学之道莫尚宗经，宗经则道大，道大则才大，才大则功大。盖圣人法度之言存乎《书》，安危之几存乎《易》，得失之鉴存乎《诗》，是非之辨存乎《春秋》，天下之制存乎《礼》，万物之情存乎《乐》。故俊哲之人入乎六经，则能服法度之言，察安危之几，陈得失之鉴，析是非之辨，明天下之制，尽万物之情。使斯人之徒辅成王道，复何求哉！"（《范文正集》卷9《上时相议制举书》）程颐认为"六经"是为明道而作，圣人之言虽然简约，但圣人之道已经全部包含在其中："圣人之道传诸经，学者必以经为本。"（《二程遗书》卷18）显然在程颐等人看来，对经典的深入研究、对辞指的深刻领会，是通向"圣人之道"的必由之路。如果儒者不由经典，不守圣人之说，自叛其学，就会使儒学精神日益消失。程颐又说：

> 圣人六经皆不得已而作，如耒耜陶冶，一不制则生人之用熄。后世之言无之不为缺，有之徒为赘，虽多何益也。圣人言虽约，无有包含不尽处。（《二程遗书》卷18）

程颐以道概括经典中的义理。他批评汉儒的繁琐哲学是不知"六经简易"之理。有人问："汉儒至有白首不有通一经者，何也？"程颐回答说：

> 汉之经术安用？只是以章句训诂为事。且如解《尧典》二字，至三万余言，是不知要也。（《二程遗书》卷18）

他认为"圣人之道坦如大路"，但学者往往"病不得其门"，不知如何去把握"圣人之道"。其实只要"得其门"，就"无远之不可到"。这个"门"是什么？就是经典。但是"今之治经者亦众矣，然而买椟还珠之蔽，人人皆是"（《近思录》卷2）。研治经学，不能抓住其中的精髓，却纠缠于其中的细枝末节，钻研得越深，离"圣人之道"越远。因此他提出：

经所以载道也。诵其言辞，解其训诂，而不及道，乃无用之糟粕耳。(《二程文集》卷14《与方元寀手帖》)

善学者要不为文字所梏。故文意虽解错，而道理可通行者不害也。(《二程外书》卷6)

这一见解大胆而新奇，是对汉儒解经方法的挑战。程颐还认为读经应了解圣人作经之意，说："凡看文字，非只是要理会语言，要识得圣人气象。"(《二程遗书》卷22上)"读书者，当观圣人所以作经之意，与圣人所以为圣人，而吾之所以未至者，求圣人之心，而吾之所以未得焉者，昼诵而味之，中夜而思之，平其心，易其气，阙其疑，其必有见矣。"(《二程遗书》卷25)也就是说读经要善于从训诂章句的迷雾中解脱出来，把握经典的核心。程氏高弟杨时说："六经，先圣所以明天道，正人伦，致治之成法也。其文自尧、舜、历夏、周之季，兴衰治乱成败之迹，救敝通变因时损益之理，皆焕然可考，网罗天地之大文理，象器幽明之故，死生终始之变，莫不详喻曲譬，较然如数一二。"(《龟山集》卷25《送吴子正序》)尹焞也说："读书者当观圣人所以作经之意与圣人所以用心，与圣人所以至圣人，而吾之所以未至者，句句而求之，昼诵而味之，中夜而思之，平其心，易其气，阙其疑，则圣人之意见矣。"(《和靖集》卷4)总之，程门弟子承其师说，多主张抛弃烦琐注疏，直探圣人之心。

在经与道的关系问题上，"永嘉九先生"之一蒋元中的《经不可使易知论》一文也值得一提。① 他认为圣人之道"不以无经而亡"，也"不以有经而存"，圣人作经，不是专为道设，而是"为求道者设"。接着他对"难知"的问题提出自己的看法："后世之人所以深究圣人之经者，非以其经之难知也，圣人之难知也；非圣人之难知也，道之难知也。"为什么呢？他说，圣人之道在我，而与天下共之，故发挥所蕴，著为"六经"，"而圣人之心无蕴矣"。但是后世之人往往认为圣人之道"不易知"，这是因为不知"明经之道"。蒋元中提出"经载道也，道在心也"的观点，认

---

① 乾隆《温州府志》卷28下。据《宋元学案》卷32《周许诸儒学案》，蒋氏服膺洛学，元丰中太学有"永嘉九先生"之目。这篇论可能是他为太学上舍生时所作，"太学诸生盛传诵之，至刻之石"，可知在当时产生过相当大的影响。后来张九成（横浦）对此论也非常称道。

为"三代以上，士以心明经，故经明而为君子；三代以下，士以经明经，故经明而为书生"。以经明经，"是非真知经者也"。他说，"以心明经者，出于意言之表；以经明经者，不出于意言之间"。圣人有"不言之旨"在"意言之外"，这种"不言之旨"必须用"心"去体会才能有得。所以仅仅看到经典之言语，是无法真正把握"圣人之道"的。对圣人的"不言之旨"，必须"反身而求之"，才能有得。也就是要"观其言而明于身，反其本而复于心"，发挥自己的主观能动性。他批评汉儒说："汉儒不然，明于此而不明于彼，徇于末而不知其体，皓发笺注之间，以求圣人之道，犹观后人之影而不识其面也。"正因为汉儒不知明经之道，所以，没有真正领会圣人之意不在章句之间而在言意之表，"读《易》而知爻象，诵《诗》而知风雅，汉儒之所能也。至于观《易》而忘象，善《诗》而不说，汉儒之所不能也"。汉儒对经典花了如此大的力气去笺注训释，但并没有真正把握"圣人之旨"，这就给学者造成一种误解，认为圣人之经难知，"圣人之道"难知。因此，必须超越汉儒的方法，善知经者不求之于意言之间，而应求之于意言之外。

"六经"是儒家"圣人之道"的载体，汉唐以来没有人怀疑过。但是，"圣人之道"与经典的关系，有两个问题必须回答：第一，"圣人之道"是否全在经典之中？第二，经典讲的是否都属于"圣人之道"？对此，宋儒提出了一些新的看法。他们的观点体现在对经典与传注进行重新审视上。这就涉及经典究竟有多大的可信度的问题。宋代疑古思潮的兴起，为宋儒客观认识经典提供了可能性。

对于儒家经典是通向"圣人之道""圣人之心"之桥梁的看法，宋儒大体上是予以肯定的。宋儒治经，以讲明"圣人之道"为鹄的，故重视经典本文。他们对汉唐传注虽然不完全否定，但更注重发挥个人心得，主张通过对经典"本文"的研究，把握圣人"本意"，从而实现对经典"本义"的探求。他们对汉唐时期的传注之学多有批评，其中重要的一条就是认为前人的种种说法不符合或违背了圣人的"本意"，因而影响了对经典"本义"的理解。"本文""本意""本义"是宋儒在谈论读书、治经时常常使用的几个概念。所谓"本文"，即经典原文，这是"圣人之道"的主要载体。所谓"本意"，是指圣人所要表达的本来意思、意义。因为"意""义"二字文义基本相近，在宋人的文献中，"本意""本义"

有时是可以互通的。不过，仔细考察，二者还是有所差异。"本意"侧重于圣人创作经典的原始动机或意图，具有主观性、间接性的特点；"本义"则主要指经典表面上呈现给读者的意思或意义，具有客观性、直接性的特点。借用现代诠释学的概念来说，儒家经典即是诠释的对象，称之为"文本"；"本意"是所谓的"作者的意图"；"本义"是所谓的"作品的意图"。

确认"本文"的可靠性，是理解圣人之意、经典"本义"的基础和前提。为此，宋儒非常重视"读书法"，许多学者都强调读书应当"善疑"。程颐说："读书当平其心，易其气，阙其疑，则圣人之意见矣。"（《二程遗书》卷25）又说："学者要先会疑。"（《二程外书》卷11）杨时主张："学者当有所疑，乃能进德。然亦须著力深，方有疑。"（《龟山集》卷11《语录二》）这种"疑"不是胡乱怀疑，而是在努力思考、仔细分析基础上的"疑"。朱熹也说："读书无疑者须教有疑，有疑者却要无疑，到这里方是长进。"（《朱子语类》卷11）当然，也不能胡乱起疑，应当疑其可疑。朱熹主张：

> 大抵看圣贤言语，须徐徐俟之，待其可疑而后疑之。如庖丁解牛，他只寻罅隙处，游刃以往，而众理自解，芒刃亦不顿。今一看文字便就上百端生事，谓之起疑。且解牛而用斧凿，凿开成痕，所以刃屡钝。如此，如何见得圣贤本意？（《朱子语类》卷20）

读圣贤之书，应当带着疑问去看，通过从无疑到有疑、再由有疑到无疑这样一个过程，实现对"圣人之道"的把握。

象山学派也非常具有怀疑精神，重视"疑"的学习态度。陆九渊主张："为学患无疑，疑则有进。"（《象山语录》卷4）据《象山语录》记载：

> 时朱季绎、杨子直、程敦蒙先在坐，先生问子直学问何所据，云："信圣人之言。"先生云："且如一部《礼记》，凡'子曰'皆圣人言也，子直将尽信乎？抑其间有拣择？"子直无语。先生云："若使其都信，如何都信得？若使其拣择，却非信圣人之言也。人谓某

不教人读书，如敏求前日来问某下手处，某教他读《旅獒》《太甲》《告子》'牛山之木'以下，何尝不读书来？只是比他人读得别些子。"（《象山语录》卷3）

在陆九渊看来，经典中的一些"圣人之言"也不可尽信。比如《礼记》一书，许多标明"子曰"，却不似圣人之言。因此学者要善于读书，对经典中的所谓"圣人之言"不可盲从，应当有所抉择。陆学传人袁燮说：

> 学者读书不可无所疑。所谓疑者，非只一二句上疑也，要当疑其大处。如观《禹贡》叙九州既毕矣，何故叙导山于其后？既叙导山矣，何故又序导水于其后？若几于赘者。能如此疑，所疑大矣。如此读书，方始开阔。（《絜斋家塾书钞》卷4）

所谓"大处"，指经典中体现大经大脉的地方，而不必计较于一些文字训诂上的细枝末节。杨简也说："学必有疑，疑必问，欲辨明其实也。"（《杨氏易传》卷1）通过提出疑问，把握圣人本意、经典本义。

晚宋学者也多具有怀疑精神。王柏说：

> 读书不能无疑，疑而无所考，缺之可也；可疑而不知疑，此疏之过也；当缺而不能缺，此赘之病也。（《鲁斋集》卷16《风序辨》）

在这种怀疑精神的驱动下，王柏著《诗疑》《书疑》，大胆对《诗经》《尚书》提出自己的看法。

宋儒通过对经典文本的重新审视，得出了经典非圣道之全、经典有牴牾之处、经典有附益之文这样一些对经典的新认识，从而破除了从前人们对经典的盲目信仰。在此基础上，大胆疑经、改经，并对经典重新进行诠释，建立宋学新范式。

三 朱陆异同

宋代以后，学者多谈朱陆异同。有些人出于门户之见，往往夸大他

"易简功夫"：宋儒的经学取向

们之间的差异，似乎二者之间水火不容。而有的人又刻意抹杀他们在"为学之方"上面的区别。这两种态度都是不可取的。在经学取向方面，朱陆既有共同之处，也有不同之点。

朱熹坚信圣人之道在于"六经"，简易精约，特别强调通经明道，身体力行。他认为"圣人言语本是明白，不须解说，只为学者看不出，所以做出注解，与学者省一半力"（《朱子语类》卷11）。由于经典本来明白，就不必花费过多的精力去加以解说。他主张："解经不必做文字，止合解释得文字通，则理自明，意自足。"批评："今多去上做文字，少间说来说去，只说得自己一片道理，经意却蹉过了。"认为解经多作文字，其实只是自己个人的发挥，对正确理解圣人的意思不一定有多大作用。所以朱熹提出：

> 经之于理，亦犹传之于经。传所以解经也，既通其经，则传亦可无；经所以明理也，若晓得理，则经虽无亦可。（《朱子语类》卷103）

传注都是通经明理的手段，应当始终把握这一点。他的这一思想，与王弼非常相似。① 朱熹还举了一个非常有趣的事例说明解经之弊：

> 尝见一僧云，今人解书，如一盏酒，本自好，被这一人来添些水，那一人来又添些水，次第添来添去，都淡了。他禅家尽见得这样，只是他又忒无注解。（《朱子语类》卷103）

经典被注家说来说去，添加了许多无关紧要的话，反而使"圣人之道"变得模糊不清了。因此解经"牵傍会合，最是学者之病"（《朱子语类》卷118）。朱熹主张解经"且只据所读本文，逐句字理会教分明，不须旁

---

① 参见（三国魏）王弼《周易略例·明象》："夫象者，出意者也。言者，明象者也。尽意莫若象，尽象莫若言。言生于象，故可寻言以观象；象生于意，故可寻象以观意。意以象著，象以言著。故言者所以明象，得象而忘言；象者所以存意，得意而忘象。"这段话是对汉代经学方法的突破，奠定了新易学的基础，影响极为深远。虽然朱熹的治学方法与王弼并无直接的关系，但朱熹对王弼之学非常熟悉，受其影响，也在情理之中。

及外说，枝漫游衍，反为无益"（《朱子语类》卷52）。至于某些注说晦涩难懂，那一定是有问题的，"不是道理有错会处，便是语言有病；不是语言有病，便是移了这步位"（《朱子语类》卷16）。朱熹反对强作解人，其立足点在于承认"圣人之道"简易明白，如果有难解之处，就值得怀疑，不必强为之说。如关于《尚书》，朱熹将其分为五种情况："《尚书》有不必解者，有须着意解者，有须略解，有难解，有不可解者。"（《朱子语类》卷78）关于《周易》，他认为："《易》解得处少，难解处多"（《朱子语类》卷72）；"某近看《易》，见得圣人本无许多劳攘，自是后世一向乱说，妄意增减，硬要作一说以强通其义，所以圣人经旨愈见不明"（《朱子语类》卷67）。关于《诗经》，朱熹认为："《诗》才说得密，便说他不着"（《朱子语类》卷80），"看《诗》且看他大意"（《朱子语类》卷80）。关于《春秋》，朱熹认为后人多穿凿之说，"只恐一旦于地中得孔子家奴出来说夫子当时意，不如此尔"（《朱子语类》卷83）。门人问《春秋》《周礼》疑难，朱熹说："此等皆无佐证，强说不得。若穿凿说出来，便是侮圣言，不如且研究义理。义理明，则皆可遍通矣。"他教育门人："看文字，且先看明白易晓者。此语是某发出来，诸公可记取。"（《朱子语类》卷83）总之，朱熹提倡的是观其大意的读经、解经方法，这与他对经典的认识是密切相关的。

朱熹重"道问学"，虽然承认"圣人之道"简易明白，但并不放弃对经典的注释。而陆九渊以"尊德性"相标榜，更重视心传，故对经典及注疏的看法都与朱熹有很大的不同。不过，这种差异也不应被过分夸大，因为他们之间在"为学之方"上的区别，终究是宋学内部的差别，在很多问题上，朱、陆的看法是非常接近的。陆九渊不否认由经求道，但他与朱熹及许多宋儒一样，认为"圣人之道"简易明白，并非幽深难知，"古人自得之，故有其实。言理则实理，言事则实事，德则实德，行则实行"（《象山集》卷1《与曾宅之》）。但是，千百余年来，"异端充塞，圣经榛芜"（《象山集》卷1《与李省干》），"道丧之久，异端邪说充塞天下，自非上知，谁能不惑？"（《象山集》卷1《与邓文范》）由于"道之不明"，故"天下虽有美材厚德，而不能以自成自达，困于闻见之支离，穷年卒岁而无所至止。其气质之不美，志念之不正，而假窃傅会，蠹食蛆长于经传文字之间，何可胜道？方今烂熟败坏，如齐威、秦皇之尸"(《象山集》卷1《与侄孙濬》)。"闻见支离""蠹食蛆长"指的是学者满足于道听途说之言，皓首于经传文字之间，不知"圣人之道"为何物。究其原因，都是不知"圣人之道"简易明白之过。《象山语录》载：

> 临川一学者初见，问曰："每日如何观书？"学者曰："守规矩。"欢然问曰："如何守规矩？"学者曰："伊川《易传》、胡氏《春秋》、上蔡《论语》、范氏《唐鉴》。"忽呵之曰："陋说！"良久，复问曰："何者为规？"又顷问曰："何者为矩？"学者但唯唯。次日复来，方对学者诵"《乾》知大始，《坤》作成物，《乾》以易知，《坤》以简能"一章毕，乃言曰："《乾文言》云：'大哉乾元！'圣人赞《易》，却只是个简易字。"道了，遍目学者曰："又却不是道难知也。"又曰："道在迩而求诸远，事在易而求诸难。"顾学者曰："这方唤作规矩。公昨日道甚规矩！"(《象山语录》卷1)

这件事非常形象地反映了陆九渊摆落传注、崇尚"易简"的治学态度。对于汉唐传注，陆九渊无须多言。但将程颐《易传》、胡安国《春秋传》、谢良佐《论语说》、范祖禹《唐鉴》作为宋学的代表作，陆九渊也不认同。这与他反对注经的态度是一致的。陆氏认为为学、治经应当以"明本心"为目的，"心之体甚大，若能尽我之心，便与天同，为学只是理会此"。所谓"明心"，其实是一种内省的方法，通过直觉去体悟心中先天存在的"理"。他说："今所学果为何事？人生天地间，为人当尽人道，学者所以为学，学为人而已，非有为也。"(《象山语录》卷4)学习的目的是为了做人，而非其他。因此，陆氏提倡一种"易简功夫"，主张"先立乎其大者""日用处开端"。所谓"易简功夫"就是"发明本心"，或者说"存心""养心""求放心"。如何"发明本心"？陆九渊认为"不过切己自反，改过迁善"，即通过自我反省、自我认识、自我完成，达到对道、对理的体认。他认为这才是为学的根本："学无二事，无二道，根本者立，保养不替，自然日新，所谓可大可久者，不出简易而已。"(《象山集》卷5《与高应朝》)

朱陆之争表面上看是"为学之方"中博与约、支离与"易简"之争，实际上反映了他们对经典的态度及其领会上的差异。陆氏不主张穷经，而主张通过"发明本心"去认识道、理。时人遂有"不读书"之消。如朱熹说:"子寿兄弟气象甚好,其病却在尽废讲学。"(《晦庵先生朱文公文集》卷31《答张南轩》之十八)对此,陆九渊辩解说:"某何尝不读书来,只是比他人读得别些子","某何尝不教人读书,不知此后然有什事"。(《象山语录》卷3)他自认为读书与别人不同,读书的目的是明理、明道。他反对"束书不观,游谈无根"(《象山语录》卷2),但主张"书亦正不必遽而多读,读书最以精熟为贵"(《象山集》卷14《与胥必先》)。他也反复对门人说,对注疏及先儒之说不能忽视,"后生看经书须着重看注疏及先儒解释,不然,执己见议论,恐入自是之域,便轻视古人。至汉唐间名臣议论,反之吾心,有甚悖道处,亦须自家有证诸庶民而不谬底道理,然后别白言之"。但是,读书应当有更为高远的追求,不能仅仅停留在理解文义的层次上,"学者须是有志读书,只理会文义,便是无志";"读书固不可不晓文义,然只以晓文义为是,只是儿童之学。须看意旨所在"。(《象山语录》卷3)这虽然是泛论读书,但也反映了他对读经的态度。他不反对读书,但认为道、理主要不是从书中获得的。他不相信通过章句训诂能解决对义理的领会问题。如一般人认为《论语》为孔子门人所记,最能反映孔子的思想。但陆九渊却认为:

> 《论语》中多有无头柄底说话。如"知及之,仁不能守之"之类,不知所及、所守者何事?如"学而时习之",不知时习者何事?非学有本领,未易读也。苟学有本领,则知之所及者,及此也;仁之所守者,守此也;时习之,习此也;说者说此,乐者乐此,如高屋之上建瓴矣。学苟知本,六经皆我注脚。(《象山语录》卷1)

如果先不明道,而去穷经,滞于文义,对《论语》中许多"无头柄底说话"是无法真正理解的。因此在读经之前,应先有一个知道的"我",才能读懂圣人之意。正是基于以上认识,陆九渊对于传注颇有微词,说:"传注益繁,论说益多,无能发挥,而只以为蔽。"(《象山集》卷19《贵溪重修县学记》)认为传注不仅不能发挥圣人之意,反而会将圣人之意掩盖住。所以当有人问"先生何不著书"(即解经)时,陆九渊反问:"六经注我?我注六经?"(《象山语录》卷1)他的回答,实际上反映了他对传注的根本态度。这八个字应当包含三层意思：首先，经典简易明白，不用作注；其次，无论是"六经注我"，还是"我注六经"，都以"我"为主体，突出主体对经典的理解、发挥；最后，"六经注我"与"我注六经"是一而二、二而一的，不能截然分为两件事。①

陆九渊不注经，并不是说他不重视经典。在如何读经的问题上，朱、陆有许多相似之处。陆九渊说：

> 某读书只看古注，圣人之言自明白。且如'弟子入则孝，出则弟'，是分明说与你入便孝出便弟，何须得传注？学者疲精神于此，是以担子越重。到某这里只是与他减担，只此便是格物。（《象山语录》卷3）

他不主张多读传注，更不主张注经，目的是为了减轻学者的负担，以便将更多的精力放在穷理、发明本心之上。读经的过程就是"我注六经"的过程，也是"六经注我"的过程，应当与圣人"同心"。

陆九渊又说：

> 其引用经语，乃是圣人先得我心之所同然，则不为侮圣言矣。今终日营营，如无根之木，无源之水，有采摘汲引之劳，而盈涸荣枯无常，岂所谓源泉混混，不舍昼夜，盈科而后进者哉？终日簸弄经语以自傅益，真所谓侮圣言者矣。（《象山集》卷1《与曾宅之》）

他反对摘录经典中的一些字句加以附会，不去真正理会"圣人之心"的学习态度。要体会"圣人之心"，自然离不开对经典的真切理解。陆九渊主张"读书须是章分句断，方可寻其意旨"（《象山集》卷6《与傅圣谟》三）。在《与傅圣谟》的信中，陆九渊以《易》为例，说：

---

① "六经注我"还有一层意思，即学者不必专从书本上去用功，更应注重践履。王应麟《困学纪闻》卷8："艾轩云：'日用是根株，文字是注脚。'此即象山'六经注我'之意，盖欲学者于践履实地用工，不但寻行数墨也。"程、朱都有"六经注我"的思想。程子曰："尝观读书有令人喜时，有令人手舞足蹈时。"或问："莫是古人之意与先生之意相合后如此否？"曰："是也。"（《性理大全书》卷53）"古人之意与先生之意相合"，即"六经注我"。

  "与天地相似"之语出于《易·系》,自"易与天地准"至"神无方而易无体"是一大段,须明其章句,大约知此段本言何事,方可理会。观今人之用其语者,皆是断章取义,难以商榷。(《象山集》卷6《与傅圣谟》三)

  只有明白了章句,才能准确掌握圣人之意。陆九渊反复申明,读经"先须理会文义分明,则读之其理自明白"(《象山语录》卷1),由此可见,陆九渊对待经典的态度还是非常严谨的。不过,弄清文义,还只是读书的第一步。他批评"今之学者读书,先是解字,更不求血脉"(《象山语录》卷3)。读书的目的是"涵养此心","若能涵养此心,便是圣贤"。读书最终要落实到正诚格致、修齐治平上来。他以读《孟子》为例,说:"读《孟子》须当理会他所以立言之意,血脉不明,沉溺章句何益。"(《象山语录》卷3)

  抛开朱、陆的哲学争端不谈,在经学观上,他们都崇尚"易简",认为圣人之道本来就非常明白,不必过于深求。在这一点上,他们的认识是一致的。其实宋代其他学者也大多鄙薄烦琐,崇尚易简。如叶适认为:

  每念尧舜三代间文字,须不待训义解说而自明,方为得之。然自周以来,必设学而教,而孔氏亦以教门人子弟,故有起予兴观群怨之论,则所谓训义解说殆不可已也。若《左氏》所载,固已蔓延,远于正道,而公、谷尤甚。及汉初各守一师,因师为门,其说不胜其异,后世乃以为遭秦而然误矣。盖训义解说出于俗儒,势自当然尔。郑玄虽曰囊括大典,网罗众家,删裁繁诬,刊改漏失,然不过能折衷俗儒之是非尔,何曾望见圣贤藩墙耶?况更数十年无不如此,就有高下,何所损益?其不待训义解说者固粲如日星,学者不以自明,而辄以自蔽,是真可叹也。(《习学记言》卷25)

  叶适认为尧舜三代之文其实道理非常明白,用不着解说。孔门以之教授门人,后世繁衍丛脞,枝说蔓延,反而使"圣人之道"不明。

  由以上所举可见,宋儒一般认为经典之中蕴藏了"圣人之道",要把握"圣人之道",自然离不开经典,但仅仅通经,是难以真正理解"圣人之道"的真谛的。王安石《答曾子固书》所谓"读经而已,则不足以知经"(《临川先生文集》卷73),是对这一认识的最好概括。在"舍传求经"和"义理至上"的口号下,宋儒经学崇尚简易,追求一种"易简功夫",往往利用对"六经"的注解阐发自己的政治主张、哲学思想。从某种程度上可说,"六经"只是宋人手中的一个"瓶",在"瓶"中装的已经不是汉唐儒学的内容了,甚至与先秦原儒的思想主张也有区别。在经学内容上,宋儒喜谈义理,侈言心性,好为新说,对"五经"及传注大胆质疑,从过去重视"五经"转而尊崇"四书",将《孟子》一书由子升为经,又将《中庸》《大学》从《礼记》中析出,与《论语》合为"四书"。他们从"四书"中发掘出儒家的道德形上学,建立起儒家的性理之学,以与佛道二家的形上学相抗衡。

(原载《儒学与当代文明》,九州出版社2005年版)

范式转移：宋儒新经学形态之建立

汉学、宋学是两种不同的学术范式，论者基本上无甚异议。简言之，汉学重经，宋学重道。① 清儒黄百家论曰：

> 孔孟而后，汉儒止有传经之学，性道微旨之绝久矣。元公（周敦颐）崛起，二程嗣之，又复横渠诸大儒辈出，圣学大昌。……若论阐发义理之精微，端数元公之破暗也。（《宋元学案》卷11《濂溪学案上》）

黄百家将宋代道德性命之学的开山祖归于周敦颐。其实周敦颐在北宋时期影响非常小，二程与他的师承关系也令人怀疑。② 而王安石的成就和影响要大得多，在这方面的著作主要有《淮南杂说》《字说》及《三经新义》。蔡卞所撰《王安石传》云王安石"著《杂说》数万言，世谓其言与孟轲相上下，于是天下之士始原道德之意，窥性命之端云"（《郡斋读书后志》卷2）。蔡卞之说虽有溢美之嫌，但在当时，这是大家所公认的事实。王安石主持编纂的《三经新义》，连他的反对者也以为"经训经

---

① 所谓学术范式（又称范型），是来自西方的一个概念，指的是由学术思想、研究方法和操作程序综合而成的一整套治学规范。具体而言，包括论题、论证方式、基本观念、定律原理、材料鉴定、评判标准、实验工具、操作方法，等等。范式往往具有鲜明的时代性，每个研究者的思维方式和实际操作，总是自觉或不自觉地受一定的学术范式的影响，而这种范式最后却会像盐溶化于水中那样无处不在地体现于各种学术成果之中。范式的意义在于潜移默化，多数人总是在已有的、行之有效的范式内工作。在一定的条件下，旧范式会被突破，新范式得以建立。宋代的经学变古就是对汉学旧范式的突破。

② 参见邓广铭《关于周敦颐的师承和传授》，原载《纪念陈寅恪先生诞辰百年学术论文集》，又收入《邓广铭治史丛稿》，北京大学出版社1997年版。

旨，视诸家义说，得圣人之意为多"（《续资治通鉴长编》卷390）。宋史名家邓广铭先生说："在北宋一代，对于儒家学说中有关道德性命的意蕴的阐释和发挥，前乎王安石者实无人能与之相比。由于他曾一度得君当政，他的学术思想在士大夫间所产生的影响，终北宋一代也同样无人能与之相比。"① 又说："王安石援诸子百家学说中的合乎'义理'的部分以入儒，特别是援佛老两家学说中的合乎'义理'的部分以入儒，这就使得儒家学说中的义理大为丰富和充实，从而也就把儒家的地位提高到佛道两家之上。因此，从其对儒家学说的贡献及其对北宋后期的影响来说，王安石应为北宋儒家学者中高居首位的人物。"② 在北宋时代，荆公新学实为最有影响的学派，经邓先生的周密论证，王安石在儒学史上的地位更加彰显。邓先生又论曰：

> 周敦颐（1017—1073年）也是把释道（特别是道）二家的义理融入儒家的学者，其在义理方面的造诣也较高，但他在北宋的学术界毫无影响……二程学说之大行，则是宋室南渡以后的事，故周密谓伊洛之学行于世，至乾道、淳熙而盛（《齐东野语》卷11《道学》），当他们在世之日，直到北宋政权灭亡之时，所谓理学这一学术流派是还不曾形成的。③

这一结论也大体不错。从学术影响来说，无论是周、张还是二程，当时都无法与王安石相比。不过，理学到底在北宋时期是否形成学派，还可以进一步讨论。其实，一个学派的形成与否，在当时的影响、地位是一个方面，但更重要的还要看它有没有一个比较系统的理论架构，以及信奉、传播这一理论体系的人群。从后两点来说，二程理学学派在北宋时期已经形成，应当是历史事实。至于程氏之学与王氏之学在后世的消长，

---

① 邓广铭：《王安石在北宋儒家学派中的地位》，《北京大学学报》（哲学社会科学版）1991年第2期。
② 邓广铭：《王安石在北宋儒家学派中的地位》，《北京大学学报》（哲学社会科学版）1991年第2期。
③ 邓广铭：《王安石在北宋儒家学派中的地位》，《北京大学学报》（哲学社会科学版）1991年第2期。

有政治方面的因素，也有学术、思想、文化方面的因素，论者已多，兹不赘述。

　　王安石讲道德性命之学，讲学注经也以探求"圣人之心""圣人之意"为鹄的，不过，由于他的学术著作大多失传，对后世的影响有限。相比之下，程朱一系在南宋以后获得了长足的发展。因此，后世谈宋学者常常以程朱学派为代表。从学术形态来说，宋学与汉学、清学的根本区别在于治学方法与学术取向。汉学讲师法家法、章句训诂；清学尊汉，重视名物训诂、小学考证；宋学则主张会通，打破家法门户，重视义理阐发，以道德性命之学为旨归。因此元、明学术也被看成宋学的延伸。宋学并不是铁板一块，包括许多学派。但是，从理论体系的完善、学派的发展演变，以及对后世的影响等方面来看，宋学无疑应当以程朱一系为主干。确定了这一点，对于下文讨论宋代经学的若干问题是非常重要的。在后面的论述中，我们将以程朱（陆九渊之学也脱胎于程氏）学派为主，兼顾宋学其他学派的观点展开论述。

一　从"本文"到"本义"

　　儒家经典是通向"圣人之道""圣人之心"的桥梁，宋儒对此大体上是予以肯定的。宋儒治经，以讲明"圣人之道"为鹄的，故重视经典本文。他们对汉唐传注虽然不完全否定，但更注重发挥个人心得，主张通过对经典"本文"的研究，把握圣人"本意"，从而实现对经典"本义"的探求。他们对汉唐时期的传注之学多有批评，其中重要的一条就是认为他们的种种说法不符合或违背了圣人的"本意"，因而影响了对经典"本义"的理解。

　　"本文""本意""本义"是宋儒在谈论读书、治经时常常使用的几个概念。所谓"本文"，即经典原文，这是"圣人之道"的主要载体。所谓"本意"，是指圣人所要表达的本来意思、意义。因为"意""义"二字文义基本相近，在宋人的文献中，"本意""本义"有时是可以互通的。不过，仔细考察，二者还是有所差异的。"本意"侧重于圣人创作经典的原始动机或意图，具有主观性、间接性的特点；"本义"则主要指经典表面上呈现给读者的意思或意义，具有客观性、直接性的特点。借用现代诠释学的概念来说，儒家经典即是诠释的对象，称之为"本文"；"本意"就是所谓的"作者的意图"；"本义"就是所谓的"作品的意图"。

宋儒非常强调"本文"对于理解"圣人之意"、经典本义的重要性。在这个问题上，朱熹的论述最为系统、全面。他在与门人的对话，以及与友人论学时，一贯主张应当立足"本文"，去理解"圣人之意"。他在《答吕子约》中说："大凡读书，须是虚心以求本文之意为先。若不得本文之意，即见任意穿凿。"又说："若只虚心以玩本文，自无劳心之害。"（《晦庵先生朱文公文集》卷48）而在《朱子语类》中，朱熹对"本文"的重视更是俯拾即是。

> 圣人说话，开口见心，必不只说半截，藏着半截。学者观书，且就本文上看取正意，不须立说，别生枝蔓，唯能认得圣人句中之意乃善。（《朱子语类》卷19）
>
> 且就本文理会，牵傍会合，最学者之病。（《朱子语类》卷118）

经典之中包含了圣人的思想、意图，学者应当首先从经典"本文"入手。针对有些初学者"读书未知统要"的迷茫，朱熹说：

> 统要如何便会知得？近来学者有一种则舍去册子，却欲于一言半句上便要见道理，又有一种则一向泛滥不知归著处。此皆非知学者。须要熟看熟思，久久之间，自然见个道理四停八当，而所谓统要者自在其中矣。（《朱子语类》卷11）

所谓"统要"，其实就是要点、中心，也就是"道理"。但学者在读书、治经的过程中往往走向两个极端：一个是不理会文本，或者对文本理会不全、不透，一知半解，自然无法真正领会圣人之意；另一个则是泛观博览，往而不返，当然也不能对圣人之意真正有所认识。①

把握"圣人之心"，必须立足于经典本文，首先应"晓其文义"，在此前提下，再去理解经典中的"大义""本义"。朱熹反复强调要尊重经典本文，不能将自己的思想硬加进去：

> 学者不可用己意迁就圣贤之言。
> 看书不可将自己见硬参入去，须是除了自己所见，看他册子上古人意思如何。
> 看文字先有意见，恐只是私意。
> 凡读书，先须晓得他底言词了，然后看其说于理当否。当于理则是，背于理则非。今人多是心下先有一个意思了，却将他人说话来说自家底意思，其有不合者则硬穿凿之使合。（《朱子语类》卷11）

在《朱子语类》中，朱熹对许多前人或近人的解经著作、经说作了批评，认为"支离了圣人本意""失圣人本意""圣人本意不如此"。如何通过理会"本文"去认识"圣人之意"呢？程、朱总结出一套方法。

首先，熟读本文，细心领会。朱熹说："大凡人读书，且当虚心一意，将正文熟读，不可便立见解。看正文了，却著深思熟读，便如己说。如此方是。"又说："须是将本文熟读，字字咀嚼教有味，若有理会不得处，深思之，又不得，然后却将注解看，方有意味。如人饥而后食，渴而后饮，方有味。不饥不渴，而强饮食之，终无益也。"对于经典本文先要精熟，深入领会其中的意思，而不要急于去看前人所做的注解。朱熹将经典"本文"与注解人的关系比喻成主人与奴仆的关系。他说：

---

① 在朱熹之前，程颐就指出学者治经爱走的两个极端："学者不泥文义者又全背却远去，理会文义者又滞泥不通。"（《二程遗书》卷18）他举《孟子》中涉及的两件事为例。如《孟子·离娄下》所记子濯孺子为将之事，程颐认为孟子本意是"只取其不背师之意，人须就上面理会事君之道如何也"，而不必对"为将"这件事情过于拘泥。又如《孟子·万章上》所记万章问舜"完廪浚井"事，孟子大意是突出舜德，如果学者要理会浚井如何出得来，完廪又怎生得下来，程颐认为"若此之学，徒费心力"。程颐的"不泥文义"即朱熹所谓"舍去册子"，"理会文义"即朱熹所谓"不知归著"，朱熹之论是对程氏的发挥和推阐。

> 圣经字若个主人，解者犹若奴仆。今人不识主人，且因奴仆通名，方识得主人，毕竟不如经字也。（《朱子语类》卷11）

通过奴仆见主人，毕竟比直接去见主人隔了一层。因此他主张直接去读经典本文，遇有理会不通之处，才去参考注解。如此读书，才能有所得。

其次，上下贯通，不可拘泥。经典之中许多说法，由于针对的场合不同，表达的方式也不一样。如果对上下文意不加以贯通理解，而拘泥于一字一句之异，义理就有可能扞格不通。程颐认为读书应当"观其文势上下之意"，而不可"以相类泥其义"，否则会"字字相梗"。（《二程遗书》卷18）朱熹也说：

> 凡读书，须看上下文意是如何，不可泥着一字，如扬子"于仁也柔，于义也刚"，到《易》中又将刚来配仁，柔来配义。如《论语》"学不厌智也，教不倦仁也"，到《中庸》又谓"成己仁也，成物智也"，此等须是各随本文意看，便自不相碍。（《朱子语类》卷11）

这里朱熹举了两个例子：一个是扬雄之说与《易》不同，另一个是《论语》之说与《中庸》不同，朱熹认为不存在对错之分，而主要是语境的不同。这就要求读者对上下文意细心体会、把握。既反对离开文义胡乱发挥，又不应该拘泥于文义。

再次，尊重"本文"，忌生枝节。朱熹主张读书应当严格尊重"本文"，不必向外去横生枝节。他说：

> 读书且就那一段本文意上看，不必又生枝节。看一段须反复看来看去，要十分烂熟，方见意味，方快活。（《朱子语类》卷10）

朱熹反对解书时添加自己的意见，刻意追求新奇，而违背文意。当时有一种治经学风，解经如作文，随意发挥，朱熹批评说：

> 今人解书，且图要作文，又加辨说，百般生疑，故其文虽可读，

而经意殊远。(《朱子语类》卷11)

其实这种学风在宋代非常普遍。宋人解经好议论，重视义理的阐发，不孜孜于文字训诂，故喜新奇，往往借题发挥，注经如做文章。孙复的《春秋尊王发微》、刘敞的《春秋说》，以及苏轼、苏辙、二程等人的经解，都是如此。朱熹对他们都有所批评。如程氏《易传》，朱熹指出：

> 程子《易传》亦成作文，说了又说，故今人观者更不看本经，只读传，亦非所以使人思也。(《朱子语类》卷11)

解经成了作文，未免喧宾夺主，后人只读传而不读本文，没有独立见解，这是朱熹所反对的。

朱熹提出的这些方法、原则，并不完全是他的发明或独见，许多宋儒都认同这样的原则①，但是，在具体的解经实践中，由于对经典"本文"的忽视，往往在有意无意之中出现偏差。朱熹总结解经"四病"：

> 今之谈经者往往有四者之病：本卑也，而抗之使高；本浅也，而凿之使深；本近也，而推之使远；本明也，而必使至于晦。此今日谈经之大患也。(《朱子语类》卷11)

"圣人之道"简易明白，不离于人伦日用，"圣贤立言本自平易，而平易之中其旨无穷。今必推之使高，凿之使深，是未必真能高深，而固已离其本指，丧其平易无穷之味矣"(《晦庵集》卷35《答刘子澄》)。如果过于深求，非要穿凿附会出一些不着边际的深奥道理，表面上看是尊经宗圣，实际上违背了圣人之意。朱熹主张"观书当平心以观之，不可穿凿看。从分明处，不可寻从隐僻处去"(《朱子语类》卷11)。因为"圣贤之言，多是与人说话，若是峣崎，却教当时人如何晓？"(《朱子语类》卷

---

① 如与朱熹治学路数差异较大的陆九渊，也强调应当尊重原典"本文""本义"，主张"解书只是明它大义，不入己见于其间，伤其本旨，乃为善解书。后人多以己意，其言每有意味，而失其真实，以此徒支离蔓衍，而转为藻绘也"。(《象山年谱》引)

11）朱熹认为，所谓"解经"之"解"，"只要解释出来，将圣贤之语解开了庶易读"。（《朱子语类》卷11）解经的目的是为了易读，为读者扫除阅读理解上的障碍。从这一点上，朱熹比较欣赏有些汉儒注书"只注难晓处，不全注尽本文，其辞甚简"（《朱子语类》卷135）的解经方式。

解经必须尊重"本文"，不能割裂文句，更不能胡乱添字，必须完整、准确地理解文义。朱熹说："解书须先还他成句，次还他文义，添无紧要字却不妨，添重字不得。今人所添者唯是重字。"（《朱子语类》卷11）文句的完整性是正确理解文义的前提条件，故应当重视分章断句，这是第一步。但经典属于古代文献，语言简奥，须以当代语言作注。注释时还应注意遵守"不添重字"的原则。所谓"重字"，指的是具有确切含义、有可能改变经典原义的一些文字。注释应当尊重文本原义，不可随意添加这样一些"重字"。朱熹指出的这一点，成为中国古籍注释学上一条非常重要的原则。

二 求"圣人之心"

宋儒喜谈圣人。在他们的著作中，"圣人之道""圣人之意""圣人之心"这一类词句极为常见。宋儒往往以学习、研究、实践孔孟之道相标榜，卑视汉唐，接续道统。张载所谓"为天地立心，为生民立命，为往圣继绝学，为万世开太平"（《张子全书》卷14《近思录拾遗》），正反映了宋儒在复兴儒学方面的自信。苏辙说：

> 学者皆学圣人，学圣人者不如学道。圣人之所是而吾是之，其所非而吾非之，是以貌从圣人也。以貌从圣人，名近而实非，有不察焉，故不如学道之必信。孟子曰：君子深造之以道，欲其自得之也。自得之则居之安，居之安则资之深，资之深则取之左右逢其原。是以君子欲其自得之也。（《栾城后集》卷6《孟子解》）

苏辙认为学者随圣人之是非而是非，表面上似乎是"学圣人"，其实并没有"深造自得"。因此与其"学圣人"，不如"学道"。对于苏辙此论，朱熹看法不同。《朱子语类》记：

> 先生因论苏子由云：学圣人不如学道，他认道与圣人作两个物事。不知道便是无躯壳底圣人，圣人便是有躯壳底道。学道便是学圣人，学圣人便是学道，如何将作两个物事看？（《朱子语类》卷130）

圣人是人格化的道，道是义理化的圣人。朱熹认为圣人与道不应该被看成两个事物，"学道"与"学圣人"不应该分作两件事情看。

"圣人之道""圣人之心"在哪里？宋儒认为就在经典之中。程颐说："圣人之道传诸经，学者必以经为本。"（《二程文集》卷9《为太中作试汉州学生策问》）又说：

> 今去圣久远，逾数千祀，然可覆而举之者何也？得非一于道乎？道之大原在于经，经为道，其发明天地之秘、形容圣人之心一也。（《二程文集》卷5《南庙试九叙惟歌论》）

因此欲求"圣人之道""圣人之心"，必须穷经。不过，在程、朱和其他许多宋儒看来，熟读经典、正确理解"本文"只是解经的第一步，还应当有所升华。程颐说：

> 经所以载道也，器所以适用也。学经而不知道，治器而不适用，奚益哉？（《二程遗书》卷6）

读书当观圣人作经之意，与圣人之所以为圣人，而吾之所以未至者，求圣人之心。

所谓"圣人之心"，也就是"圣人之道"。治经的目的在于"求圣人之心"，在于"知道"，对程氏此说，朱熹也极为赞赏，认为："此条程先生说读书最为亲切。今人不会读书是如何？只缘不曾求圣人之意，才拈得些小，便把自意硬入放里面胡说乱说，故教它就圣人意上求看如何。"（《朱子语类》卷19）

是否"明道"，是判断是否属于"儒者之学"的标准。程颐将学者划分为三类：

> 古之学者一，今之学者三，异端不与焉：一曰文章之学，二曰训诂之学，三曰儒者之学。欲趋道，舍儒者之学不可。（《二程遗书》卷18）

> 今之学者歧而为三：能文者谓之文士，谈经者泥为讲师，唯知道者乃儒学也。（《二程遗书》卷6）

"异端"指的是佛老之学，正统儒生往往视之为儒学的对立面。"文章之学"指吟诗作赋、寻章摘句、雕虫篆刻，即今天所谓的文学。"训诂之学"指的是以训章诂句为特征的传统经学。程颐认为文章、训诂之学不能算"儒者之学"，只有以探索圣人之道为目标的学问才称得上"儒者之学"。他又说：

> 今之学者有三弊：一溺于文章，二牵于训诂，三惑于异端。苟无此三者，则将何归？必趋于道矣。（《二程遗书》卷18）

文士、讲师不能称为儒者，文章、训诂更称不上儒学，但学者常常沉溺其中而不能自拔。这就是"见道不明"之过。程颐反对文章、训诂之学的态度是一贯的。他在熙宁初作的《试汉州学生策问三首》中，其一问曰：

> 士之所以贵乎人伦者，以明道也。若止于治声律、为禄利而已，则与夫工技之事将何异乎？夫所谓道，固若大路然，人皆可勉而至也；如不可学而至，则古圣人何为教人勤勤如是，岂其欺后世邪？然学之之道当如何？后之儒者莫不以为文章、治经术为务。文章则华靡其词、新奇其意，取悦人耳目而已；经术则解释词训、较先儒短长、立异说以为己工而已。如是之学果可至于道乎？仲尼之门独称颜子为好学，则曰"不迁怒，不贰过"也，与今之学不其异乎？（《二程文集》卷9）

如果学者只限于"治声律、为禄利",与"工技之事"没有区别,这是针对科举制度的弊病而言的。做文章"华靡其词、新奇其意",程颐认为这是"玩物丧志"。《二程遗书》记:

> 问:"作文害道否?"曰:"害也。凡为文,不专意则不工,若专意则志局于此,又安能与天地同其大也?《书》云:'玩物丧志。'为文亦玩物也。吕与叔有诗云:'学如元凯方成癖,文似相如始类俳。独立孔门无一事,只输颜氏得心斋。'此诗甚好。古之学者惟务养性情,其他则不学。今为文者专务章句,悦人耳目。既务悦人,非俳优而何?"曰:"古者学为文否?"曰:"人见六经,便以为圣人亦作文,不知圣人亦摅发胸中所蕴自成文耳,所谓有德者必有言也。"曰:"游、夏称文学,何也?"曰:"游、夏亦何尝秉笔学为词章也?且如观乎天文以察时变,观乎人文以化成天下,此岂词章之文也?"(《二程遗书》卷18)

程颐反对"作文"追求华丽,悦人耳目,认为这与"俳优"无异。但是,语言文字又是必需的,如"六经"也是"文",孔门四科,"文学"居其一。程颐认为此"文"非彼"文"。孔子儒门所谓的"文",是圣人抒发胸中所蕴而自然成文,完全不同于后世所谓雕虫篆刻的"词章之文"。至于经学中的记诵注疏之学,二程亦视之为"玩物丧志"[①]。

王安石对于文章、传注之学也有批评。熙宁八年(1075)七月《三经新义》成,王安石除左仆射进谢表说:

> 孔氏以羁臣而兴未丧之文,孟子以游士而承既没之圣。异端虽作,精义尚存。逮更煨烬之灾,遂失源流之正。章句之文胜质,传注之博溺心,此淫辞诐行之所由昌,而妙道至言之所为隐。[②]

[①] 《二程外书》卷12记:谢良佐"昔录《五经》语作一册,伯淳见,谓曰:玩物丧志。"又《二程遗书》卷3记:"以记诵博识为玩物丧志。"

[②] (宋)王安石:《临川先生文集》卷57。王安石此处所言的"章句",与前引程颐所谓"章句",都是指"寻章摘句"的"文章之学"。关于"章句"的用法,见陈植锷《北宋文化史述论》,中国社会科学出版社1992年版,第3页。

这段话谈到异端（佛老）、章句（文章）、传注对社会风气的危害，以及对儒家"妙道至言"的不良影响。由此可见，反对这三个方面，是宋儒的共识。当然他们并不是不要传注、文章，而是强调治学的目的、"大本"并不在此，不能沉溺其中，而忽视了对"圣人之道"的追求。

由于对道的体认不同，出现了各种各样的解经之作。朱熹把这些经学著作分为三类，说：

> 后世之解经者有三：一儒者之经；一文人之经，东坡、陈少南辈是也；一禅者之经，张子韶辈是也。（《朱子语类》卷11）

这三类其实可以简化为两类：儒学与杂学。朱熹往往将杂学与"异端"相提并论。曾撰《杂学辨》，以批驳当代诸儒之杂于佛老者，凡苏轼《易传》十九条、苏辙《老子解》十四条、张九成《中庸解》五十二条、吕希哲《大学解》四条，先摘录原文，后为驳正于下。苏轼经学方面的著作，影响较大的主要有《东坡易传》与《书传》。《东坡易传》实为苏氏父子兄弟两代三人之作，题曰"轼撰"，是因为终成于其手。朱熹对苏氏之学批评甚多，从总体上说持否定态度，但对于苏轼解经的一些成绩也有所肯定。《杂学辨》以苏轼《易传》为首，但所驳不过十九条，其中辨文义者四条，又一条谓"苏说无病，然有未尽其说者"，则朱子所不取者仅十四条，不超过全书的百分之一。①《朱子语类》中对《苏氏易传》也常有称赞之语，认为其书可以与程氏《易传》互相补充。朱熹虽敬重程颐，认为程氏《易传》"说道理决不错"，但是在"文义名物"方面却有未尽之处，相反，"东坡解《易》大体最不好，然他却会作文，识句法，解文释义必有长处"。（《朱子语类》卷67）对于苏轼的另一部经学著作《书传》，朱熹则多加赞誉。《朱子语类》记：

---

① 参见（清）永瑢等《四库全书总目》卷2《东坡易传提要》；粟品孝《朱熹与宋代蜀学》，高等教育出版社1998年版。关于苏氏《易传》的系统研究，参见金生杨《苏氏易传研究》，巴蜀书社2002年版。

> 或问："《书解》谁者最好？莫是东坡书为上否？"曰："然。"又问："但若失之简。"曰："亦有只消如此解者。"
>
> 东坡《书解》却好，他看得文势好。
>
> 东坡《书解》，文义得处较多，尚有粘滞，是未尽透彻。（《朱子语类》卷78）

在朱熹看来，"不明大体"、杂采佛老之言是苏氏经学的缺点，"解文释义"则是其长处，这就是"文人之经"的优点和缺点。①

张九成因在南宋初与秦桧斗争而名噪一时，其学术也很有影响，信从者甚多。② 对于张九成的气节，朱熹非常赞赏，说"张子韶人物甚伟"（《朱子语类》卷127）。但对于张九成之学，朱熹认为十分有害，其表现在于主张儒释同归，用佛理解说儒家思想。朱熹《杂学辨》说：

> 张公始学于龟山之门，而逃儒以归于释，既自以为有得矣，而其释之师语之曰："左右既得欂柄入手，开导之际，当改头换面，随宜说法，使殊途同归，则世出世间两无遗恨矣。然此语亦不可使俗辈知，将谓实有那么事也。"用此之故，凡张氏所论著皆阳儒而阴释，其离合出入之际，务在愚一世之耳目，而使之恬不觉悟，以入

---

① 朱熹提到的另一位"文人之经"的代表人物——陈少南即陈鹏飞，温州永嘉人。叶适撰墓志铭称其"自为布衣，以经术、文辞名当世，教学诸生数百人。其于经不为章句、新说，至君父人伦、世变风俗之际，必反复详至，而趋于深厚"（《水心集》卷13）。所著有《书解》30卷、《诗解》20卷，已佚。叶适说他不为章句则是，至于说他不立新说，则为谀墓之言。根据时人的引述判断，陈鹏飞也是勇于疑古、敢立新说的人物，其《书解》《诗解》有许多不守传统的内容。对于《书解》，朱熹多有批评，认为"陈少南于经旨既疏略，不通品检处极多，不足据"（《晦庵先生朱文公文集》卷39《答徐元聘》）。《诗解》最大的特点是不解《商颂》《鲁颂》，以为"《商颂》当阙而《鲁颂》可废"（《直斋书录解题》卷2）。朱熹讥之曰："陈少南要废《鲁颂》，忒煞轻率。它作序却引'思无邪'之说，若废了《鲁》，却没这一句。"（《朱子语类》卷23）认为其《诗解》虽"亦间有好处，然疏，又为之甚轻易"（《朱子语类》卷132）。

② 张九成（1092—1159年），字子韶，自号无垢居士，又号横浦居士，钱塘人。始从杨时学，后从大慧宗杲禅师游。绍兴二年（1132），廷对第一。历官礼部侍郎，因与秦桧不合被谪。桧死，起知温州。绍兴二十九年（1159）六月卒，年六十八。谪居期间，解释经义，用力甚勤苦，著有《尚书详说》50卷、《四书解》65卷、《孝经解》4卷等。著作大多散佚，今存《孟子传》29卷、《中庸说》残本3卷、《横浦心传录》12卷、《横浦日新》2卷、《横浦先生集》20卷等。《宋史》卷374有其传。

乎释氏之门,虽欲复出,而不可得。本末指意,略如其所受于师者。其二本殊归,盖不特庄周出于子夏、李斯原于荀卿而已也。(《晦庵先生朱文公文集》卷72《苏黄门老子解》)

"阳儒阴释",表面上是儒,骨子里面却是佛,学者更难以认清其本来面目,因而危害更加巨大。因此朱熹听说洪适要刊行张九成的经学著作时,忧患之情溢于言表。他在《答许顺之》书中说:"近闻越州洪适欲刊张子韶经解,为之忧叹,不能去怀。若见得孟子正人心、承三圣意思,方知此心不是敬然也。"(《晦庵先生朱文公文集》卷39)又在《答石子重》书中说:"此道寂寥,近来又为邪说汩乱,使人骇惧。闻洪适在会稽尽取张子韶经解板行,此祸甚酷,不在洪水、夷狄、猛兽之下,令人寒心。"(《晦庵先生朱文公文集》卷42)认为张氏经学之害超过"洪水、夷狄、猛兽",可见朱熹对此反应之强烈。朱熹认为无论是苏轼、陈鹏飞的"文人之经",还是张九成的"禅者之经",都不懂得或者歪曲了"圣人之心",违背了"圣人本意"。

宋儒多标榜"探圣贤之心于千载之上,识孔子之意于六经之中",故以探求"经典本义""圣人之心"相号召。二程、朱熹、陆九渊等自不待言,孙复、胡瑗、欧阳修、王安石、苏轼、苏辙、叶梦得,以及永嘉、永康学者都是如此。欧阳修、朱熹更以"本义"作为他们解《诗》《易》的著作名。他们还归纳、总结出一套求"本义"、求"用心"的方法、路径。① 其中,通文字训诂当然是一条重要途径。宋儒既重视经典,强调尊重经典"本文",从"本文"去认识"圣人之心""六经本义",但是,在宋代主流学者们看来,仅仅如此显然是不够的,他们也反对完全受经典约束,跳不出去。程颐主张解"义理",不能"一向靠书册",否则"不唯自失,兼亦误人"。(《二程遗书》卷15)又说:

> 思索经义,不能于简策之外脱然有独见,资之何由深,居之何由安?非特误己,亦且误人也。(《二程粹言》卷上)

---

① 参见顾永新《欧阳修学术研究》第九章,人民文学出版社2003年版。

陆九渊则强调"涵泳工夫""自家主宰",① 其实也就是注重个人的"独见"。但这种"独见",并不是无根据的胡言乱语,而是在对儒家思想的深切理解基础上的创建、发挥。"本义"来源于"本文","独见"则是在"本义"基础上的体会、引申。胡寅说:

> 著书既难,释圣人之言尤非易。要当多求博取,以会至当;验之于心,体之于事,则考诸前言往行而不谬矣。(《斐然集》卷28《跋叶君论语解》)

所谓"多求博取,以会至当",是从求"圣人本意"上说的;"验之于心,体之于事",则是自己的"独见",属于"推说义"了。宋儒喜谈义理,往往将自己的"推说义"当成圣人的"本义",二程也不例外。对于这种倾向,朱熹多有批评,反复强调"大抵义理须是且虚心随他本文正意看"(《朱子语类》卷11),必须尊重经典"本文"。朱熹又说:

> 大抵圣贤之言多是略发个萌芽,更在后人推究,引而伸,触而长。然亦须得圣贤本意,不得其意,则从那处推得出来?(《朱子语类》卷62)

朱熹承认圣贤对于义理只是说了个开头,后人应当加以推说、引申,但是这种推说、引申是从经典本文的、圣贤本意出发的,应当与圣贤的用心一致。

当然,朱熹所期待的是一种比较理想的经学解释方式。由于受知识水平、人生体验的影响,解释者对经典的理解不可能完全与经典"本义"或圣贤"本意"相符,因此解释往往存在偏差,更不用说解释者为了创造新的理论体系,自觉或不自觉地摆脱经典的束缚,或者借经典来"六

---

① (宋)陆九渊:《象山语录》卷1:"先生云:'学者读书,先于易晓处沉涵熟复,切己致思,则他难晓者涣然冰释矣。若先看难晓处,终不能达。'举一学者诗云:'读书切戒在慌忙,涵泳工夫兴味长。未晓莫妨权放过,切身须要急思量。自家主宰常精健,逐外精神徒损伤。寄语同游二三子,莫将言语坏天常'。"

经注我"了。宋儒在经学研究方面重视创新，同时也有意识地吸取佛道的思想，对儒家学说加以引申、发挥，因而他们的经学成就体现在理论创新方面要多一些。黄震批评陆九渊之学"一则曰孔子，二则曰孔子，譬之江东孙氏，名虽戴汉，自立宗庙社稷矣"（《黄氏日钞》卷42）。宋儒都宣称自己掌握了"圣人之道"，弄清了圣贤之心，其实很难说他们的阐发没有偏离孔孟的"本意"。

三 由"四书"以通"五经"

为了防止误入歧途，流于异端，在穷经之前，应当首先对"义理"有所了解。程颐说：

> 古之学者皆有传授。如圣人作经，本欲明道。今人若不先明义理，不可治经。盖不得传授之意云尔。（《二程遗书》卷2）

又说：

> 古之学者先由经以识义理。盖始学时尽是传授，后之学者却先须识义理，方始看得经。（《二程遗书》卷15）

古代（尤其是汉代）学者治经讲究师传、家法，故可以通过治经明义理；今人没有家法、师法，必须先懂得义理，才可以看经。这种区别，是古今传经方式不同造成的。程氏又说：

> 学者必求其师。记问文章不足以为人师，以所学者外也。故求师不可不慎。所谓师者何也？曰理也，义也。（《二程遗书》卷25）

以"理""义"为师，"理""义"从何而来？这就涉及为学之序、入德之门的问题。圣人之经旨如何能穷得？程颐认为应当"以理义去推索可也"（《二程遗书》卷18）。穷经应当循序渐进，从"四书"入手。"四书"是进入"六经"堂奥的阶梯。

"四书"即《大学》《中庸》《论语》《孟子》。在中唐之前,"四书"尚未成为一个完整的体系。唐修九经时,《论语》不在其列。《孟子》在北宋之前还被看成一部子书。《大学》《中庸》属于《礼记》的两篇。在北宋之前,《大学》还没有单独成书;《中庸》在南北朝时虽有人单独作注,但影响不大。汉唐经学主要以"五经"为主,从中唐时期开始,韩愈、李翱、柳宗元、皮日休开始表彰"四书",开启后世尊"四书"之先河,出现了"四书"升格的趋势。① 北宋庆历之际掀起儒学复兴运动,范仲淹、欧阳修、胡瑗、孙复、石介等重视"四书",此后周敦颐、张载、二程、王安石、三苏等大儒辈出,都极力表彰"四书","四书"作为宋学的核心经典已经初具规模。到南宋时期,"四书"之学出现了历史性的变化,"四书"最终被结集在一起,形成一个整体。许多学者为之作注,其中尤以朱熹的《四书章句集注》为代表。至此,"四书"完成了升格运动,"四书"之学正式成立,与"五经"并列为儒家的基本典籍,称为"四书五经"。②

虽然"四书"之学在南宋时才正式形成,但北宋诸儒已经非常重视"四书",出现了不少注释、研究全体或其中部分的著作。不仅如此,很多学者还从"四书"中获取思想资料,尤其是其中的心性论资源,建立新的道德性命之学。程颐说:

> 学者先须读《论》《孟》,穷得《论》《孟》,自有个要约处。以

---

① "四书"学的建立过程,学者称为"四书升格运动"。周予同先生认为包括三个方面:一是《论语》经典地位的提高;二是《孟子》从子部升到经部;三是《大学》《中庸》由单篇的"记"升格为专经(参见《中国经学史讲义》下编第五章,载《周予同经学史论著选集》增订本,上海人民出版社1996年版)。这三个方面无疑是"四书升格运动"的基本任务。但是笔者认为还有非常重要的一条是"四书"结集成一个整体,才标志着"四书"学的真正形成。正如章权才先生所言:"结集绝不是简单的拼凑,而一种具有内在逻辑、体现特定思想体系的结合。结集的结果,就形成了一个具有内在关联的整体,形成了原来各部分都无法比拟的新的理论力量。"(参见《宋代退五经尊四书的过程与本质》,《学术研究》1996年第2期)

② 关于"四书升格运动"的研究,除前举周予同、章权才外,比较系统的成果还有徐洪兴《思想的转型——理学发生过程研究》中篇第二章第二节《孟子升格运动》(上海人民出版社1996年版)、夏长朴《尊孟与非孟——试论宋代孟子学之发展及其意义》(载《经学今诠三编》,辽宁教育出版社2002年版)、王铭《唐宋之际的四书升格运动》(陕西师范大学,硕士学位论文,2002年)。

此观他经，甚省力。《论》《孟》如丈尺权衡相似，以此去量度事物，自然见得长短轻重。某尝语学者必先看《论语》《孟子》。今人虽善问，未必如当时人。借使问如当时人，圣人所答不过如此。今人看《论》《孟》之书，亦如见孔、孟何异。(《二程遗书》卷18)

学者读书，应先读《论语》《孟子》，先对孔孟之道有初步的认识，以此去读书、去做人、去判断事物。有人问程颐"穷经旨当何所先"，程颐回答："于《语》《孟》二书知其要旨所在，则可以观五经矣。读《语》《孟》而不知道，所谓虽多亦奚以为。"(《二程粹言》卷上)由此可知，程氏把《论语》《孟子》二书作为治经学的入门书。这与二书的性质是分不开的。《论语》主要记录孔子及其弟子的言行，是儒家经典中反映孔子思想最为直接的一部文献。《孟子》继承、发展了孔子思想，对于儒家的天道观、人性论、仁政论作了更加详细的阐发。《论语》《孟子》二书阐述儒家思想最为明白、系统，文字也比较浅显，是初学者最好的入门书。五经虽然是儒家的重要经典，但是，对于初学者来说，有两个难点，一是文字古奥，不易理解，二是其中的儒家思想往往不是那么明白易晓。司马迁曾说：

《易》著天地阴阳、四时五行，故长于变。《礼经》纪人伦，故长于行。《书》纪先王之事，故长于政。《诗》纪山川溪谷、禽兽草木、牝牡雌雄，故长于风。《乐》所以立，故长于和。《春秋》辨是非，故长于治人。是故《礼》以节人，《乐》以发和，《书》以道事，《诗》以达意，《易》以道化，《春秋》以道义。(《史记·太史公自序》)

可见，"五经"都是通过记录具体的事物，寓儒家思想于其中，初学者不易把握。因此，宋儒提倡以《论语》《孟子》通"五经"，目的在于为学者指明一条通向"圣人之道"的方便捷径。

另外，宋儒多主张读书与修身相结合，不能将"治经"与"入德"判为两途。《大学》的中心思想是"内圣外王"之道，主要内容是"三纲领、八条目"，对于如何由格物、致知、正心、诚意而修身、齐家、治国、平天下的顺序阐述得非常清楚。所以宋儒把《大学》作为"入德之门"。《二程遗书》记：

> （唐）棣初见先生，问初学如何？曰：入德之门，无如《大学》，今之学者赖有此一篇书存。其他莫如《论语》《孟子》。（《二程遗书》卷22上）

程颐认为作为初学的"入德之门"，先读《大学》一篇最好。他把《大学》放在《论语》《孟子》之前。二程还从义理顺畅的角度，对《大学》的文字作了调整，各有改本。至于《中庸》一篇，二程也极为重视。据尹焞说："伊川先生尝言，《中庸》乃孔门传授心法。"（《二程外书》卷11）二程谈到《中庸》之处非常多。如说："《中庸》之书，其味无穷，极索玩味。"（《二程遗书》卷18）又说："《中庸》之言，放之则弥六合，卷之则退藏于密。"（《二程遗书》卷11）"善读《中庸》者，只得此一卷书，终身用不尽也。"（《二程遗书》卷17）程颐把《中庸》提高到很高的位置，认为"《中庸》之书，学者之至也"（《二程遗书》卷25）。《中庸》所阐发的"中庸之道"是修身、治学的最高境界。朱熹写道：

> （明道、伊川）先生之学，以《大学》《论语》《中庸》《孟子》为标指，而达于六经，使人读书穷理，以诚其意、正其心、修其身而自家而国，以及于天下。其道坦而明，其说简而通，其行端而实，是盖将有以振百代之沉迷而内之圣贤之域，其视一时之事业词章、论议气节，所系孰为轻重，所施孰为短长，当有能辨之者。（《晦庵先生朱文公文集》卷80《黄州州学二程先生祠记》）

朱熹作为程学嫡传，对二程之学无疑有深切的理解。"由四书而达于六经"，正是二程治经的基本顺序，也是程朱学派遵守的治经法则。朱熹对这一法则有更为周密、详细的阐述。他也认为：

> 《语》《孟》工夫少，得效多；六经工夫多，得效少。（《朱子语类》卷19）

他这样说，倒不是出于尊"四书"、贬"五经"的立场，而是与二程一样，是从"为学之序"来考虑问题的。朱熹也主张治学应当由易入难，"循序而渐进，熟读而精思"，讲学应先《论语》《孟子》，切己修身，勉励力行，以立"为学之本"，"异时渐有余力，然后以次渐读诸书，旁通当世之务，盖亦未晚"。（《晦庵先生朱文公文集》卷49《答林伯和》）朱熹主张读书"且从易晓易解处去读"，如《大学》《中庸》《论语》《孟子》"四书""道理粲然"，"若理会得此四书，何书不可读，何理不可究，何事不可处?"（《朱子语类》卷14）"四书"文字通俗，道理明白，读者易于理解、掌握，通过对"四书"的学习，对儒家的"道理"有一个基本的认识，然后再去读其他的书，会收到事半功倍的效果。

"四书"是"入德之门"与治经的阶梯，但研读"四书"，也有一个顺序。程氏主张先读《大学》，虽然没有明确为"四书"排序，但从其言论中仍可看出，是依《大学》《论语》《孟子》《中庸》的顺序排列的。朱熹对此进一步发挥，也主张"先读《大学》，可见古人为学首末次第"。在《朱子语类》中，朱熹反复谈到研读"四书"的次第问题。他说：

> 《大学》是为学纲目。先通《大学》，立定纲领，其他经皆杂说在里许。通得《大学》了，去看他经，方见得此是格物致知事，此是正心诚意事，此是修身事，此是齐家、治国、平天下事。
>
> 某要人先读《大学》以定其规模，次读《论语》以立其根本，次读《孟子》以观其发越，次读《中庸》以求古人之微妙处。《大学》一篇有等级次第，总作一处易晓，宜先看。《论语》却实，但言语散见，初看亦难。《孟子》有感激兴发人心处。《中庸》亦难读，看三书后方宜读之。
>
> 《论语》《孟子》《中庸》待《大学》贯通浃洽，无可得看后方看乃佳。道学不明，原来不是上面欠缺工夫，乃是下面无根脚。若信得及脚踏实地如此做去，良心自然不放，践履自然纯熟，非但读书一事也。
>
> 学问须以《大学》为先，次《论语》，次《孟子》，次《中庸》。《中庸》工夫密，规模大。（《朱子语类》卷14）

《大学》讲的"三纲领""八条目"是儒家的"内圣外王"之道,初学者应当首先在思想上形成这样一种认识,确定努力的步骤和方向,这是第一步。然后去读《论语》《孟子》,通过对圣贤言行的学习,加深对儒家思想的了解和体会。最后读《中庸》,"以求古人之微妙处"。朱熹提倡由"下学"而"上达",循序渐进。而《中庸》"说下学处少,说上达处多",所以"初学者未当理会"(《朱子语类》卷62),应当先读前三种书。

"四书"是通向"五经"的门户,先读"四书",再去理会"五经",是程朱学派治经的基本顺序。朱熹说:

> 圣人作经以诏后世,将使读者诵其文,思其义,有以知事理之当然,见道义之全体而身力行之,以入圣贤之域也。其言虽约,而天下之故,幽明巨细靡不该焉,欲求道以入德者,舍此为无所用其心矣。然去圣既远,讲诵失传,自其象数名物、训诂凡例之间,老师宿儒尚有不能知者,况于新学小生,骤而读之,是亦安能遽有以得其大指要归也哉!故河南程夫子之教人,必先使之用力乎《大学》《论语》《中庸》《孟子》之书,然后及乎六经,盖其难易远近大小之序固如此而不可乱也。(《晦庵先生朱文公文集》卷82《书临漳所刊四子后》)

朱熹在这里充分肯定了"六经"对于"求道入德"的重要性。但是,由于去圣久远,讲诵失传,经典所载的许多象数名物、训诂凡例,连那些"老师宿儒"也弄不太清楚,更何况"新学小生"!因此,对于初学者来说,必须先通"四书",再治"六经",由易到难,循序渐进,这样才不至于"躐等"。

"五经"与"四书"的关系,既是难易问题,也是博约问题。程朱尊崇"四书",但并不贬低"五经"。程朱都主张治学应该由易到难,由约到博,再由博返约。当时有一种倾向,认为只要熟读"四书"就行,对"五经"不足用心。对此,朱熹批评说:

> 学之不博,则约不可守。今于六经未能遍考,而只以《论》

《孟》《中庸》《大学》为务,则已未为博矣,况又从而忽略之,无乃太约乎?(《晦庵先生朱文公文集》续集卷3《答罗参议》)

由此可见,朱熹虽然重视"四书",但并不认为"六经"就可以弃之不顾了。他说:"《易》《书》《诗》《礼》《乐》《春秋》、孔孟氏之籍,本末相须,人言相发,皆不可以一日而废焉者也。"(《晦庵先生朱文公文集》卷78《徽州婺源县学藏书阁记》)明确体现了朱熹对"六经"的态度。

这里有一个问题需要说明。朱熹虽然不曾贬低"六经",但是,他承认"经书难读"。[①] 经书为什么难读?首先,经典去圣久远,文字训诂、制度名物等变化较大,后人不容易弄明白。其次,经典在流传过程中散佚、增益的情况也是有的,造成失真,与圣人的原典有些差距。最后,后儒特别是汉唐诸儒的训注也有不少误说文字训诂、名物制度甚至误会经典本义的现象,"圣人有郢书,后世多燕说"(《朱子语类》卷78),给学者准确把握经典大义造成了困难。这种种因素加在一起,形成"经书难读"的问题。朱熹主张学者应当先读"四书",并对"五经"提出不少辨疑,也主要是基于上述三方面的理由。朱熹治经,一方面注重辨析经典疑伪,确定哪些文本可信,哪些内容值得怀疑;另一方面,注重扫除后儒牵强附会之说,探求经典"本义"。

朱熹在"五经"研究方面的著作有《易本义》与《诗集传》。关于《易》,朱熹认为"《易》本为卜筮作",此乃《易》之"本义";后来"孔子见得有是书必有是理,故因那阴阳消长盈虚说出个进退存亡之道理来"。(《朱子语类》卷67)孔子在《周易》中所讲的道理,其实是从卦爻的阴阳消长、盈虚上推说出来的,而不是凭空说理。朱熹又说:

《易》之为书,因卜筮以设教,逐爻开示吉凶,包括无遗,如将天下许多道理包藏在其中,故曰冒天下之道。(《朱子语类》卷75)

《易》之为书,因阴阳之变,以形事物之理,大小精粗,无所不备,尤不可以是内非外、厌动求静之心读之。(《晦庵先生朱文公文集》卷43《答李伯谏》)

[①] 注:朱熹在《晦庵先生朱文公文集》卷43《答陈明仲》、卷56《答赵履常》都有此说。

朱熹将《周易》定位为卜筮之书，认为《周易》之中包含了天地间许多事物的道理，丝毫没有贬低其价值。

对于《诗经》，朱熹也用力甚勤，自谓曾读七八十遍后才"道理流通自得"（《朱子语类》卷80）。又说：

> 某旧时看《诗》，数十家之说一一都从头记得。初间哪里敢便判断哪说是、哪说不是，看熟久之，方见得这说似是、那说似不是，或头边是、尾说不相应，或中间数句是、两头不是，或尾头是、头边不是，然也未敢便判断，疑恐是如此。又看久之，方审得这说是、那说不是。又熟看久之，方敢决定断说这说是、那说不是，这一部《诗》并诸家解都包在肚里。（《朱子语类》卷80）

由此可见朱熹对《诗经》所下工夫之深，非常人所及。正因为他对《诗经》本文及各家解说烂熟于心，对"本义"才能有深切的理解，对各家解说才能判断其是非。朱熹敢于冲破毛、郑以来以序说《诗经》的旧传统，大胆指出《诗经》中存在不少"男女淫奔"之诗，开创后世以文学解《诗经》的先河。

对于《尚书》，朱熹原打算自撰《书集传》，但没有成书，晚年付以门人蔡沈。朱熹告诫学者：

> 大抵《尚书》有不必解者，有须着意解者。不必解者如《仲虺之诰》《太甲》诸篇，只是熟读，义理自分明，何俟于解？如《洪范》则须着意解。如典、谟诸篇辞稍雅奥，亦须略解。若如《盘庚》诸篇已难解，而《康诰》之属则已不可解矣。（《朱子语类》卷78）

《尚书》文辞古奥，素有"佶屈聱牙"之称。朱熹认为对于《尚书》文献，"可通则通，不可通姑置之"（《朱子语类》卷78）；"读《尚书》有一个法，半截晓得，半截不晓得。晓得底看，不晓得底且阙之，不可强通，强通则穿凿"（《朱子语类》卷79）。他将其分为三种情况。一类是文字比较通俗，熟读以后就可以明白义理，此类不必作解。二类是蕴含圣人大经大法的一些篇章如《洪范》，应当用心思、下工夫去解。至于典、谟诸篇文辞雅奥，也应当略加解说。三类是有些篇章文字不顺、义理不明，此类属于"难解"或"不可解"之列。朱熹提出治《尚书》的一个重要原则或方法，就是解其可解者，阙其不可解者，不必强作解人。朱熹的《尚书》研究，对后世影响最大的，是指出古文《尚书》之可疑处，并对《盘庚》《金縢》《酒诰》《梓材》《吕刑》《禹贡》诸篇"今文"也提出怀疑。但有一点应当明确，朱熹并没有否定《尚书》是圣人经典，只是认为"《尚书》收拾于残阙之余，却必要句句义理相通，必至穿凿。不若且看他分明处，其他难晓者姑阙之可也"(《朱子语类》卷78)。《尚书》在后世流传过程中经历许多曲折，经典中的问题不是孔子造成的，而是后世形成的，这一点非常重要。宋儒疑古，首先以尊孔宗经为前提，目的不是要打倒经典，而是要维护"六经"的纯洁，剔除后人的诬蔑、附益之辞。朱熹说："《书》中可疑诸篇若一齐不信，恐倒了六经。"(《朱子语类》卷79)此语就是朱熹疑经的底线，也是宋儒疑经的底线。钱穆说："此条'恐倒了六经'一语，大堪咀嚼。故朱子疑经，其深情密意，有远出后人所能想象之外者。"①

正是出于对"六经"神圣性的维护，朱熹对《春秋》以及"三礼"的态度非常审慎。《朱子语类》记：

> 张元德问《春秋》《周礼》疑难。曰："此等皆无佐证，强说不得，若穿凿说出来，便是侮圣言，不如且研穷义理。义理明，则皆可遍通矣。"因曰："看文字且先看明白易晓者，此语是某发出来，诸公可记取。"(《朱子语类》卷83)

《春秋》大旨，在于"诛乱臣，讨贼子，内中国，外夷狄，贵王贱伯"而已。而先儒说《春秋》，认为事事寓褒贬，字字有深意，其实多为穿凿之说，查无实据。而且《春秋》经文简略，所谓孔子"笔削"之旨很难把握，"三传"及后儒的解说又多不可信，因此朱熹对于《春秋》宁可不解说，也不妄说。他主张《春秋》"乃学者最后一段事"，应先明义理之后，才治《春秋》，"盖自非理明义精，则只是较得失，考异同，心绪转杂，

---

① 钱穆：《朱子新学案》下册，巴蜀书社1986年版，第1778页。

与读史传、摘故实无以异"。(《晦庵先生朱文公文集》卷 39《答魏元履》)如果不明义理去治《春秋》,不仅无益,反而有害。

对于礼学,朱熹平生也颇用力,但重点在于《仪礼》,对于《周礼》《礼记》二书,则较少措意。朱熹认为:

> 礼学多不可考,盖为其书不全,考来考去,考得更没下梢。故学礼者多迂阔,一缘读书不广,兼亦无书可读。如《周礼》仲春教振旅,如战之陈,只此一句,其间有多少事,其陈是如何安排,皆无处可考究。其他礼制皆然,大抵存于今者只是个题目在尔。(《朱子语类》卷84)

礼书散佚不全,古代礼制也大多失传,后人考礼,多迂阔穿凿之说。因此研究礼学,有相当的难度。朱熹的兴趣不在于"考礼",而在于"制礼"。朱熹文集中有不少议礼、考礼之文,《朱子语类》也记录了大量论礼的言论。朱熹礼学思想最重要的有两点:一是礼应当切于人生日用,不可泥古不化;二是研究礼学应当省却繁文,通其大本。对于"三礼",朱熹说:

> 《周礼》自是一书,惟《礼记》尚有说话,《仪礼》礼之根本,而《礼记》乃其枝叶。《礼记》乃秦汉上下诸儒解释《仪礼》之书,又有他说附益于其间。今欲定作一书,先以《仪礼》篇目置于前,而附《礼记》于后。(《朱子语类》卷84)

"三礼"之中,朱熹最重视《仪礼》,认为《仪礼》是经,《礼记》是传。他后来作《仪礼经传通解》,即以《仪礼》为本,糅合经传,间取汉唐诸家礼说,虽然最后并没有完成全书,却据此可见朱熹礼学的大体面貌。

综上可以看出,朱熹虽然重视"四书",但对于"五经"也是非常尊重的。他对"五经"提出一些怀疑,目的不是要否定"五经"的权威性,而是出于对儒家文化的维护,指出经典中的"非圣"内容,以及后儒的穿凿误说,以恢复圣人之经的本来面目。不可否认,朱熹毕生于"四书"

用功最勤,"四书学"是他的"全部学术之中心或其结穴"①,而"五经"方面的著作,成书的只有《易本义》与《诗集传》二书。朱熹曾经说过:"《语》《孟》工夫少,得效多;六经工夫多,得效少。"(《朱子语类》卷19)对此如何解释呢?笔者认为,首先,应当肯定,这只是从"四书"与"五经"的难易程度来说,而不是从二者的轻重关系来说的。其次,朱熹一生主要从事教学事业,由于"四书"文字浅近,义理明晰,故被作为主要的教材,朱熹本人也下了很深的工夫去研究、注解,通过阐发,为门人、读者指示一条治学入德的方便捷径,从而由"四书"以通"五经"。再次,"五经"之中,朱熹对《易》《诗》《礼经》都下了很多工夫,对《尚书》也曾准备作注,后托付于门人蔡沈。朱熹真正不曾措意的只有《春秋》和《周礼》。对于此二经,朱熹并不是不重视,也没有贬低之意,只是认为去圣久远,讲诵失传,很多问题已不可详考,故采取了一种审慎的态度,宁可阙疑,也不强作解人。最后,宋儒建构一套天道性命之学,以与佛道抗衡,争夺思想阵地,"四书"中讲孔颜乐处、讲格致正诚、修齐治平,讲人性善恶,为建立新儒学理论体系提供了重要的思想资源,使"四书"之学蔚然成风。

(原载《宋代文化研究》第 15 辑"哲学思想卷",四川大学出版社 2007 年版)

---

① 钱穆:《朱子学提纲》二十七《朱子之四书学》,生活·读书·新知三联书店 2002 年版,第 180 页。

道术之间：张栻的政治哲学

所谓政治哲学，是从哲学的角度去讨论政治问题，包括政治形而上学、政治伦理学等，尤其关注社会政治生活在道德意义上的合理性与正当性。① 有学者甚至认为，政治哲学是中国传统哲学的中心。② 在历史上，儒家最关注政治问题，孔孟对政治问题的哲学思考，成为后世儒家政治哲学的理论前提；同时，后世儒者也不乏对孔孟思想的创新与发展。特别是宋代理学家，在本体论、心性论、认识论、修养论等多方面具有创造性的贡献，将儒学推向一个新的发展阶段。萧公权在其《中国政治思想史》中断言："理学家哲学思想之内容互殊，而其政论则多相近。约言之，皆以仁道为政治思想之根本，则以正心诚意为治术之先图。"③ 萧先生注意到理学家在哲学思想上的多样性，但在政治思想方面，则未免过分强调共性，忽视了理学家政治思想的差异性。

众所周知，张栻作为南宋乾淳之际与朱熹齐名的学者，以理学名于世，被后人称为"一代学者宗师"。而他出身于一个政治世家，其父张浚为南宋名臣，出将入相，事功卓著。张栻本人也曾出入朝廷，献可替否。后来又历任要藩，治绩显著。数十年间，张栻一方面与朱熹、吕祖谦等

---

① 孙晓春认为，政治哲学是关于政治的伦理学，它所关注的始终是政治的道德层面，同时，政治哲学也是关于政治的形而上学。参见孙晓春《中国传统政治哲学的现代反省》，《政治思想史》2010年第4期。张师伟指出，中国传统政治哲学的内部不仅具有相当水平的一致性，而且该一致性还以合乎逻辑的形式保持长久稳定。中国传统政治哲学自萌芽开始，就围绕着君权的必要性、正当性、行使方式与价值目的等话题逐步深入展开，形成了一个具有严谨逻辑结构的思想体系。参见张师伟《中国传统政治哲学的内部逻辑》，《政治学研究》2009年第4期；《中国传统政治哲学的逻辑进程》，《政治学研究》2013年第4期。

② 参见周桂钿《政治哲学是中国传统哲学的中心》，《哲学研究》2000年第11期。

③ 萧公权：《中国政治思想史》，辽宁教育出版社1998年版，第465页。

讨论学术，共同发扬光大理学；另一方面在政治上也颇有建树。作为一位儒家学者，张栻对孔孟的治国理政思想深信不疑，并将其贯穿于自己治国理政的实践中。他在自身的理论建构中，也深入思考了治道与治术的问题，阐发政治哲学思想，提倡"儒者之政"。他提出了一系列具有时代精神的治国理政主张。儒家的德治、仁政、民本思想，在张栻那里得到了很好的贯彻。张栻的政治哲学有体有用，道术合一，特色鲜明，本文试作阐发。

一 天理：治道的本体依据

在张栻的哲学建构中，太极、心、性、理、道都被赋予了本体的意义。张栻继承发展了胡宏的"性本论"，重新梳理并论证了太极与性、气、心、情之间的逻辑关系，对太极与心在理学体系中的核心地位进行阐发。张栻说："太极所以形性之妙也。性不能不动，太极所以明动静之蕴也。""若只曰性而不曰太极，则只去未发上认之，不见功用。曰太极，则性之妙都见矣。体用一源，显微无间，其太极之蕴欤！"（《南轩先生文集》卷19《答吴晦叔》）性与太极是张栻理学体系的核心范畴。性与太极在逻辑上是一种体用关系。在张栻那里，性是宇宙本体隐微未发的状态，太极则是宇宙本体流行发用的显现，性与太极实际上是既一而二、既二而一的关系。他在《孟子解》中讲：

> 太极一而已矣，散为人物而有万殊。就其万殊之中，而复有所不齐焉，而皆谓之性。（《癸巳孟子说》卷6）

性和太极既被看成是宇宙的本体，也被认为是道德的本体。性和太极都是纯粹的善。作为性和太极所化生的万物之灵，人从生命开始之时就具有了性和太极所赋予的全体至善之性。

如果说太极侧重于说明宇宙万物存在的根据，那么天理则在于说明人类社会一切事物的总根源。张栻说："事事物物皆有所以然，其所以然者，天之理也。"（《癸巳孟子说》卷6）理是事物现象背后的内在本质和规律，是事物之所以成为事物的原因，所以又被称为"天之理"、天理。

如果离开了理，就不知事物的所以然，也就无法正确地认识事物。

> 天下之事，莫不有所以然，不知其然而作焉，皆妄而已。圣人之动，无非实理也，其有不知而作者乎！（《癸巳论语解》卷4）

事物之理是由客观必然性决定的，因而理不能脱离事物而存在："万物有自然之理，一身有自然之性。"（《癸巳论语解》卷3）万事万物都有其存在的"自然之理"，就如同每个人都有其"自然之性"一样。所谓"自然之理""自然之性"，即天理、天性。而这种"自然之性"，又称为"天命"，故曰："理之自然，谓之天命。"（《癸巳论语解》卷7）

在张栻的思想中，"天之理"又与"人之事"是相即不离的："天理初不外乎人事也。"（《癸巳论语解》卷7）所谓"人事"，主要是人伦之事。他说：

> 天下之正理而体之于人，所谓仁也。若一毫之偏，则失其正理，则为不仁矣。（《南轩先生文集》卷19《答吴晦叔》）

天理体现在每个人的身上，就是仁义道德等人伦之理；体现在社会生活当中，就是反映社会秩序的礼："礼者，理之所存也。"（《癸巳论语解》卷1）"礼者，理也。""夫礼者，天之秩也。……盖天理之所当然也。"（《癸巳论语解》卷2）这样，理不仅是万事万物的总根源，而且也是社会伦理规范的总原则。天道和人道是相统一的，这样人类的伦理规范就有了形上本体论的基础。

与理相近的范畴是道。在张栻的思想中，道与理是属于同一层次的本体范畴："其所以为道者，乃天之理。"（《癸巳孟子说》卷7）天理是道的根据，顺应了天理，也就顺应了天道："得道者，顺乎理而已，举措顺理，则人心悦服矣。"（《癸巳孟子说》卷2）不仅自然界如此，人类社会也如此。

> 事事物物，皆有其道，是天之所为也。循其道则各止其所，而无不治者。一以私意加之，则始纷然而乱矣。（《癸巳孟子说》卷6）

万事万物各有其道，符合天理。如果循道而行，则各得其所，否则就会乱套。如果自然、社会中的事物发展变化符合客观规律，即是道之流行的表现："道之流行，即事即物，无不有恰好底道理。"（《南轩先生文集》卷20《答朱元晦秘书》）道是"正理"，反映在人类社会之中，即仁义礼智等道德原则与社会规范。张栻强调，仁义礼智是人之所以为人的根本特征。他说："夫仁义者，人道之常也。贼夫仁义，是绝灭人道也。"（《癸巳孟子说》卷1）"其所以为人之道者，以其有父子之亲，长幼之序，夫妇之别，而又有君臣之义，朋友之交也。"（《南轩先生文集》卷14《阃范序》）在张栻看来，人类社会中的"治道"应当顺应天道，符合天理。天理、天道，构成治道的根源，也是张栻政治哲学的本体论依据。

二　君心：治道的大本大原

张栻师事胡宏，早年对心的认识，也受其影响。胡宏主张"性体心用"，认为"心也者，知天地、宰万物以成性者也"（《知言》卷1）。"圣人指名其体曰性，指名其用曰心。"（《知言》卷6）胡宏将性和心看成一种体用关系。张栻原来接受了胡宏的观点，后来通过与朱熹讨论，做了修正，提出"心主性情"，强调心对性情的主宰作用，突出心的认识功能和道德意义。张栻认为，人之所以为人，就在于有此"虚明知觉"（《癸巳孟子说》卷6）之心。这种"虚明知觉"之心"可以通夫天地之理"（《癸巳论语解》卷2）。只有人才能够闻道，而所闻之道是"自得于心"的"实然之理"。

这种"虚明知觉"之心，从本质上说，是人所特有的一种道德心理和认知能力，又可以称为"良心"或"良知"。人能存养"良心"，则"生生之体自尔不息"（《癸巳孟子说》卷6）。"良心"是一种纯然的道德本心，也就是人先天所具有的仁，而仁就是"心之所为妙"，是一种与生俱来的道德精神，故亲切广大，不可名状："仁之意至亲切，而亲切不足以形之；仁之体至广大，而广大不足以名之。"（《南轩先生文集》卷15《送曾裘父序》）仁与天地相通，故为天地之心，"盖仁者天地之心，天地之心而存乎人，所谓仁也"（《南轩先生文集》卷14《洙泗言仁序》)。天地之心反映在人身上，就是仁。"人心"通宇宙，知天地，宰万物，而仁心是人生而具有的道德本心，与天地之心合。这种本心（仁）存在并贯通于宇宙万物之中，即为天地之心。

> 夫人之心，天地之心也，其周流该遍者本体也。在乾坤曰元，而在人所以为仁也。（《南轩先生文集》卷9《桂阳军学记》）

这样，心就是宇宙万物的内在根据，天道与"人心"互相贯通。张栻不仅把心这种人类所独有的主观认识能力提升到道德的高度，而且把它看成宇宙万物的本体依据。

张栻所谓"人心"，即人的本然之心。张栻没有所谓"人心""道心"的二元划分。他把"人心""道心"结合起来，把心与理结合起来，主张心只有一个。他说："万事具万理，万理在万物，而其妙著于人心。"（《南轩先生文集》卷12《敬斋记》）又说："'人心惟危，道心惟微'，心岂有二乎哉？放之则人心之危无有极也。知其放而求之，则道心之微，岂外是哉？故贵于精一之而已。"（《癸巳孟子说》卷6）"道心""人心"都是一心，即天理所存的主宰之心。张栻讲：

> 心本无鄙诈易慢，而鄙诈易慢生焉。犹水本清，为泥沙忽杂之也。此须自体之，知其自外入也。（《南轩先生文集》卷32《答严庆胄》）

心体本来是纯净无杂的，但由于受到外物的熏染，才会产生"鄙诈易慢"等私意。这跟心本身并无关系。因此，应当把纯粹本然之心与私意区别开来。心体本身是"贵于精一"，心与理、道是合一的。这种"心岂有二"的思想，有别于朱熹等理学家偏重"道心""人心"之分。[①]

[①] 朱熹说："只是这一个心，知觉从耳目之欲上去，便是人心；知觉从义理上去，便是道心。人心则危而易陷，道心则微而难著。"（《朱子语类》卷78）道心来源于"性命之正"，是至善之心；人心则"生于形气之私"，可以为善，也可以为不善。因此要"必使道心常为一身之主，而人心每听命焉，则危者安，微者著，而动静云为自无过不及之差矣"（《中庸章句序》），即以"道心"去主宰"人心"。

张栻在论证"人心"是"纯粹精一"的道德本心的同时,也指出,这种纯粹本然之心容易放失。他说:"仁,人心也,人皆有是心,放而不知求,则其本不立矣。"(《癸巳孟子说》卷4)"惟人放其良心,故事失其统纪。"(《南轩先生文集》卷9《静江府学记》)本然之心原来是至善至纯的,之所以放失,是为物欲所蔽之故。因此必须加强修养工夫,收其放心。

> 君子察乎此,收其放心,存而不舍,养而不害,人道之所为立也。(《癸巳孟子说》卷6)

"收放心"的方法是通过"操存涵养"来"复明本心",恢复心的纯粹至善的本然状态。

张栻认为,本心即仁心,放心即利心。从治道方面讲,谋国以义不以利。国家的治乱兴衰,与君心的正与不正关系密切,故治道之本在于君心。如果君主悦于利,"则上下憧憧,徒知利之为利,则凡私己自便者无不为也。人欲肆行,君臣、父子、兄弟之大伦亦且不暇恤矣,则岂非危亡之道乎?"反之,君心复于正道,则人人皆知仁义为重,"将于君臣、父子、兄弟之际,无非以是心相与,人心正而治道兴矣"。(张栻《癸巳孟子说》卷6)

"人心正而治道兴"的关键,在于君心的正与不正,这也是王道、霸道的区别所在。

> 三代之所以王者,用此道也。然则其说则一,而所以说者异,毫厘之间,霄壤之分,可不谨哉!学者有见乎此,则知五伯之在春秋,为功之首而罪之魁也;又知曾西之所以卑管、晏而尊子路也,则庶乎知入德之门矣。(《癸巳孟子说》卷6)

三代之所以为王道典范,在于君心正;五伯虽为功首,但因君心不正,故亦为罪魁。

"格君心之非",本来就是儒家的政治传统。《尚书·冏命》说:"惟予一人无良,实赖左右前后有位之士,匡其不及,绳愆纠谬,格其非心,俾克绍先烈。"后来孟子又说:"人不足以适也,政不足与间也,唯大人为能格君心之非。君仁,莫不仁;君义,莫不义;君正,莫不正。一正君而国定矣。"(《孟子·离娄上》)朱熹《孟子集注》引程颐说:"天下之治乱,系乎人君之仁与不仁耳。心之非,即害于政,不待乎发之于外也。"张栻也把君心看成关系国家治乱的大本大原,因此主张要时刻"格君心之非"。

> 夫心本无非,动于利欲,所以非也。君之心方且在于利欲之中,滋长蔽塞,则是非邪正莫知所适,而万事之统隳矣,故当以格其心非为先。(《癸巳孟子说》卷4)

君主本然之心至善纯粹,原来不存在是非善恶的问题,但是由于受到利欲的引诱,善心被蒙蔽阻塞,就会产生邪心,甚至恣意妄为,后果非常严重,因此必须加以纠正。但如何才能"格君心之非"？张栻解释说,格之为言,即"感通至"。因为君心之非,不可以用强迫的方式去消除,必须通过诚意去"感通至",而使其利欲之心自然消弭。

在张栻看来,"格君心之非"比所谓政事、人才更为紧迫。

> 若心非未格,则虽责其人才,更其政事,幸其见听而肯改易,他日之所用所行,亦未必是也。何者？其源流不正,不可胜救也。(《癸巳孟子说》卷4)

君心为治道之本,"心非既格,则人才、政事,将有源源而日新矣"(《癸巳孟子说》卷4)。只有消除君主心中那些利欲之心,政治才能更上轨道,才有新的气象。由此可见张栻把君心看成是治道的本源。

三 正己:政治的起点

张栻强调君心是治道的大本大原,人才、政事是治术之末,不可本末倒置。他批评"后世道学不明,论治者不过及于人才、政事而已,孰知其本在于君心？"治国理政必然要懂得什么是根本性的问题。接着他又补充说："而又孰知格君之本乃在于吾身乎？"为什么这么讲？张栻说："若在己之非犹有未之能克者，而将何以尽夫感通之道哉？"（《癸巳孟子说》卷4）也就是说，自己还未能修身正己，怎么能去"格君心之非"？又怎么能去理政治民？

孟子说："惟大人为能格君心之非。"（《孟子·离娄上》）何谓"大人"？张栻解释说："夫惟大人者，己私克尽，天理纯全，非礼之礼，非义之义有所不萌于胸中矣。"（《癸巳孟子说》卷4）又说："大人者，即天民之得时得位者也。"（《癸巳孟子说》卷7）所谓"大人"，不仅道德纯全，克尽己私，而且得时得位，担负着治国理政的重任。"大人"是孟子推崇的人格理想，也是张栻心目中的政治偶像。

"大人"通过"正己"而使"物正"。张栻说："正己而物正者，正己而物自正也。盖一身者天下之本，若规规然有意于正物，则其道亦狭矣。至正而天下之感无不通焉，固有不言而信、不令而从者。此大人正己而物正之事也。"（《癸巳孟子说》卷7）张栻崇尚的是一种"不言而信、不令而从"的理想政治，而这种理想政治状态的达成，不靠刑罚政令，靠的是施政者人格典范的感召。也就是说，要通过"正己""正身"去感动民众，达到上行下效、移风易俗的治理效果。

从具体的道德修养来讲，"正己"莫过于孝慈。孝者尊老，慈者爱幼。孝慈既是对从政者的基本要求，也是为政须达致的客观成效。《论语·为政》记：

> 季康子问："使民敬，忠以劝，如之何？"子曰："临之以庄则敬，孝慈则忠，举善而教不能，则劝。"（《癸巳论语解》卷1）

这段讲到"庄敬""孝慈""举善"这三种治民方法。在张栻看来，所谓"庄敬""孝慈""举善"，都是"我所当为"，并非为了让百姓敬忠以劝而不得不为，这是为政者的本分，并不是为达到某种为政目标而不得不使用的方法。张栻反复强调"孝慈"是修身正己的关键。

修身正己，必须正确处理义利关系。孔子说："富与贵，是人之所欲也；不以其道得之，不处也。贫与贱，是人之所恶也；不以其道得之，不去也。"（《论语·里仁》）张栻阐发说，获取富贵、摆脱贫贱都有其道，君子当守义安命，修身正己。义为天下之公理，利则一己之私利。君子"心存乎天下之公理"，小人则"求以自便其私而已"，公、私之别，正是君子小人之分。治国理政者应当严格区分公私义利。（《癸巳论语解》卷2）

"修身正己"是"为政"的出发点。进入仕途以后，食君之禄，代君治民，就得敬君之事，勤政爱民，这是对施政态度的基本要求。关于勤政，张栻的思想值得我们借鉴。

第一，敬事。《论语·卫灵公》注："事君，敬其事而后其食。"所谓"事君"，其实就是替君治民，担负起行政的职责，故必须小心谨慎，对自己的职位心存敬意。张栻说："官有尊卑，位有轻重，而敬其事之心则一也。"（《癸巳论语解》卷8）无论官职大小、尊卑，都要对自己的职位有敬畏之心。

第二，无倦。《论语·子路》记，子路问政，孔子回答："先之，劳之。"子路又问除此之外还有什么，孔子说："无倦。"张栻阐发说："居之无倦，则诚存于己；行之以忠，则实周于事。充之，则圣人之所以为政者，亦无越乎此也。"（《癸巳论语解》卷6）"居之无倦"就是要勤勉尽责，忠于职守，永不松懈倦怠。张栻在自己的政治实践中，常常以"无倦"自勉。淳熙二年（1175）知静江府、广西经略安抚使，官舍旁有一间屋，原名"缓带"，张栻认为此名可能会使人生懈怠之心，于是改名"无倦"，并作《无倦斋记》说明更名缘由。（《南轩先生文集》卷12《无倦斋记》）

第三，敬简。《论语·雍也》记，仲弓问孔子，子桑伯子这个人怎么样。孔子回答说，此人还可以，办事简要而不烦琐。仲弓又问："居敬而行简，以临其民，不亦可乎？居简而行简，无乃太简乎？"孔子称赞冉雍说得对。对此，张栻作了阐发。在张栻看来，"居敬"和"行简"是不能分的，没有"居敬"之意，单纯追求一个"简"字，难免产生办事疏略、无所事事的弊病。简即执要不烦，不扰民，不多事。乾道三年（1167）张栻好友张孝祥安抚湖南，曾在长沙设"敬简堂"，请张栻作记。张栻为之作《敬简堂记》，敷陈"敬简"之义。（《南轩先生文集》卷12《敬简堂记》）

按照儒家孔孟的观点，为政首要在于正己修身，通过礼乐教化移风易俗，至于官员的才力则在其次。张栻认为，政务繁多，情况复杂，一个人的才力终究有限，难于事事应付。因此，君子为政，应当把握要点，这就是一个"敬"字。何谓敬？敬有恭敬、敬畏、敬慎、敬谨、敬事等意。爱和敬都是"人道之大端"，为人心所固有，所以"爱人者人恒爱之，敬人者人恒敬之"（《孟子·离娄下》），可以互相感应。首先，敬是修身的重要内容。张栻说："先王修己以敬，而天下之人举在吾化育之中，其发见于事业者，如雷风之被物，物蒙其养，而无不应者。故未尝有意于服人，而心悦诚服，有不期然而然者，盖以善道与人共之耳。"（《癸巳论语解》卷4）以敬修身，则能化民成俗，人服善道。其次，敬是和衷共济之道。为政者不能高高在上，"在下而敬上，所以尽贵贵之义；居上而敬下，所以极尊贤之宜。夫然，故上下交而泰，治亨矣"（《癸巳孟子说》卷5）。上下相敬，贵贵尊贤，则可以上下交泰，和谐共济。最后，做官为政须敬其事，忠于职守："官有尊卑，位有轻重，而敬其事之心则一也。"（《癸巳论语解》卷8）孔子尝为委吏，能做到"会计当"；尝为乘田，能做到"牛羊茁壮长"。孔子为天纵之圣，尚且能敬其事，后世从政者更应当敬事无替，尽职守责。

四　德刑：王道政治的两面

关于德、礼与政、刑的关系，孔子有一个经典的论述："道之以政，齐之以刑，民免而无耻；道之以德，齐之以礼，有耻且格。"（《论语·为政》）对此，张栻解释说：德教、礼教是治民的大本大原，而政令、刑罚只能作为治民的辅助工具，德、礼为主，政、刑为末，政、刑实寓于德、礼之中，只有通过道德教化，使百姓知道何者为善，何者为不善，以为善为荣，以不善为耻，自然能够父慈子孝，家齐国治。（《癸巳论语解》卷1）王道的根本，在于行仁政。张栻说"本王道，行王政"（《癸巳孟子说》卷2），则民心归附。"亲亲而仁民，仁民而爱物也。此所谓王道也。"（《癸巳孟子说》卷1）这集中体现了儒家重视德教的政治理念。

儒家虽然并不反对刑杀，但认为刑杀并不能从根本上禁止奸恶，政治的关键在于实行德治。季康子曾经问政于孔子："如杀无道以就有道，何如？"孔子回答："子为政，焉用杀？子欲善而民善矣。君子之德风，小人之德草，草上风必偃。"(《论语·颜渊》)季康子提出杀掉无道的坏人来促使人们向善，孔子不赞同此说，认为用不着杀戮，只要为政者行善，老百姓也会跟着行善。为政者的品德好比风，在下的人的品德好比草，风吹到草上，草就必定跟着倒。张栻认同孔子之说，要想使民从善，就得首先"是心纯笃"，然后"发见于政教之间"。在他看来，所谓"使民之本"，就是治民者要树立起道德榜样，对百姓进行道德感化。

执政者还须戒多欲。季康子患盗，问于孔子。孔子对曰："苟子之不欲，虽赏之不窃。"(《论语·颜渊》)孔子谈从政之道，仍然强调为政者正人先正己的道理。他希望为政者以自己的德行感染百姓，他没有让季康子用严刑峻法去制裁盗窃犯罪，而主张用伦理道德去教化百姓，使人免于犯罪。孔子告诫季康子说，盗贼多是因为你贪求财货太多，假如你继续这样，就是奖励偷抢，他们也不会干。不过，对于孔子的这番说辞，也有不同的理解。张栻引用张载的话说："假设以子不欲之物赏子使窃，子必不窃。故为政者先乎足民，使民无所不足，则不见可欲，而盗心息矣。盖盗生于欲之不足，使之足乎此，则不欲乎彼。此古人弭盗之原也。"(《癸巳论语解》卷6)张载从"足民"的角度去解释，从经济的角度去找原因，认为只要解决了百姓的物质生活问题，人人丰衣足食，就不会有盗抢之事发生。对于张载之说，张栻是非常认同的。张栻说，普通百姓如果没有恒产，则不能责之以恒心。若不能解决百姓的生计问题，一有饥寒之迫，则"利欲动而恒心亡"，以至"陷于罪戾，则又从而刑之"。张栻认为这并非百姓之罪，而是"吾无以养之，使之颠越至此"，这与"设网罟以陷之"者没有两样，仁人是不忍心这样做的，所以要"制民之产，使有以仰事，有以俯育，乐岁固饱矣，而凶年亦无死亡之忧"，然后"教之以礼义"，百姓则乐于从善。(《癸巳孟子说》卷1)由此可见，张栻不仅主张教化，同时强调"养民"的重要性。

在社会政治生活中，教、养是实现王道政治的主要手段。不过，儒家并没有完全排斥刑法的作用。《论语·子张》记："孟氏使阳肤为士师，问于曾子。曾子曰：'上失其道，民散久矣。如得其情，则哀矜而勿喜。'"张栻对此阐发说："先王之于民，所以养之教之者无所不用其极，故民心亲附其上，服习而不违如是，而犹有不率焉，而后刑罚加之，盖未尝不致哀矜恻怛也。"(《癸巳孟子说》卷10)至于后世礼义衰微，养之教之之道荡然无存，统治者不以民心为念，故民心涣散，陷于罪戾，蹈于刑戮。造成这种情况，首先应该归咎于"上失其道"。由于统治者失道，造成民心涣散，甚至陷于罪戾。所以治狱之官应当"深省所以使民至于此极者，以极其哀矜之意焉"，不可因为找到了罪犯而沾沾自喜，"能存此心，则有以仁乎斯民矣"。（《癸巳论语解》卷10）刑法是必要的，但是，解决问题的根本不在于惩治罪犯，而在于从统治者、施政者身上寻找根源，一方面运用教化手段，另一方面解决民生问题，这才是杜绝犯罪的良方。

人类进入阶级社会之后，由于各种利害冲突而发生争讼，在所难免。因此治民者要以公直之心去解决这些争讼。孔子曰："听讼，吾犹人也。必也，使无讼乎！"（《论语·颜渊》）孔子承认自己和别人一样，能够听讼，帮助解决各种纠纷，但是，孔子的真正理想是"无讼"。当然，"无讼"并非要让百姓隐藏矛盾，不打官司，接受不公平的现象，而是要消灭产生争讼的各种因素。张栻对此有一个很好的诠释。张栻认为，人们之所以发生争讼，是有原因的，不必隐讳。要消弭这些争讼，就得"正本"，而实行教化是必需的，如教之孝爱、教之礼让等。但是，张栻的高明之处还在于，他不光强调教化的作用，他还注意到，执政者还必须着力解决经济、社会的问题，要使"民得其养"，民生问题解决了，各种纠纷自然就烟消云散了。（《癸巳论语解》卷6）

张栻并不否认刑法的作用："明刑法以示之，本欲使之知所趋避，是乃生之之道也。而民有不幸而陷于刑法，则不得已而致辟焉，固将以遏绝其流也。是亦生道而已。"（《癸巳孟子说》卷7）在他看来，刑法的根本目的并非为了惩治犯罪，而是让百姓有所趋避，防患于未然，因此称之为"生之之道"（《癸巳孟子说》卷7）。在具体的政治实践中，张栻也常常以"哀矜而勿喜"告诫掌刑之官，可见张栻宅心之仁恕，深得孔子"刑期无刑""哀矜勿喜"之意。在他任广西经略安抚使期间，鉴于前任官员"于诸州多兴狱事，纷纭淹久，一切观望，不敢与决，困于囹圄，疲于道路，深可怜恻"（《南轩先生文集》卷8《经筵讲义》），故排除干扰，亲自对久拖不决的积年陈案进行清理，平反冤狱，该判的判，该放的放。

五　治术：儒者之政及其他

儒家提倡"礼让为国"的"儒者之政"，反对"不本礼让"的"俗吏之治"。"今俗吏之治，皆不本礼让，而上克暴，或忮害，好陷人于罪。"（《汉书·匡衡传》）宋儒继承了儒家的这个政治传统。杨万里以"仁形于心，化乎于民"为"古儒者之政"（《诚斋集》卷121《六一先生祠堂碑》）；叶适认为，"儒者之政，归于正己厚下而已"（《水心集》卷15《司农卿湖广总领詹公墓志铭》）。张栻则解释所谓"儒者之政"，即"一一务实，为所当为，以护养邦本为先"（《南轩先生文集》卷26《与施蕲州》）。所谓"务实"，当然是不急功近利，不贪图虚名，该作为时作为，不该作为时坚决不为。"民为邦本，本固邦宁"（《尚书·五子之歌》），所谓"护养邦本"，即要给老百姓带来实惠，给国家带来长治久安。

儒家主张在实际的施政过程中，要做到"爱民节用"。孔子说："道千乘之国，敬事而信，节用而爱人，使民以时。"（《论语·学而》）意思是说，治理一个诸侯国，就要严肃认真地对待工作，信实无欺，节约费用，爱护民力，役使老百姓要在农闲时间。孔子的这段话有五个关键词，即敬事、信、节用、爱人、"使民以时"，这些都是对执政者的基本要求，是治理国家的根本之道，反映了孔子的民本思想。张栻对于孔子此说深有同感，认为："以是五者为先，王政之行，斯有序而四达矣。"（《癸巳论语解》卷1）张栻还认为："为治而不本于此，则不得为善治。盖如木之有根，水之有源，有此而后三代之法度可得而兴也。"（《癸巳论语解》卷1）不过，张栻对此五者之间的关系有自己的理解。他认为："于是五者之中，敬事而信，又其本也。盖敬与信不立，则无适而可耳。"（《癸巳论语解》卷1）

张栻强调"天生民以立君，非欲其立乎民之上以自逸也，盖欲分付天之赤子而为之主"（《南轩先生文集》卷8《经筵讲义》）。上天为民立君，不是要君主在人民头上作威作福，享福安逸，而是把赤子托付给他，为民做主。因此，人主应当以"怀保小民""爱民节用"为职分，"若人主之心，念念在民，惟恐伤之，则百姓之心自然亲附如一体"（张栻《南轩先生文集》卷8《经筵讲义》）。他批评近世两种议论：一曰"小害无伤"，二曰"要得立事，扰人不奈何"，"乃坏国家元气毒药"。他认为："济大事必以人心为本，若未曾做得一毫，事先扰百姓，失却人心，是将立事根本自先坏矣，乌能立哉！"（《南轩先生文集》卷8《经筵讲义》）国家的任何事情都要以"人心"为本，失去"人心"就丧失了立国的根本，不能立国。

轻徭薄赋，是儒家的一贯主张。政府的财政主要来自对百姓的征收。儒家反对政府无节制地搜刮百姓。有若是孔子的学生，有一次鲁哀公问有若曰："年成不好，财政不足，怎么办呢？"有若回答说："为什么不把税收降到十取一呢？"哀公说："十取二，我还嫌不够用，怎么能十取一呢？"有若回答说："百姓富足，国君哪能不富足呢？百姓不富足，国君又哪能富足呢？"（《论语·颜渊》）张栻赞扬有若之言是"循其本以告之"（《癸巳论语解》卷6）。在张栻看来，解决财政问题的根本之道，不是横征暴敛、竭泽而渔，而是要减少人民负担，增加百姓收入，让老百姓先富起来。

张栻虽然出身于官僚世家，但自幼受儒家民本思想熏陶，关心民间疾苦，对老百姓常怀恻隐之心。他希望治民者要知稼穑艰难，念民生不易，不夺农时，爱惜民力，时时检讨自己的政事，勤勉不息。（《南轩先生文集》卷13《多稼亭记》）

民生问题是张栻关注的焦点。张栻认为稼穑实为"王业之根本""治乱成坏之源"。（《南轩先生文集》卷8《经筵讲义》）张栻先后出任地方大员，知严州、经略广西、安抚湖北，政绩显著，多次受到朝廷嘉奖。在做地方官期间，他鼓励生产，为民请命，减轻负担，平反冤狱。知严州时，上奏朝廷减轻百姓的赋税负担。淳熙二年（1175）张栻知静江府、安抚广西。张栻上任后，着力解决民生和财政问题。他把发展生产放在首位，认为"民生之本在于农事，农事之修贵于瘅力"，发布《劝农文》，要求静江府官吏和百姓共同努力，发展经济。

针对一些地方官做事因小失大、锐始怠终、宽己严人等毛病，张栻告诫地方官："盖非特近者之察，将远者之无不烛焉；非特目前之安，将长久之计其益焉而后可也。"（《南轩先生文集》卷12《静江府厅壁题名记》）作为地方官，不能只追求眼前的政绩或一时的效果，更应当为人民的根本利益、国家的长治久安着想。

治国理政,不能急于求成,也不能因小失大。孔子弟子子夏为莒父宰,问政。孔子曰:"无欲速,无见小利。欲速则不达,见小利则大事不成。"(《论语·子路》)张栻解释说:如果急于求成,则做事未免苟且马虎,难有成效。而如果只顾眼前利益,没有长远规划,则成不了大事。正确的方法是要摆正心态,处理好义利关系,遵守纲纪法度,实现政治的可持续性。(《癸巳论语解》卷7)

治国理政的目标是百姓和睦、社会安定。因此,官吏队伍的素质对于治国理政尤其重要。官吏素质主要包括两个方面:第一是道德水平;第二是行政能力。从道德水平来讲,儒家思想强调治人先须正己,官吏是百姓的道德表率。同时,儒家主张先德行,后才能,但对官吏的行政能力也有一定的要求。尽管有德者不必有才,有才者不必有德,但德才兼备,才是理想的官吏。所以作为执政者,不仅自己须德才兼备,还须知人善任,把善人君子安排在合适的岗位上。

贤才的标准当然首先在于存心要正。孔子弟子子游为武城宰,孔子问他有没有发现人才,子游回答说:"有澹台灭明者,行不由径,非公事,未尝至于偃之室也。"(《论语·雍也》)澹台灭明这个人,平时做事不走捷径,没有公事从来不去上司的房间。张栻认为澹台灭明有前面两项优秀品质,可见是一个守规矩、讲原则的人,自然不会急功近利,不徇私情,存心端正,是一个有操守的君子。(《癸巳论语解》卷3)

据张栻观察,当时所谓"人才",大体上可分为"安静者"和"欲为者"两类。"安静者"没有作为,不思进取;"欲为者"则又急功近利,胡乱作为。在张栻看来,这两类所谓"人才"都是有害的。

六 小结

儒家的政治哲学,可以区分为"治道"与"治术"两个层面。"治道"主要探讨政治形而上学问题,包括政治的合法性根据,及政治的一般性原则等,属于政治理论;"治术"则主要探讨施政方法、手段、措施，属于形而下的层面。① 从以上的简单考察可以看到，张栻的政治哲学思想内容十分丰富，既有对"治道"的追寻，又有关于"治术"的讨论。他在继承儒家传统政治理论的同时，不乏创新性论述，具有比较鲜明的理学特征，大体可以归纳为五点。

首先，在张栻的政治哲学建构中，如果说太极重在说明宇宙万物存在的根据，那么天理则重在说明人类社会一切事物的总根源，从而成为其政治哲学的本体论依据。天理也是天道，属于同一层次的本体范畴，顺应天理，也就顺应了天道。

其次，张栻受胡宏的影响，重视心的作用，后来提出"心主性情"之说，强调心对性情的主宰作用，突出心的认识功能和道德意义。在张栻那里，心又可以称之为良心，这是一种内在的纯然道德本心，可称为"仁心"。它是"人心""道心"的结合，心与理的结合。这种本然之心虽然至善至纯，若为物欲所蔽也会放失。因此需要操存涵养，以复本心。而天生烝民，作之君作之师，张栻把君心看成关系国家治乱的大本大原，因此要时刻"格君心之非"，君心是治道的本源。

再次，张栻崇尚的是一种"不言而信、不令而从"的理想政治。这种理想政治状态的达成，不靠刑罚政令，靠的是施政者典范人格的感召。也就是说，要通过"正己""正身"去感动民众，达到上行下效、移风易俗的治理效果。因此，修身正己是政治的起点。张栻反复强调"孝慈"是修身正己的关键，同时，还要正确处理义利关系。而勤政爱民是对施政态度的基本要求。

又次，关于德、刑先后的问题，张栻受传统儒家的影响，认同德教、礼教是治民的大本大原，而政令、刑罚只能作为治民的辅助工具。德、礼为主，政、刑为末，政、刑实寓于德、礼之中。张栻认为施政者不能一味采取刑罚政令等高压手段去解决纠纷，应当注意对百姓的教化和疏

---

① 牟宗三认为，中国古代政治思想的最大缺陷之一，是只关心"治道"而忽视"政道"。"政道"是政体模式，"治道"是治国方式。中国人自古只讨论治国方式，不知道改造政体；由于士大夫"始终不向政道用心"，中国自古只有"治权的民主"，没有"政权的民主"；由于士大夫一味向"治道"用心，理想的政治"只有靠着'圣君贤相'的出现"。因此，在他看来，"政道"远比"治道"重要，现代中国政治的首要任务是政体改造而不是"治道"探索。对牟氏说的评议，可参见方朝晖《政道重要还是治道重要？》，《江汉论坛》2014年第4期。

导，并找出发生纠纷的原因。要消弭这些纠纷，就得"正本"，除了实行教化之外，还要注意解决民生问题，要使"民得其养"，民生问题解决了，各种纠纷自然就会减少甚至烟消云散。

最后，在治术上，张栻提倡"儒者之政"。治国理政，不能急功近利，要以"人心"为本，养护"邦本"为先。施政不能急于求成，也不能因小失大。正确的方法是要摆正心态，处理好义利关系，遵守纲纪法度，实现政治的可持续性。

"明伦知要"：张栻的教育哲学

自孔孟以来，儒家皆倡导德性教育，重视对人的道德品性的培养。孔子提出"仁者，人也"（《礼记·中庸》）的命题，把人伦道德作为人的本质，因此教育归根结底是培养和塑造人的道德品格。孟子以为，夏、商、周三代设教立学"皆所以明人伦也"（《孟子·滕文公上》），亦即塑造人的道德人格。汉代大儒董仲舒明确指出："古之王者明于此，设庠序以化于邑。渐民以仁，摩民以谊，节民以礼……教化行而习俗美也。"（《汉书·董仲舒传》）把人伦道德放在教育的中心位置。唐代儒者韩愈提出"明先王之教"（《师说》）的教育宗旨，概括起来即以"仁义礼智信"为核心的儒家道德。教育即是人伦道德的教化，这是儒家思想的一个突出的特点。但是，在汉代以来的官学教育中，儒家的教育理念并没有真正得到贯彻执行。官学教育事实上变成了特权教育、利禄教育，学校成为声利之场，科举坏人心术，"师之所以教，弟之所以学，则皆忘本逐末，怀利本义，而无复先王之意"（《朱熹集》卷78《静江府学记》）。导致这种状况的原因，在张栻看来归根到底是"不悦儒学，争驰乎功利之末"（《南轩先生文集》卷22《又答朱元晦》）所致。如何改变这种状况呢？张栻认为关键是复兴儒学，恢复学校以德育人的功能，使学校真正成为培育人才的神圣殿堂。为此，张栻从实践和理论两个方面着手，恢复儒家的教育传统，传播儒家以德育人的教育理念。张栻长期从事教育活动，先后在岳麓书院、城南书院主讲，具有非常丰富的教学经验，不仅培养了大量人才，而且也形成了自己的教育理念和教育思想。张栻的教育思想植根于儒家传统，重视人格培养，强调伦理道德教育，在教育的目标、方法、成效等方面，有比较系统深入的论述。同时，也表现出鲜明的理学色彩，丰富了儒家教育思想的宝库。

一　变化气质"复其天性"——教育何以可能

儒学讨论的根本问题就是人类自身的问题，它从道德完善层面探讨人之为人的原理，确定人之为人的本质规定性，其要旨在于高扬人的生命尊严，彰显人的价值。儒家的教育理论，是建构在对人性的基本判断上的。在此基础上，自然而然地引出教育的必要性。

在孔子之前，没有对人性问题的系统论述。孔子对人性的直接论述只有简单的八个字："性相近也，习相远也。"（《论语·阳货》）后世思想家对此作了不同的阐发，主要分歧在于对孔子所说的性的理解。明确提出性善论的是孟子。孟子认为，性善可以通过每一个人都具有的普遍的心理活动加以验证。既然这种心理活动是普遍的，那么性善就是有根据的，是出于人的本性、天性的，孟子称之为良知、良能。不过，在孟子看来，先天具有的良知、良能还必须依靠后天的学习、砥砺，否则很容易被放失。荀子对人性的看法与孟子不同，否定了先天道德论，认为伦理道德必须通过后天的教育、学习才能养成。后世儒家对人性的认识有差异，或主性善，或主性无善无恶，或性善情恶，或性有品级，但都有一个共同点，就是注重教育的功能和作用。无论是孔子，还是孟子、荀子，毫无例外地都主张后天教育对于开掘人性的光辉（善）、克服人性的弱点（恶）的重要性。人性是人生而固有的普遍本性，包括两个方面：一是人的自然本性；二是人的社会本性。人的社会性是人区别于动物的根本所在，因而更为重要。在孩提时代，其人生观、价值观等尚未形成，在这样一个可塑期内，灌输什么样的文化，是关系到培养什么人的根本问题。故《礼记·学记》说："玉不琢，不成器；人不学，不知道。"这段话是对教育重要性的最好概括。《大学》开篇即说"大学之道，在明明德，在亲民，在止于至善"，体现了儒家以教化为手段的仁政、德治思想。关于教育的作用，《学记》概括为"建国君民，教学为先"，"君子如欲化民成俗，其必由学乎"。教育一方面为国家培养所需人才；另一方面也是形成社会道德风尚及良俗美政的重要保证。

宋儒张载从"太虚即气"的本体论出发，把本体的气区分为本然与实然两种状态。与此相应，人性也被区分为本然与实然两个层面。人的本然之性禀受太虚之气,是一种普遍、抽象的人性,每个人都具备,称为"天命之性"。人出生之后,由于禀气差异及环境习染不同,又各自形成实然的、特殊的、具体的人性,称为"气质之性"(《正蒙·诚明》)。"天命之性"是善的来源,"气质之性"是恶的来源。人要成为君子,就要变化气质,即通过道德修养,克制人的耳目口腹之欲,回归善的本性。学习、教育都是变化气质的过程。张载把人的知识区分为"闻见之知"和"德性之知"。在张载的基础上,二程又从"理一分殊"的本体论出发,认为人性包含两个方面,一是"天命之谓性",二是"生之谓性"。(《二程遗书》卷18)"天命之谓性"是指至善、永恒和普遍的"天理"在人性中的贯彻和体现,体现在每个人身上是有差别的,这种差别性就叫作"生之谓性"。"天命之谓性"是指本然的、理想的人性;"生之谓性"是指实然的、现实的人性。二程提出了"存天理,去人欲"的修养方法。

张栻对人性的理解,继承张载、二程之说,而有所阐发。《论语解》注释"性相近也,习相远也"章说:

> 原性之理,无有不善,人物所同也。论性之存乎气质,则人禀天地之精,五行之秀,固与禽兽草木异。然就人之中不无清浊厚薄之不同,而实亦未尝不相近也。不相近则不得为人之类矣,而人贤不肖之相去或相倍蓰,或相什百,或相千万者,则因其清浊厚薄之不同,习于不善而日远耳。习者,积习而致也。善学者克其气质之偏,以复其天性之本,而其近者亦可得而一矣。(《癸巳论语解》卷9《阳货篇》)

所谓"原性之理,无有不善,人物所同也",即张载、二程所谓"天命之性",是指本然的、理想的人性。至于就个体而言,人有贤与不肖之差别,这不仅与气禀清浊厚薄之不同有关,还跟后天环境的积习关系甚大。因此,必须通过学习教育来"克其气质之偏,以复其天性之本"。张栻说:

> 学也者,所以成身也。无以成其身,则拘于气质而不能以自通,

虽曰有是善，而其不善者固多矣。抑其所谓善者，亦未免日沦于私意而不自知也。(《南轩先生文集》卷15《送钟尉序》)

所谓"成身"，即变化气质，完善自我。一个人具有先天的善性，也有禀气的差异及环境习染的影响，如果"恃美质而不惟进学之务"，不接受教育，善性就会被侵蚀甚至丧失。

张栻又说：

世固有天资之美者，苟不知进乎学，则终身安于其故而已。盖气质虽美而有限，天理至微而难明，是以君子必贵乎学也。(《南轩先生文集》卷26《答陈平甫》)

学习是为了"成身"，即完善自身的人格修养。但学者往往不能"成身"，究其原因，在于不能变化气质，"拘于气质而不能以自通"。故张栻认为学须"立本"，这个"本"，就是"明天理"。

四德、五伦属于天理，都是先天所固有的，所谓"孩提之童，莫不知爱其亲，及其长也，莫不知敬其兄；而夫妇、朋友之间，君臣之际，礼仪三百，威仪三千，无适而非性之所有者"。但因为"局于气禀，迁于物欲"，而造成"天理不明"，"处之不尽其道，以至于伤恩害义者有之"。(《南轩先生文集》卷9《郴州学记》)因此，需要通过后天的教育、学习，来穷其天理，复其本性。这就是人为什么需要接受教育的原因。张栻提出这样三个问题要教育者思考：

鼓箧入学，抑亦思吾所谓学者果何事乎？圣人之立教者果何在乎？而朝廷建学，群聚而教养者又果何为乎？(《南轩先生文集》卷9《静江府学记》)

用今天的话讲，就是要先解决教育的目标、内容、方法、成效问题。张栻的教育思想，也紧紧围绕这几个问题而展开。张栻在很多文章中，都反复阐明这几个基本问题。

二 "明伦知要""成才善俗"——教育的根本要务

为什么要办教育？张栻提出了"学所以明万事而奉天职"的思想，这是张栻教育思想的出发点。所谓"万事"，即人类社会中的万事万物。张栻认为：

> 天之生斯人也，则有常性；人之立于天地之间也，则有常事。在身有一身之事，在家有一家之事，在国有一国之事。其事也，非人之所能为也，性之所有也。弗胜其事则为弗有其性，弗有其性则为弗克若天矣。克保其性而不悖其事，所以顺乎天也。然则舍讲学其能之哉！凡天下之事，皆人之所当为。君臣、父子、兄弟、夫妇、朋友之际，人事之大者也，以至于视听言动、周旋食息，至纤至悉，何莫非事者？一事之不贯，则天性以之陷溺也。然则讲学其可不汲汲乎！学所以明万事而奉天职也。（《南轩先生文集》卷9《静江府学记》）

张栻受孟子思想的影响，在这里提出"常性""天性""常事""天职"。所谓"常性""天性"，就是先天所具有的仁、义、礼、智等善性；"常事""天职"，即君臣、父子、兄弟、夫妇、朋友这五伦关系。"常事""天职"根于"常性""天性"，是"常性""天性"的自然流出。但由于后天外在社会环境的影响，"常性""天性"则往往有所"陷溺"，良心有所放纵。张栻继承了孟子的教育思想，认为四德五伦都植根于人性，是"天所叙也"，"无适而非性之所有者"，只不过"局于气禀，迁于物欲"，造成天理不明，处之不尽其道，以至于伤恩害义者有之，必须通过教育来"克保其性而不悖其事"。（《南轩先生文集》卷9《郴州学记》）因此，"学也者，所以收其放而存其良也"。"放"即放心，"良"即良心。良心是先天具有的道德良知，因受外物所染，有所放失，"唯人放其良心，故事失其统纪"（《南轩先生文集》卷9《静江府学记》）。教育的目的，就是要收其放心，恢复固有的道德本性。

教育要"明万事而奉天职"，但天下之事成千累万，何者最为重要？

张栻认为,"明人伦"是"人事之大者"。教育的核心内容,就是"明人伦"。孟子曾经说:"夏曰校,殷曰序,周曰庠,学则三代共之,皆所以明人伦也。"(《孟子·滕文公上》)张栻对此深有认同,认为:"学以何为要乎?孟子论三代之学,一言以蔽之,曰'皆所以明人伦'也。"(《南轩先生文集》卷9《郴州学记》)何谓人伦?张栻阐发说:

> 人之大伦,天之所叙,而人性所有也。人唯不能明其理,故不尽其分,以至于伤恩害义,而沦胥其常性。圣人有忧焉,为之学以教之,使之明夫君臣之有义,父子之有亲,夫妇之有别,长幼之有序,求以尽其分而无失其性。故人伦明于上,而小民亦笃于孝爱,亲其君上而不可解,此三代风化之所为美也。(《癸巳孟子说》卷3《滕文公上》)

人伦即伦理,是人与人相处的道德规范,它是维持社会和谐有序的基本准则。在张栻看来,"人伦之在天下,不可一日废,废则国随之"(《南轩先生文集》卷9《袁州学记》)。人伦是关系到国家兴亡的大问题,故孟子所谓"明人伦",不仅"自唐虞以来,固莫不以是教"(《南轩先生文集》卷9《袁州学记》),也是当今教育的首要任务与目标。在《郴州学记》中,张栻反复强调"明人伦"的重要性:

> 人之大伦,天所叙也。降衷于民,谁独无是性哉!孩提之童,莫不知爱其亲,及其长也,莫不知敬其兄;而夫妇、朋友之间,君臣之际,礼仪三百,威仪三千,无适而非性之所有者。惟夫局于气禀,迁于物欲,而天理不明,是以处之不尽其道,以至于伤恩害义者有之。此先王之所以为忧,而为之学以教之也。然则学之所务,果何以外于人伦哉!虽至于圣人,亦曰尽其性而为人伦之至耳。(《南轩先生文集》卷9《郴州学记》)

人伦即礼义。明人伦,首先应当知孝悌。张栻指出"明伦以孝悌为先",而孝悌为仁之本,所以人格的培养,要从"亲亲"开始:

> 盖人道莫大乎亲亲，而孝弟者为仁之本也。古之人自冬温夏清、昏定晨省以为孝，自徐行后长者以为弟，躬行是事，默体是心，充而达之，不使私意于其间。亲亲之理得，而无一物不在吾仁之中，孝弟之道有不可胜用者矣。（《南轩先生文集》卷9《江陵府松滋县学记》）

孝悌是万善的基础，人道的出发点，"盖孝悌者天下之顺德，人而兴于孝悌，则万善类长，人道之所由立也"（《南轩先生文集》卷9《雷州学记》）。孝悌就像水之源、木之根，在家爱父母、敬兄长，出则将此心扩而充之，通过学校教育，讲明孝悌之义，行孝悌之行于其乡。

因此，张栻认为，教育要"使为士者知名教之重，礼义之尊，修其孝弟忠信，则其细民亦将风动胥劝，尊君亲上，协力一心，守固攻克，又孰御焉！"境内风俗名教既已美善，万民和辑，则境外聚落闻吾风者亦岂不感动顺服？如此则"伏其心志，柔其肌肤"，边境自然太平安宁。（《南轩先生文集》卷9《宜州学记》）由此可见，人伦之教效果不仅体现于境内，也对境外聚落具有引导感化作用。

教育除了要使受教育者"明人伦""知礼义"外，还要讲明"义利"关系。张栻认为："舜、跖之分，善与利之间而已矣。"（《南轩先生文集》卷9《雷州学记》）就好比道路，善（义）是天下之坦途，而利则是山径之邪曲。如果一个人受物欲蒙蔽，舍康庄大道不走，却走山间小径，就是不知什么是善（义），迷失了方向。教育的一个重要任务，就是要讲明什么是善（义）。

明人伦、知礼义、辨义利，实际上是一种人格教育。俗话说："少成若天性，习惯如自然。"因此人格教育从小就要从洒扫、应对、进退这些生活细节上去培养，"以固其肌肤，而束其筋骸"，又要通过经典和礼仪教育，"使之诵《诗》、读《书》、讲礼、习乐，以涵泳其情性，而兴发于义理"。这样，通过"师以导之，友以成之"，长期潜移默化，耳濡目染，"所趋日入于善，而自远于利"。（《南轩先生文集》卷9《雷州学记》）"及其久也，其志益立，其知益新，而明夫善之所以为善，则其于毫厘疑似之间，皆有以详辨而谨察之。"（《南轩先生文集》卷9《雷州学记》）所见日广，所进日远，良好的人格形成之后，就再也难以改变了。

张栻批评"自学校之教不明,为士者亦习于利而已,故其处己临事,徇于便安,而不知其有非所宜安也,于富贵利达,志夫苟得,而不知其有非所宜得也"(《南轩先生文集》卷9《雷州学记》)。由于学校教育目标不正确,读书人往往追求利禄,寡廉鲜耻,从而丧失了教育的根本宗旨。

明人伦、知礼义、辨义利,归根结底在于"成才善俗"。张栻说:"学也者,所以成才而善俗也。"(《南轩先生文集》卷9《雷州学记》)"成才善俗"正是张栻总结的教育的根本目标。所谓"成才",就是要使受教育者成为明人伦、知礼义、辨义利的人格健全的人才;"善俗",就是通过教育,使受教育者在家知孝悌,出门将此心扩充,仁民爱物,使百姓效法,从而使人人都能爱亲敬长,兴仁兴让,从而实现社会和谐。可以说"成才善俗"是张栻教育思想的最终目标。张栻希望通过兴办学校,训其子弟,率其朋友,形成风尚,"异时人才成就,风俗醇美"(《南轩先生文集》卷9《钦州学记》),教育的效果必然会显现出来。

三 "居敬穷理""克己求仁"——学习的工夫门径

教育的目标是明伦善俗,至于通过何种工夫才能达到这一目标,张栻为学者指示了一条路径:

> 今之学者苟能立志尚友,讲论问辩,而于人伦之际审加察焉,敬守力行,勿舍勿夺,则良心可识,而天理自著。驯是而进,益高益深,在家则孝弟雍睦之行兴,居乡则礼逊廉耻之俗成,一旦出而立朝,致君泽民,事业可大,则三代之风何远之有,岂不盛欤!又岂可不勉欤!(《南轩先生文集》卷9《郴州学记》)

"立志尚友,讲论问辩",无非人伦;"敬守力行,勿舍勿夺",也不外乎人伦。人为什么知人伦?这是因为人生而具有此心,即"仁"。"仁"统"义、礼、智",为四德之总纲。什么是"仁"?张栻说:"仁,人心也,率性立命,知天下而宰万物者也。今夫目视而耳听,口言而足行,以至于饮食起居之际,谓道而有外夫是,乌可乎?"(《南轩先生文集》卷

10《潭州重修岳麓书院记》)

张栻认为，人生天地之中，而与天地同体，出乎万世之下，而与圣人同心，所同者没有别的，就是一个"仁"字。至于孔子，述作大备，遂启万世无穷之传。那么孔子所传之道究竟是什么呢？没有别的，就是一个"仁"字。

"仁"即"人心"，也就是"天地之心"。张栻说：

> 昔者夫子讲道洙泗，示人以求仁之方。盖仁者天地之心，天地之心而存乎人，所谓仁也。人惟蔽于有己，而不能以推，失其所以为人之道，故学必贵于求仁也。(《南轩先生文集》卷14《洙泗言仁序》)

天地之心存于人，就是仁。但由于人受环境因素的影响，往往有所蒙蔽，心有放失，故需要通过教育，以"复性""求仁"。

张栻提出"居敬""穷理"的学习方法，这是"求仁"的工夫，也是二程以来理学家的基本主张。张栻说：

> 古之人起居寝食之间，精察主一，不知有外物之可慕，他事之可为，不知富贵之可喜，忧患之可戚。盖其中心汲汲于求仁而已。(《南轩先生文集》卷12《仰止堂记》)

他对二程极为推崇，以为"夫二先生之言，凡以明孔孟之道而已"，而"窃考二先生所以教学者，不越于居敬、穷理二事，取其书反复观之，则可以见"。"居敬""穷理"虽为二事，实际上是密切相关、互相促进的，"盖居敬有力，则其所穷者益精；穷理浸明，则其所居者益有地。二者盖互相发也。为仁之要，孰尚于此！""居敬""穷理"是"为仁之要"，"学而不知其要，则泛滥而无功"。(《南轩先生文集》卷26《答陈平甫》)

"穷理"，首要在于区分天理和人欲。而"天理、人欲，同行异情，毫厘之差，霄壤之缪，此所以求仁之难"(《南轩先生文集》卷10《潭州重修岳麓书院记》)。学者一般都知道有天理、人欲二端，但往往"不知以何为天理而存之，以何为人欲而克之"，因为天理、人欲之间有时界限非常不明显，人们对何谓天理、何谓人欲，认识往往模糊不清。他举例说，君子岂能无欲，然而君子之欲"莫非天命之流行"，故不可以人欲言；常人又岂无一事之善，然而其所谓善者"未必非人欲也"。因此"天理微妙而难明，人欲汹涌而易起"，"毫厘之差，则流于波淫邪遁之域，生于其心，害于其政，发于其政，害于其事，可不畏与！"（《南轩先生文集》卷27《答直夫》）所以辨析何为天理、何为人欲，对学者来说是比较困难的事，但也是非辨不可的事。

如何区分天理、人欲？张栻认为，孟子辨析天理、人欲之分，深切著明。如云"今人乍见孺子匍匐将入于井，皆有怵惕恻隐之心，非所以内交于孺子之父母，非所以要誉于乡党朋友，非恶其声而然。盖乍见而怵惕恻隐形焉"，这就是天理之所存。若内交、若要誉、若恶其声，一萌乎其间，这就是人欲了。当然，所谓怵惕恻隐，并不能说就是天理之全。由此而"体认其所以然"，则可以见"大体"，而"万理可穷"。至于"内交、要誉、恶其声"，也只是举一隅使学者推之而已。学者在"日用之间，精察不舍，则工夫趣味，将有非言语可及者"。也就是说，要认识天理，辨别人欲，学者还需要"格物致知"的工夫，"大学之道，以格物致知为先。格物以致知，则天理可识，而不为人欲所乱"（《南轩先生文集》卷27《答直夫》）。

格物致知，从哪里入手？张栻说，"微言著于简编，理义存乎人心"，故学者"穷理"，须从"简编"与"人心"两个方面入手。

所谓"简编"，即圣经贤传。如果学者为觅举谋利计，只习其文采，显然有失读书之本旨，这是张栻所反对的。因此张栻提出"学者当以立志为先，不为异端怵，不为文采眩，不为利禄汩，而后庶几可以言读书矣"。圣贤之书，大体上是教人"使不迷失其本心"。所谓人之"本心"，即"天地之心"，在《乾》《坤》称为"元"，在人则称为"仁"。故《易》曰"元者善之长也"，而孟子曰"仁者，人也，合而言之道也"，《礼》曰"人者天地之心也"。而人之所以有"私伪万端""不胜其过失者"，这是"梏于气，动于欲，乱于意，而其本体以陷溺也"。虽曰陷溺，并非不可挽救，关键在于人们能够认识到这一点，通过格物致知之功以"求仁"，解决"人心"放失的问题，"于是心也，治其乱，收其放，明其蔽，安其危，而其广大无疆之体可得而存矣"。此为"学之大端"。

（《南轩先生文集》卷9《桂阳军学记》）

读书也是"穷理"的重要手段，须注意"平心易气，无为己私横截断"。张栻批评一种读书人见识浅陋，"虽援引之多，愈觉泛滥"，不知理为何物，"大抵是舍实理而驾虚说，忽下学而骤言上达，扫去形而下者而自以为在形器之表"，这实际上是受异端之学影响，造成"无复穷理之工，无复持敬之妙"。（《南轩先生文集》卷25《答彪德美》）张栻认为："理有会有通，会而为一，通则有万，厘分缕析，各有攸当，而后所谓一贯者，非溟涬臆度矣。"（《南轩先生文集》卷26《答彭子寿》）这实际上就是"理一分殊"的意思，也符合孔子所谓"吾道一以贯之"（《论语·里仁》）之旨。因此"学所以贵乎穷理"，要穷"实理"，而不要"驾虚说"。在张栻看来，这是儒家与异端的区别。儒家所谈之"理"为实理，即四德、五伦；异端所谓"理"实际上空虚无物，只是虚说。

张栻受程颐之学的影响，强调"居敬"之工夫。程颐说："涵养须用敬，进学则在致知。"（《二程遗书》卷18）所谓"居敬"，就是"心"的"主一""专一""自作主宰"，不为外物所牵累。何谓"敬"？张栻说："敬便是养也，敬者心之道，所以生生也。"（《南轩先生文集》卷27《答李季修》）诚和敬相辅相成，"诚者天之道，敬者人事之本"，故"君子之学，始终乎敬者也"。"人心"虽然素具天理，"意乱而欲汩之，纷扰臬兀，不得须臾以宁，而正理益以蔽塞，万事失其统矣"。由于私意、人欲的影响，导致正理蔽塞，万事失统。因此要"正心"，"于此有道焉，其惟敬而已乎！"（《南轩先生文集》卷25《书赠吴教授》）

"居敬""主一"，无非"求仁"。所谓"求仁"，无非克己、明理两个方面。张栻认为，"大抵用工处，克己、明理二端而已"（《南轩先生文集》卷27《答李季修》）。"克己"是"求仁"的必要工夫，"求仁"先须"克己"。孟子说："仁也者，人也。合而言之，道也。"（《孟子·尽心下》）张栻解释说："仁者，人也。仁谓仁之理，人谓人之身。仁字本自人身上得名，合而言之，则人而仁矣，是乃人之道也。"人性之中本来具有"爱之理"（仁），此乃"为人之道"，但由于私意蔽隔，故其理虽存，而人不能合之，故人道几乎消失。所以"惟君子以克己为务，己私既克，无所蔽隔，而天理睟然，则人与仁合而为人之道矣"（《癸巳孟子说》卷7《尽心下》）。人是仁的载体，仁是人的属性，人和仁合而为一，才是真正的"人"。

人受天地之中以生,仁、义、礼、智皆具于其性,而仁就是"爱之理"之所存。因为其有是理,故其发见为不忍人之心。仁、义、礼、智具于性,而其端绪之表现,则为恻隐、羞恶、辞让、是非之心。"四端管乎万善,而仁则贯乎四端,而克己者,又所以为仁之要也。"(《癸巳孟子说》卷2《公孙丑上》)所以学者欲扩而充之,要以"克己"为先。

"克己",即克去私欲,明辨义利。孟子说:"鸡鸣而起,孳孳为善者,舜之徒也。鸡鸣而起,孳孳为利者,跖之徒也。欲知舜与跖之分,无他,利与善之间也。"(《孟子·尽心上》)张栻对此做了阐发:

> 盖所谓善者,虽人性之所素有,而所谓利者,乃积习之深固,未易遽以消除也。斯须之间,是心存焉,则为善之所在,而舜之徒也。一不存焉,则为利之所乘,而跖之徒矣。可不畏哉!是以君子居敬以为本,造次克念,战兢自持,旧习浸消,则善端益著。及其至也,私欲尽而天理纯,舜之所以圣者,盖可得而几矣。(《癸巳孟子说》卷7《尽心上》)

所谓"善"即"义",即天理;所谓"利"即人欲。善为性之所有,利为习之所积。因此要克尽私欲,复归天理,需要"克己"之工夫。张栻又阐发孔子"克己复礼为仁"(《论语·颜渊》)说:"克尽己私,一由于礼,斯为仁矣。"己私尽处即为仁,而克己的工夫一刻也不可懈怠。有人问:"克己之功,自始学至于成德,皆所当从事乎?"张栻给予肯定的回答,认为:"始学者当随事自克,觉其为非礼则克之。克之力,则所见渐深;所见深,则其克也益有所施矣。"(《癸巳论语解》卷6《先进篇》)克己之功要常行不息。

分辨何者为义,何者为利,张栻认为大要在于"居敬"。他说:"事无巨细,莫不有义利之两端存焉,惟居敬者为能审其几微;不然,鲜不失矣。"(《癸巳孟子说》卷3《滕文公下》)人所面对之事,都存在着义和利两种选择,其间有时非常难以判断,因此只有"居敬"才能分辨其几微之区别。怎样才能"居敬"?张栻说:"专心致志,学之大方,居敬之道也。"(《癸巳孟子说》卷6《告子上》)做到"专心致志",也就是

"明伦知要"：张栻的教育哲学

"主一"的工夫，就能够"居敬"。

"克己"的过程，即是"改过迁善"。孔子称颜子好学，赞扬他"不迁怒，不贰过"。(《论语·雍也》)张栻认为："君子非无过也，隐微之间有所未慊则谓之过，惟其涵养纯熟，天理昭融，于过之所形，无纤介之滞，其化也如日之销冰，然则奚贰之有？"君子之可贵之处，不在于"无过"，而在于改过迁善。因此"不迁怒，不贰过"这两条，正是"克己复礼、心不违仁者之事也"。善于改过迁善，如此才称得上"好学"。(《癸巳论语解》卷3《公冶长篇》)

能克己，则能安贫乐道。孔子称赞颜回："贤哉回也！一箪食，一瓢饮，在陋巷，人不堪其忧，回也不改其乐。贤哉回也！"(《论语·雍也》)张栻认为，颜子箪食瓢饮，贫人所不堪，而不足以累其心而改其乐，他之所乐是什么？即"安乎天理而已矣"。因此"学者要当从事于克己，而后颜子之所乐可得而知也"(《癸巳论语解》卷3《公冶长篇》)。只有做到克己之功，才能理解颜氏之乐。

好善恶恶，也是"克己"之功。孔子说："唯仁者能好人，能恶人。"(《论语·里仁》)张栻认为："凡人之好恶，每以己加焉而失其正，惟仁者为能克己，故能好人，能恶人，莫非天下之公理而已。"(《癸巳论语解》卷2《八佾篇》)一般人的好恶受自己私欲的影响，往往有偏差，只有仁者的好恶，才合于天下公理。

真正做到"克己"，其实不是件简单的事。张栻告诫学人"盛名之下难居，而问学之方无穷，责人者易为言，而克己者难其功"(《南轩先生文集》卷27《答李贤良》)。张栻提倡读书明理。读书应当"识其大者"："识其大者，岂诵说云乎哉？何以告之，亦仁义而已矣。"(《南轩先生文集》卷8《答游广文启》)读书不仅仅在于诵说章句，关键在于明白大体，识得仁义。他希望读书人"学道爱人"，不要贪慕利禄，"愿希董子之奏篇，更加剀切；毋若公孙之曲学，徒取讥羞"(《南轩先生文集》卷8《答新举人启》)，他推崇"讲学而明理"，讲学以"致其知"。明理、致知，要"本之六经以发其蕴，泛观千载以极其变，即事即物，身亲格之，超然会夫大宗，则德进业广，有其地矣"，即不能丢掉"格物"的工夫。通过格物致知，读书明理，做到"富贵不能淫，贫贱不能移，威武不能屈"，养成大丈夫人格。如果能够出仕，则行其所学，"居天下之广

居,行天下之大道",致君泽民,治国平天下。(《南轩先生文集》卷15《送张荆州序》)

四 讲论问辩,循序平心——学习的方法

"明本知要""居敬穷理"是张栻对教育内容、目标、工夫、门径的基本认识。他在许多文章中还谈到教育、学习的具体方法问题。

(一)"立志尚友,讲论问辩"

所谓"立志尚友,讲论问辩",是张栻为学者开示的重要学习方法。他说:

> 今之学者苟能立志尚友,讲论问辩,而于人伦之际审加察焉,敬守力行,勿舍勿夺,则良心可识,而天理自著。(《南轩先生文集》卷9《郴州学记》)

张栻把"立志"放在读书论学的显著位置。他说:

> 学莫强于立志,莫进于善思,而莫害于自画,莫病于自足,莫罪于自弃。(《南轩先生文集》卷12《仰止堂记》)
> 学者当立志以为先,持敬以为本,而精察于动静之间,毫厘之差,审其为霄壤之判,则有以用吾力矣。(《南轩先生文集》卷14《孟子讲义序》)
> 学者当以立志为先,不为异端怵,不为文采眩,不为利禄汩,而后庶几可以言读书矣。(《南轩先生文集》卷9《桂阳军学记》)

由此可见,张栻对"立志"是十分看重的,只有先立志,才站得稳立场,知道为什么读书,才不会被异端邪说、文采词章、功名利禄所迷惑。"立志"是学习的前提,当然仅有"立志"是不够的,学者还要善于思考,才能进步。志向不远大,画地为牢,不思进取,或者小有成绩,就沾沾自喜;或者自我满足,遇到一点挫折,就自暴自弃,这些都是学者常见

的毛病，危害甚大。

张栻教导学人："立志务弘毅，异说毋交侵。"（《南轩先生文集》卷1《再用前韵送彪德美》）他认为，"弘毅"两个字，乃学者下手处，与"正大"二字"相须而存"。就其体言之，天理浑然，正且大也；推其用言之，散在事物之间，精微曲折，正大之理无不存焉。故"学者当默存其体而深穷其用，则所谓弘毅之功不可以不进也"（《南轩先生文集》卷26《答章茂献》）。要明体达用，离不开"弘毅"的工夫。

关于"尚友"，孟子曾对万章说过一段话："一乡之善士，斯友一乡之善士；一国之善士，斯友一国之善士；天下之善士，斯友天下之善士；以友天下之善士为未足，又尚论古之人。颂其诗，读其书，不知其人，可乎？是以论其世也。是尚友也。"（《孟子·万章下》）

张栻解释说：学者尚友，意在求道穷理。"世有先后，理无古今"，学者不仅可以以一乡之善士、一国之善士、天下之善士为友，甚至可以尚论古人，与古人为友，立心高，执德固，必不肯安于卑近而小成。古人言行见于《诗》《书》，读其书，知其人，尚论其世，"每进而愈上"（《癸巳孟子说》卷5《万章下》）。读古人的诗书，实际也就是与之交友（当然是神交），而要交接古人，只读其诗书是不行的，还必须了解他们的为人行事，以及他们生活的时代，这样，才能读懂古人的诗书，才能和古人心契神交，成为知音。

至于"讲论问辩"，张栻也十分重视。他与朱熹、吕祖谦，以及友人、门人等书信往来，讨论问题十分广泛。他在长沙长期居住，讲学于岳麓、城南书院，并与朱熹等当面讲论，辨析经典，讨论义理。正是在这种讲论问辩的氛围中，他们交流学术，切磋道义，形成了各自的理学思想。

（二）"圣门实学，循循有序"

张栻说"圣门实学，循循有序"（《南轩先生文集》卷26《答周允升》）。所谓"学"，有"小学""大学"之区分。所谓"小学"，乃"习乎六艺之节，讲乎为弟、为子之职，而躬乎洒扫应对进退之事，周旋乎俎豆羽籥之间，优游乎弦歌诵读之际，有以固其肌肤之会、筋骸之束，齐其耳目，一其心志"（《南轩先生文集》卷9《邵州复旧学记》）。即幼童阶段通过日常生活起居、待人接物礼仪等小事、小节入手，坚定心志，养成人格。有此"小学"之工夫,然后可进于"大学"。

"大学"是修己治人、成圣成贤、治国安邦的大学问,"所谓大学之道格物致知者,由是可以进焉"(《南轩先生文集》卷9《邵州复旧学记》)。张栻也批评后世之学校,朝夕所讲,不过缀缉文辞,以为规取利禄之计,与古之道大戾。因此他提倡"学者往取圣贤遗书而读之,相与讲明,以析夫义利之分,循古人小学、大学之序",才能无负于国家之教养。张栻反复强调先王建学造士之本意,"将使士者讲夫仁义礼智之彝,以明夫君臣、父子、兄弟、夫妇、朋友之伦",进而以之修身、齐家、治国、平天下。(《南轩先生文集》卷9《邵州复旧学记》)

"小学之功"是进于"大学之道"的必要阶梯,虽然"卑近",但千万不能忽略、轻视,否则就是"躐等"。他说:"升高自下,陟遐自迩,善学者志必在乎圣人,而行无忽于卑近,不为惊怪恍惚之见,而不舍乎深潜缜密之功。"(《南轩先生文集》卷25《又答胡季随》)他曾经致书友人说:

> 迩来愈觉论学之难。盖升高自卑,陟遐自迩,学者多忽遗乎所谓卑与迩者,而渺茫臆度夫所谓高与远者,是以本根不立,而卒无所进。彼盖未知圣贤本末精粗非二致,而学之有始有卒也。(《南轩先生文集》卷27《答宋教授》)

> 为学之方,循循有序,要须著实趋约,自卑近始。(《南轩先生文集》卷26《答项秀才》)

"升高自下,陟遐自迩,务本循序而进,久自有所至,不可先起求成之心,起求成之心,则有害于天理",愿学者"毋忽于卑近以卒至于远大"。(《南轩先生文集》卷26《答陈平甫》)

张栻反复开示学人,读书治学须循序渐进,切问近思,不慕高远,不要急于求成,要"学不躐等""下学上达"。友人向他请教"格物"之说,张栻回信:"格,至也;格物者,至极其理也。此正学者下工夫处。""学者未应躐等。""古人之教,有小学,有大学。自洒扫应对而上,使之循循而进,而所谓格物致知者,可以由是而施焉。故格物者,乃大学之始也。"(《南轩先生文集》卷26《答江文叔》)

他认为："大抵圣人教人,具有先后始终。学者存任重道远之思,切戒欲速也。"批评："今学者未循其序,遽欲识大本,则是先起求获之心,只是想象模量,终非其实",必须下"居敬穷理工夫",日积月累,自然识得大本。(《南轩先生文集》卷26《答刘宰》)学者当"收拾豪气,毋忽卑近,深厚缜密,以进穷理居敬之工"(《南轩先生文集》卷26《又答周允升》)。

正因为张栻强调格物穷理、循序渐进之工夫,故对陆氏兄弟之学颇有微词。他在写给陆九龄的信中说："讲学不可以不精也,毫厘之差,则其弊有不可胜言者。故夫专于考索,则有遗本溺心之患;而骛于高远,则有躐等凭虚之忧,二者皆其弊也。"他一方面不赞成"专于考索",过分重视章句训诂,这样会"遗本溺心",陷溺其中不能自拔,学不知返;另一方面也不赞成"骛于高远",空疏无实,这样会"躐等凭虚",流入异端。(《南轩先生文集》卷26《答陆子寿》)

关于"下学上达",张栻说："下学,人事,而上达,天理,天理初不外乎人事也。"(《癸巳论语说》卷7《子路篇》)他认为"致知力行皆是下学",下学工夫深厚缜密,则自然上达："圣人教人以下学之事,下学工夫浸密,则所为上达者愈深,非下学之外又别为上达之功也。"(《南轩先生文集》卷26《又答周允升》)下学与上达并非分为两截,而是下学工夫到家,自然上达天理。

张栻尤其强调学者要做"近思"的工夫。他在答弟子问中说："大抵学者贵近思,若泛滥则有病。'近'字极有味,宜深体之。"(《南轩先生文集》卷26《又答游诚之》)所谓"近思",即从习知易见、日常生活之事中去思虑、体会天理,不必好高骛远,泛滥无归。

教育也须讲究方法,因材施教。《论语·雍也》记孔子说："中人以上,可以语上也;中人以下,不可以语上也。"张栻阐释道："圣人之教,各因其才而笃焉。以中人以下之质,骤而语之高且远者,非唯不能入,且将妄意躐等,岂徒无益,其反害者有矣。"(《癸巳论语说》卷3《公冶长篇》)人的材质有上、中、下之分别,如果受教育者属于中等以下材质,则不能一下子告诉他高远的道理,否则不仅不能取得应有的教学效果,反而会助长其"躐等"之心,有害无益。

(三)"平心易气,玩味涵泳"

"平心易气,玩味涵泳",是张栻提倡的重要的读书方法。在这一点上,他与朱熹是高度一致的。① "涵泳",即深入、反复地理解和领会文本中的义理。他说:

> 大抵读经书须平心易气,涵泳其间,若意思稍过,当亦自失却正理。要切处乃在持敬,若专一,工夫积累多,自然体察有力,只靠言语上苦思,未是也。

读书要平心静气,反复涵泳,认真体会其中的道理,要专心致志,不能马马虎虎,也不能只从言语上去思考,更要好好理解语言之外的深意。(《南轩先生文集》卷19《答潘端叔》)

张栻在与门人的通信中,反复教导要"平心易气,玩味涵泳"。如门人潘叔度向他请教读书方法,不理解所谓"平易",说"读书平易则简略放过,稍思则似做时文"。张栻解答说,"平易"不是简略,"所贵于平易者,谓平心易气,优游玩味其旨,正非简略放过也"(《南轩先生文集》卷19《答潘端叔》)。"平易"即心平气和,态度冷静,慢慢领会其中的道理,并非不加思考,简略放过。

又如门人胡季随告知张栻,他正在读《二程遗书》,张栻回信告诉他:"要当平心易气,优游涵泳。所谓其间谈性命处,读之愈勤,探义愈晦,无怪其然。若只靠言语上求解,则未是。须玩味其旨,于吾动静之中体之,久久自别也。"(《南轩先生文集》卷25《答胡季随》)要心平气和,深入理解其中的道理,不要只从字面上去理解。

对于前辈的文字,应当仔细阅读,反复玩味,不可轻加议论。如朱熹所编《二程遗书》,有门人提出一些看法,张栻回信说:

---

① "涵泳"是宋儒大力提倡的读书法之一。张载、二程都非常重视,朱熹更是反复提及。这与宋儒提倡义理之学有关。朱熹说:"所谓涵泳者,只是仔细读书之异名。"(《朱子语类》卷116)。"涵泳"不仅要深入理解字义、词义、文义,还需要切己体察,反躬自省,将读书与践履结合起来。

> 元晦所编《遗书》，只是裒聚逐家所编全入之，都无所删也。其间传录失指者固有之，正要学者玩味耳。若便删去，却殊无意味也。得此等文字，且当服膺沉浸其间，未宜以己意直断轻议也。（《南轩先生文集》卷25《答胡季随》）

又说：

> 所谓未容轻议者，非是为尊让前辈，盖理未易明，不应乘快便据目前断杀，须是潜心，若果下工夫，方觉其未易也。只据前人所辨，亦须自家胸中自见得精神乃可，不然，亦只是随人后赞叹而已。（《南轩先生文集》卷25《又答胡季随》）

对前辈不容轻议，不仅仅是尊重，更在于要潜心于其中的义理，让自己胸中真正"自见到精神"，不能人云亦云。张栻以自己的切身经历告诉门人：

> 某顷年编《希颜录》，如《庄子》等诸书所载颜子事多削去，先生以书抵某云："其他诸说亦须玩味，于未精当中求精当，不可便容易指以为非而削之也。"此事是终身事，天地日月长久，今十有二年矣，愈觉斯言之有味，愿吾友深体之。它希笃沉潜之功，以轻易为戒，勉茂远图，厚自爱。（《南轩先生文集》卷25《又答胡季随》）

他编《希颜录》，完全不取《庄子》等书中所载颜子之事，胡宏写信给他，认为应当下工夫鉴别玩味，"于未精当中求精当"，不能完全不取。

张栻也主张读书可以阙疑。他曾经读《尚书》，并作《书说》。他写信给范念德："《书说》比寄《酒诰》到元晦处，曾见否？某近读诸诰，反复其温厚和平之气，深足以感发人。若夫编简脱误，可疑处则不必强为之说也。"（《南轩先生文集》卷27《答范主簿》）《书说》今不存，叶绍翁《四朝闻见录甲集》中录有张栻《酒诰说》一篇。张栻认为《尚书》诸诰可能有编简脱误之处，可以存疑，不必强说。

读书还要自博趋约。孟子讲："博学而详说之，将以反说约也。"

(《孟子·离娄下》)张栻阐发说,"博"是"约"的前提,"学不博,说不详,而曰我知约者,是特陋而已矣"。但"博"并非杂博无统,"详"也非泛滥无归。读书要做到博而能约,"天下之理常存乎至约",因此君子博学而详说,是将"反之于己而说约"(《癸巳孟子解》卷4《离娄下》),不至失于杂与泛之病。张栻强调学者"旁观博取之时,须常存趋约之意,庶不至溺心"。而"博"与"杂"相似而不同,学者不可不察。(《南轩先生文集》卷25《答胡季随》)"博"只是读书多,见识广,"杂"则学无主脑,缺乏"吾道一以贯之"的精神,可能流入异端杂学而不自知。在解释孔子"君子博学于文,约之以礼"(《论语·雍也》)时,张栻说:"博学于文,广闻见也;约之以礼,守规矩也。"(《癸巳论语说》卷3《公冶长篇》)"闻见"包括丰富的知识、阅历,"规矩"即做人的礼仪准则、伦理规范。读书的最终目的还是落脚在培养人的道德品格上。

五 学而时习,致知力行——教育的成效

教育的目的是"致知",除了获取知识之外,更重要的是识得天理,讲明人伦,培养健全的人格。故教育的成效要体现在"学而时习""致知力行"之上。

学贵明道,即通过学习,使道与己合而为一,如果尚为二物,则非真知,其"力行"工夫积累还不够,则天理不备。若不加省察之功,则道离"我"会越来越远。《礼记·中庸》有言:"苟不至德,至道不凝焉。"古之人礼仪三百,威仪三千,君臣、父子、兄弟、夫妇、朋友之际,洒扫应对、献酬交酢,以至于坐立寝食之间,无一而不在修德力行,以成其天理。如果毫厘之间不至,则毫厘之间天理不在。所以张栻说:

> 故学而时习之,无时而不习也,念念不忘天理也。此所以至德以凝道也。及其久也,融然无间,涣然和顺,而内外、精粗、上下、本末功用一贯,无余力矣。(《南轩先生文集》卷13《名轩室记》)

"时习"除了"力行"的工夫外,还有一层意思是"克己",时时省察自

己,防止"心过"。张栻告诫学者:"心过尤难防,一萌于中,虽非视听所及,而吾时习之功已断绝矣,察之缓则滋长矣。""是以君子惧焉,萌于中必觉,觉则痛惩而绝之,如分桐叶然,不可复续。"(《南轩先生文集》卷13《名轩室记》)所谓"心过",即人欲。

张栻反复强调"致知力行",认为:"考圣人之教人,固不越乎致知力行之大端,患在人不知所用力耳。"所谓"致知力行"之大端,张栻解释说:

> 莫非致知也,日用之间,事之所遇,物之所触,思之所起,以至于读书、考古,苟知所用力,则莫非吾格物之妙也。其为力行也,岂但见于孝悌忠信之所发,形于事而后为行乎?自息养瞬存以至于三千、三百之间,皆合内外之实也。行之力则知愈进,知之深则行愈达,区区诚有见乎此也。如注释、诂训,学者虽不可使之溺乎此,又不可使之忽乎此,要当昭示以用工之实,而无忽乎细微之间,使之免溺心之病,而无躐等之失,涵濡浸渍,知所用力,则莫非实事也。(《南轩先生文集》卷26《答陆子寿》)

"致知"在"格物",日常生活之中,凡所遇到、接触到的事事物物,以至于思虑、读书、考古,都是"格物"的工夫,通过对这些事物的认识去致知。"致知"的结果还应当落实到"力行"上。孝悌忠信是力行,息养瞬存是力行,礼仪三百、威仪三千还是力行。知和行是互相启发、互相促进的。

在知、行先后问题上,张栻认为"知常在先",从逻辑上讲先有知,后有行,但知和行不可分离,"行未尝不随之也"(《南轩先生文集》卷14《论语说序》)。知和行并非二途,而是"合内外之实",内知、外行,合而为一。至于读书、考古、注释、训诂这些学问之事,也是求知的必要途径,既不可忽视,也不要沉溺于此不能自拔。

在张栻看来,"致知"的重点是识天理、明人伦,"力行"的工夫也在于此。他批评:"近岁以来,学者又失其旨,曰吾惟求所谓知而已,而于躬行则忽焉。故其所知特出于臆度之见,而无以有诸其躬。"(《南轩先生文集》卷14《论语说序》)学者标榜求知,而忽视躬行,导致知与行分离，这样的所谓"知"，只是臆度之见，不是真知。

"致知力行"，应当从近处做起，从身边的小事做起，脚踏实地，一步一个脚印，这样功积力久，自然会有成效。张栻说：

> 致知力行，趋实务本，不忽于卑近，不遗于细微，持以缜密，而养以悠久，庶乎有以自进于圣人之门墙。（《南轩先生文集》卷33《跋希颜录》）

> 致知力行，要须自近，步步踏实地，乃有所进。不然，贪慕高远，终恐无益。近来士子亦往往有喜闻正学者，但多徇名遗实，反觉害事。间有肯作工夫者，又或不奈苦辛长远，若非走作，即成间断，亦何益也。（《南轩先生文集》卷27《答潘端叔》）

他批评有些士子虽然好学，但往往图的是虚名，不肯下实功。有的人虽然肯下工夫，但又不能持之以恒，故难免走样，或者半途而废。

无论知、行，都不可能一蹴而就，都有一个循序渐进的过程。故张栻说：

> 知有精粗，必由粗以及精；行有始终，必自始以及终。内外交正，本末不遗，条理如此，而后可以言无弊。然则声气容色之间，洒扫应对进退之事，乃致知力行之原也，其可舍是而它求乎！（《南轩先生文集》卷14《论语说序》）

所谓"精粗""始终"，即由"小学"入"大学"，由洒扫应对进退之事到希圣希贤、成己成物、治国平天下。在张栻看来，"洒扫应对进退之事"为"致知力行"的本原，是"致知力行"的起点和门径。

"洒扫应对进退之事"，就是人伦日用。张栻在为弟构所写的《袁州学记》中说，人伦之在天下，不可一日废，废则国随之。所以国家不可一日忽视教育的作用。仁义礼智四德在人，各具于其性，人们不知如何求之，实际上"求之之方，载于孔孟之书，备有科级，惟致其知而后可以有明，惟力其行而后可以有至"。"致知"的重点在于知人伦，"力行"的重点在于行孝悌，"孝悌之行，始乎闺门而形于乡党；忠爱之实，见于事君而推以泽民。是则无负于国家之教养，而三代之士风亦不越是而已。嗟乎，可不勉哉！"（《南轩先生文集》卷9《袁州学记》）通过"致知力行"，将孝悌忠信之行由一家推及于一乡、一国，成才善俗，事君泽民，这样才能真正体现出教育的成效。

六　结语

孔子曰："弟子入则孝，出则悌，谨而信，泛爱众，而亲仁。行有余力，则以学文。"（《论语·学而》）孟子也说："人之有道也，饱食暖衣，逸居而无教，则近于禽兽。圣人有忧之，使契为司徒，教以人伦：父子有亲，君臣有义，夫妇有别，长幼有序，朋友有信。"（《孟子·滕文公上》）孟子这里所讲的"道"即人道，也就是"人之所以为人"的道理。从先秦开始，儒家就奠定了以人为本的教育宗旨，注重培养仁智统一的贤人君子，具有鲜明的人文精神。这种教育传统的最大特点就是重视德性教育，重视人格培养，重视对社会角色和社会关系的认识，强调个人对家庭、对社会的责任。在继承传统儒家教育思想的基础上，张栻做了新的阐发。

首先，张栻认为学须"立本"，这个"本"，就是"明天理"。四德、五伦属于天理，都是先天所固有的，但因为"局于气禀，迁于物欲"，而造成"天理不明"。因此，需要通过后天的教育、学习，来穷其天理，复其本性。这就是人为什么需要接受教育的原因。

其次，在教育的作用上，张栻强调"学也者，所以成身也"。"成身"即"成己"，也就是完善自身的人格修养。这就需要变化气质。人有贤、不肖之差别，这不仅与气禀清浊厚薄之不同有关，还和后天环境积习关系甚大。因此，必须通过教育来"克其气质之偏，以复其天性之本"（《癸巳论语解》卷9）。

再次，在教育的目标上，张栻提出了"学所以明万事而奉天职"的思想。所谓"万事"，即人类社会中的万事万物，当然包括德性与知识两个方面，而其中的核心内容，就是明人伦、知礼义、辨义利。归根结底，在于"成才善俗"。通过教育，使受教育者在家知孝悌，出门扩充此心，仁民爱物，在全社会形成爱亲敬长、兴仁兴让的社会风气。可以说"成才善俗"是张栻教育思想的最终目标。

最后,在知识与实践的关系上,张栻反复强调教育除了获取知识(致知)之外,更重要的是识得天理,讲明人伦,培养健全的人格。故教育的成效要体现在"学而时习""致知力行"之上。知和行并非二途,而是内知、外行,知行互发,故"行之力则知愈进,知之深则行愈达"(《南轩先生文集》卷26《答陆子寿》)。

张栻的"明伦"教育理念,重视人格培养,提倡仁智并重,而以"成才善俗"为最终目标,将教育的本质落实在促进人的发展、社会的和谐上。自西学东渐以后,传统伦理遭到极大的冲击,以"明伦"为特征的儒家教育理念逐渐被抛弃。新式学校偏重知识教育,忽视人伦教育,虽然带来了科学进步,也造成随之而来的道德滑坡、家庭解体、社会失序等一系列问题,这应当引起全社会的反思。张栻的"明伦"教育主张,可以为当今教育提供一些借鉴。

《张栻集》前言

一

张栻（1133—1180年），字敬夫，又字钦夫，号南轩，又号乐斋、葵轩，谥曰宣，后世称为张宣公。汉州绵竹（今四川绵竹）人，徙居长沙（今湖南长沙）。南宋著名理学家、哲学家和教育家，湖湘学派的主要代表人物和集大成者。一生探求和宣传"圣人之道"，崇信周敦颐、二程等开创的理学，并积极加以推阐和发扬光大，形成自己特有的思想体系。当时东南地区还有朱熹、吕祖谦等著名学者聚徒讲学，传播理学思想。他们与张栻交谊深厚，相互切磋，以道相期，相得益彰。张、朱、吕三人被时人誉为"东南三贤"。以张栻为代表的"湖湘学"、以朱熹为代表的"闽学"和以吕祖谦为代表的"婺学"鼎足而三，对当时和后世都产生了重大影响。

绵竹张氏是唐代名相张九龄弟张九皋之后。张栻的父亲张浚（1097—1164年），字德远，徽宗时进士，是南宋初著名的抗金主战派代表，出将入相，历仕高宗、孝宗两朝近四十年。南宋高宗建炎三年（1129）任知枢密院事，力排众议，坚决主张抗金，以恢复中原为己任。被任命为川陕宣抚处置使，组织川陕战役，以牵制金人对东南的进攻。但因各种原因，兵败富平。绍兴元年（1131），部将吴玠取得和尚原大捷，大败金军。绍兴五年（1135），张浚任宰相兼知枢密院事、都督诸路军马。秦桧执政后，对外议和。绍兴七年（1137），张浚被罢相，贬永州（今湖南零陵）。绍兴十六年（1146），又谪居连州（今广东连州）。四年后重新回到永州。绍兴三十一年（1161）金兵南侵，张浚在度过了长达二十年的贬逐生活后被召回朝重新起用，奉命主持北伐。但因北伐失利，又受到主和派排挤，隆兴二年（1164）五月被迫离开朝廷，行至江西余干去世。张浚曾受学于程颐弟子涪陵谯定，著有《紫岩易传》十卷、《论语解》四卷、《春秋解》六卷、《中庸解》一卷、《中兴备览》十一篇等。著名的门人有王十朋、杨万里等。

张栻幼承庭训，好学深思，颖悟夙成，早著令闻。"浚爱之，自幼常令在旁，教以忠孝仁义之实。"（《诚斋集》卷116《张左司传》）张栻在青少年时代，随其父辗转各地。张浚贬居永州、连州期间，张栻跟随在父亲身边。知连州王大宝，字符龟，潮州海阳（今广东潮安）人，为赵鼎门人，是一位博学之士，张浚命张栻从王大宝游学。张浚还亲自教授他儒家经典。张浚遂于《周易》，传张栻易学。

绍兴二十年（1150）以后，张栻随父亲移居永州，继续学习儒家经典，并受到周、程理学思想的熏陶。绍兴二十九年（1159）己卯，他辑录孔子弟子颜渊的言行作《希颜录》，立志以儒家圣贤为榜样，以道为己任，"如《庄子》等诸书所载颜子事多削去"（《南轩先生文集》卷25《答胡季随》）。他听说五峰先生胡宏在衡山传播二程之学，遂去信求教质疑。胡宏（1102—1161年），字仁仲，崇安（今福建武夷山）人，曾师从二程门人杨时及侯仲良，是二程的再传弟子。以父胡安国荫补官。胡宏力主抗金，不愿与秦桧交往，遂终生不仕，隐居衡山二十余年，传道授业，以振兴道学为己任，"开湖湘之学统"，为南宋初著名的理学家。其哲学以"性"为本体，认为人性无善恶，提出"缘事物而知"和"循道而行"的知行论。著作主要有《知言》《五峰集》等。尤其是《知言》一书，影响深远，吕祖谦以为超过张载《正蒙》。在南宋初从事理学活动诸人中，以胡宏的成就最为突出。因此清儒全祖望评论说："绍兴诸儒所造，莫出五峰之上。"（《宋元学案》卷42《五峰学案》）绍兴三十一年（1161）张栻前往衡山拜见胡宏，问河南程氏之学，胡宏"一见，知其大器，即以所闻孔门论仁亲切之旨告之"（《晦庵先生朱文公文集》卷89），张栻遂得为胡宏弟子。胡宏对张栻的人品、学识十分欣赏，他在给友人孙正孺的信中说："敬夫特访陋居，一见真如故交，言气契合，天下之英也。见其胸中甚正且大，日进不息，不可以浅局量也。河南之门，有人继起，幸甚幸甚！"① 胡宏对张栻抱有很高的期望，视之为二程理学的传人，可惜胡宏当年就去世了。张栻师从胡宏的时间虽然不长，但受胡宏思想的影响很大。后来张栻在继承胡宏的理学思想的基础上，对其师说也有许多修正。

张栻对胡宏非常推崇，称赞《知言》一书"其言约，其义精，诚道学之枢要，制治之蓍龟也"（《南轩先生文集》卷14《胡子知言序》）。他还接受了胡宏的"性为未发之中、心为已发之和""性为体、心为用"等思想。为此张栻和朱熹曾围绕胡宏《知言》一书展开过讨论。朱熹在张栻的影响下，最初接受了胡宏的观点，随后对"心为已发"之旨产生了怀疑，经过反复辩论、思考，于宋孝宗乾道五年（1169）提出"性体情用""心统性情"的主张，否定了胡宏、张栻"已发乃可言心"的观点。朱熹还编写了《胡子知言疑义》，对胡宏"性体心用说""天理人欲同体异用论"和"性无善恶论"进行了辨析。张栻后来也修正了自己的观点，认识到"心、性分体用，诚为有病"，但对朱熹的"心统性情"说也提出了不同意见："统字亦恐未安，欲作'主性情'，如何？"（《晦庵先生朱文公文集》卷73《胡子知言疑义》引）反映了张栻不墨守、不盲从的求实精神。

绍兴三十一年（1161），张浚奉旨自便，以观文殿大学士判潭州。张栻随父来到长沙，居于城南之妙高峰，筑城南书院，以教来学者。宋孝宗即位后，锐意恢复，"慨然以奋战仇虏，克复神州为己任"（《晦庵先生朱文公文集》卷89《右文殿修撰张公神道碑》）。张浚被任命为枢密使，开府治戎，主持北伐。张栻被辟为宣抚司都督府书写机宜文字，除直秘阁。张栻"时以少年，内赞密谋，外参庶务，其所综画，幕府之人皆自以为不及也"（《宋史》卷429《张栻传》）。张栻秉承父志，力主抗金，反对议和。他曾因军事入奏，进言孝宗"上念宗社之仇耻，下闵中原之涂炭，惕然于中而思有以振之"，并以理学思想勉励孝宗，认为"此心之

---

① （宋）胡宏：《五峰集》卷2。魏了翁《鹤山集》卷34《答张大监忠恕》："南轩初谒五峰，五峰首以'忠清'二事令其反复究玩，书问至数次往反，最后五峰答书曰：'圣门有人，吾道甚幸。'由此遂定师友之分。"又刘壎《隐居通议》卷3《南轩契合》："南轩先生张宣公初问学于五峰先生胡明仲，一见即契合，宣公欣然归，语人曰'如拔出九泉之下，而升之九霄之上'，其所得如此。想当时必有超世绝俗之论，惜不传也。"

发即天理之所存也",要求孝宗"诚愿益加省察,而稽古亲贤以自辅焉,无使其或少息也,则不惟今日之功可以必成,而千古因循之弊亦庶乎其可革矣"。(《晦庵先生朱文公文集》卷89《右文殿修撰张公神道碑》)不久北伐失利,主和派得势,张浚再次南贬,死于余干。张栻料理完丧事后,又多次上疏言事,反对议和,认为"吾与虏人乃不共戴天之仇",要求朝廷"明诏中外,公行赏罚,以快军民之愤,则人心悦,士气充,而敌不难却矣";"继今以往,誓不言和,专务自强,虽折不挠,使此心纯一,贯彻上下,则迟以岁月,何功之不成!"(《晦庵先生朱文公文集》卷89《右文殿修撰张公神道碑》)奏疏递上去后,并没有得到响应。

当时知潭州刘珙①对张栻的学问和人品非常敬重。潭州有座岳麓书院,始建于北宋初。乾道元年(1165),刘珙对它进行了重建,于次年建成后,请张栻主持讲学。张栻对刘珙兴学之举极为称赞,写了《潭州重修岳麓书院记》一文。从此张栻往来于湘江两岸的城南、岳麓二书院,传道授业,"示学者以公私义利之辨"(《张宣公年谱》卷上),培养出大批学术和政治人才,促进了湖湘地区学术文化的发展。张栻入讲岳麓书院,标志湖湘学派的形成,与当时的闽学(以朱熹为代表)、婺学(以吕祖谦为代表)、江西学(以陆九渊兄弟为代表)等具有同等重要的影响。而"湖南一派,在当时最为鼎盛"(《宋元学案》卷50《南轩学案》)。

在当时讲学诸先生中,朱熹对张栻最为推崇。在乾道三年(1167)

---

① 刘珙(1122—1178年),字共父,一字恭父,崇安(今福建武夷山)人。高宗绍兴十二年(1142)进士,监潭州南岳庙。二十一年(1151),为诸王宫大小学教授。二十四年(1154),权秘书省校勘、中书舍人。次年,以忤秦桧罢。二十九年(1159),起秘书丞,累迁中书舍人。孝宗隆兴元年(1163)除集英殿修撰。二年(1164),知衢州。乾道元年(1165)三月知潭州、兼荆湖南路安抚使。三年(1167)正月召赴行在,八月除翰林学士、知制诰,兼侍读,迁同知枢密院事。四年(1168),兼参知政事,出知隆兴府、兼江南西路安抚使。五年(1169),知荆南府、兼荆湖北路安抚使。八年(1172),再知潭州。淳熙二年(1175)正月知建康府、兼江南东路安抚使、兼行宫留守。淳熙五年(1178)七月三日卒,年五十七,谥忠肃(参见朱熹《晦庵先生朱文公文集》卷94《刘枢密墓记》、卷88《观文殿学士刘公神道碑》、卷97《刘公行状》)。《宋史》卷386有其传。珙父子羽建炎、绍兴之间佐川陕军,与张栻父张浚关系甚笃,叔父子翚(屏山)是朱熹的老师,故刘珙与张栻、朱熹情好甚密。

以前，朱熹与张栻有过两次会面。他们鸿雁传书，商讨学术。朱熹称赞张栻"名质甚敏，学问甚正"（《晦庵先生朱文公文集》续集卷5《答罗参议》）。乾道三年九月，朱熹由弟子范念德、林用中陪同，从福建崇安启程，经长途跋涉，来到长沙，与张栻会见，切磋学术。他们一起讨论了很多理学上的重大问题，包括《中庸》的"已发""未发"，察识、涵养之序，以及"太极""仁"等范畴。朱熹与张栻相处不久，就强烈地感觉到张栻"学问愈高，所见卓然，议论出人意表"（《晦庵先生朱文公文集》卷24《与曹晋叔书》）。二人在主要的理学问题上虽没有重大分歧，但在对一些具体问题的看法上仍有不尽一致之处，以至于反复辩论，经久不绝。"是时范念德侍行，尝言二先生论《中庸》之义，三日夜而不能合。"（《朱子年谱》卷1下）通过这次互相讨论，二人对理学上的很多问题有了比较一致的看法，而以朱熹接受张栻的观点为多。朱熹在长沙共逗留了两个月。他们还一起游览衡山。当时正是寒冬，张栻、朱熹、林用中三人一路唱和，共作诗一百四十九首。后来由张栻作序，编为《南岳倡酬集》。此后张、朱二人书信往来不断。据统计，仅保存在《南轩先生文集》中张栻给朱熹的书信、问答就达七十四篇；保存在《晦庵先生朱文公文集》中朱熹给张栻的书信、问答也有五十四篇。另外，他们之间还有许多题诗作序、往来唱和之作。二人交往之密切、情谊之笃厚，由此可见一斑。

乾道五年（1169），由刘珙荐举，张栻除知抚州，未上，改知严州（今浙江建德），十二月到任。恰好这年八月，吕祖谦以太学博士添差严州教授。张、吕二人早就相互倾慕，关系密切。他们相与论学，彼此启迪。张栻还为吕祖谦所编《阃范》一书作序。在知严州任上，张栻问民疾苦，访闻百姓丁盐钱绢负担过重，遂上奏朝廷，得以蠲免其半。第二年五月，朝廷召张栻为尚书吏部员外郎。不久，又兼侍讲，除左司员外郎。在都期间，孝宗召对达七次之多，张栻所言"大抵皆修身务学，畏天恤民，抑侥幸，屏谗谀"（《宋史》卷429《张栻传》）。他不避权贵，敢于直言，得罪了宰相虞允文，在朝仅一年，就被排挤离朝，出知袁州（今江西宜春）。

乾道七年（1171）十二月，张栻回到长沙故居。在以后的三年时间里，张栻往来于城南、岳麓二书院，主持教事，并对自己的一些著作进行了整理、定稿。乾道九年（1173），张栻完成了对《论语说》《孟子说》的修订。这两部书是张栻最重要的著作，标志着张栻理学思想的最后确立和成熟。

张栻退居三年以后，"上复念公"，诏除旧职，知静江府（治今广西桂林）、经略安抚广南西路。广西地处西南边陲，统领二十五个州，民族混杂，俗尚仇杀，荒残多盗，素称难治。张栻到任以后，充分显示了他经世治民的卓越才干。他"简州兵，汰冗补阙"，并"申严保伍法"，整顿社会治安。他还对少数民族实行安抚政策，"于是群蛮帖服"。（《宋史》卷429《张栻传》）他又发布《谕俗文》，教育当地百姓移风易俗。并毁淫祠，兴学校，表彰周敦颐、程颢、程颐，在士子中传播理学思想。他还主动为民请命，奏改诸州息钱，并减阳朔、荔浦、修仁三县税米，改革马政，重定盐法。这些措施都对减轻百姓负担有利。由于他有突出的政绩，淳熙五年（1178），朝廷特诏转承事郎，进直宝文阁。不久除秘阁修撰、荆湖北路转运副使，改知江陵府，安抚本路。到任后，首严缉捕之令，整顿军政，一日去贪吏十四人。又加强社会治安，惩办盗贼。礼遇将帅，加恤士伍，将士感悦，戎政日修。后又弹劾信阳守刘大辩，因其滥招流民，夺民熟田，怙势希赏，故张栻请论其罪。但朝廷对刘的行为不予追究，仅把刘调往其他郡了事。张栻志不获伸，遂上章求去。

这时张栻已经得疾。淳熙七年（1180）二月二日，病逝于江陵府舍，终年四十八岁。临终前，他写了最后一道奏疏，劝孝宗"亲君子，远小人，信任防一己之偏，好恶公天下之理"（《宋史》卷429《张栻传》）。四天以后，朝廷才下达了张栻以右文殿修撰提举武夷山冲佑观的诏命。由于张栻对发展理学的杰出贡献，宋宁宗嘉定八年（1215）八月己丑追谥曰宣，理宗景定二年（1261）下诏从祀孔子庙庭。

二

张栻一生中主要从事讲学、教育活动和学术研究，致力于传播和发展理学，写过大量著作。据朱熹所作《右文殿修撰张公神道碑》有言："平生所著书，唯《论语说》最后出，而《洙泗言仁》《诸葛忠武侯传》

为成书。其他如《书》《诗》《孟子》《太极图说》《经世编年》之属，则犹欲稍更定焉而未及也。"可知许多著作都是未完之稿，在后来流传过程中散失的也很多。[①] 失传的著作主要有以下几种：

《希颜录》。早在绍兴二十九年（1159）张栻二十七岁时，就哀集孔子大弟子颜渊的言行为《希颜录》上、下篇。他辑该书的目的是为了"与同志之士以颜子为准的，致知力行，趋实务本，不忽于卑近，不遗于细微，持以缜密而养以悠久，庶乎有以自近于圣人之门墙"（《南轩先生文集》卷33《跋希颜录》）。遂"本诸《论语》《易》《中庸》《孟子》所载，而参以二程先生之论，以及于濂溪、横渠与夫二先生门人高弟之说，列为一卷。又采《家语》所载颜子之言有近是者，与夫扬子云《法言》之可取者，并史之所记者存之于后"（《南轩先生文集》卷33《跋希颜录》）。至于《庄子》等书所载颜子之事，则多削去。该书一出，"往往为朋友所传写"，逐渐流传开来。但后来张栻认为"去取伦次多所未善"。如《南轩先生文集》卷25《答吕子约书》云："《希颜录》旧来所编，不甚精切。颜子气象，但当玩味于《论语》中，及考究二程先生所论，则庶几得所复求矣。"乾道元年（1165）八月，他又对其"复加考究，定著为一卷，又附录一卷"[②]。在宋代已有该书刻本，陈振孙《直斋书录解题》卷9有著录。明清以后未见著录。

《经世纪年》。乾道三年（1167）正月，《经世纪年》一书脱稿。张

[①] 关于张栻的著作及版本，可参考四川大学古籍整理研究所编《现存宋人别集版本目录》，巴蜀书社1989年版；刘琳、沈治宏编《现存宋人著述总录》，巴蜀书社1992年版。另外参见侯安国《张南轩先生文集三考》，硕士学位论文，四川大学，1988年；沈治宏《张栻著述考》，《天府新论》1992年第2期。蔡方鹿《一代学者宗师——张栻及其哲学》（巴蜀书社1991年版）也论及张栻生平、著述及其学术思想。

[②] 参见（宋）张栻《南轩先生文集》卷33《跋希颜录》、胡宏《五峰集》卷3《题张敬夫希颜录》。又《五峰集》卷2《与张敬夫》曰："又辱示《希颜录》，足见稽考之勤，辄忘固陋，肆笔写真，所闻未必皆当也。敬夫所得，却以见告至望。先贤之言，去取大是难事。如《程子语录》云：'颜子合下完具，只是小，要渐渐充扩之。'此乃常人，非颜子也。既是小，则如何谓之完具？若论秉彝，则人人完具也，何独颜子？颜子所以资禀过人者，正其大，便有一个合德于天地气象也。此段正先生所谓一两字错，便转了，只知得他意，此类是矣。又如《正蒙》云：'颜氏之进，则欲一朝而至焉，可谓好学也已。'似如此迫切，亦说颜子未著也。《文中子》之言诞漫不亲切，扬子云浅陋不精通，庄子坐忘费力，心斋支离，《家语》'如不容然后见君子'，恐亦未免于陋也。敬夫猛勇精进，诸人有未到处，他自当自见。以下喻谦勤，故不敢不摘其一二也。"可知胡宏对《希颜录》亦有微词。

栻《纪世纪年序》云:"本朝嘉祐中,康节邵先生雍出于河南,穷往知来,精极于数,作《皇极经世书》,上稽唐尧受命甲辰之元,为编年谱";张栻乃"因康节之谱,编自尧甲辰至皇上乾道改元之岁,凡三千五百二十有二年,命之曰《经世经年》,以便观览,间有鄙见,则因而明之"(《南轩先生文集》卷14《经世纪年序》)。可知该书是在邵雍《皇极经世》一书基础上改编、扩充而成的一部年表。目的是为了黜偏霸,尊正统。朱熹对该书评价颇高,称"其论甚正",并尝告之以书中抵牾处。① 张栻在世时该书即已刊行,流传于世。陈振孙《直斋书录解题》卷4、曹学佺《蜀中广记》卷92皆有著录。清代以后不见传本。

《洙泗言仁》。乾道七年(1171)十二月归长沙后,张栻序定《洙泗言仁》一书。自序云:"盖仁者天地之心,天地之心而存乎人,所谓仁也。""自孟子没,寥寥千有余载,《论语》一书家藏人诵,而真知其旨归者何人哉? 至本朝伊洛二程子始得其传,其论仁亦异乎秦汉以下诸儒之说矣。""因哀《鲁论》所载,疏程子之说于下,而推以已见,题曰《洙泗言仁》。"(《南轩先生文集》卷14《洙泗言仁序》) 张栻曾就此书与朱熹、吕祖谦等友人展开讨论,朱熹对张栻编此书颇有批评,认为"类聚孔孟言仁处,以求夫仁之说,专一如此用功,不免长欲速好径之心"(《晦庵先生朱文公文集》卷31《答张敬夫》)。朱熹还对门人说:"南轩《洙泗言仁》编得亦未是。圣人说仁处固是仁,然不说仁处不成非仁? 天下只有这个道理,圣人说许多话都要理会,岂可只理会说仁处,不说仁处便掉了不管?"(《朱子语类》卷118)后来张栻也进行了一些修订。如关于"当仁不让于师"之义、"孝悌为仁之本""巧言令色鲜仁"等义,都接受朱熹的意见作了改正。(《南轩先生文集》卷20《答朱元晦秘书》) 朱熹《答李伯谏》:"钦夫此数时常得书,论述甚多。《言仁》及江西所

---

① (宋)朱熹:《晦庵先生朱文公文集》卷45《答廖子晦》:"《经世纪年》其论甚正,然古人已尝言之。如汉高后之年,则唐人已于《武后》《中宗纪》发之;蜀汉之统,则习凿齿《汉晋春秋》已有此论矣。尧以甲辰年即位,乃邵康节《皇极经世》说,诸家之说亦有同者,此则荒忽不可究知。敬夫所说牴牾处,必是谓武王克商之年,《泰誓·序》作十一年,经作十三年,而编年之书乃定从《序》说。向见柯国材说,以《洪范》考之,访于箕子是十三年事,必是当年初克商时,便释其囚而问之,不应十一年已克商,至两年后乃问之也。其说似有理,亦尝以告敬夫,敬夫大以为然。其书已尝刊行,至是遂止。敬夫之服善如此,亦难及也。"

刊《太极解》盖屡劝其收起印板，似未甚以为然，不能深论也。"（《晦庵先生朱文公文集》续集卷4）可知此书在乾道八、九年间已有刻本。尤袤《遂初堂书目》有著录，后失传。

《书说》。《南轩先生文集》卷27《答范主簿书》云："《书说》比寄《酒诰》到元晦（朱熹）处，曾见否？某近读诸诰，反复其温厚和平之气，深足以感发人。若夫编简脱误处，则不必强为之说也。"张栻撰《书说》，并以《酒诰》一段寄示朱熹。《四朝闻见录·甲集》"南轩书说"条云："南轩《酒诰》一段，解'天降命，天降威'处，诚千百年儒者所不及。"并备载其说。案魏了翁《张晞颜墓志铭》记载，张庶（晞颜）曾"侍宣公归长沙，留九年。宣公辟岳麓书院教授后学，尝读《书》，遇解释，属君笔之，题曰《南轩书说》"（《鹤山先生大全集》卷79）。则《书说》初为张晞颜记录，后经张栻整理。明王圻《续文献通考》卷173著录《无逸解》一卷，后未见著录。但据朱熹所撰《神道碑》，该书并没有最后定稿。诸家目录也不见著录。

《诗说》。《南轩先生文集》卷28《与吴晦叔》云："日与诸人理会《诗》，方到《唐风》。向来元晦所编多去诸先生之说，某意以为诸先生之说虽有不同，然自各有意思，在学者玩味如何，故尽载程子、张子、吕子、杨氏之说。其他诸家，有可取则存之，如元晦之说，多在所取也。此外尚或有鄙意，即亦附之于末。"又卷21《答朱元晦秘书》云："《诗解》诸先生之说尽编入，虽觉泛，学者须是先教如此考究。"这封信提到胡寔（广仲）之死，可知作于乾道九年（1173）。作者裒录二程以来诸理学家对《诗经》的解说而成该书，并附以己见。据朱熹《神道碑》，该书也是未完之稿。今无传本，吕祖谦《吕氏家塾读诗记》载张栻《诗说》十余条，其他一些宋元《诗》学文献中亦有引录，我们作了辑佚，可见其大略。

《中庸解》。《南轩先生文集》卷25《答胡伯逢》云："《中庸解》录未毕，今写三段去，大纲规模如此也，未知如何？"《永乐大典》中录片段遗文。

《通鉴论笃》。朱熹《答李伯谏》："长沙书来说，又分门编本朝事及作《论笃》一书，虽盗跖之言有可取者，亦载其中。不知作此等文字是何意思，使人都理会不下。"（《晦庵先生朱文公文集》续集卷4）可知此书作于乾道八、九年间。陈振孙《直斋书录解题》卷4著录三卷，注云："侍讲广汉张栻敬夫撰，取《通鉴》中言论之精确者表而出之，多或全篇，少至一二语，去取甚严，可以见前辈读书眼目之高。"《宋史·艺文志》著录四卷。焦竑《国史经籍志》著录二部各三册，都非完帙。清代以后不见著录。

《太极图说解义》。张栻非常推崇周敦颐的《太极图》。他在淳熙二年（1175）作的《濂溪周先生祠堂记》说："某尝考先生之学，渊源精粹，实自得于其心，而其妙乃在《太极》一图，穷二气之所根，极万化之所行，而明主静之为本，以见圣人之所以立人极，而君子之所当修为者，由秦汉以来，盖未有臻于斯也。"淳熙六年（1179）所作《南康军新立濂溪祠记》又说："唯先生崛起于千载之后，独得微旨于残编断简之中，推本太极，以及乎阴阳五行之流布，人物之所以生化，于是知人之为至灵，而性之为至善，万理有其宗，万物循其则，举而措之，则可见先生之所以为治者，皆非私知之所出，孔孟之意于以复明。"（《南轩先生文集》卷10《南康军新立濂溪祠记》）早在乾道六、七年间，朱熹曾将自己作的《太极图解》寄给张栻征求意见，张栻回信说："《太极图解》析理精详，开发多矣，垂诲甚荷。向来偶因说话间妄为他人传写，想失本意甚多。要之言学之难，诚不可容易耳。《图解》须仔细看，方求教，但觉得后面亦不必如此辩论之多，只于纲领处拈出可也。"（《南轩先生文集》卷22《答朱元晦》）因张栻对朱子所解有所不安，故作《太极解义》阐发周敦颐《太极图说》。张栻《太极图说解义》作成于乾道八年（1172），刻版于高安。据朱熹《右文殿修撰张公神道碑》，张栻《太极图说》"欲稍更定焉而未及也"（《晦庵先生朱文公文集》卷89）。《太极图说》即《太极图说解义》，又称《太极解义》。尤袤《遂初堂书目》著录《南轩太极图解》，赵希弁《郡斋读书附志》著录《张子太极解义》一卷。赵书注云："张宣公解周元公《太极》之义也。"（《郡斋读书志》卷5下）宋以后不见著录。宋本《周元公集》、真德秀《西山读书记》等书录有片段，但非全貌。我们从明弘治刻本《周元公集》中却发现了完整的南轩《太极图说解义》，能够窥其原貌。因此可以说，张栻《太极图说解义》并没有散佚。① 张栻还作有《太极图解序》及《后序》二文，《南轩先生文集》未收，见录于《周濂溪集》的《太极图说》后。

《南轩先生问答》。赵希弁《郡斋读书附志》著录《南轩先生问答》四卷，注云："右张宣公栻答门人之所问也。"今《南轩先生文集》卷29至卷32共四卷为"答问"，共十六篇，其中有答门人弟子问，如《答胡季随》《答陈平甫》等篇；也有答朋友问，如《答朱元晦》等篇。未知赵希弁著录之书是否为《南轩先生文集》四卷"答问"之单行本。

《南轩语录》。陈振孙《直斋书录解题》卷9著录《南轩语录》九卷，注云："蒋迈所记张栻敬夫语。"《文渊阁书目》卷4、《国史经籍志》"性理类"都著录该书。清代以后未见著录。黄震《黄氏日钞》摘抄了《南轩语录》若干条。又魏了翁《鹤山集》卷79《张晞颜墓志铭》记，张庶（晞颜）也曾"记南轩语，题曰《诚敬心法》"。

《三家礼范》。陈振孙《直斋书录解题》卷6著录有《四家礼范》五卷，注云："张栻、朱熹所集司马、程、张、吕氏诸家，而建安刘珙刻于金陵。"朱熹《跋三家礼范》："长沙郡博士邵君得吾亡友敬夫所赐《三家礼范》之书，而刻之学宫。"（《晦庵先生朱文公文集》卷83）明杨士

---

① 元、明时，张栻《太极图说解义》一直流传。吴澄《吴文正集》卷3《答田副使第三书》："来书取南轩先生张氏《太极图解》首章之说，甚当。然请博观南轩《太极图》全解及今文集、语录诸书，还曾解'太极'二字为浑元、浑沌否？还曾谓理在先、气在后否？南轩《图解》之下文云：'非太极之上复有所谓无极也，太极本无极，言其无声臭之可名也。'又云：'无极之真，二五之精，妙合而凝，非无极之真为一物，与二五之精相合也，言未尝不存于其中也。'南轩此言，即与朱子所言及老拙所言一同。卖花担上前后两篮，不曾遍看，但见前篮一朵之花，便自买取，而不复顾其后篮之花为何如，况望能于洛阳诸处名园之万紫千红中而一一识之乎？朱子初焉说太极与南轩不同，过过长沙谒南轩，南轩极言其说之未是，初亦未甚契，既而尽从南轩之说，有诗谢南轩曰：'我昔抱冰炭，从君识乾坤。始知太极蕴，要妙难名论。'及南轩死，有文祭之曰：'始参差以毕序，卒烂熳而同流。'是晦庵太极之说尽得之于南轩，其言若合符节。明公取南轩而不取晦庵，何也？"又明杨士奇《东里集》续集卷17《太极解》："南轩张宣公《太极解》，余录于庐陵清湖罗德崇先生。先生名献，先待制同年，宁都州判师之从子。少从游先祖兄弟，与先谕德相好，为人狷介不苟合。尝为武昌府学训导，时余客武昌，无日不辱见过，所畜虽片简尺牍，无不辱惠教。一日酌余江滨小楼，醉留宿，觉夜已二鼓，起烧笋瀹茗，论太极，先生诵此解甚熟。余时未有本也，遂请录之。明日就他处求本参对，无一字误。因窃叹前辈读书用功切实如此，非后学所当师乎？自余录此本，至今二十有四年矣，用志之以示后人。"

奇《东里集》续集卷18《文公家礼》曰："右《朱子家礼》一册，今士大夫家多遵用之，间亦有置疑其间者。余偶于朱季宁家得张南轩《三家礼范》，后有武林应本中所识及《家礼辨》数条，其论皆有理，因录置于后云。"可见，该书在明朝还有流传。后世书目未见著录。

《南轩奏议》。朱熹编《南轩文集》，没有将张栻的奏议文字收入其中。关于这一点，朱熹后来在《答胡季随》书中解释说："《南轩文集》方编得略就，便可刊行，最好是奏议文字及往还书中论事处，确实痛切，今却未敢编入，异时当以奏议自作一书，而附论事书尺于其后，勿令广传，或世俗好恶稍衰，乃可出之耳。"（《晦庵先生朱文公文集》卷53）可知朱熹不收奏议文字和论事书尺，是因为顾忌"世俗好恶"，不便广传，想留待以后单独编为一书。后来朱熹是否编《南轩奏议》已不得而知，但南宋时确有一部十卷本《南轩奏议》刊行流传，陈振孙《直斋书录解题》卷22、马端临《文献通考》卷247都有著录。明代《文渊阁书目》《国史经籍志》也有著录，注云"缺"。此后未见著录，可能在明末清初就散佚了。

三

张栻现存的著作主要有：

《南轩易说》（残）。又名《南轩先生张侍讲易说》。乾道九年（1173）前后，张栻裒集《系辞说》。此书是张栻裒集程颐、张载、杨时《易》说而成，并断以自己的心得。《南轩先生文集》卷28《答吴晦叔》云："《系辞说》已裒集。"又据卷30《答陈平甫书》，陈平甫"欲请足下以己精思，探三圣人之用心，又会以河南、龟山、汉上之说，续成上下《系》《说卦》《序卦》《杂卦》解五篇，传之同志，以贻后代"。张栻答云："某近裒集伊川、横渠、杨龟山《系辞》说未毕，更欲年岁间记鄙意于下。如汉上之说杂而不知要，无足取也。"该书是未定之稿。张栻在淳熙中《与朱元晦书》云："于所讲论皆无疑，独《易说》未得其安，亦恐是从来许多意思未能放下，俟更平心易气徐察也。"（《南轩先生文集》卷23《与朱元晦书》）元至元二十九年（1292），赣州路儒学学正胡顺父曾刊行《南轩易说》。胡顺父序称："至元壬辰，鲁人东泉王公分司廉访章贡等路。……尝诵《伊川易传》，特缺《系辞》，留心访求，遂得南轩解说《易·系》。"（《南轩易说》卷首）于是"善写家藏"，后又刊行。明《文渊阁书目》著录《南轩易说》一部四册、《南轩易说》一部三册、《南轩系辞说》一部四册。北京图书馆现藏明抄本《南轩先生张侍讲易说》五卷。四库本为曹溶从元胡顺父刊本传写，始于《系辞》"天一地二"章，仅存《系辞上》卷下、《系辞下》、《说卦》、《序卦》、《杂卦》，分为三卷。沈家本《枕碧楼丛书》本据明抄本刊行，分作五卷，乃将《说卦》《序卦》《杂卦》三篇析为三卷，内容大体与四库本无异。但个别字句有出入，四库本较《枕碧楼丛书》本为善。张栻著有《易说》，殆无疑义。惜全本无存，读者难窥全貌。好在宋元以后，历代易著对《南轩易说》多有征引，多少可以弥补这一缺憾。我们从俞琰《周易集说》、李简《学易记》、董真卿《周易会通》、胡一桂《易附录纂注》、熊良辅《周易本义集成》、胡震《周易衍义》、胡广等《周易传义大全》、刁苞《易酌》、沈起元《周易孔义集说》、乔莱《易俟》、张烈《读易日钞》、程廷祚《大易择言》等书中拾遗搜残，钩稽吉光片羽。读者将此本与传世张栻《南轩易说》结合，自可大体窥其原貌。

《论语解》。又称《论语说》《癸巳论语解》《南轩论语解》《南轩论语说》《论语南轩解》《语解》《语说》。乾道九年（1173），张栻所撰《论语说》《孟子说》二书稿成。其《论语说序》云："学者，学乎孔子者也。《论语》之书，孔子之言行莫详焉，所当终身尽心者，宜莫先乎此也。……本朝河南君子始以穷理居敬之方开示学者，使之有所循求，以入尧舜之道，于是道学之传复明于千载之下。然近岁以来，学者又失其旨，曰'吾惟求所谓知而已'，而于躬行则忽焉。……此特未知致知力行互相发之故也。……辄因河南余论，推以己见，辑《论语说》，为同志者切磋之资。"（《南轩先生文集》卷14《论语说序》）认为近世学者务高远而忽卑近，致知与力行背离，于是撰此书阐发"致知力行之原"，推明孔孟、二程等"圣贤之意"，欲使学者于此二端"兼致其力"，"始则据其所知而行之，行之力则知愈进，知之深则行愈达"。（《南轩先生文集》卷14《论语说序》）实际上早在乾道三年（1167）前后，张栻已开始撰写《论语说》。朱熹于乾道三年去长沙与张栻会晤，在《与曹晋叔》书中曾提道："九月八日抵长沙，今半月矣，相与讲明其所未闻，日有问学之益。敬夫学问愈高，所见卓然，议论出人意表。近读其《语说》，不觉胸中洒然，诚可叹服。"(《晦庵先生朱文公文集》卷24）所谓《语说》，疑即是未完稿的《论语说》。乾道八年（1172）张栻在《与吴晦叔》中说："某近日无事，亦颇作《论语章句》，方毕《学而》篇，续亦旋寄。"（《南轩先生文集》卷28《与吴晦叔》）乾道九年（1173）完成初稿，故又称《癸巳论语解》。此后张栻对此书进行了多次修订，并向朱熹等好友征求意见。如《南轩先生文集》卷28《与吴晦叔》云："今夏（1174）以来，时时再看《语》《孟说》，又多欲改处，缘医见戒，未欲多作文字。近日方下笔改正《语说》，次当及《孟子说》。"淳熙四年（1177），张栻在《答朱元晦》书中说："《论语》日夕玩味，觉得消磨病痛，变移气质，须是潜心此书，久久愈见其味。旧说多所改正，他日首以求教。向来下十章《癸巳解》望便中疏其缪见示。"又《南轩先生文集》卷24《答朱元晦》书云："某比改定得《语解》数篇，未及写去。《先进》以后，后来过目，有可示教，一一条示，至幸至幸！"朱熹对张栻的著作提出过不少中肯的意见，许多都被张栻接受。张栻回信说："《语说》荷指喻，极为开警，近又删写一过，续写去求教。"（《南轩先生文集》卷24《答朱元晦》）朱熹在《张南轩文集序》中说："敬夫所为诸经训义，唯《论语说》晚尝更定，今已别行，其他往往未脱稿时学者私所传录，敬夫盖不善也。"（《晦庵先生朱文公文集》卷76）《论语说》为张栻平生著作之"最后出"者，宋时已有刻本。① 陈振孙《直斋书录解题》卷3著录《南轩论语说》十卷，赵希弁《郡斋读书附志》著录《论语说》三卷。今存版本有：明残本、《通志堂经解》本、《张宣公全集》本，为《南轩先生论语解》十卷；《四库全书》本、《摘藻堂四库全书荟要》本、《学津讨源》本、《丛书集成初编》本，为《癸巳论语解》十卷。

《孟子解》。又称《癸巳孟子说》《南轩孟子说》《孟子详说》《孟子南轩解》《孟子张宣公解》。《孟子解》于乾道九年（1173）完成初稿。

---

① 参见（宋）吕祖谦《东莱集》别集卷8《与朱侍讲元晦》："詹体仁近亦送《癸轩论语》来，比癸巳本益复稳密，以此尤欲见晚年论述，刊定毕并与元稿送示，为幸受之。"朱熹《晦庵先生朱文公文集》卷34《答吕伯恭》："詹体仁寄得新刻钦夫《论语》来，比旧本甚不干事。若天假之年，又不应止于此，令人益伤悼也。"可知乾道癸巳本与淳熙改本差别较大。

自序云:"岁在戊子(1168),栻与二三学者讲诵于长沙之家塾,辄不自揆,缀所见为《孟子说》。明年冬,会有严陵之命,未及终篇。辛卯岁(1171年)自都司罢归,秋冬行大江,舟中读旧说,多不满意,从而删正之,其存者盖鲜矣。还抵故庐又二载,始克缮写。……今七篇之书广大,包含至深至远,而循求有序,充扩有方,在学者笃信力行何如尔。虽然,予之于此盖将终身焉,岂敢以为成说以传之人哉?特将以为同志者讲论切磋之资而已。题曰《癸巳孟子说》云者,盖将断此而有考于异日也。"(《癸巳孟子说》原序)乾道八年(1172)在《与吴晦叔》书中说:"《孟子解》向来老兄先要尽心,今录呈,烦细看,有以见告,是所望也。"在《答胡广仲》中说:"某归来,方足成(《癸轩孟子解》)后数篇。又更改旧说不停手。"《寄吕伯恭》云:"《孟子解》虽已写出,其间毛病改缀不停,正如春草,旋划旋有,且欲自家体当,遽敢传诸人?"《孟子说》成书后,张栻多次征求朱熹的意见。在淳熙三年(1176)《答朱元晦》中说:"所寄《孟子》数义,无不精当。某近颇得暇,再删改旧说,方得十数段,俟旋写去求教。"此时《孟子解》已有刻版,张栻认为该书是未定之稿,不欲刊行,在朱熹的帮助下,刻版得以抹去。为此,张栻致书朱熹表示感谢云:"《孟子解》等锓版得遂漫去。非兄致力,岂能便尔?感幸感幸!"(《南轩先生文集》卷24《答朱元晦》)淳熙四年(1177)给朱熹的信中说:"《孟子说》欲再改过,终缘公务断续,盖虽退食,其于庶事又有当考究思虑者,不敢放下耳。"(《南轩先生文集》卷24《答朱元晦》)但不久,建宁书坊出现了盗版的《孟子解》,张栻对此事极为重视,又致信朱熹说:"某近闻建宁书坊何人将《癸巳孟子解》刻版,极惶恐。非惟见今删改不停,恐误学者,兼亦甚不便,日夜不遑,已移文漕司及府中日下毁版,且作书抵郑、傅二公矣,更望兄力主张,移书苦言之,且谕书坊,不胜幸甚!此价回,欲知已毁之报,甚望之!"但郑丙(少嘉)等人没有听取张栻的意见,因此张栻派专人去建宁"面看劈版",并请朱熹"烦力一言"(《南轩先生文集》卷24《答朱元晦》)。据朱熹所撰《神道碑》记,《孟子说》等书张栻"犹欲稍更定焉而未及也",并非最后定稿。但《论语说》推明致知力行之原,《孟子说》明于王霸义利之辨,二书比较全面系统地反映了张栻的理学思想。《孟子说》今存多种版本:《通志堂经解》本、《张宣公全集》本题为《南轩先生孟子说》七卷，文渊阁《四库全书》本、《摛藻堂四库全书荟要》本题为《癸巳孟子说》七卷，各本文字基本上无甚差异。

《汉丞相诸葛忠武侯传》。乾道二年（1166）前后，张栻撰成《汉丞相诸葛忠武侯传》一卷。张栻对诸葛亮十分推崇，认为："三代衰，五伯起，而功利之说盈天下，谋国者不复知正义明道之为贵"，而诸葛亮正是"正其谊不谋其利，明其道不计其功"的典型，故大力加以表彰。以为陈寿《三国志》传诸葛亮，"凡侯经略次第，与夫烛微消患、治国用人、驭军行师之要，悉暗而不彰"（《汉丞相诸葛忠武侯传·跋》），于是取裴注及他传所见诸葛亮事迹，成此一编。张栻寄示朱熹等友人征求意见。该书在宋时即已刊刻，流传很广。陈振孙《直斋书录解题》、赵希弁《郡斋读书附志》皆著录。今存宋刻本，藏于上海图书馆。《四部丛刊续编》诸本据宋本影印。另外还有《宛委别藏》本、《明辨斋丛书初编》本、《十万卷楼丛书》本、《续古逸丛书》本等。

《南轩先生文集》。张栻的文集在逝世后才编刻。据朱熹《南轩先生文集序》说，张栻去世后，其弟张杓（定叟）"哀其故稿，得四巨编"，请他编定。朱熹认为："吾友平生之言，盖不止此也"，于是"复益为访求，得诸四方学者所传，凡数十篇，又发吾箧，出其往还书疏读之，亦多有可传者，方将为之定著缮写，归之张氏，则或者已用别本摹印，而流传广矣。"这个摹印流传的"别本"，可能就是张杓所哀的张栻"故稿"。朱熹对这个本子是不满意的，认为所收"盖多向所讲焉而未定之论，而凡近岁以来谈经论事、发明道要之精语，反不与焉"。他"于是乃复亟取前所搜辑，参伍相校，断以敬夫晚岁之意，定其书为四十四卷"。朱熹在《答方宾王》中说："敬夫'未发'之云，乃其初年议论，后觉其误，即已改之。但旧说已传，学者又不察，便加摹刻，为害不细。往时尝别为编次，正为此耳。然误本先行，此本后出，遂不复售，甚可恨也。"（《晦庵先生朱文公文集》卷56）在其所作的《张南轩文集序》中也说："敬夫天资甚高，闻道甚早，其学之就，既足以名于一世，然察其心，盖未尝一日以是而足也。比年以来，方且穷经会友，日反诸心，而验诸行事之实，盖有所谓不知年数之不足者，是以其学日新而无穷。其见于言语文字之间，始皆极于高远，卒反就于平实，此其浅深疏密之际，后之君子，其必有以处之矣。顾以序次之不时，使其学之出于前而异于后者,犹得以杂乎篇帙之间,而读者或不能无疑信异同之感,是则予之罪也夫!""敬夫所为诸经训义,唯《论语说》晚尝更定,今已别行,其他往往未脱稿时,学者私所传录,敬夫盖不善也,以故皆不著;其立朝论事及在州郡条奏民间利病,则上意多向纳之,亦有颇施行者,以故亦不著;独取其《经筵口义》一章,附于表奏之后,使敬夫所以尧舜吾君,而不愧其父师之传者,读者有以识其端云。"(《晦庵先生朱文公文集》卷76《张南轩文集序》)朱熹编定的《南轩先生文集》与当时流传的"别本"最大的不同在于"断以敬夫晚岁之意",而删去了所谓张栻的"早岁未定之论",使张栻的早期著作不见于文集之中。此外,对于诸经训义,以及"其立朝论事及在州郡条奏民间利病"的奏议文字也不予收录。

大约在张栻去世后第四年(1184),朱熹完成了《南轩先生文集》的编纂,并亲自撰序,交付建阳书商刊刻。这年,朱熹在《答胡季随》中说:"《南轩文集》方编得略就,便可刊行。"(《晦庵先生朱文公文集》卷53)《答宋深之》也说:"南轩文,此间镂版有两本:其一熹为序者,差不杂;黄州亦有官本,篇帙尤多,然多是少作,可恨也。"(《晦庵先生朱文公文集》卷53)朱熹本在付刻中经历了一些波折,到淳熙十三年(1186)仍未完工。朱熹在《答詹帅》中说:"钦夫文集久刻未成,俗人嗜利难与语,然亦一面督之,得即纳去。次《孟子说》,渠已不幸,无复增修,刻亦无害,恐未能使其无遗憾于九原耳。"(《晦庵先生朱文公文集》卷27)在《答胡季随》中说:"《南轩集》误字已为检勘,今却附还。其间空字向来已直书,尤延之见之,以为无益而贾怨,不若刊去,今亦不必补,后人读之,自当默喻也。但序文后段若欲删去,即不成文字,兼此书误本之传,不但书坊而已,黄州印本亦多有旧来文字,不唯无益,而反为累,若不如此说破,将来必起学者之疑。故区区特详言之,其意极为恳到,不知何所恶而欲去之耶?且世之所贵乎南轩之文者,以其发明义理之精,而非以其文词之富也。今乃不问其得失是非,而务多取,又欲删去序文紧切意思,窃恐未免乎世俗之见,而非南轩所以望乎后学之意。试更思之,若必欲尽收其文,则此序意不相当,自不必用,须别作一序,以破此序之说乃可耳。若改而用之,非惟熹以为不然,南轩有灵,亦必愤叹于泉下也。"(《晦庵先生朱文公文集》卷53)由此可知,当时争论的问题主要有三点:一是因涉及某些人物而导致的空缺字是否直书补足；二是序文后段是否删除；三是张栻的"旧来文字"是否不加甄别即予以收录。最后，经过妥协，《南轩先生文集》基本上按照朱熹编纂之本付印。这就是通常所说的"淳熙甲辰本"。

清初一些藏书家书目，如季振宜的《季沧苇藏书目》、徐乾学的《传是楼宋元板书目》都著录了宋刻本《南轩先生文集》，且均未注明残缺。因此可以推测，直到清初，宋刻本《南轩先生文集》尚为足本。到中华民国丁卯（1927年），傅增湘查点故宫藏书，发现了宋刻本《南轩先生文集》，但已经为残缺之本。考书中避宋孝宗、光宗、宁宗讳，该本可能是宋宁宗时翻刻的淳熙本。傅氏在《藏园群书经眼录》卷14中记云："是书缺一至四卷、三十三至四十四卷，共缺十六卷。当时进呈者以二十九至三十二卷各卷剜改为一至四卷，以充完帙。"傅氏取道光二十五年（1845）刊本进行了校勘，并作《校宋本南轩先生集跋》。该残本现藏于台湾"故宫博物院"。1981年，将其收入"善本丛书"影印出版，首冠蒋复璁《影印宋刊本南轩文集序》，末附昌彼得《宋椠南轩先生文集跋》。昌彼得先生对该本做了详细考证。

宋残本与通行诸本相比，各有优长。但宋残本也与通行诸本有不少差异。如与明刘本相较，宋残本多出卷11《敬斋记》一篇。卷30《答陈平甫》，宋本多答问五则。其他如卷10《潭州重修岳麓书院记》、卷14《经世纪年序》《孟子讲义序》《胡子知言序》《阃范序》诸篇，文句多有不同。其余个别字句上的差异，更不胜枚举。因此，宋残本有很高的校勘价值。当然也有不少字句，今本较宋残本更好一些。

除宋残本外，今还存有明、清时期的各种刻本。明代重要刻本主要有以下几种：(1) 弘治十一年（1498），沈晖序四十四卷本；(2) 弘治黑口本；(3) 弘治、正德年间黑口残本；(4) 嘉靖元年（1522），刘氏翠岩堂慎思斋刊本（简称刘本）；(5) 嘉靖十年［1531，另说刻于嘉靖二十二年（1533）、嘉靖二十三年（1534）］聂豹刻《南轩文集节要》六卷本；(6) 嘉靖四十一年（1562），缪补之刻四十四卷本（简称缪本）。清代传本《南轩先生文集》更多，主要有：(1) 康熙四十五年（1706），锡山华氏（华希闵）剑光书屋刊本（简称华氏本）；(2) 乾隆四十三年（1778），《四库全书》钞本；(3) 道光乙巳（1845），陈钟祥主持绵邑洗墨池翻刻康熙华氏本（简称道光本），并将《论语说》《孟子解》和《诗文集》合刻，名为《宋张宣公诗文集论孟解合刻》（通常称《张宣公全集》），该刻现存多部，国家图书馆藏有傅增湘手校本（以宋残本为参校本）；（4）道光己酉（1849）刘庆远主持绵邑洗墨池校刊道光乙巳本《宋张宣公诗文集论孟解合刻》（通常称《张宣公全集》）；（5）咸丰甲寅（1854）吕华宾主持南轩祠据道光旧版重新校刊《张宣公诗文集论孟解合刻》（通常称《张宣公全集》），光绪辛卯（1891年）及中华民国九年（1920）又两次据此本修补印行；（6）康熙四十八年（1709），张伯行正谊堂刻《南轩先生文集》节本七卷，该本还有同治五年（1866）福州正谊书院重刊《正谊堂全书》本、中华民国《丛书集成初编》本及《国学基本丛书》本；（7）康熙三十三年（1694）武林张氏遥述堂刻《南轩先生诗集》七卷；（8）雍正十年（1732），冠英堂重刊《南轩先生诗集》八卷，其中第八卷为附录；（9）清钞本《南轩先生诗集》七卷，有吴骞跋、傅增湘校并跋。

我们对张栻留传下来的著作进行整理，编为《张栻集》，收录内容如下：

1. 《南轩易说》三卷。
2. 《论语解》十卷。
3. 《孟子解》七卷。
4. 《汉丞相诸葛忠武侯传》一卷。
5. 《南轩先生文集》四十四卷。
6. 《张栻集补遗》一卷。
7. 《南轩易说钩沈》一卷。
8. 《南轩诗说钩沈》一卷。
9. 《太极图说解义钩沈》一卷。
10. 《附录》一卷。

其中《南轩易说》以文渊阁《四库全书》本为底本，校以《枕碧楼丛书》本。《论语解》以《通志堂经解》本为底本，校以《张宣公全集》本、《文渊阁四库全书》本、《摛藻堂四库全书荟要》本、《学津讨源》本、《丛书集成初编》本等。《孟子解》以《通志堂经解》本为底本，校以《张宣公全集》本、文渊阁《四库全书》本、《摛藻堂四库全书荟要》本等。《汉丞相诸葛忠武侯传》以《四部丛刊续编》影印宋刻本为底本，校以《十万卷楼丛书》本、《续古逸丛书》本、《宛委别藏》本、《明辨斋丛书初编》本等。《南轩先生文集》以嘉靖元年（1522）刘氏翠岩堂慎思斋《新刊南轩先生文集》（简称刘本）为底本，校以宋残本（宋本）、缪本、文渊阁《四库全书》本、《正谊堂全书》本、道光本及其他诸本，并参考宋元以来各种文献进行校勘。朱熹所编《南轩文集》不收张栻早年之作及奏议文字，张栻的许多这类作品散见于各种文献之中，我们尽力加以网罗搜集，辑为《张栻集补遗》一卷。另外一些失传的张栻著作，吉光片羽，足堪宝贵，我们辑录了《南轩易说钩沈》一卷、《南轩诗说钩沈》一卷、《太极图说解义钩沈》一卷。张栻著作，汇于一编。为了方便读者，我们还搜集了有关张栻著作的序跋和张栻生平传记资料，作为附录。

（原载《张栻集》卷首，中华书局2015年版）

读《南轩集》札记

张栻《南轩集》[①] 留下的诗文有一千多篇，系统地反映了他的哲学思想、政治主张、文学情怀、人生理想。张栻诗文中涉及许多人物，除朱熹、吕祖谦、刘珙、陆九渊、李焘、吴翌、游九言、吴猎等大家比较熟知以外，也有不少人物我们比较陌生。有的人物在张栻文集中仅一二见，且称字号、官守，若不仔细考证，难知其详。另外，弄清所涉人物，对于张栻诗文编年，以及研究张栻学术交游、学术思想演变也至关重要。笔者不揣谫陋，略加疏理，就正于方家。

王长沙

《南轩集》卷1有《王长沙梅园分韵得林字》一首，卷4又有《王长沙约饮县圃梅花下分韵得梅字》一首，云："平生佳绝处，心事付江梅。县圃经年见，芳樽薄暮开。朗吟空激烈，烧烛且徘徊。未逐征书去，穷冬尚一来。"王长沙是谁？张栻文集中并无此人线索，故须借助其他文献。

所幸王柏《鲁斋集》卷11有《跋文公梅词真迹》一文，云："昔南轩先生与先大父石笋翁在长沙赏梅分韵，有曰'平生嘉绝处，心事付寒梅'；今又获拜观文公先生怀南轩之句，曰'和羹心事，履霜时节'。由是知二先生之心事，与梅花一也。"王柏所引南轩先生与"先大父"诗句，正是《王长沙约饮县圃梅花下分韵得梅字》诗（所异二字为记忆之误，无关大体）。

[①] 《南轩集》即《南轩先生文集》，称引不同。

又《瀛奎律髓》卷20《王长沙约饮县圃梅花下分韵得梅字》下案语曰:"王长沙名师愈,婺州人。早登杨龟山之门,后与朱、张、吕三先生交,仕至中奉大夫、直焕章阁,乾、淳名卿也。其为长沙宰先一年,尝招南轩赏梅,南轩分得林字,此第二年再会,故云'县圃经年见'。师愈生瀚,从吕东莱及朱文公游,仕至朝奉郎。瀚生柏,号鲁斋,著《可言集》,亦载南轩林字韵及此诗,其祖古诗亦附焉。"

由此可知,王长沙即王柏祖父王师愈。朱熹作有《中奉大夫焕章阁王公神道碑铭》,云:"军兴官省,更授提点坑冶司干办公事,未赴,改潭州南岳庙,盖居闲又七、八年。……寻改京官,知潭州长沙县事。"据朱熹所述,"军兴"指隆兴元年(1163)北伐,"又七、八年",则王师愈知长沙县事为乾道五年(1169)前后。朱熹又述曰:"(湖南)帅守张安国舍人知公深,既剡荐之,及移荆州,又奏取以为属,而公已有召命矣。"张孝祥于乾道四年(1168)八月到五年(1169)春帅荆南,据朱熹所述,则王师愈有召命当在乾道四、五年间,时间上有出入。而王柏《复陈本斋》(《鲁斋集》卷17)云:"乾道庚寅(1170年),先大父讳某宰长沙","五月大父面对称旨,即差知严州,实代南轩张宣公",明确说王师愈召对时间是乾道六年(1170)五月,后差知严州,接张栻严州任。当以王柏之说为正。盖王师愈乾道四年为长沙令,六年召对。可以推断,张栻《王长沙梅园分韵得林字》诗约作于乾道四年春;《王长沙约饮县圃梅花下分韵得梅字》一诗作于次年春。

宋与道、宋子飞

《南轩集》卷2有《湖南参议宋与道奉祠归崇安里中赋此以别》,其"忆昔岁丙寅,束书从吾翁"句,指从绍兴十六年(1146)七月张浚以论时事拂秦桧意,落节钺、职名,提举江州太平宫,移连州居住。张浚闻命,即日携子栻、侄杅赴连州。宋与道在连州从张浚、张栻父子游。又:"日月遽如许,于今再星终"。《南轩集》卷44有《祭宋子飞参议》文,云"连阳识君,今两周星,离合不常,交情愈亲",可知宋与道即宋子飞。案,宋翔,字子飞,号梅谷,崇安(今福建武夷山)人。幼颖敏,七岁时刘子翚命赋灯诗,援笔立成,大为称赏。举绍兴十二年(1142)

进士，累官国子监簿。韦太后既归，献《绍兴乐府》十二章。曾通判湖州，摄郡事。（《吴兴备志》卷6）受知张浚，为浚十客之一。后差湖南帅司参议官，以朝散大夫致仕。有《梅谷集》。王十朋有《登清风楼呈通判宋子飞》诗，朱熹亦有《次刘明远宋子飞反招隐韵二首》。张栻在连州时，曾与之酬唱湟川，作有"连江八景"诗。绍兴二十八年（1158）夏，宋翔由崇安来长沙访张栻，张栻作《仰止堂记》赠之。

从宋翔"束书从吾翁"到"于今再星终"，约过了二十四年，在乾道六年（1170）之后。考张栻于乾道五年（1169）除知抚州，改知严州，十二月陛辞，则最迟于是年十一、十二月已离开长沙，此后直到乾道七年（1171）年底才回来。又"归来洞庭野，乃此相迎逢"，则张栻已归，是时宋翔尚在长沙。《祭宋子飞参议》文云"湘岸之别，自夏徂秋，诗墨未干，君已不留"，可知宋翔于夏天与张栻相别，秋天即去世了。

但宋翔究竟死于哪一年呢？考《南轩集》卷20《答朱元晦秘书》（第十三书）云："子飞家事闻之伤心，其子之丧，恐亦宜早归土也。"此书为回应朱熹《答张敬夫》（"所引《家语》"，《晦庵先生朱文公文集》卷31）一书而作。张栻书中提到《克斋铭》，实为朱熹《克斋记》（《晦庵先生朱文公文集》卷77），作于乾道八年（1172）。"某近作一《拙斋记》"，乃张栻乾道八年（1172）为曾撙（节夫）作。是书又言及刘珙将再次来帅长沙，魏掞之病重。考刘珙是年十二月到任，魏掞之乾道九年（1173）闰正月卒。故张栻此书约作于乾道八年（1172）十二月之前。又《南轩集》卷28《与吴晦叔》（第七书）："子飞可伤之甚，前书已报去，不知诸丧今谁与殡葬？孤遗谁与收拾？"是书言及"醇叟遂尔，使人感伤"，"醇叟"即赵师孟，卒于乾道八年九月十七日（《南轩集》卷40《训武郎赵公醇叟墓志铭》）。张栻《祭宋子飞参议》文云"始闻哭子，继曰悼亡，念君之亲，白发在堂。曾未几日，亦以讣传"。与朱熹、吴翌二书所言吻合，可知宋翔死于乾道八年秋九月。

但能之

《南轩集》卷5有《送但能之守浔州》诗。关于但能之，史传无载。光绪《临桂县志》卷21《金石志二》载有但能之等人游龙隐题名。查雍正《广西通志》卷 51 可知：但中庸，字能之，湖北齐安人，淳熙初知浔州。又据雍正《广东通志》卷 26，但中庸淳熙十二年（1185）任广东转运使。杨万里《淳熙荐士录》："但中庸，有学有文，操守坚正，持节布宪，风采甚厉。"（《诚斋集》卷 114）陆游《老学庵笔记》卷 7："姓但者，音若檀。近岁有岭南监司曰但中庸是也。一日朝士同观报状，见岭南郡守以不法被劾，朝旨令但中庸根勘。有一人辄叹曰：'此郡守必是权贵所主。'问何以知之，曰：'若是孤寒，必须痛治，此乃令但中庸根勘，即是有力可知。'同坐者无不掩口，其人悻然作色曰：'拙直宜为诸公所笑。'竟不悟而去。"张栻此诗约作于淳熙元年（1174）知静江府时。

周畏知

《南轩集》卷 1《次韵周畏知问讯城东梅坞七首》，又卷 5《赋周畏知寓斋》。案：周师清，字畏知，玉山（今属江西）人。官徽州婺源县令，乾道中官司直、湖南帅属，与张栻、范成大、赵蕃等人交善。后以目疾卒。据记载张栻作《旧闻长沙城东梅坞甚盛近岁亦买园其间念欲一往未果也癸巳仲冬二十有八日始与客游过东屯渡十余里间玉雪弥望平时所未见也归而为诗以纪之》，知是诗作于乾道九年（1173）冬后，约在淳熙元年（1174）春。真德秀《西山文集》卷 36《跋南轩先生周氏寓斋诗》云："蒙庄氏以轩冕为寄，以形骸为逆旅，可谓达矣。然其弊也，举天下人伦物理一以虚假目之，如此则善不必勉，恶不必戒，此害道之尤者也。周氏以寓名斋，而宣公诗之如此，学者所当佩服。"

王昭州

《南轩集》卷 4《次赵漕赠王昭州韵》案：赵漕即赵善政，字养民，宋宗室。乾道中权贺州通判，知昭州，淳熙元年为广西运判。（《宋会要辑稿》食货二八之一、《粤西金石略》卷 8《碧云岩题名》、雍正《广西通志》卷 51）王昭州即王光祖，字文季，松阳人。淳熙中知昭州，有德政及民，民为立生祠祀之。历官大理评事。精于理学，谓朱熹曰："公注《中庸》，不使滋长于隐微之中，愚意当加'潜暗'二字。"（雍正《浙江通志》一七七）熹甚然之。见张栻《昭州新立吏部侍郎邹公祠堂记》（《南轩集》卷10）。雍正《浙江通志》卷177有记载。据张栻《昭州新立吏部侍郎邹公祠堂记》（《南轩集》卷10），王光祖于淳熙二年（1175）秋知昭州。据"小春"句，此诗约作淳熙三年（1176）春。

临武雷令

《南轩集》卷4《送临武雷令》诗。案：张孝祥亦有《送临武雷令序》，云："雷氏子澡为临武县令，将行，问所以为县于子张子，敬与之言。"当作于知潭州时。张孝祥在乾道三、四年间知潭州，张栻此诗亦约作于是时。临武雷令即雷澡，字朝宗，建昌（今属江西）人（一作长沙人）。胡铨一见大嘉赏，张栻尤推重之。乾道中知临武、宜章。淳熙中为广东运判、知广州。绍熙中为朝散大夫、直焕章阁，知平江府，朝议大夫、直显谟阁、湖北路转运副使。庆元中为广南东路经略使。嘉泰中为江南西路转运副使。《两朝编年纲目备要》卷5，《宋史全文》卷26下，《吴郡志》卷11，雍正《江西通志》卷46、卷91，雍正《广东通志》卷26，周必大《文忠集》卷60、附录卷1，楼钥《攻媿集》卷36有记载。临武，地处荆湖南路最南部，故张栻诗云"去路连崇岭，扁舟上涨涛"。

周功父

《南轩集》卷5《寄题周功父溪园三咏》。案：周嗣武，字功父（功甫），浦城（今属福建）人。以荫历临州丞，除夔州运判，改湖北提刑。有平蛮猺功，执政以嗣武稽核四州财赋，奏乞于成都、潼州两路科买一年，以宽民力；又奏蠲兴元茶息钱引二十万；又言蜀号天险，舍剑门无他路，近岁文州开青唐岭，利州开马道院，率别驾栈道，以引商贩，悉宜撤之。召为户部侍郎。卒年五十七。宋本《四朝名臣言行录续集》卷15，嘉靖《建宁府志》卷26、雍正《福建通志》卷47有记载。王炎《双溪类稿》卷2《题周功甫总领石溪三亭并序》："周丈有石溪三亭，题咏者众。炎为崇阳簿，沿檄到郡，周丈作手简封示南轩三诗，令炎留题，其意甚厚。炎既投三诗，又一岁再见周丈，乃云三诗被游诚之携去。今炎再录一本。"周嗣武任湖广总领当在淳熙五年（1178）左右。《新安文献志》卷69《王大监传》："（王）炎字晦叔，婺源武口人。自幼笃学，登乾道五年进士第，调明州司法参军，丁母忧，再调鄂州崇阳簿。时南轩先生张公帅江陵，闻而器之，檄于幕府，议论相得。"王炎调崇阳簿约在淳熙五年或六年，张栻诗亦约作于是时。

李新州

《南轩集》卷5《送李新州》。案：李新州即李守柔（1110—1176年），字必强，桂林人。与兄守卓自幼力学，相继登第，补左迪功郎，历象山、武山尉、析城、海康、临贺县令。赵鼎自潮再贬过雷，用故相礼迎，有告于桧者，缘坐十年不得迁。桧死，始转官通判容州、邕州，擢知宜州，秩满乞归。淳熙三年（1176）以范成大荐，起知新州，行至苍梧卒，年六十七。周必大《朝散大夫知新州李君墓碣》（《周文忠公集》卷77），《宋史翼》卷21，《宋元学案补遗》卷44有记载。李守柔于淳熙三年以范成大荐，起知新州，张栻此诗为送其上任时作。

宇文邛州

《南轩集》卷5《寄宇文邛州》。案：宇文邛州即宇文绍奕，字衮臣，乾道中官剑州通判，淳熙中知邛州。好古博雅，敏于吏事，著有《临邛志》《石林燕语考异》。乾道中汪应辰举荐说："左承议郎通判剑州宇文绍奕，好古博雅，敏于吏事。顷四川总领所蠲除剑州和籴，以宽民力，实自绍奕发之，既而民间缺食，绍奕亲自外县遍行山谷，随事措置，皆有条理。"（《文定集》卷6《荐蜀中人材札子》）史绳祖《学斋占毕》卷3记："淳熙二年春，邛州蒲江县上乘院僧治基，增筑大殿，辟地凡仞，得古甓焉，其封石刻作两阙状，中有文二十九字，云：'永熹元年二月十二日，蜀郡临邛汉安乡安定里公乘校官掾王幽字珍儒。'临邛太守宇文绍奕字衮臣，好古博雅士也，闻之，亟命舁致郡斋，龛之壁。以余大父勤斋先生子坚平生留意篆隶碑刻，俾原而释之。"《宋史》卷204，《直斋书录解题》卷11，雍正《四川通志》卷44，《蜀中广记》卷8、卷91、卷94

有记载。宇文绍奕淳熙二年（1175）左右知邛州，张栻此诗约作于淳熙二、三年间。

陈寺丞

《南轩集》卷2《次韵陈寺丞建除体》。张栻此诗有"建议了亡补，归来谢驰驱。除荒城南丘，有田十亩余。满城车马喧，得此逃空虚"句，知此诗作于乾道七年（1171）张栻被排斥出都返长沙后。案：陈寺丞即陈唐弼，陈规子。乾道中知钱唐县，为右朝奉郎，除大理寺丞。据周必大《右朝奉郎陈唐弼主管官告院虞似良并除大理寺丞主管右治狱》（《文忠集》卷100），陈唐弼于乾道八年（1172）正月十六日除大理寺正。则张栻诗约作于乾道八年（1172）。陈唐弼淳熙中知贵州。张栻淳熙四年（1177）冬《答朱元晦》有云："新贵州守陈唐弼过此，颇有志于事为，于边防、兵法、屯田等事皆曾讲究，乃一有用之才。其父规，绍兴间与刘信叔同守顺昌者也。"（《南轩集》卷23《答朱元晦》）朱熹《答张敬夫》曰："陈唐弼者，旧十余年前闻其为人，每恨未之识。此等人亦可惜，沉埋远郡，计其年当不下五六十矣。"（《晦庵先生朱文公文集》卷32）

杨文昭

《南轩集》卷4《谢杨文昭主簿寄诗杨之父绍兴间倅建康不屈于兀术而死》。案：杨文昭父邦乂（1085—1129年），字希稷，吉水（今江西吉水）人。北宋政和五年（1115），以舍选登进士第。历任歙州婺源县尉、蕲州学教授。授宣教郎、知建康府溧阳县。建炎三年（1129）为通判建康军府事。十月，金兵再次入侵，建康留守杜充等投降兀术，杨邦乂奋勇抗敌，兵败被俘。金人劝其投降，杨邦乂严词拒绝，并咬破手指。在衣服上书写"宁作赵氏鬼，不为他邦臣"。终不屈骂贼，兀术大怒，命刽子手割其舌，开其胸，剜其心。后被南宋追赠为朝奉大夫，谥忠襄。后人在其殉难处聚宝山（雨花台）下土门冈建杨忠襄公墓和祠。如今雨花台内除了杨邦乂墓外，还保留有"杨邦乂剖心处"及纪念杨邦乂和文天祥的二忠祠。见叶梦得《褒忠庙记》。(《景定建康志》卷44)张栻此诗约作于乾道年间。

庐陵胡君

《南轩集》卷5《户曹庐陵胡君引年求谢事予视其精力未衰留之逾半载乃今告去不复可挽为诗送别澹庵君之叔父也》。据周必大《宣义郎致仕赐金紫鱼袋胡公昌龄墓志铭》:"帅守张敬夫儒宗吏师,不轻许可,咨公以府事,洁廉正平,阖府称美。满一岁谢去,敬夫曰:'君精力尚壮,何去之果?'公曰:'某昔锐意亢宗,今蹉跎至此,姑欲应京秩格,为门户计耳。'敬夫不能夺,赋诗饯之。改承务郎致仕,时淳熙四年也。"(《文忠集》卷71)可知庐陵胡君即胡昌龄,张栻此诗作于淳熙四年(1177)。周必大有《次张钦夫经略韵送胡长彦司户还庐陵》诗:"解印陶元亮,居乡马少游。久怜高士少,今喜故人优。客至无何饮,身闲有底忧。自然仁者寿,谁羡道家流。"(《文忠集》卷7)胡昌龄(1105—1192年),字长彦,吉州庐陵(今江西吉安)人,胡铨之侄。曾师从萧楚,学《春秋》。乾道五年(1169)以特奏名对策万余言,唱名入高第。初补将仕郎,类试中选,授静江府司户参军。淳熙四年改承务郎致仕。转承事郎,又转宣义郎。家居优游十有六年,绍熙三年(1192)十月卒,享年八十八。雍正《广西通志》卷51《秩官·静江府司户参军》:"胡昌龄,庐陵人,乾道间任。"案:"乾道"当为"淳熙"之误。

李崧老

《南轩集》卷5《送李崧老归闽二首》。案:李宗甫,字崧老,侯官(今福建福州)人,李纲之后。乾道二年(1166)进士,官终朝奉郎、干办行在诸司粮料院。淳熙中官贺州别驾。《南轩集》卷24《答朱元晦》有云:"《孟子解》板不谓郑少嘉全不解人意,早晚贺倅李宗甫归,当令携书往见赵守,专办此事,须烦李君面看劈版。"此书约作于淳熙三年底或四年初,则此诗约作于淳熙三年(1176)底,李宗甫任贺州别驾后归闽之时。

罗孟弼

《南轩集》卷6有《访罗孟弼竹园》诗,卷26有《答罗孟弼》。案:罗孟弼,张栻友人,事迹不详。王庭珪有《送罗孟弼》诗,引曰:"孟弼,吾年家子也。少年高荐未第,今之行朝就荫补,兼谒径山妙喜和尚。"诗曰:"平步蟾宫脚失梯,当年才命巧相违。遭时何必由场屋,但着青袍骑马归。君到吴山莫问禅,禅翁无法与君传。若从妙喜觅言句,掀倒禅床却悄然。"(《卢溪文集》卷21)吴彦夔《传信适用方》卷上录有"椒红圆眼药王医师方",注云"罗孟弼传"。

胡提举

《南轩集》卷8《答胡提举启》。案:胡提举即胡仰,乾道六年(1170)为大理正,八年(1172)为湖南提举,淳熙任浙东提刑。见《宝庆会稽续志》卷2,朱熹《转运判官黄公墓碣铭》(《晦庵先生朱文公文集》卷93)有记载。据"某昨幸朝班,数瞻风宇。方衡门之自省,喜广荫之可依"句,此文作于乾道七年(1171)底张栻归长沙之后。胡仰于乾道八年提举荆湖南路常平茶盐公事(《宋会要辑稿》职官一一之五二),张栻此文约作于是年(1172)。

刘宰

《南轩集》卷26《答刘宰》。案:此"刘宰"非号漫塘之刘宰,《宋元学案补遗》列漫塘为南轩门人,误。漫塘刘宰(1166—1239年),字平国,生于乾道二年(1166),张栻卒时才十四岁。观张栻《答刘宰》一文,显非对一少年语。《宋元学案》卷71全祖望补列漫塘入"游氏门人",全氏案曰:"先生《宋史》有传,顾不详其学术之源流。《润州旧志》则曰先生与王正肃遂同受学勉斋。予考之,乃默斋游氏弟子,非勉斋也。先生少志伊洛之学,其时丹阳有窦文卿兄弟、汤叔永皆尝从晦翁游,从之讲习,顾未尝称弟子。及与周南仲为同年,又从之问水心之学。

至于慈湖，则虽未尝登门，而亦究心于其说。最后尉江宁，乃得默斋而师之。然则先生当为南轩再传也。观先生于默斋称夫子，于勉斋称丈，则可见矣。《宋史》又略其谏史、郑二相之大节，而序其任恤之小事，不知何以草率至此。时朝臣乔行简等皆荐之，礼部侍郎袁燮又举先生自代，史弥坚奉祠家居，亦荐之。"

案：《凤墅帖》前帖卷 15 所收张栻《与子澄知县书》真迹，与《答刘宰》内容一致，除有数处文字残缺外，首尾完备，有"承得邑宜黄"。刘清之，字子澄。考《宋史·刘清之传》"诣吏部铨，得知宜黄县。茂良入为参知政事，与丞相周必大荐清之于孝宗，召入对"。又考龚茂良于淳熙元年（1174）十一月戊戌参知政事（《宋宰辅编年录》卷 18），周必大于淳熙元年末也有《举刘清之自代状》（《文忠集》卷 122），云"乾道九年秋用举主考第改官，尝有旨同张驹召赴都堂审察，清之独赴部注知县而去"，则刘清之约在乾道九年（1173）秋得知宜黄县。张栻《与刘宰》一书约作于是时。

又，周必大于乾道八年（1172）有与刘子澄书，云："敬夫却时复通问，每以力学为言。近作《主一箴》《敦复斋铭》之类，字字有意，真可谓后生准式，曾睹之否？"（《文忠集》卷 186）可见刘清之与张栻、周必大关系甚笃。

方耕道

《南轩集》中两见方耕道。

一为方畴，字耕道，号困斋，弋阳（今江西弋阳）人，赵鼎门人，建炎二年（1129）进士。绍兴中为婺源尉，敕令所删定官，通判武冈军。建炎二年（1128）十一月，坐与胡铨通书，为守臣李若朴所告，除名，永州编管。时张浚父子亦居永州，遂与之游。后判建康，以疾终于官，著有《稽山语录》。（雍正《江西通志》卷 85）《南轩集》卷 10《永州州学周先生祠堂记》有"前通判武冈弋阳方公畴以书走九江，求先生像于先生诸孙"。卷 12 有《困斋记》一文，作于绍兴二十八年（1158）春二月戊申，云"弋阳方君耕道谪居零陵"，"栻虽晚生，念不为无契，是以不敢以固陋辞"，知方畴于张栻为前辈。

另一为方耒。《南轩集》卷15《送方耕道序》有"莆阳方耕道为尉善化",此为方耒,字耕道,号困斋,莆田(今属福建)人,乾道二年(1166)进士。调善化尉,历知潭州攸县。因朱熹谒张栻,栻深器之,谓其可与共死生、同祸福。后张栻帅荆南,辟耒及游九言为属,曰:"是二人者,能攻吾过。"(《闽中理学渊源考》卷9)耒感激知己,遇事无隐。终宣教郎、知连江县,著廉直声。刘克庄《后村集》卷32《南轩送方耕道诗》:"汉魏以后,士大夫风流扫地,人物流品置不复论,直以权位相操持。桓温谓孟嘉人不可无势,我乃能驾驭卿。野哉斯言!又以景升大牛况袁宏,欲杀以飨士,其去黄祖也几希。南轩先生人物之宗,望临一时,辟一选人入幕,其未至也,望之不翅一日三秋,于一尉之去,登楼饯饮,赋诗惜别。韩子不云乎:死于执事之门,无悔也。故南轩父子尤得天下士心。忠献之幕,如陈丞相、刘宝学、张安国、王嘉叟、查元章诸公,皆为南渡名臣。南轩之客,若游诚之、方道耕之流,官虽不遂,亦介洁自守,终身不可屈折,乌虖盛哉!"案:南轩送方耕道诗今不见本集。

项秀才

《南轩集》卷26《答项秀才》,仅寥寥四十余字:"承来金华,从容师友间,当有进益。为学之方,循循有序,要须著实趋约,自卑近始。度正字亦必常及此,在勉之而已。"

案:此"项秀才"当为项安世。安世(1129—1208年),字平父(一作平甫),号平庵,其先括苍(今浙江丽水)人,后家江陵(今属湖北)。与张栻、吕祖谦论学。淳熙二年(1175)进士,调绍兴府教授。时朱熹任浙东提举,相与讲理义之学。绍熙四年(1193)除秘书省正字,绍熙五年,为校书郎兼实录院检讨官。庆元元年(1195)出通判池州。庆元党禁起,上书请留朱熹,被劾为"伪党"罢废,还江陵家居。开禧二年(1206)起知鄂州,迁户部员外郎、湖广总领。三年(1207)权安抚使,因私忿斩吴猎幕僚王度免官。不久复以直龙图阁起为湖南转运判官,未上,用台章夺职而罢。嘉定元年(1208)卒。著有《周易玩辞》《项氏家说》《平庵悔稿》等。《宋史》卷397有其传。吕祖谦于乾道七年（1171）九月十六日除秘书省正字，八年（1172）二月归婺丁忧。项安世当于乾道八、九年到金华从吕氏集讲，并致书张栻问学。张栻答书约作于乾道九年（1173）左右。

吕祖谦《东莱集》别集卷10有《答项平甫》书云："某往岁侍郎舅氏自荆南归，具道左右年虽少，而志操坚正，下至诸表弟，人人敬慕，是时慨然有愿见之意。今春闻分教山阴，相距虽不远，又以病废，无从会面为恨。便中忽奉手笔，所以见属者虽非衰惰之所敢当，然详味辞气，恳切质实，益知所存之不苟也。自张丈去世之后，至今心折左右游从既久，讲绎必甚精详，然愿深思力践，体'衣锦尚絅'之义，卑以自牧，驯致充实光大之地，则吾道之幸。"据此书，当作于张栻去世之后，而项安世与作者尚未谋面，显然与项、吕事实不合。据《朱子语类》卷122："《吕伯恭文集》中如《答项平父书》是傅梦泉子渊者，如骂曹立之书是陆子静者，其他伪者想又多在。"则吕集《答项平甫》一书非吕祖谦作。

舒秀才

《南轩集》卷27《答舒秀才》，题下注云"周臣"，当为舒秀才字。据《朱子语类》卷120："先生问湘乡旧有从南轩游者为谁，（黄）佐对以周奭允升、佐外舅舒谊周臣，外舅没已数岁，南轩答其论《知言》疑义一书，载文集中。允升藏修之所正枕江上，南轩题曰'涟溪书室'，乡曲后学讲习其间。但允升今病，不能出矣。先生曰：'南轩向在静江，曾得书甚称说允升所见必别，安得其一来？次第送少药物与之。'"由是知"舒秀才"即舒谊，字周臣。洪迈《夷坚志》戊卷8《湘乡祥兆》亦记有舒谊事。张栻答书提到与朱熹反复讨论五峰之教，当为《知言》疑义。朱熹、张栻讨论《知言》疑义，始于乾道六年（1170）初，汇编于乾道七年（1171）底。

蒋邕州

《南轩集》卷34《题蒋邕州墓志铭后》。案：蒋允济（1104—1166年），字德施，兴安人。绍兴二年（1132）登第，任新化令，力除弊政，人多德之。后为宾州倅，摄昭州。寻知浔州，守邕管，以廉介闻。乾道二年（1166）卒，年六十三。张孝祥《邕帅蒋公墓志铭》（《于湖集》卷30）有记载。朱熹有《跋蒋邕州墓志铭》（《晦庵先生朱文公文集》卷82）云："始予读张敬夫遗文，见所记蒋邕州事，常恨不得蒋君为人之详。"末署"淳熙乙巳（1186）二月庚辰"。张栻文中言及蒋允济"去邕且十年"，允济卒于乾道二年（1166），下推十年，当在淳熙二年（1175）。杨万里有《书张钦夫栻刘文潜焞与蒋邕州书》（《文忠集》卷18），云："亡友张钦夫、刘文潜皆眼高四海，未尝轻以一字许人。先后帅桂林，闻蒋邕州遗爱及华夷，大书至数百言，推是以考其平生，则张安国之铭，岂谀墓者！寿禄不于其身，有子而才，自宜光显于世，而砺也三抑于春官，六十未离选调，以此知远方贤能陁穷不少矣。予尝在进退人材之地，深有愧于斯文。绍熙元年（1190）九月甲子。"

吴益恭

《南轩集》卷18《书示吴益恭》。案：吴儆（1125—1183年），初名偁，字益恭，又字恭父，号竹洲，休宁（今属安徽）人。绍兴二十七年（1157）进士。历知泰州。朱熹、张栻、吕祖谦等皆与之友善。栻称其忠义果断，缓急可仗。以亲老请祠，余闲与从游者穷经论史，分斋肄业，如安定湖学之法以为教。淳熙十年（1183）卒，年五十七，谥文肃。有《竹洲集》。张栻该文作于淳熙四年（1177）八月。吴儆《竹洲集》卷4有《谢南轩举状启》，卷8有《上张南轩书》《谢南轩荐举书》《与南轩论盗贼书》。明程敏政《篁墩文集》卷28《竹洲文集序》言："历官知邕州时，南轩方经略岭右，而先生获受教焉。既终更，南轩荐之朝，手书《论语》之刚、《中庸》之强、《孟子》之勇三章为赠，又以胡子《知言》相付，曰：'此程氏正脉也。'先生之当对也，即上论天下大计在恢复，朝廷大事在近习不当与政。其言甚壮，南轩书报文公，称其忠义果断，而文公亦曰'闻其对语不苟，真不易得'，然独恨世之不能尽所长而用之也。"

潘叔度

《南轩集》卷 19《答潘叔度》。案：潘景宪（1134—1190 年），字叔度，金华人。九岁以童子贡京师，后入太学，益自刻厉。好收集异书，学官皆推崇，登隆兴元年进士。以亲老请为南岳祠官，秩满，力请太平教授。父丧服除，不复仕，与吕祖谦同年而齿长，后乃服吕氏之学而游其门，绍熙元年（1190）卒，年五十七。著有《记纂渊海》。朱熹《承事郎致仕潘公墓志铭》（《晦庵先生朱文公文集》卷93），《宋元学案》卷73 有载。

张栻《答潘叔度》一书作于何时？考吕祖谦于乾道五年（1169）十月赴任严州州学教授，《东莱集》外集卷 6《答潘叔度》书云："某官次粗安，无足言者。张守议论甚平正，且虚心从善，在今士大夫中殊不易得也。如极称重刘宾之，而以王龟龄为未至。"所谓"张守"，即张栻，时差知严州。刘宾之即刘夙，王龟龄即王十朋。吕书又曰："张守闻年兄诚笃，甚愿见，他时到此见之，似无害。"张栻于乾道五年十二月二十九日知严州，与吕祖谦讲论当在次年。潘景宪虽于乾道六年（1170）正月中旬来严州，但仅数日，旋以父丧归婺。（《朝散潘公墓志铭》）《东莱集》别集卷 10《答潘叔度》（第二书）云："张守甚惜年兄之去，云元晦既以忧制不可出，而年兄又复以忧去，信讲学之日难得也。"潘来严州，未及与张栻相见，即因父丧匆匆归金华。四月，吕祖谦为潘父作墓志铭，《答潘叔度》（第四书）曰："铭志之属，本非所敢当，第以平时荷年家丈知遇之厚，不敢不尽拙诚。张丈于年兄意极拳拳，欲渠书甚不难，但更徐思义理之所安，却奉报也。"盖吕祖谦本欲请张栻作，但因义理不安（即张栻与潘不熟）而罢。但张栻还是同意书丹。吕祖谦《答潘叔度》（第七书）曰："书丹张丈欣然欲执笔。前日累书所以难之者，盖专言在我之义耳。张丈读来书甚喜，有'悚然加敬'之语，但云恐有做工夫迫切之病，答书中必自及之也。"张栻此书正是针对"迫切之病"而言，约作于乾道六年（1170）四月。

刘炳先

《南轩集》卷25《答刘炳先昆仲》,有"某求去未得",当指张栻淳熙四年(1177)丐祠不获事。此书约作于淳熙五年(1178)春。刘孝祖,字炳先,其先安福(今属江西)人,徙长沙。淳熙初杨万里寓长沙,孝祖与其弟述祖(字继先)来见,万里称其兄弟既好学而又雍穆怡怡,因书其楣曰怡斋,并作《怡斋记》。(《诚斋集》卷73)又周必大《跋刘炳先家五贤帖》:"刘君光祖、昭祖兄弟自庐陵徙家长沙,两邦贤士如林,王卢溪(庭珪)、胡忠简公(铨)、刘子驹(芮)、张敬夫(栻)、杨廷秀(万里)又两邦之乔木,皆推其孝友,或赋诗,或作记,或通问,谆谆称道。"(《文忠集》卷19)

喻郎中

《南轩集》卷26《答喻郎中》。喻郎中即喻樗(?—1180年),字子才(一作子材),号湍石,又号玉泉。其先南昌人,后徙严州。受业于杨时,建炎二年(1129)进士。为人质直好议论,赵鼎与语奇之,荐授秘书省正字。以不主和议出知舒州怀宁县,通判衡州致仕。秦桧死,起为大宗正丞,转工部员外郎,知蕲州。孝宗即位,用为提举浙东常平,以治绩闻,淳熙七年(1180)卒。《宋史》卷433有传。据《宋史》喻樗本传称:"(秦)桧死,复起为大宗正丞,转工部员外郎,出知蕲州。孝宗即位,用为提举浙东常平,以治绩闻。淳熙七年卒。"张栻答书中所谓"激触",疑即乾道六、七年与虞允文之争。此书约作于是时(1170或至1171年)。

宋教授

《南轩集》卷27《答宋教授》。案:宋教授,不详。考宋傅(1125—1194年),字岩老,温州平阳(今浙江平阳)人,徙居永嘉。绍兴二十四年(1154)进士。为台州黄岩县主簿、郴州州学教授,知福州闽县,江西转运司干办公事，通判袁州，授沿海制置司参议官。乞致仕，绍熙五年（1194）七月丙子卒，年七十。官至朝奉大夫。叶适《参议朝奉大夫宋公墓志铭》（《水心集》卷14）有记载。疑所谓"宋教授"即此人，为郴州州学教授，张栻此答约作于乾道年间。

郑仲礼

《南轩集》卷27有《答郑仲礼》书。据书言"自到郡"，当为张栻静江府上任不久。"早晚稻皆济"，约在淳熙二年（1175）夏秋间。案，郑仲礼，张栻门人，《南轩集》中只此一见，生平不详。考朱熹于绍熙四年（1193）有《答郑仲礼》书，云："一别二十余年，不复闻动静，但中间得季随所寄疑义，独贤者之言偶合鄙意，而厄于众口，不能自伸，初不知其为谁何，既而乃知改名曲折，甚慰别后之思也。兹辱惠书，益以为喜。比日春和，远唯德履殊胜。熹忧患衰朽中间几有浮湘之便，竟以病懒迂疏，不复敢出，今又纷纷，度其势终亦难动。每念吾敬夫逝去之后，不知后来诸贤所讲复如何，比得季随书，又无复十年前意象矣。岁月易失，歧路易差，无由相聚，痛相切磨，千里相望，徒有慨叹耳。"（《晦庵先生朱文公文集》卷50）可知朱熹多年未与其通问，且郑仲礼已经改名，故朱子不知其为谁。

曾致虚

《南轩集》卷26《答曾致虚》。案：曾集，字致虚，赣州人，楙孙。于吕祖谦为中表。承其从祖开几之学，又从张栻游。绍熙间累官知南康军，勤理庶务，笃信仁贤。庆元二年（1196）知严州。《明一统志》卷52，雍正《江西通志》卷94，《万姓统谱》卷57有记载。张栻答书有"某去岁作《主一箴》"，《主一箴》约作于乾道八年（1172），此信当作于乾道九年（1173）。

直夫

《南轩集》卷 27《答直夫》书。案:《南轩集》中两见直夫：一为李浩(《吏部侍郎李公墓铭》,《南轩集》卷 37),一为周去非。案：此为周去非,字直夫,永嘉(今浙江温州)人,隆兴元年(1163)进士。历钦州教授,淳熙中,通判静江府。代归,撰《岭外代答》十卷,分地理、风土、物产、边帅、法制、财计等二十门,记载当时岭南的山川、古迹、物产资源,以及少数民族的社会经济、生活习俗等情况,兼及南海诸国和大秦、木兰皮国等。研究当地的历史、地理的重要文献。官终绍兴府通判,卒年五十五。楼钥《祭周通判文》、弘治《温州府志》卷 13 有记载。淳熙四年(1177),钦州州学教授周去非,与张栻相见(《南轩集》卷 9《钦州学记》)。据"念无以复来意"句,此书约作于是时。

秦致政

《南轩集》卷 44《祭秦致政》。秦致政,据《粤西丛载》卷 2 伏波岩题名："秦舜卿、李南夫淳熙甲午重阳日来游。"《桂故》卷 6："旧志载栻《祭秦致政》文,秦失其名。伏波山有秦舜卿、李南夫淳熙甲午纪游,南夫乃化字,则舜卿必致政字也。"张栻本文约作于淳熙二、三年知静江府时。

甄总管

《南轩集》卷 44《祭甄总管》。案：甄总管即甄援,成都人。本为太学诸生,靖康中曾十次上疏论利害。宋钦宗遣诣河东见折可求计事,命以官。宋高宗赵构至平江,兵卫寡弱,甄援上书请持诏过江召集卫兵以充实行在,及还,迁保义郎。苗、刘之乱,甄援潜至平江面见张浚,矫高宗赵构"今日张浚、吕颐浩必起兵,刘光世、韩世忠、张俊等必竭力相辅"语,令早来勤王,词旨甚切。张浚微察其意,不复穷问,即遣诣张俊军。俊与其将士闻之,皆感恸,浚遂令援遍往韩世忠、刘光世诸军宣谕，援明辩善为说词，诸将人人自以为上所倚望，感泣争奋，由是士气甚振，卒平苗、刘之乱。张浚宣抚川陕，为知长宁军、权随行干办官。后权知施州。《建炎以来系年要录》卷20、21、25、62、66，《宋史全文》卷17，周必大《文忠集》卷95有记载。祭文云"考先世平江之赓，想一时共济之人"，正指苗、刘之乱时甄援潜至平江面见张浚之事。"属兹假守，适值丧舟"，当为知江陵府之时，约在淳熙五、六年间。

（原载《蜀学》第8辑，巴蜀书社2014年版）

张栻传世六札考释

张栻不仅是理学大师，而且是书法家、鉴赏家。张栻自称"有书癖"（《南轩先生文集》卷6《前日从赵漕饮因得遍观所藏书帖之富既戏成三绝简之》）。他提出"艺者亦以养吾德性而已"（《癸巳论语解》卷4）的文艺观。《南轩先生文集》中收有多篇对范仲淹、苏轼、王安石、司马光、周敦颐、程颐、尹焞、谢良佐、杨时等名家书法作品的题跋，反映了张栻的书法鉴赏观。张栻不仅欣赏作品"书法之工"，更注重其中的"温然仁义之言"（《南轩先生文集》卷34《跋范文正公帖》）。他的书法既有颜真卿的底蕴，又有米芾、苏轼、黄庭坚的风神，尤其擅长行书与篆书。[①] 张栻一生足迹甚广，交游甚众，在许多地方留下遗墨，与很多人有书札往来。可惜大多失传，到现在为止，广西、湖南等地还可以见到少量张栻所书石刻，另外有极少几幅书札留传于世，非常珍贵。目前所见《与子澄知县书》《秋晚帖》《严陵帖》《佳雪帖》《新祺帖》《桑梓帖》六帖，尚存于世，而不见于《南轩先生文集》。这些对于研究张栻的生平、交游、学术思想都是非常有价值的第一手材料，值得重视。以下试作考释，就正方家。

---

① （宋）岳珂《宝真斋法书赞》卷26《张宣公书简帖》，收录张栻写给友人乔拱等书简六帖，并赞曰："紫岩之传，原委一忠。遡而伊濂，根本一中。事君致身，其用则同。自我淑人，派于五峰。力久积真，至公而充，淳熙之间，天下为公。守道彬彬，洙泗之风。公于是时，不下禹功。据德游艺，言立志通。故其遗书，笔意俱工。我得而藏，敢忘所宗。渊渊其心，皓皓其容。学冠穹壤，名侪岱嵩。万世仰之，曰人中龙。""笔意俱工"四字，是岳珂对张栻书法作品的评价，应该说还是合理的。案：此六帖，岳珂得之于张栻侄子张忠恕，未收于朱子所编《南轩先生文集》。

秋晚帖

案：故宫博物院藏，徐邦达《古书画过眼要录·晋隋唐五代宋书法》第534页著录，纵31.2cm，横60.7cm。有项元汴诸印、乾隆内府四印。为张栻写给虞允文的书札，作于隆兴元年（1163）九月二十三日。

【释文】栻近附递拜答札子，必已呈彻。急足还，拜所赐教，感慰不胜下情。即辰秋晚，气令澄肃，伏唯制闻雍容，神人交相，台候起居万福。栻侍旁粗安，不足记忝。迩来边报虽不一，而未见虏有端的动息。持书之使，栻已遣两属来迎去，俟闻信息，别得驰禀。上意欲外示款之，而益治要险。练甲治兵，以为后图，尚书丈想必已知此意。皇甫倜呼前劳抚之，使守信阳，深得其宜，不胜叹服。京裏近闻，乞时赐谕。川陕军实今何如？所闻颇异同，亦愿详示诲。未因詹近，敢几上体眷倚，倍护鼎茵，即归枢近。右谨具呈制置尚书契丈台坐前。九月二十三日，右承务郎、直秘阁、江淮都督府主管书写机宜文字张栻札子。

【考证】此帖与张浚主持隆兴北伐有关。理解此帖，须略述当时背景。绍兴三十一年（1161），金主完颜亮谋南侵，时张浚尚谪居永州，殿中侍御史陈俊卿等上言请用张浚。宋高宗从其言。九月，恢复张浚观文殿大学士、判潭州。十一月，改判建康府、兼行营留守。是月，虞允文大败金兵于采石。十二月，金人渡淮北去。绍兴三十二年（1162）五月，任张浚专一措置两淮，并兼节制淮东西沿江诸州。六月，高宗退位，孝宗即位，手书诏张浚赴行在。八月，加张浚太傅，进封魏国公，除江淮东西路宣抚使，节制沿江驻屯军马。隆兴元年（1163）正月，张浚进为枢密使，都督江淮东西路军马，而主和派史浩亦拜右相。四月八日张浚至临安入见，请孝宗幸建康，以成北伐之功，史浩等与张浚辩论于殿上，孝宗最终决定委任张浚实施北伐。但五月二十四日，张浚部将李显忠、邵宏渊十三万人在符离被金军击溃，北伐遭遇重大挫折。朝中议和者纷纷归罪张浚，只有王十朋、王大宝等人为其辩护。六月十四日，张浚降授特进，但仍为枢密使、江淮东西路宣抚使。孝宗诏张栻赴行在奏事。八月七日，陈俊卿为张浚力请，朝廷恢复张浚都督江淮军马。十九日，金人派人索取唐、邓、海、泗四州地及岁币，汤思退派遣卢仲贤赴金谈判，张浚得知后上奏，认为卢仲贤乃小人，多妄，不可委信。这是张栻此札的大致背景，当时张栻正在江淮都督府协助张浚办理军政事务。

此札作于隆兴元年（1163）九月二十三日，正是符离师溃之后，张浚处境艰难之时。当时和战之议争论颇为激烈，张浚、虞允文等人主张积极防御，反对议和，而史浩、汤思退等人则主张议和退让，甚至割地赔款，孝宗的态度则摇摆不定。张栻此信是写给虞允文的。虞允文在取得采石大捷后，任兵部尚书、川陕宣抚使，与吴氏兄弟经营川陕。但因反对史浩退守四川之策，被罢为夔州知州。符离师溃之后，虞氏于隆兴元年六月自太平州（今安徽当涂）知州再任兵部尚书，兼湖北、京西宣谕使；七月，改制置使，负责江汉防务。虞氏时为兵部尚书，故张栻称之为"尚书丈"。因虞氏对川陕、京襄情势较为熟悉，故张栻向其了解这些地区的军情。

据《宋史》虞允文本传："隆兴元年入对。史浩既素主弃地，及拜相，亟行之，且亲为诏，有曰'弃鸡肋之无多，免狼心之未已'。允文入对，言今日有八可战。上问及弃地，允文以笏画地，陈其利害。上曰：'此史浩误朕！'以敷文阁待制知太平州，寻除兵部尚书、湖北京西宣抚使，改制置使。时朝廷遣卢仲贤使金议和，汤思退又欲弃唐、邓、海、泗，手诏谓唐、邓非险要，可置度外。允文五上疏力争，思退怒，即奏曰：'此皆以利害不切于己，大言误国，以邀美名。宗社大事，岂同戏剧！'上意遂定。思退阳请召允文，实欲去之也。允文上印，犹以四州不可弃为请，乞致仕。诏以显谟阁学士知平江府。思退竟决和议割唐、邓。"（《宋史》卷383《虞允文传》）此时张栻在父张浚督府中任书写机宜文字，故云"侍旁"。

札中所称皇甫倜，《宋史》无传。根据《宋史》及《宋会要辑稿》《建炎以来朝野杂记》等文献，可知其大概。绍兴末，皇甫倜率忠义军万余人结寨于陈、蔡一带，与金军相抗，朝廷赐给军号官爵，为忠义军统领。隆兴元年北伐，由张浚节制，参加收复光州，除知光州。据王十朋说："荆襄将士素怀（张）浚恩德，皇甫倜之徒尤服浚威名。"（《历代名臣奏议》卷92）后来乾道中为利州东路总管，淳熙中迁江州驻札御前诸军都统制，平定茶寇赖文光之乱。

与子澄知县书（秋半帖）

案：此札收录于《凤墅帖》前帖卷15《南渡儒行帖》，为张栻写给好友刘清之的书札，约作于乾道九年（1173）八月。

【释文】栻顿首再拜子澄知县学士老兄座下：顷得婺女所惠书，未及遣款。潘无愧来，出近问，且详动静，极以为慰。即日秋半气清，伏唯侍奉外尊履万福。栻涉夏及秋，大半安健，不必为念。承得邑宜黄，推学道爱人之心，当有以幸彼民，未知阙在何□也。讲学想不废。垂谕识大本、除物欲之说。盖义理精微处，毫厘易差，故以吕与叔游伊川、横渠之门，所得非不深，而至论中处，终未契先生之意，知未易至也。今学者未循其序，遽欲识大本，则是先起求获之心，只是想象模量，终非其实。要须居敬穷理工夫日积月累，则意味自觉无穷，于大本当渐莹然。大抵圣人教人，具有先后始终。学者存任重道远之思，切戒欲速也。物欲之防，先觉所谨。盖人心甚危，气习难化，诚当兢业乎此。然随起随遏，将灭于东而生于西，纷扰之不暇，唯端本澄源，养之有素，则可以致消弭之力。旧见谢上蔡谓"透得名利关，便是小歇处"，疑斯言太快。透得名利关亦易事耳，如何便谓之小歇处？年大更事，始知真透得诚未易。世有自谓能摆脱名利者，是亦未免被它碍着耳。前人之言不苟然类如此，要真用力，乃知之耳。潘君志趣诚可喜，亦颇约款，正亦能面详。子充天资美茂，但于学问几成自弃。遽问，每亦不敢不尽其愚，未知能有益否。既见之愿，尚未克遂。彼中想有可见教者栻毋惜。千里之外栻可冀往来之益也。栻当为远业□□之请，太夫人寿体康宁。令兄亦恨未及际识，眷集钧庆。不宣。栻顿首再拜子澄知县学士老兄座下。

【考证】《南轩先生文集》中有《答刘宰》一书，与此札中间部分相同。盖朱子编《南轩先生文集》时删去首尾，只保留了"谕识大本、除物欲之说"至"要真用力，乃知之耳"一段（《南轩先生文集》卷26《答刘宰》），而"刘宰"到底是谁，读者难以明白。幸亏曾宏父《凤墅帖》将此札完整地保留下来，今人才得见其全貌，知此札是写给友人"子澄"的。

"子澄知县学士老兄"即刘清之（1134—1190年），字子澄，学者称静春先生，南宋临江（今江西清江西）人，后迁庐陵（今江西吉安），受业于兄靖之。甘贫力学，博极书传。绍兴二十七年（1157）举进士第。调宜春县主簿，改建德县主簿。历任万安县丞、知宜黄县。周必大荐于孝宗，得召对，改太常主簿。除通判鄂州，改衡州。光宗即位，起知袁州。与张栻、朱熹、吕伯恭交善。曾到吕祖谦书院讲论经义。念士风不振，增筑"临燕精舍"。罢官后，归筑"槐荫精舍"，讲经论学，质疑切磋，来者日众。著有《曾子内外杂编》《训蒙新书·外书》《墨庄总录》《农书》《文集》等，多佚，今存有《戒子通录》。《宋史》列入《儒林传》。

据《宋史》本传说："初，清之既举进士，欲应博学宏词科。及见朱熹，尽取所习焚之，慨然志于义理之学。吕伯恭、张栻皆神交心契，汪应辰、李焘亦敬慕之。"《宋史》本传又云："诣吏部铨，得知宜黄县。（龚）茂良入为参知政事，与丞相周必大荐清之于孝宗，召入对。"考龚茂良于淳熙元年（1174）十一月戊戌参知政事（《宋宰辅编年录校补》卷18），另周必大于淳熙元年末也有《举刘清之自代状》（《文忠集》卷122），云"乾道九年秋用举主考第改官，尝有旨同张驹召赴都堂审察，清之独赴部注知县而去"（《文忠集》卷122），则刘清之约乾道九年（1173）秋得知宜黄县。张栻此札云"秋半气清"，约作于是年八月间。

所称"潘无愧""潘君"，即潘焘。雍正《浙江通志》引《金华先民传》："潘焘字无愧，兰溪人。以祖任补官，仕至广南东路经略安抚使。其权知邵州日，朱子安抚湖南，与周必大联章荐之，称其以问学持身，以文雅伤吏，政先教化，囹圄屡空，虽湖北猺寇犯边，而处置得宜，民用安堵。其为大贤所称如此。"（《浙江通志》卷170）

"子充"即周必大字。孝宗隆兴元年（1163）张浚任枢密使，周必大为监察御史兼权中书舍人。周必大与金安节等上疏，论宠臣龙大渊、曾觐为知阁门事,孝宗不纳,周必大请外奉祠,出临安城前拜见张浚,得识张栻。其日记云:"(四月)丁卯,大风雨不止。早枢密使张魏公(浚)入奏事,舟过谒之,并见其子钦夫及属官冯圆仲。"(《文忠集》卷165)乾道六年(1170)五月张栻被从严州任上诏入朝,官尚书吏部员外郎,兼权左右司侍立官,后迁兼侍读、左司员外郎,周必大也入朝任秘书少监兼权任直学士院,并兼领史职,二人交往密切。宋孝宗拟任外戚张说签书枢密院事,张栻、周必大都坚决反对,二人因此先后被逐出朝廷。乾道七年(1171)底,张栻回到长沙故居。乾道八年(1172)周必大也奉祠家居,多次致书张栻讨论学术。张栻则反复劝诫周必大"力学"。周必大写信给刘清之,称:"(张)敬夫却时复通问,每以力学为言。"张栻致刘清之此札,既赞扬"子充天资美茂",同时又批评他"但于学问几成自弃",对周必大颇有微词。周必大曾致书张栻讨论"知则无不能行"的问题,认为像颜子这样的贤人,"钻仰坚高,所见既已了然在目,非特知之者,然于进步尚且如此之难,况余人乎?"并批评"迩来晚辈喜窃伊洛之言,济其私欲"(《文忠集》卷186),反映出他轻视"知"的倾向。对此,张栻回信认为:"知有精粗,行有浅深,然知常在先,固有知之而不能行者矣,未有不知而能行者也",强调"知"的重要性,指出"致知、力行,此两者工夫互相发也",委婉地批评了周必大。周必大又曾写信给张栻说:"禅初不知其得失,不欲随众诋之。伊川未窥其阃奥,不敢以言语称道。"(《南轩先生文集》卷19《寄周子充尚书》引)可见周必大对伊洛之学、知与行、禅学都有自己的看法。而在张栻眼中,周必大才有余而学不足,故书信往来,常劝其"力学",学以致知。

严陵帖

案:故宫博物院藏,徐邦达《古书画过眼要录·晋隋唐五代宋书法》第535页著录,纵33.3cm,横60cm。为张栻写给韩元吉的书札,作于乾道七年(1171)正月。

【释文】张栻自来严陵,与令婿伯恭游从,每闻起居状及论议□详,用以自慰。兹承□御祥琴,皇家急贤,除目亟下,甚慰士望。

栻孤拙者，遂有联事，亦使日承警诲，庶其寡悔，欣幸预深。即日春首尚寒，伏唯趣装有相，台候动止万福。栻备数亡补，日夜悚惧，自此皆倾耳车音之日也。颛介走前，敬此承候，敢祈冲涉珍护，以对休嘉。百怀并须面致。右谨具呈右司台坐。正月日，右承务郎、试尚书左司员外郎、兼侍讲张栻札子。

【考证】据朱熹撰《右文殿修撰张公神道碑》和《宋史·孝宗纪》，张栻于乾道五年（1169）十二月知严州（严陵），在严州期间，与州学教授吕祖谦过从甚密。吕祖谦为韩元吉婿，此帖是给韩元吉（无咎）的，故帖中说："栻自来严陵，与令婿伯恭游从。"张栻于乾道六年（1170）五月召还，官尚书吏部员外郎，兼权左右司侍立官，后迁兼侍读、左司员外郎。韩元吉于乾道四年（1168）始守母丧，乾道七年（1171）春终丧，至临安复官，任右司郎中、提领榷场都茶务，在朝与张栻联事。张栻于七年（1171）七月被排斥出朝。此帖云"春首""正月"，知作于乾道七年（1171）正月间。①

韩元吉（1118—1187年），字无咎，颍昌（今河南许昌）人。南宋时迁居信州上饶（今江西），号南涧翁。早年师事尹焞，后举进士，授官南剑州主簿。绍兴二十八年（1158），知建安县。乾道元年（1165），为江南东路转运判官，四年（1168）入为大理少卿，出知建宁，改知江州。丁母忧，终丧，七年（1171）春为尚书右司郎中。八月兼权中书舍人。八年（1172）权吏部侍郎，出使金国，贺万春节。九年（1173）除吏部尚书。淳熙元年（1174）遭弹劾，以待制出知婺州，又改知建宁府。三年（1176）入都复为吏部尚书。五年（1178）请外任，以龙图阁学士再知婺州。七年（1180）致仕。晚年寓居信州。著有《南涧甲乙稿》七十卷，清初时已佚，四库馆臣自《永乐大典》辑出二十二卷。

---

① 徐邦达《古书画过眼要录·晋隋唐五代宋书法》云韩元吉入尚书省在乾道八年，断定此札写于此年正月，误。张栻于乾道六年五月入朝，韩元吉于乾道七年春终丧入朝，乾道七年七月张栻即被排挤出朝，十二月回到长沙，故此札所云"春首""联事"，只能是在乾道七年正月。

桑梓帖

案：此帖为遂安詹氏家族珍藏①，为张栻写给詹仪之的书札，约在淳熙五年（1178）十一月。

【释文】栻以累奏状，窃计以次呈彻，颛介委教，如奉清峤，欣浣可知。见邸报，审有持宪湖湘之命，虽叹贤者尚劳于外，然湘中寔松楸桑梓之邦，将与父老同诧庇庥，又一幸也。敬想已复驱车出岭，又可毕治伉俪之藏，当慰怀抱也。栻到郡将两月，虽黾勉夙夜，未能攸济，尚幸警告时及之。目前军民之情似相安，盗贼屏息，但防微虑远，关念处非一端耳。所怀非尺纸可尽，所冀安得归林泉。公果以□衣来修复，跂有从容之便耳。右谨具呈。承事郎充秘阁修撰权发遣江陵府张栻札子。

【考证】书札提到"栻到郡将两月"，指张栻到江陵府任上。宋孝宗淳熙五年（1178），诏张栻特转承事郎、进直宝文阁，寻除秘阁修撰、荆湖北路转运副使，改知江陵府（今湖北江陵），安抚本路。其子张焯卒于六月之前，约四、五月间。营葬事毕，张栻于淳熙五年闰六月朔出广。八月，张栻曾去袁州与张构相见（《南轩先生文集》卷5《和定叟送行韵》、卷9《袁州学记》），他到江陵上任当在这年秋天（《南轩先生文集》卷8《江陵到任谢表》），则此札约写于是年十一月左右。

"见邸报，审有持宪湖湘之命"，指朝廷委任詹仪为提点荆湖南路刑狱公事。札中言及江陵府形势："目前军民之情似相安，盗贼屏息，但防微虑远，关念处非一端耳"，这可由此前一月张栻写给朱熹的信中得到互证：

---

① 詹氏旧藏的宋朱熹《春雨帖》、张栻《新祺帖》《桑梓帖》和《佳雪帖》，历经八百余年沧桑，至今仍完好如故。据《北京晨报》2001年4月26日讯，中国嘉德国际拍卖有限公司于2001年春季拍卖会拍卖以上藏品，由于没有达到500万到800万元的估价，中国嘉德国际拍卖有限公司宣布朱熹、张栻手札流拍。

某受任上流，到郡恰一月，顾此地在今日至重，岂谫陋所能胜？然亦不敢妄自菲薄，黾勉激昂，期为远计。第承积弊之余，纲纪委地，无一事不当整顿，今颇有条绪，邦人似相信爱。边备深可寒心，军政极坏。今军事在都统，财赋属总司，所谓帅臣者，其所当为，要是以固结民心为本，使斯民皆有尊君亲上、报国疾仇之心，则以守固，以战克矣。此路民贫悴尤甚，它处田多未垦，茅苇弥望，坐失上策，于今几年。义勇民兵实多强壮，但久不核其籍，且数年不教，其势因循。见行整顿此事，在于人情亦似乐之，然其间曲折之宜，正须精密乃可。帅司兵但有神劲马步合千人，骑军共父（引者按：即刘珙）所制也。方一新队伍，严纪律，明节制，兵虽不多，要是规模不可不立。荆鄂大军屯营在此者亦万五千余人，非复岳侯（引者按：即岳飞）向日规模。近日曾唤来射，亦全不成次第。兵将辈见帅司治军，似颇有愧色。前此其军扰郡中，百姓不可言，某务以信义开怀待之，而号令则不可少犯，颇肃然，无敢干者。襄阳去此平原四百余里耳，然向来虏不曾出此者，以粮运费力之故。顾此亦何足恃，但此间乃吴蜀腰领，自襄阳至此，要当以死守之。往年刘信叔（引者按：即刘锜）号名将，张安国（引者按：即张孝祥）素豪俊，然为帅时才闻边上少警，便仓皇要为移治江北之计，此乃大缪，不知纵虏使至此，更有甚世界！此皆不知义，亦不知势也。某孤危之踪，独荷主上照见，使为此来，然实不敢自保其久于此，唯是深惧一日必茸之义，思效万分。而独力更无人相助，欲辟一二官属，未知得与否耳。（《南轩先生文集》卷24《答朱元晦》）

以上所引信息量很大，涉及军政、民政、边防等事。史称，张栻在江陵知府兼荆湖北路安抚使任上，整肃吏治，"一日去贪吏十四人"。又湖北多盗，府县往往不管，任其残害良民，张栻"首劾大吏之纵贼者，捕斩奸民之舍贼者，令其党得相捕告以除罪，群盗皆遁去"（《宋史》卷429《张栻传》）。江陵属于边防重镇，当地军队内部不团结，主将与帅守有矛盾，张栻又整顿军队，"以礼遇诸将，得其欢心，又加恤士伍，勉以忠义，队长有功辄补官，士咸感奋"（《宋史》卷429《张栻传》）。为了加强边防，张栻训练二万义勇，"专务固结其心，爱养其力"（《南轩先生文集》卷24《答朱元晦》），以便一有缓急，可共生死。经过张栻的整治，江陵军政、民政焕然一新。

荆湖北路管辖下的信阳军，靠近金国边境。知军刘大辩怙势希赏，招诱北方流民过来，将本地住户的熟田没收分给流民耕种，造成诸多矛盾。而且刘大辩所招流民不满百，而虚增其数十倍。张栻多次上奏朝廷请论其罪，但朝廷不予处分，只将刘大辩调往其他郡任职了事。张栻"自以不得其职求去"（《宋史》卷429《张栻传》），最后朝廷诏以右文殿修撰提举武夷山冲佑观，这已经是淳熙七年（1180）春的事了。

佳雪帖

案：此帖为遂安詹氏家族珍藏，为张栻写给詹仪之的书札，作于淳熙五年（1178）十二月一日。

【释文】栻敬以深冬佳雪应时，伏唯提刑台簿尊兄趣装多余，神明相右，台侯起居万福。栻正尔相望之远，敢几若时尊生，进德任道，以对休嘉。右谨具呈提刑台簿尊兄。十二月一日，承事郎充秘阁修撰权发遣江陵府张栻札子。

【考证】"提刑台簿尊兄"即詹仪之，时任广西提刑。詹仪之（1123—1189年），字体仁，遂安（今浙江淳安）人。绍兴二十一年（1151）进士。乾道五年（1169）张栻知严州，吕祖谦为州学教授，詹仪之赋闲在家，常与张、吕以讲学为事，遂成莫逆之交。七年、九年，詹仪之两次邀朱熹来遂安瀛山书院讲学，与之往复问学，商论《大学》"格致"章。淳熙二年（1175）知信州，时值朱熹、吕祖谦、陆九渊等人在鹅湖论学，詹仪之往复问辩无虚日。淳熙四年（1177），提点广南东路刑狱。后改转运判官，上书论广盐鬻官之弊，孝宗嘉之。淳熙五年（1178），转广西路转运判官、提刑，与张栻共事，往来甚密。建南楼，张栻为之记。（《南轩先生文集》卷11《南楼记》）张栻给朱熹写信称赞仪之"岂弟爱民，凡事可以商量，又趋向正，孜孜以讲学为事"（《南轩先生文集》卷23《又答朱元晦》）。淳熙六年（1179），提点荆湖南路刑狱。淳熙十年（1183），为广西经略使，知静江府。在任六年，官鬻弊革。未几，代者中以飞语，遂谪袁州。淳熙十六年（1189）七月卒。朱熹曾作《祭詹侍郎文》，称赞詹仪之"粹美之资，得于天禀，孜孜问学，乐善不倦"（《晦庵先生朱文公文集》卷87《祭詹侍郎文》）。

"趣装"，速整行装。淳熙六年（1179），詹仪之改任荆湖南路提点刑狱公事。张栻长期居住于湖南，视为桑梓故里，故期盼友人早日入湘任职。

据杨万里《张左司传》：张栻"淳熙五年（1178），除秘阁修撰、荆湖北路转运副使，改知江陵府，安抚本路"（《诚斋集》卷116）。朱熹《右文殿修撰张公神道碑》：淳熙五年闰六月改知江陵府，安抚本路。张栻由广西转湖北的原因，吕祖谦《与陈同甫书》说："张钦夫近丧子，得书极无况，力请出广，遂有鄂漕之命，亦且得归也。"（《东莱集·外集》卷6）张栻在广西任官近五年，却连续遭遇丧妻、丧子之痛，受打击很大，这些是他力请出广的一个重要原因。张栻北归的时间，由《冷水岩题名》可知："淳熙五年，广汉张栻敬夫将以闰六月朔旦北归湖湘。"（《桂胜》卷2，《粤西金石略》卷9）张栻北归之前，曾与詹仪之等同游千山观，有题名记："淳熙戊戌岁六月丙戌，廖季能置酒约詹体仁、张敬夫登千山观，泛舟西湖，荷花虽未盛开，水光清净，自足消暑，视北牖洞之前有胜地，体仁欲为小亭，名以'招隐'，敬夫北归有日，不及观斯亭之经始，独预书'招隐'二字以贻之。"（《粤西丛载》卷2）淳熙十四年（1187），詹仪之在灵剑江上建寻源桥，并作建桥记及题诗，镌刻在临江之悬崖壁上，至今仍存。又在隐山建招隐亭，并将张栻所书之"招隐"匾额刻于北牖洞口，今"招隐"二字尚在。

新祺帖

案：此帖为遂安詹氏家族珍藏，为张栻写给詹仪之的书札，约作于淳熙六年（1179）正月。

【释文】栻皇恐再拜上问尊眷，伏惟中外均受新祺，令子一一胜庆。小孙每蒙垂问，足见慈幼之所推及也。幸颇耐壮，差慰目前。

辱寄两图，恍若陪语笑于其间，桂林山川真是胜绝不可忘，而此两图足尽其要，目力心匠，何翅较三十里也。荆南极目浩渺，更无一山，安得壮士挈提数峰置我前。然两日大雪，登城纵观，益觉壮伟，亦复不恶耳。《易传》《语解》《损益》刻并领慰感。是三者若非兄主张，当复堕渺茫。糖冰并荷见饷，简君丁香①竟得一石，此尤绝，市无有也。蜀笺二百、附子②五十、鹅梨十对，漫纳上，幸检收。文潜论学竟肯下意否？栻上覆。

【考证】 据朱熹《右文殿修撰张公神道碑》，张栻有子曰焯，早逝。有二孙，其一数年后夭折。"小孙每蒙垂问"句，指詹仪之信中关心张栻二孙的情况，张栻以"幸颇耐壮"作答。张栻在广西任官近五年，对桂林山水有深厚的感情，故詹仪之寄给张栻两幅桂林山水图，以慰其思。

张栻急于北归，与其丧子之痛不无关系。朱熹曾写信给好友吕祖谦说："敬夫北归，私计甚便。近收初夏问书，云其子病，继闻音耗殊恶。果尔，殊可念也。"（《晦庵先生朱文公文集》卷34《答吕伯恭》）"初夏"即四月。吕祖谦也写信给好友陈亮说："张钦夫近丧子，得书，极无况，力请出广，遂有鄂漕之命，亦且得归也。"（《东莱集》外集卷6《与陈同父》）又吕祖谦致信朱熹云："钦夫犹未得长沙书。近有兼知鄂渚之命，向云欲请祠，犹未见文字到，或传已索迓吏，未知信否？今外郡犹可行志，苟其子葬毕，体力无它，且往之官，亦自无害也。"（《东莱集》别集卷8《与朱侍讲元晦》）张栻于淳熙五年（1178）闰六月朔出广，其子焯卒于六月之前，约四、五月间。营葬事毕，其至江陵当在是年秋九月。

"荆南极目浩渺，更无一山"：荆南指湖北江陵一带。淳熙五年（1178），张栻除秘阁修撰、荆湖北路转运副使，改知江陵府，安抚本路。

---

① 据《证类本草》卷12："丁香味辛，温，无毒。主温脾胃，止霍乱拥胀，风毒诸肿，齿疳。能发诸香。其根部风毒肿。生交、广、南蕃。二月、八月采。"当时詹仪之在广西，故得之较易，而中原地区没有此物。

② 蜀笺、附子都是四川特产。宋时附子主要产于张栻家乡四川广汉一带。据《神农本草经》记载，附子主治风寒咳逆邪气，温中，除寒湿，治手足折伤，拘挛、膝痛不能行走，及破肿块坚硬、金属损伤疮伤等。

"《易传》《语解》《损益》刻并领慰感"：《易传》可能指张栻所著《易说》，因没有做完，故只刻了《易传》和《损》《益》二卦解。乾道九年（1173）前后，张栻裒集程颐、张载、杨时《易说》而成《系辞说》，并断以自己的心得。张栻曾写信给吴翌说："《系辞说》已裒集。"（《南轩先生文集》卷28《答吴晦叔》）又陈平甫来书"欲请足下以己精思，探三圣人之用心，又会以河南、龟山、汉上之说，续成上下《系》《说卦》《序卦》《杂卦》解五篇，传之同志，以贻后代"。张栻答书说："某近裒集伊川、横渠、杨龟山《系辞说》未毕，更欲年岁间记鄙意于下。如汉上之说杂而不知要，无足取也。"（《南轩先生文集》卷30《答陈平甫书》）该书是未定之稿。张栻在淳熙中致信朱熹谈道："于所讲论皆无疑，独《易说》未得其安，亦恐是从来许多意思未能放下，俟更平心易气徐察也。"（《南轩先生文集》卷23《与朱元晦书》）元至元二十九年（1292），赣州路儒学学正胡顺父曾刊行《南轩易说》。胡顺父序称："至元壬辰，鲁人东泉王公分司廉访章贡等路。……尝诵《伊川易传》，特缺《系辞》，留心访求，遂得南轩解说《易·系》。"于是"善写家藏"（《南轩易说》卷首《南轩易说》序），后又刊行。明《文渊阁书目》著录《南轩易说》一部四册、《南轩易说》一部三册、《南轩系辞说》一部四册。北京图书馆现藏明抄本《南轩先生张侍讲易说》五卷。四库本为曹溶从元胡顺父刊本传写，始于《系辞》"天一地二"章，仅存《系辞上》卷下、《系辞下》《说卦》《序卦》《杂卦》，分为三卷。沈家本《枕碧楼丛书》据明抄本刊行，分作五卷，乃将《说卦》《序卦》《杂卦》三篇析为三卷，内容大体与四库本无异。但个别字句有出入，四库本较《枕碧楼丛书》本为善。张栻著有《易说》，殆无疑义。惜全本无存，读者难窥其全貌。好在宋元以后，历代易著对南轩《易说》多有征引，多少可以弥补这一缺憾。

《语解》即《论语解》，又称《论语说》。实际上早在乾道三年（1167）前后，张栻已开始撰写《论语说》。朱熹于乾道三年去长沙与张栻会晤，在《与曹晋叔》书中曾提道："此月（九月）八日抵长沙，今半月矣，相与讲明其所未闻，日有问学之益。敬夫学问愈高，所见卓然，议论出人意表。近读其《语说》，不觉胸中洒然，诚可叹服。"（《晦庵先生朱文公文集》卷18《与曹晋叔》）所谓《语说》，疑是未完稿的《论语说》。乾道八年（1172）张栻在给吴翌信中说："某近日无事，亦颇作《论语章句》，方毕《学而》篇，续亦旋寄。"（《南轩先生文集》卷28《与吴晦叔》）乾道九年（1173）完成初稿，故又称《癸巳论语解》。此后张栻对此书多次进行修订，并向朱熹等好友征求意见。如给吴翌信中云："今夏（1174）以来，时时再看《语》《孟说》，又多欲改处，缘医见戒，未欲多作文字。近日方下笔改正《语说》，次当及《孟子说》。"（《南轩先生文集》卷28《与吴晦叔》）淳熙四年（1177），张栻在答朱熹的信中说："《论语》日夕玩味，觉得消磨病痛，变移气质，须是潜心此书，久久愈见其味。旧说多所改正，他日首以求教。向来下十章《癸巳解》望便中疏其缪见示。"（《南轩先生文集》卷23《又答朱元晦》）他在另一封信中说道："某比改定得《语解》数篇，未及写去。《先进》以后，后来过目，有可示教，一一条示，至幸至幸！"（《南轩先生文集》卷24《答朱元晦》）朱熹对张栻的著作提出过不少中肯的意见，许多都被他接受。张栻回信说："《语说》荷指喻，极为开警，近又删写一过，续写去求教。"（《南轩先生文集》卷23《又答朱元晦》）朱熹在《张南轩文集序》中说："敬夫所为诸经训义，唯《论语说》晚尝更定，今已别行，其他往往未脱稿时学者私所传录，敬夫盖不善也。"（《晦庵先生朱文公文集》卷76《张南轩文集序》）《论语说》为张栻平生著作之"最后出"者，宋时已有刻本。詹仪之曾刻于桂林。

文潜，即刘焞，字文潜，成都人。登绍兴二十一年（1151）赵逵榜进士。历官秘书省正字、校书郎、迁著作佐郎，乾道七年（1171）以国子司业兼国史院编修官、实录院检讨官，时张栻官尚书吏部员外郎，兼权左右司侍立官，兼侍读、左司员外郎，过从甚密。淳熙五年（1178）继张栻任广南西路安抚使、知静江府。淳熙七年（1180）正月以平李接功，进集英殿修撰。后移知江陵府，再移潭州。周必大《书张钦夫栻刘文潜焞与蒋邕州书》讲："亡友张钦夫、刘文潜皆眼高四海，未尝轻以一字许人。"（事见《南宋馆阁录》卷7，《南宋制抚年表》卷下）。

（原载《巴蜀文献》第4辑，四川大学出版社2017年版）

张杅事迹钩沉：张栻家族人物杂考

张杅其人，在宋代绵竹张氏家族中不甚知名，但在历史上也并非全无影响。他是张栻的堂兄，与张栻父子关系甚笃。另外，张杅曾于南宋孝宗淳熙三年（1176）刊《史记》集解、索隐二家注合刻本于桐川郡斋。这是继乾道七年（1171）蔡梦弼刊本之后的第二个《史记》二家注合刻本，是《史记》版本流传史上的一件大事。此刊本现存六十残卷，极为珍贵，大凡研究《史记》版本的学者，多有称引，无须赘述。关于张杅其人的生平事迹，由于史料极少，学者或几乎没有涉及，或语焉不详。兹查阅文献，根据片断资料，作一钩沉，就正于方家。

一

广汉张氏是唐代张九皋之后，[①] 到宋代，张浚、张栻最为知名，张杅正是张浚之侄。陆增祥《八琼室金石补正》卷113收录张浚《列秀亭题名》，云：

> 张浚绍兴丙寅（按，即十六年，1146年）秋，命谪居阳山，侄杅、男栻侍行。（《八琼室金石补正》）

阳山在广东连州，列秀亭在连州州学东南，群峦拱秀，众流环绕。绍兴

---

① 参见（宋）朱熹《朱熹集》卷95《少师保信军节度使魏国公致仕赠太保张公（浚）行状》，郭齐、尹波校点本，四川教育出版社1995年版。按：广汉属于郡望。西汉高祖置雒县，属益州广汉郡，唐武则天于雒县置汉州，领雒、绵竹、德阳、什邡、金堂等五县，宋汉州领雒、什邡、德阳、绵竹四县。张浚、张栻一族实为绵竹县人。

十六年（1146）张浚谪居连州，常常带子侄登临抒怀，张杓与张栻侍行。

此后十多年间，张杓一直随侍张浚。史尧弼《莲峰集》卷10《与张丞相》云：

> 某近于戒仲四十九哥所窃伏闻相公温清之余，闭合深居，天游独得，大《易》微言，著书已就。

史氏此信是写给张浚的。张浚《易传》完成于绍兴二十八年（1158）谪居永州期间①，可知史氏此信当作于是年前后。"戒仲四十九哥"即张杓，字戒仲，一作介仲，在同辈兄弟中排行四十九（详后）。是时张杓当亦随侍张浚于永州。

此后直到乾道六、七年，文献中不见有关张杓的信息。乾道七年（1171）张栻有《六月晦发霅川广德兄与诸友饮饯于渔山已而皆有诗赠别寄此言谢》一诗，云：

> 平生苕霅梦，邂逅此登临。青山秀而远，溪水洁且深。浮玉千古色，飞凤何年音。小丘辟荒荟，修竹初成林。居然得此客，领略还披襟。已歌《棠棣》诗，更作《伐木》吟。兄嗟弟行役，友念朋盍簪。情深语更质，意到酒自斟。荷风生泊莫，凉雨洗遥岑。翻然放舟去，别绪故难任。我行日以远，佳处长会心。作诗寄余韵，并以谢幽寻。（《南轩先生文集》卷2）

"苕霅"是苕溪、霅溪二水的并称，在浙江湖州境内。湖州古称吴兴，故历史上诗文多以"苕霅"借指湖州、吴兴。张栻此诗作于乾道七年。盖张栻于乾道六年（1170）五月被召为吏部员外郎，兼起居郎，十二月兼侍讲。七年六月十三日，张栻因遭虞允文等人排斥，出知袁州，十四日出都，过吴兴。七月寓苏州，八月适毗陵（常州）。十二月游鄂渚（武昌），抵长沙。此诗作于乾道七年（1171）六月底。诗中所云"广德

---

① 参见（宋）张献之《紫岩易传跋》，载傅增湘《宋代蜀文辑存》卷79，北京出版社2005年版。

兄",正是张栻堂兄张杅(戒仲)。何以见得?张栻后来《祭南康四九兄》一文,其中提到"雪川之别,惨焉酸辛"(《南轩先生文集》卷44),即指此次相见。"南康四九兄",结合前面史尧弼所说"戒仲四十九哥",显然即指张杅。后来张杅知南康军(实未上任而卒),故张栻称他为"南康四九兄"。张栻给朱熹的信中也提到此次与张杅相见之事:

> 某十三日被命出守,次日早出北关,来吴兴,省广德家兄,翌早可去此(《南轩先生文集》卷24《答朱元晦》)。

张栻原计划在吴兴与张杅见面之后第二天即离去,但实际上停留至"六月晦",才与张杅惜别。

这里有一个问题,乾道七年张杅寓居吴兴,而张栻称他为"广德兄"或"广德家兄",那么张杅是否在此前知广德军(治今安徽广德)?由于文献无征,只能存疑。也许张杅除知广德军,但在吴兴候缺。李之亮《宋两江郡守易替考》于乾道元年至七年广德军知军空缺,乾道八年(1172)知广德军为丁仲京。[①] 张杅在吴兴候缺的可能性较大。

二

在吴兴寓居多年以后,到淳熙二年(1175),张杅正式上任知广德军。此次知广德军,以合刻《史记》裴骃集解、司马贞索隐二家注最为后人称道。此书现存残本[②],在篇首目录后张杅自跋云:

> 右太史公《史记》,采录先秦古籍及秦、汉间事。其文雅奥简古,至有难句者,读之当紬绎再四,玩味深思,方见其义趣,不然则直以为淡薄无味,如魏文侯之听古乐,意欲坐睡耳,是以读之者鲜解训释;世有其人,第皆疏略,未能详尽。惟唐小司马氏用新意

[①] 《宋会要辑稿》职官六一之五五有言:"(乾道)八年二月十六日,新知广德军丁仲京与新权发遣建昌军富杞两易其任,各以私计不便有请故也。"

[②] 按:此书国内仅存一部残本(六十卷),藏于中国国家图书馆。

撰索隐，所得为多，至有不可解者，引援开释明白。每恨其书单行，
于披阅殊未便。比得蜀本，并与其本书集而刊之，意欲垂模与南方
学者，其未暇也。揭来桐川逾年，郡事颇暇，一搜笥中书，蜀所刊
小字者偶随来，遂令中字书刊之，用功凡七十辈，越肇始四月望，
迄六月终告成。①

此跋作于淳熙三年（1176）六月。跋中言"揭来桐川逾年"，可知张杆于
淳熙二年（1175）四月前到桐川；据"郡事颇暇"句，表明他任此郡长
官。"桐川"即桐水（桐汭河），流经广德，故为广德的代称。宋太平兴
国四年（979），升广德县为广德军（治安徽广德桃州镇），属江南东路。
至道三年（998），改属江南路。天禧二年（1018），广德军复属江南东
路。南宋建炎四年（1130），广德军属江南路建康帅府。绍兴初，广德军
属江南东路。元至元十四年（1277），升广德军为广德路，属江淮等处行
省。张杆刊《史记》时，任知广德军。

张杆于广德郡斋所刊《史记》，继任者赵希仁、耿秉又作了重修、重
刊。《直斋书录解题》卷4著录《史记索隐》三十卷，又附《索隐史记》
一百三十卷，解题云：

> 淳熙中，广汉张材介仲刊于桐川郡斋，削去褚少孙所续，而附
> 以司马贞《索隐》。其后江阴耿秉直之复取所削者别刊之。（《直斋书
> 录解题》）

马端临《文献通考》卷200《经籍考二十七》同。（按："张材"显然为
"张杆"之误）耿秉所刊今有传本，卷首有序曰：

> 淳熙丙申，郡守张介仲刊《太史公书》于郡斋，凡褚少孙所续
> 悉削去，尊正史也，学者谓非全书，怀不满意，且病其讹舛。越二
> 年，赵山甫守郡，取所削别刊为一帙，示不敢专，而观者复以卷第

---

① 参见（汉）司马迁撰，（刘宋）裴骃集解，（唐）司马贞索隐：《史记》，宋张杆桐川郡
斋宋淳熙三年刊本，藏中国国家图书馆。

不相入，览究非便，置而弗印，殆成弃物。①

介仲即张杅字。"越二年"，即淳熙五年（1179），赵山甫继张杅知广德军。按：赵希仁，字山甫。据《宝庆四明志》卷14，淳熙二年（1176）四月二十三日知奉化县，淳熙四年四月召赴都堂审察，则赵希仁知广德军当在都堂审察之后。到淳熙七年（1181），耿秉又继赵希仁知广德军②，补刻《史记》集解、索隐，主要是对张杅原删篇目作了增足补充。③

在广德，张杅还曾刻印过范仲淹遗墨。据杨万里《范公亭记》：

> 广德决曹掾官寺之睢，子城之椒，负东迤南，有亭而小，若勤若夷，若仓若哲，若翼斯击，若咮斯张，若袪服巍弁之旋饬者，范公亭也。公之逸事，孙莘老诗之，汪彦章书之。公有遗墨，张君杅戒仲刻之。赵君亮夫懋德嗜亭之圮，作而新之。④

范公亭在广德军旧司理厅东南，大中祥符年间范仲淹为广德司理参军，构亭于厅事东南，引囚讯问，常得其平，后人因名曰范公亭。（《明一统志》）赵亮夫于淳熙十二年（1185）知广德军，杨万里此记约作于是时。据记，张杅字戒仲。盖介、戒音同互用。

三

淳熙四年（1178），张杅知广德军任满后，当改知南康军，候缺。吕

---

① 参见（汉）司马迁撰，（刘宋）裴骃集解，（唐）司马贞索隐《史记》，宋耿秉重修淳熙三年刊本。藏中国国家图书馆。
② 参见光绪《广德州志》卷25《守令》。按：张杅知广德军，不见于《广德志》。耿秉知广德军仅比张杅晚三四年，明确讲是"郡守张介仲"，可以确证张杅知过广德军。可知李之亮《宋两江郡守易替考》（巴蜀书社2001年版）列赵希仁知广德军于淳熙十年、十一年，大误。赵希仁继张杅知广德在淳熙五年到七年，然后耿秉于七年接任。
③ 耿秉刊本今有两种存世：一为中国国家图书馆所藏一百三十卷本；一为日本静嘉堂文库所藏九十九卷本。
④ （宋）杨万里：《诚斋集》卷74，四部丛刊本。按：辛更儒《杨万里集笺校》卷73（中华书局2007年版）于"张君杅戒仲刻之"句注云"无考"，盖未细检文献。

祖谦《与朱侍讲元晦》：

> 南康见任人赵彦逾已赴召，张戒仲复沮，乃是见次者，公所以斟酌以小垒相处，政欲可受，切不须苦辞。（《东莱吕太史集》别集卷8）

可知张杅所候之缺为赵彦逾。赵彦逾（1130—1207年），字德老，登绍兴三十年（1160）进士第，淳熙五年（1179）知秀州。累迁太府少卿、四川总领。迁户部侍郎、工部尚书。以端明殿学士出知建康，兼江东安抚使。未行，改安抚制置使，兼知成都府。彦逾为政不扰，蜀人便安之。以定策勋，累迁资政殿大学士。嘉泰间，知明州、兼沿海制置使。嘉定间，乞祠以归，寻卒。赵彦逾约淳熙三年（1177）知南康军，淳熙五年（1179）赴召，改知秀州。而此时候缺人张杅已卒。朝廷欲召用朱熹，故于此年八月除朱熹知南康军，吕祖谦作书劝朱熹赴任。

关于此事，李心传记载：

> （淳熙）五年春，史、魏公复相，首务进贤，以先生屡召不赴也，必欲起之，始议除中都官。赵卫公时为参知政事，谓史公言："不若以外郡处之，待其出于至诚，彼自无词，然其出必多言，姑安以待之可也。"乃除知南康军，见次。史公必欲先生之出，又降旨不许辞免，便道之官，俟终更入奏事。仍命南康趣遣牙吏。史公既勉先生以君臣之义，又俾馆职吕伯恭作书劝之。先生再辞，不许，乃上。是时，年四十有九矣。（《建炎以来朝野杂记》乙集卷9《晦庵先生非素隐》）

所谓"吕伯恭作书劝之"，即指前引吕祖谦与朱熹书。朱熹《辞免知南康军状》：

> 今月（按，指淳熙五年八月）十七日准尚书省札子，奉圣旨差知南康军，填张杅阙。（《晦庵先生朱文公文集》卷22）

可知张杅在淳熙五年（1179）八月之前已卒。

张杅去世后，张栻非常悲痛，作有《祭南康四九兄》二首。其一云：

> 呜呼！同祖兄弟，今存四人。惟兄能文，自于妙龄。意其远大，以翼吾门，仅守一州，才未克伸。岂谓兹朝，乃传讣音，惊惶恸哭，痛心原鸰。为位一奠，哀哉此情！（《南轩先生文集》卷44《祭南康四九兄一》）

据祭文可知，张杅与张浚属于同祖兄弟。"今存四人"，盖指张杅、张栻、张构（张栻弟），余一人不详。张栻祖咸，生五子：灝、潮、潞、滉、浚。那么张杅究竟为谁子？

从张栻后一首祭文中，我们可以寻其端倪，先录于下：

> 呜呼哀哉！惟兄早岁，秀发而文。秦国之恩，笃于诸孙；忠献之爱，视子攸均。矧惟伯父，实艰实勤，未究之业，付之吾兄。谓当远大，以翼以承，如何中道，车折其轮，仅历一州，莫睹厥成。呜呼哀哉！某之于兄，少长相亲，论文讲艺，岂无友生。雪川之别，惨焉酸辛，视兄之容，涩而不荣。酒酣谆复，愿言爱身，少屏刚剂，以致和平。孰期一疾，竟以此倾。呜呼哀哉！于今几年，远寓雪滨，鸿雁莫联，每伤予心。矧兹永诀，痛复可任！念当挈归，以近榆枌，乃闻知命，留葬是云。呜呼哀哉！遗字见属，奉之涕零，将绝泚笔，又何刚明。呜呼哀哉！属拘印绶，奔走不能，向风长号，薄奠是陈。犹子幼弱，念言悙悙，敢不扶持，兄言是遵。尚唯英爽，其或来歆！（《南轩先生文集》卷44）

文中所谓"秦国"，指张浚母秦国夫人计氏。绍兴五年（1135）十月，朝廷以张浚平定湖湘群盗之劳，赠浚母计氏秦国夫人，赐浚兄滉紫章服及五品服二人，官浚亲属两人。（《建炎以来系年要录》卷94）张浚在朝时或遭贬谪，兄张滉（徽猷公）"常留太夫人左右，悦适其意，太夫人钟爱之"。但张滉于绍兴二十一年（1151）"遽以疾终"，这对计氏造成很大的打击。（《朱熹集》卷95《少师保信军节度使魏国公致仕赠太保张公行状》)由于张滉与其母的特殊感情,故张浚对张滉之子关爱有加,视同己子,而且张杅与张栻常随侍于张浚左右。张栻祭文云"忠献之爱,视子攸均","某之于兄,少长相亲",即指此而言。考虑到张杅与张栻父子的特殊关系,可以判断,张杅乃张浚兄张滉之子。

从以上考证,可以勾画出张杅的大致生平:张杅①,字戒仲,一作介仲,汉州绵竹(今四川绵竹)人,张浚兄滉之子。幼以能文称。绍兴中随张浚居连州、居永州。乾道中知广德军,后居吴兴(湖州)。淳熙二年(1176)知广德军,合刻《史记》裴骃集解、司马贞索隐二家注,是为最早的合刻本之一。又刻北宋名臣范仲淹遗墨。淳熙四年(1178)改知南康军,待缺。约淳熙五年(1179)七月卒于吴兴,葬于此。与张栻感情深厚,少长相亲,临终托后事于张栻,卒后张栻为文祭之,极悲切。

[原载《西华师范大学学报》(哲学社会科学版)2016年第1期]

---

① 绵竹柏林公园碑墙所刻"紫岩张氏谱系一览",于十四世有"栎、枸、杅、树、栻",当有脱、误。如张栻弟构不见,且"杅"当为"杅"之讹。赵海萍《宋代绵竹张氏家族研究三题》(硕士学位论文,西华师范大学,2005年)列张杅、张戒仲为二人,亦误。按:杅,即"盂"。古时"盘杅"("盘盂")并称,盘圆杅方,皆用于盛物,亦于其上刻文纪功或自励,以为法戒,故"盘杅"与"戒"义有关联。

魏了翁《周礼折衷》析论

魏了翁（1178—1237年）是南宋著名政治家、理学家，在经学方面论著颇多，造诣极深。时人评论称：

> 鹤山公以高明俊伟之姿，刻意于学，不肯随声接响，蹑陈架虚，如求骊龙之珠，必下九渊而亲揽之乃已，故其议论穷极根柢，多异乎人，匪求异人，实能得众人之所未得也。（《全蜀艺文志》卷31《师友雅言序》）

在当时，义理之学极盛、学术渐趋虚浮，士人多"束书不观、游谈无根"，在"袭浮踵陋，架虚凿空"的氛围中，魏了翁深知其弊，倡导"温寻注疏"，回归经典，可谓独树一帜。

一

魏了翁的《周礼》著述，主要有《周礼要义》三十卷、《周礼折衷》四卷。

《周礼要义》是他的《九经要义》之一。宋理宗宝庆元年（1225），魏了翁遭李知孝、朱端常弹劾，诏降三官，靖州居住。他在靖州长达六年（1226—1231年），远离政治中心。政治上虽然失意，但因此闲暇，一方面使他能够办学授徒，"湖湘、江浙之士不远千里，负书从学"（《宋史》卷437《魏了翁传》）；另一方面可潜心问学，"取诸经、三礼，自义疏以来重加辑比"（《鹤山先生大全文集》卷34《答范殿撰》），编成《九经要义》。

《周礼要义》即其《九经要义》之一，《宋史·艺文志》著录三十卷。明朱睦㮮《授经图义例》卷20、焦竑《国史经籍志》也有著录。而清初朱彝尊撰《经义考》，虽著录此书，但注云"未见"，疑散佚于明末清初。《周礼要义》今不传，无以窥其详。

今存《周礼折衷》一书，收入《鹤山先生大全文集》中。陈振孙《直斋书录解题》最早著录（《直斋书录解题》卷2），此后历代书目皆以陈氏著录为据。如马端临《文献通考·经籍考》、《宋史·艺文志》、朱睦㮮《授经图义例》等。唯四库本《蜀中广记》卷91云：

> 鹤山《周礼折衷》二卷，陈氏曰魏了翁门人房审权所录，条例经文，附以传注，鹤山或时有所发明，止于《天官》而已。

按：房审权，北宋熙宁年间蜀人。他"病谈《易》诸家，或泥阴阳，或拘象数，乃斥去杂学异说，摘取专明人事者百家，上起郑玄，下迄王安石，编为一集，仍以孔颖达《正义》冠之。其有异同疑似，则各加评议，附之篇末"，成《周易义海》一百卷。（《四库全书总目》卷3《周易义海撮要提要》）房审权是北宋中期人，与魏了翁并无关系，《广记》显误。

另外，朱彝尊《经义考》卷125著录："税氏与权《周礼折衷》，《通考》二卷（《宋志》作魏了翁），存。"将作者名属之税与权。事实上税氏只是记录者，作者应为魏了翁。税氏有一篇《后序》，说明了该书的来龙去脉：

> 右《周礼折衷》上下篇，本名《江阳周礼记闻》，会失其上篇，先生犹子高斯衎搜录以见归，二篇始完。间举似泉使考功郎王辰应氏，贻书云："郑诸说于是论定，宜以《鹤山周礼折衷》名之。"（《经义考》卷125）

税氏的《后序》提供了三方面信息：第一，《周礼折衷》的来历；第二，《周礼折衷》的篇数；第三，《周礼折衷》的得名。

《周礼折衷》是一部有关《周礼》的讲义，由门人记录成书。其内容仅涉及《周礼·天官》，不是对《周礼》全书的讲解。至于讲授的地点，因这方面资料缺乏，我们只能根据税氏《后序》的记录推测：因初名《江阳周礼记闻》，应当讲于江阳。江阳，即今四川泸州的古称。西汉设置江阳县，东汉献帝建安十八年（213）置江阳郡。梁武帝萧衍大同年间建置泸州。隋炀帝大业三年（607）改泸州为泸川郡，仁寿中升为泸州总管府。唐高祖武德元年（618）复置为泸州，三年（620）置总管府，四年（621）升为都督府。北宋泸川郡置泸川军节度。南宋孝宗乾道六年（1170）升本路安抚使。魏了翁一生两次知泸州：第一次是嘉定十一年（1218），任期很短；第二次是绍定六年（1233）春至端平元年（1234）十月。（《宋史》卷437《魏了翁传》）问题是：魏了翁讲《周礼》，究竟是在哪次知泸州时期呢？

据税与权《师友雅言序》：

> 予登鹤山先生之门盖历二纪，以先生出入中外，间七八年，或五六年，或三四年，每一见，则所闻辄一超绝。及先生返自南迁，起家镇泸，予执经从之。相携入京，登宥府视事，洎赐还奉藩，以迄梦奠，湖海往来，永日清夜，瞻前忽后。先生非圣之书不读，多发儒先所未言。昉于甲午夏，以洎丁酉春，随所得录之，反复玩索，如入武库，如游宝藏，如登乔岳，以观天下，斯所谓仰弥高，而钻弥坚者。呜呼，以予四阅寒暑，凡所见闻如此其富，则二三子久相从游而不离左右者，又可想而知哉！（《全蜀艺文志》卷31）

税氏此序作于嘉熙元年（1237）。据序，税氏从了翁问学历二十余年，但并不经常见面。"及先生返自南迁，起家镇泸，予执经从之"，从此以后常侍于左右。《师友雅言》一书，即记录于端平元年（1234）至嘉熙元年（1237）。《江阳周礼记闻》当即税氏"执经从之"于泸州时所记，时间在魏了翁第二次知泸州期间。税与权《师友雅言》还记录了魏了翁在江阳书院与诸友讲论《周礼》的一段旧事：

> 在江阳书院夜坐，与诸友云："某初起家赴镇时，过叙南，诣学教授。合阳赵运臣者升讲堂说《周礼》，以时相方拜少师，遂陈说冢宰兼三公甚详。某为说《周礼》一书，止说三老、二卿、公一人，

无冢宰兼三公事。郑康成注师氏、保氏，召公为保，周公为师，相成王为左右，以为圣贤兼此官，则乃指师氏、保氏，未见其真是三公否？及《公羊》谓周、召分主陕西东，而一相处乎内，皆是定说。前辈虽云三公官不必备，六卿中有道德者可以上兼三公，无事则一相处内而论道，有事则出将六军而征伐。审如此，则六卿之兼三公者为司马，其他五官并听命乎？无所经见，某终疑之。叙守冯邦佐及众郡寮莫能对，诸友以为此事如何？"与权因曰："窃尝讨究此事，亦有经见，亦有传注在康成前者言之。"鹤山喜曰："愿闻之。"与权曰（下略）。鹤山再三称善。（《鹤山先生大全文集》卷109《师友雅言下》）

魏了翁第二次知泸州期间，"以学校为第一事"（《鹤山先生大全文集》卷100《端平元年劳农文》），曾重整州学（《鹤山先生大全文集》卷45《泸州重修学记》）。《江阳周礼纪闻》当为他在此期间所讲，由税与权记录整理而成。另外，《周礼折衷》之中还引用其在靖州所见以证郑注是非，显然成书于贬靖州之后。原稿为上、下两篇，收入《鹤山集》时被析为四卷。

二

《周礼折衷》的内容只涉及《周礼》的《天官》部分，篇幅不大。所谓"折衷"，主要是对《周礼》本经、汉儒郑众（先郑、郑司农）、郑玄（后郑）、唐儒贾公彦、宋儒王安石等人对《周礼》的有关解说进行衡论，偶尔也引述王肃、孔颖达、张载、欧阳修、二程、朱熹、李心传等人的观点。

从其引用诸家来看，有以下几种情形：1. 以先郑、后郑、贾氏诸家互证；2. 先郑是，后郑非；3. 先郑非，后郑是；4. 先郑、后郑俱非；5. 王安石是，郑玄非；6. 王安石非；7. 朱子是，前人非。

魏了翁对前人是非的判定，主要依据如下：1. 义理是否得当；2. 制度是否合理；3. 引其他经典如《礼记》《尚书》《孟子》《论语》《尔雅》《左传》等为证；4. 以耳闻目见为验。

由此可见，魏了翁对《周礼》一经，态度极为审慎。对于前人诸家的观点也采取一种具体分析的态度，罕有门户之见。他判断是非的依据，也是在比较诸家之说的基础上，折衷诸说，取其合于理据者。

魏了翁的《周礼》观，集中体现在《周礼折衷》一书中。另外《师友雅言》也记载了他对《周礼》的若干看法，可以互相补充。我们可以从以下三个方面做些归纳和探讨。

（一）对《周礼》本经的认识

《周礼》一书，在宋代争议极大。黄震《读周礼日钞·自序》曰：

> 孟子生于周末，周室班爵禄之制已不可得而闻。刘歆生于汉末，乃反得今所谓《周礼》六官之书，故后世疑信相半。如张横渠则最尊敬之，如胡五峰则最摈抑之。至晦庵朱先生折衷其说，则意周公曾立下规模而未及用。（《黄氏日抄》卷30）

的确，宋人对《周礼》的看法，基本上存在着两种对立的观点。早期欧阳修等人从制度上分析《周礼》不切实际；王开祖等人则从义理上分析《周礼》之中虽有"圣人之志"，但也有不合"圣人之心"之处。王安石信《周礼》，认为"一部《周礼》，理财居其半"（《临川先生文集》卷73《答曾公立书》），并亲撰《周官新义》，为变法张本。此后围绕着对新法、新学的评价，宋儒对《周礼》的争论渐趋激烈，胡宏甚至认为《周礼》是刘歆附会的伪经，绝非圣人之制，不能称之为经，甚至不能与《易》《诗》《书》《春秋》等儒家经典并列。而朱熹则认为，讲制度的书，只有《周礼》《仪礼》可全信，《周礼》一书"其间细碎处虽可疑，其大体直是非圣人做不得"（《朱子语类》卷86）。他相信《周礼》的主体思想体现了圣人治国之道，是应当肯定的，不能因为一些枝节细碎处有疑问，就否定它是周公遗典，更不应该因为后人误用《周礼》而废弃圣人之成法。朱子的观点比较平实，无疑更容易为学者所接受。

魏了翁对《周礼》的见解，既不完全否定，也不完全肯定，实际上折衷了正反两派之说，受朱子影响较大，观点比较平实。如《师友雅言》记：

  《周礼》一书毕竟曾行与否？成王在丰，止曾往洛行祭礼一次，如《书》称烝祭岁事是也，即不曾居洛行此书。王在丰，周公自在洛行之，此不可信也。又王畿之外甸、稍、县、都各五百里，王畿之地长一千里，凑合丰与洛之地方得一千里，甸、稍、县、都如何安排？此又不可信也。先儒只去僻处说，不曾从大处看。惟胡五峰断然以为刘歆《周礼》，盖汉成帝时向子歆校理秘书始将此书列序于《录》《略》，亡《冬官》一篇，以《考工记》足之，是起于成帝刘歆，而成于郑玄附离者太半。（《鹤山先生大全文集》卷109《师友雅言下》）

  这段话说明了两层意思：一是《周礼》在西周成王当政时不可能实行，二是《周礼》所记王畿、甸、稍、县、都制度也不现实。因此魏了翁认为《周礼》不可信，并引胡宏（五峰）之说为证，认为"起于成帝刘歆""成于郑玄附离者太半"（《师友雅言下》）。

  问题是，如何理解"起于成帝刘歆""成于郑玄附离"？笔者认为，魏了翁此言并不是说《周礼》一书出自刘歆、郑玄伪造，而是说刘歆校书始表彰《周礼》，郑玄注《周礼》多以后世制度附会《周礼》。由《师友雅言》中下述几条材料可以证明：

  鹤山云："《周礼》与《左氏》两部字字谨严，首尾如一，更无疏漏处，疑秦汉初人所作，因圣贤遗言足成之。"

  鹤山云："《周礼》《左氏》并为秦汉间所附会之书，《周礼》亦有圣贤遗法，然附会极多。"（《鹤山先生大全文集》卷108《师友雅言上》）

  《周礼》一部可疑处甚多，然制度纪纲缜密处亦多。看《周礼》须是只用三代法度看，义理方精。郑注多引后世之法释经，尤不是。（《鹤山先生大全文集》卷109《师友雅言下》）

  魏了翁判断《周礼》出于秦汉间，虽有许多可疑之处，但其中有圣贤遗言、圣贤遗法。郑玄引用后世之法解经，失误较多。

(二) 对汉唐注疏的批评

对于汉唐《周礼》注疏，魏了翁有肯定，也有批评，如：

> 郑、贾之说岂容轻议，然亦有不可尽从者，故晦翁于《经传集解》中亦未免有所去取（《鹤山先生大全文集》卷36《答真侍郎》。）

虽然说汉唐注疏不容轻议，但其间误解之处，也不可尽从。他又说：

> 向看"三礼"，每叹后郑于礼学极有功，敬之而不敢议。近来再三玩绎，觉得碍处极多。盖诸经中有一语未达，则牵强捏合增成一义，此非面莫尽。（《鹤山先生大全文集》卷36《答杨次房少张》）

郑玄礼学深受学者推崇，但魏了翁经过"再三玩绎"，发现不少牵强附会之处，因此他主张，对于汉唐注疏，应当采取客观的态度，不能尽信，认为：

> 大抵读书虽不可无传注，然亦有不可尽从者。只如郑康成注《三礼》，已各随文为义，不能尽同，而《礼》与《诗》异，《诗》与《书》异，《书》与《易》异，有一事而自为两说、三说者极多。其改字处十有八九不可从。最害义者，以纬证经，以莽制证周公之法。故某与朋友讲论，多是参酌诸经，不一一袭其说，唯是之从耳。（《鹤山先生大全文集》卷36《答夔路赵运判》）

由于去圣久远，必须依靠汉唐传注作为津梁，后人才能理解经典。但是，汉唐传注也有很多问题。如汉代经学大师郑玄，号称明于"三礼"，但郑玄解经，也存在若干不足。所谓"随文为义，不能尽同"，即郑玄注经之时，往往不能统一其说，往往以多种不同的说法解释同一事物。郑玄"遍注群经"，其中相互矛盾之处甚多。而且郑玄好改字为训，魏了翁认为这些改字之处多不可从。而郑玄注最害义理之处有二：一是以纬证经；二是用后世的制度证周公之法。宋代熊朋来《经说》卷4《汉儒以汉法解经》条曰：

> 汉儒以汉法解经，如《周礼》中五齐、二酒皆以东汉时地名、酒名言之，更代易世，但见经文易通而注语难晓，使人有庄子注郭象之叹。鹤山魏了翁《江阳周礼记闻》（后人称《周礼折衷》）多摘注解之尤谬者斥言之。如"九赋"注，以汉法口率出泉，《周礼》赋法岂是口率出泉？"八柄夺以驭其贫"注，以汉法没入家财，三代之君岂有没入人臣家财之法？"国服为息"便以莽法证之。（《经说》卷4《汉儒以汉法解经》）

此类批评在魏了翁著作中还有不少。如：

> 大抵政象无传，而四司马与土均治洫之官皆已去籍。郑康成诸儒凭私臆决，直以田穰苴《司马法》为证。审如其说，则井田固所以厉民也。且七十五人出一革车，三甲士、四马、十二牛，使盛世有此，民必无以自聊。乡民之众寡与六畜车辇而皆簿录其数，使末世效此，民亦有所不堪。鲁之公车千乘，不过公徒三万耳。如《司马法》则当出七万五千人。大抵皆以末世弊法释三代令典，正如以汉算证税赋，以莽制拟国服，以没财检商为先王所尝行，虽杜元凯引《周礼》直名之曰《司马法》，何怪乎后之用此书者每出辄败，岂皆《周礼》之罪哉！（《鹤山先生大全文集》卷48《泸州瞻军田记》）

《周礼》军制，因文献无征，后世已难究其详。郑玄等人在注解《周礼》时，往往引后世制度如《司马法》等为证，显然与周代的实际情况不合。因此魏了翁认为《周礼》制度无法实行，并非都是《周礼》本身的问题，往往是因为后儒误解《周礼》所造成的。

另外，魏了翁还认为："《周礼》制度数目多是郑康成约之。如周七庙，便说殷六庙，夏五庙，虞四庙。不知《尚书》中元说'七世之庙可以观德'，已是殷七庙制。康成不见《古文尚书》。"（《鹤山先生大全文集》卷109《师友雅言下》）郑玄好用数目推算历代制度，以为夏、商、周各自不同。如庙制，郑玄由"周七庙"推算出"殷六庙""夏五庙"，理由是时代越古，制度越俭。在魏了翁看来，这完全是郑玄的凭私臆断，其实《古文尚书》中就有"殷七庙"之说，殷商庙制是相同的。魏了翁在《周礼折衷》中多处指出郑玄"不见《古文尚书》"。如关于师氏、保氏的讨论，是魏了翁批评郑玄的重要证据之一。其《师友雅言》记：

  《周礼》一书不见三公之官，与《书》全不合。郑康成在师氏注云，以为周、召曾为此官。考之《顾命》师氏虎臣，则师氏乃大夫之官。而《牧誓》亦先于师氏注：大夫官，以兵守王门者。意郑康成不见《古文尚书》，故臆度师氏为三公耳。(《鹤山先生大全文集》卷109《师友雅言下》)

可知魏氏本人是相信《古文尚书》的。关于郑玄与《古文尚书》的关系，问题比较复杂。《尚书·尧典》孔颖达《正义》说，郑注《尚书》，篇数并与三家同，"所注皆同贾逵、马融之学，题曰《古文尚书》"(《尚书·尧典》题解正义)。如此，则郑注实际上也只是与今文相同的二十九篇。东晋晚出的《古文尚书》来历不明，其中今文所无的部分郑玄究竟见过没有，难以确考。

（三）对王安石《周礼》的批评

  北宋熙宁年间，王安石利用《周礼》作为变法的理论依据。他亲自撰写了《周礼新义》，作为以"经术造士"的教材。王安石认为一部《周礼》，理财之论居其半。因此，他极力从《周礼》中找出变法的依据。王安石提出"以所观乎今，考所学乎古"的原则（《临川先生文集》卷84《周礼义序》），也就是以今释古、古为今用，以自己的思想来解释《周礼》，同时，通过对《周礼》的诠释，表达政治主张。认为他推行的新政并非自我作古，而是于古有据。如免役法，他认为"出于《周官》所谓府、史、胥、徒，《王制》所谓庶人在官者也"；保甲法，"起于三代丘甲，管仲用之齐，子产用之郑，商君用之秦，仲长统言之汉，而非今日之立异也"；市易法，"起于周之司市，汉之平准"。（《临川先生文集》卷41《上五事札子》）因此林之奇评论说："王氏《三经义》，虽其言以孔孟为宗，然寻其文，索其旨，大抵为新法之地者十六七。"（《拙斋文集》卷6《上陈枢密论行三经事》）需要指出的是，虽然王安石借《周礼》为新政造势，但仅仅是"法其意"而已，并非有意复古。朱熹说："彼安石之所谓《周礼》，乃姑取其附于己意者，而借其名高以服众口耳，岂真有意于古者哉？"（《晦庵先生朱文公文集》卷70《读两陈谏议遗墨》）清四库馆臣说："安石之意，本以宋当积弱之后，而欲济之以富强，又惧富强之说，必为儒者所排击，于是附会经义，以钳儒者之口，实非真信《周礼》为可行。"（《四库全书总目》卷19《周官新义提要》）

宋代的《周礼》学以"熙丰变法"为转折。变法之前，尊崇《周礼》是经学史的主流。变法以后，由于王安石与《周礼》的关系，讨论、研究《周礼》的人日渐增多，围绕《周礼》的争论也变得激烈了。无论尊《周礼》还是疑《周礼》，都不能绕过王安石。王昭禹著《周礼详解》，"宗王氏新说"，影响及于南宋，陈振孙说"近世为举子业者多用之"（《直斋书录解题》卷2）；林之奇著《周礼讲义》，"祖荆公、昭禹所说"（《经义考》卷122引王与之语）。此外王与之、陈友仁等注《周礼》，也多袭用王安石之说。

另外一些学者尊崇《周礼》，却对王安石《周官新义》及其变法加以批评甚至攻击。很多人相信《周礼》是周公遗典，是太平经国之书，但有一个不能回避的问题是，自春秋以降，没有哪个帝王将相完全靠《周礼》治国经邦，即使偶尔有人一试，也都以失败告终。可以说，《周礼》制度根本不曾行于世。原因何在呢？二程认为，有"周公之心"才能行《周礼》。言外之意是如果后世没有圣人，《周礼》也就难行，这仍然是针对王安石的。郑伯谦相信《周礼》可以经国以致太平，著《太平经国之书》，其《自序》探讨了《周礼》制度不能行于世的原因有三，大体上包括"不及用""不能用""不善用"三个方面。时君世主之所以"厌薄儒生、姗笑王制"（《太平经国之书·自序》，通志堂经解本），就是因为《周礼》一书没有真正在实践中取得成效。郑樵也断言《周礼》"非圣人之智不及此"，即出于圣人之手。至于后世用《周礼》，王莽败于前，荆公败于后，"此非《周礼》不可行，而不善用《周礼》者之过也"（《六经奥论》卷6《周礼辨》）。

魏了翁对王安石《周礼》之学有自己的看法。他对王安石经学基本上采取一分为二的态度。一方面，肯定王安石注《周礼》的学术价值；

另一方面，也指出王安石误解、误用《周礼》之处。在《周礼折衷》中，引述王安石之说共四十五条，其中引述王安石之说以解经者达三十三条，有的地方还做了充分肯定。如"疾医掌养万民之疾病，四时皆有疠疾，春时有痟首疾，夏时有痒疥疾，秋时有疟寒疾，冬时有嗽上气疾"一节，王安石引《列子》《素问》之说，然后解释说：

> 盖方冬时阳为主于内，寒虽入之，势未能动。及春阳出而阴为内主，然后寒动而抟阳，为痟首之疾矣。方夏之时，阴为主于内，暑虽入之，势未能动。及秋阴出而阳为内主，然后暑动而抟阴，为疟寒之疾也。痒疥疾则夏阳溢于肤革，清抟而淫之故也。嗽上气疾，则冬阳溢于藏府，清乘而逆之故也。（《鹤山先生大全文集》卷106《周礼折衷》引）

对于王安石的解释，魏了翁极为欣赏，称赞"荆公此一节最好，常举以教医者"。又如"凡药，以酸养骨，以辛养筋，以咸养脉，以苦养气，以甘养肉，以滑养窍，凡有疡者受其药焉"一节，魏了翁认为："郑氏之说牵合，而滑石尤误人，荆公似近之。"（《鹤山先生大全文集》卷106《周礼折衷》）又解"凡用禽兽，春行羔豚，膳膏香，夏行腒鱐膳膏臊，秋行犊麛，膳膏腥，冬行鲜羽，膳膏膻"一节，魏了翁认为"郑说非，荆公说是"。由此可见，魏了翁对王安石《周礼》解释的合理之处是肯定的，并无门户之见。不过，魏了翁也接受了所谓"王安石的学术误国"的看法，对王安石解《周礼》失误之处，亦多有批评，而最主要的有三点。

第一，王安石离"道"与"法"为二。

如解"以法掌祭祀、朝觐、会同、宾客之戒具，军旅、田役、丧荒亦如之"一节，魏了翁批评说：

> 王荆公常以道揆自居，而元不晓道与法不可离。如舜为法于天下，可传于后世，以其有道也。法不本于道，何足以为法？道而不施于法，亦不见其为道。荆公以法不豫道揆，故其新法皆商君之法，而非帝王之道。所见一偏，为害不小。（《鹤山先生大全文集》卷104《周礼折衷》）

魏了翁认为,《周礼》三百六十官,甸、稍、县、都、乡、遂、沟、洫、比、闾、族、党、教忠、教孝,"道"正寓于"法"中。一部《周礼》,是讲制度之书,但其中的设官分职,往往教忠教孝,寄寓圣人为政之道于其中。后世离"道"与"法"为二,王安石不知"道"与"法"不可分离,以刑法为"法",故流为申商。

第二,王安石误解《周礼》启人主侈心。

对"王斋日三举,大丧则不举,大荒则不举,大札则不举,天地有灾则不举,邦有大故则不举",王安石解释说:

> 祭祀之斋,不御于内,不听乐,不饮酒,不膳荤,不以哀乐欲恶贰其心,又去物之可以昏愦其志意者,而致养其气体焉,然后可以交神明矣。大荒、大丧、大札、天地有灾、邦有大故不举者,王以能顺承天地,和理神人,使无灾害变故,宜飨备味,听备乐,今不能,然则宜贬损而不举。(《周礼折衷》引)

魏了翁对王安石的解释不满意,认为:

> 荤本只是姜桂韭薤之类,今却以为荤腥,犹国有故则天子素服减膳,今却又有素食之说。荆公所谓"宜飨备味,听备乐",亦非三代王者之言,此所以开蔡京、王黼享上之说。(《鹤山先生大全文集》卷105《周礼折衷》)

又"凡祭祀、丧纪,宾客共其死兽、生兽。凡兽入于腊人,皮毛筋角入于玉府。凡田兽者掌其政令"一节,王安石解释说:"王之设官,能去民物之害,于是可以兼百姓之奉,备万物之养,以足其燕私玩好之欲也。"魏了翁批评说:

> 荆公专以《周礼》为辞,谓人主可以兼百姓之奉,备万物之养,以足其燕私玩好之欲,此所以误天下,而开后来"丰亨豫大"与享上之侈,卒起外寇之祸,可不戒哉!(《鹤山先生大全文集》卷105《周礼折衷》)

魏了翁从历史经验出发，鉴于宋徽宗时蔡京、王黼之流迎合主上，倡"丰亨豫大"之说，搜刮民脂民膏，弄得国困民穷，天下大乱，终致女真入侵，国灭身掳。而蔡京之流尊崇王安石，南宋人深究北宋亡国的原因，认为王安石的变法祸国殃民，他的学术误天下。

第三，王安石误解《周礼》实行聚敛。

关于这一点，魏了翁之前亦有多人曾经指出过。但魏了翁认为，王安石之所以以《周礼》为据进行聚敛，实际上是受了郑玄误解《周礼》的影响。如解周孔"国服"之法，魏了翁认为：

> 周、孔国服之法，郑康成直以王莽二分之息解之，此自康成传注穿凿误引以祸天下，致得荆公坚守以为成周之法。常时诸老虽攻荆公，但无敢自郑康成处说破，推原其罪，自郑康成始以政事学术误天下，后世盖不可不监。(《鹤山先生大全文集》卷108《师友雅言上》)

又解"以官府之八成经邦治"之四"听称责以傅别"一节，汉唐诸儒云"责谓贷而生子，若今举责，即地官泉府国服为息，近郊民贷则一年十一生利"。魏了翁认为：

> 此国服为息，恐是刘歆傅会，康成误解，以致荆公祸天下。周公之制，必不放债取利。(《鹤山先生大全文集》卷104《周礼折衷》)

这是从义理角度进行的判断，如果《周礼》果真是周公所定，作为儒家尊崇的圣人，必定不会设计出这种放债取利的制度。因此地官泉府的"国服为息"之制，恐怕是刘歆、郑玄等人根据王莽时的制度附会进去的。而王安石据《周礼》推行所谓"青苗法"，由官府放贷取息，在魏了翁看来，这是误信了《周礼》中刘歆、郑玄所附会的内容。因此以《周礼》为聚敛的依据，始作俑者是郑玄等人，而非王安石。

三

通过对《周礼折衷》反映出的魏了翁对《周礼》的看法，结合他在其他著作中的一些论述，我们大体上可以对其经典观作一个简单概括。

首先，强调经典的价值。

魏了翁尤其强调通过阅读经典，求"先王之制""帝王之法"。但是，圣人经典自春秋战国以来，"大抵始去籍于周末，大坏于秦，觖望于汉，而尽覆于五胡之乱。二千年间凭私臆决，罔闻于行"，流传失真，造成很多问题。如先王之制因"风气既降，名称亦讹"，"有一事而数说，一物而数名，学者亦莫之质也"。他举例说：

> 并牧居民之良法也，而丘乘卒伍之不合，则参以管仲、穰苴之法，封建经国之大务也，而百里五百里之不合，则托诸历代之异制。宾兴之法，自遂以降，自王畿以外无文，则约诸乡遂之数。郊丘、禘祫大事也，或以郊丘为二，或以禘祫为一。庙学明堂先务也，或以为异所而殊制，或以为一庙而八名。七世之庙常典也，而殷六庙，周二祧，或亲尽而毁，或宗无常数，莫知折衷。三年之丧达礼也，而有谓君大夫士庐服异等，又有谓君卒哭而除，皆莫敢以为非。（《鹤山先生大全文集》卷49《洪氏天目山房记》）

虽然"圣贤之言炳如日星"，但由于经典在流传过程中屡遭厄运，加上"师异指殊"，后世经师对经典理解的不同，故对于古代制度的真相往往各自为说，莫衷一是，造成混乱，例如：

> 帝号官仪承秦舛矣，郊祧庙室踵汉误矣，衣冠乐律杂胡制矣。学校养不宾之士，科举取投牒之人，资格用自陈之吏。刺平人以为军，而听其坐食；髡农夫以规利，而纵其自奉。授田无限，而豪夺武断以相尚也；出泉输租，而重科覆折以相蒙也。（《鹤山先生大全文集》卷49《洪氏天目山房记》）

本来经典之中蕴含"帝王之法",可见诸般实用,但由于误解经典,造成"帝王之法"不行于世,两千年来所实行的政治、经济、军事、选举、赋税等制度,与圣人的良法美意背道而驰。于是,魏了翁感叹:

> 呜呼!生斯世也,为斯民也,而读圣贤之书,以求帝王之法,使其心晓然见之,且无所于用也,况众言殽乱,始以春秋战国之坏制,衷以秦汉晋魏之杂仪,终以郑王诸儒之臆说,学者之耳目肺肠为其所摇惑,而不得以自信,于是根本不立,而异端得以乘之,利禄得以移之,文词得以溺之,则有口道六经而心是佛老,笃信而实践者矣,则有心是圣学而辑为文词,随世以就功名者矣。六经之书,孔孟未及行也,今二千年矣,而犹莫之行也。(《鹤山先生大全文集》卷49《洪氏天目山房记》)

魏了翁认为"六经之书"从孔孟以来历经两千年,皆未真正付诸实行。不过,经典的价值炳如日星,大至治国安邦,细至修身齐家,皆为指南。

在《应诏封事》中,魏了翁提出"复经筵旧典以熙圣学",系统阐述了经典对于帝王的作用,认为多知经史,则必疏小人,对于政治的好坏关系甚大。他指出:

> 且《易》之书,辞变象占乃其纲领,彖象爻象之辞,画爻位虚之别,互反龙飞之说,乘承比应之例,亦安可以不知,一有不知,则义理阙焉。《书》以明帝王经世之规,《诗》以观王政废兴之由,《礼》以识世道污隆之变,《春秋》以别王伯义利之分,自非亲师取友、强学审问、明辨力行之人,曷称兹选!而况精神气貌之感发,威仪文辞之著见,于观摩丽习之间,有熏陶渐渍之益,此岂谀闻单见之士所能辨此!(《鹤山先生大全文集》卷18《应诏封事》)

正因为《易》《书》《诗》《礼》《春秋》"五经"具有这些政治功能,故魏了翁建议恢复经筵制度,选择通经学古的儒士侍讲。魏了翁还认为"词翰非圣贤之学",帝王应当习其"大者"。"大者"是什么?魏了翁解释说：

> 所谓大者，必知圣贤相传者何事，朝夕所讲者何学，自修身齐家、莅朝政官、分土授田、建学制赋，其规模制度视秦汉以来率意更张之事，精粗详略为何如。既有以见乎此矣，又必审问精细、明辨笃行，如生乎其时，立乎其位，以与圣贤相周旋，则持之不怠，尧舜不难至也。若徒分章析句，为诵说词章之资，则年盛气强，尤可勉而能，迨其久也，志不能以帅气，则志亦随其气而靡，此最为讲学之要。（《鹤山先生大全文集》卷18《应诏封事》）

显然，要知"圣贤相传者何事，朝夕所讲者何学"，必须沉潜于经典，通过博学审问、明辨笃行之功，才能达到。如果仅仅局限于分章析句，诵说词章，则会沉迷其中不能自拔。

其次，衡评汉宋学术流弊。

汉学重训诂，尊家法；宋学重义理，贵自得。而各有流弊，魏了翁对于这两种学风都有批评。据税与权《师友雅言序》说：

> 昔尝见先生移书蒙斋袁侍郎云："某于六经名数文义重下苦功，然见古人所至所学，历战国暴秦以后无传焉，极于五代之乱，影灭迹绝，其间岂无经生学士，各随才分，有所建立。然鹜于高远者惟欲直指径造，以步步而行，字字而讲者为卑近；其卑近者又以区区记诵、小小辞章为学问之极功，所谓合内外、贯精粗，百数十年间始有讲寻以发汉唐之所未讲，又苦于实未有所见者，剿说雷同，为声利计，以病吾道。"（《全蜀艺文志》卷31）

魏了翁时代，正是南宋理学由极盛转衰之时。汉代经学以记诵、词章为极功，"步步而行，字字而讲"，其弊流于卑近。宋代理学取代汉学，使儒学重现活力，但发展到南宋中后期，亦有剿说雷同、空疏不实之弊。对汉宋学风之弊，魏了翁有清醒的认识：

> 余少诵苏文忠公山房记，谓秦汉以来作者益众，书益多，学者

益以苟简。又谓近岁市人转相摹刻，书日传万纸，而士皆束书不观，游谈无根。呜呼，斯言也，所以开警后学不为不切至矣，而士之病今未之有瘳也，无亦圣远言湮，愈传而愈失，时异事改，愈变而愈下，学士大夫读之而不知其味，行之而不见其端，则亦舍之云耳。(《鹤山先生大全文集》卷49《洪氏天目山房记》)

自比岁以来，不惟诸儒之祠布满郡国，而诸儒之书家藏人诵，乃有剽窃语言，袭义理之近似，以眩流俗，以欺庸有司，为规取利禄计，此又余所甚惧焉者。(《鹤山先生大全文集》卷48《长宁军六先生祠堂记》)

对于当时"束书不观，游谈无根"，"不本之践履，不求之经史"，剽窃先儒语录，猎取功名利禄的士风，魏了翁流露出深深的厌恶之感。不过，魏了翁本人治学也经历了几次转变，他对此有切身的体会和比较深入的认识：

某少时只喜记问词章，所以无书不记。甲子、乙丑年间与辅汉卿、李公晦邂逅于都城，即招二公时同看朱子诸书，只数月间便觉记览词章皆不足以为学，于是取六经、《语》《孟》字字读过，胸次愈觉开豁，前日之记览词章者亦未尝不得力。近数年间山中无事，再取诸经、《仪礼》注疏重加温寻，又将要害处编出，始知先儒之说得于此者亦多，第汉魏诸儒言语拙讷，不能发明，亦坐党同伐异，不能平心以定是非耳。(《鹤山先生大全文集》卷35《答朱择善》)

魏了翁本人年轻时好记问词章之学，故泛观博览，无书不读。到二十七八岁时（甲子、乙丑年间，1204年、1205年）与友人同观朱子书，始觉原学之非，于是再细读经典，顿觉心胸豁然开朗。后来五十岁左右贬居靖州，又对诸经注疏重新温寻，并择取其中要点，编成《九经要义》。从他自述为学次第可以看出，魏了翁经过早年泛观博览、中年归心理学、晚年回归经典这样一个过程。

再次，倡导回归经典。

古代为学，有所谓"小学""大学"之功，"为己""为人"之学，

需循序渐进,不可躐等。但后世利禄之途开,科举制度行,导致"师友道丧,士不知学"。魏了翁说:

> 古人自幼仪简谅、方甲书名、礼乐射御书数、朝省莫习、序分彪列、循序而进,如农之有畔,所以习德辅性,为大学止善之本基也。自科举用人,无复有入学之次,而况士苟于得,涉猎经传,以占毕训故名物度数为不足学,袭浮踵陋,架虚凿空,苟能纂为词章以欺,凡有司给取声利以骇庸夫孺子,则举世哗然师之,于是小学之师废,而大学之基不立。[《鹤山先生大全文集》卷83《杜隐君(希仲)墓志铭》]

古人以"小学"为"大学"之本,重视日常生活中洒扫应对进退等细节,通过"习德辅性",培养知礼有德之人,如此才谈得上由"明德""亲民"而"止于至善"的"大学"之道。这是"小学"教育的一个方面。但是,此类"为己"之学随着"老师宿儒"的凋零,被"利禄之学"取代。

> 自嘉定以来,虽曰亟更囊辙,然老师宿儒零替殆尽,后生晚学散漫亡依,其有小慧纤能者,仅于经解、语录,诸生揣摩剽窃,以应时用,文词浮浅,名节隳顿。盖自其始学,父师之所开导,子弟之所课习,不过以哗众取宠,惟官资宫室妻妾是计尔。及其从仕,则又上之所以轩轾,下之所以喜愠,亦不出诸此。古人所谓为己之学、成物之本固不及知也,一旦临小小利害,周章错愕,已昧所择。脱不幸而死生临乎其前,则全躯保妻子之是务,虽乱常干纪,有不遑恤。(《鹤山先生大全文集》卷16《论敷求硕儒开阐正学》)

在魏了翁看来,这种"利禄之学"培养出来的人,不可能成为"可以托六尺之孤,可以寄百里之命,临大节而不可夺"的"君子人"。

此外,研习经典,通训诂、名物、度数,也是"小学"很重要的工夫。但当时"袭浮踵陋,架虚凿空"之风盛行,学者往往"束书不观,游谈无根",虽侈言义理,实际上是欺世盗名,与圣人之训南辕北辙。魏了翁深知其弊，故贬居靖州期间，温寻旧读，对经典及注疏下了很大的工夫进行整顿。游侣记载：

> 及公在溧阳，大肆其力于经，如注疏率三四读，具钞成编。其是若非，转考详说，所蓄既厚，厌见孔明。迩岁披幽抉微，搭妄扶正，一话之出，世竦未闻。（《全蜀艺文志》卷31《鹤山师友雅言序》）

魏了翁在给友人的书信中多次谈到山中读经的乐趣。答范子长的信中说：

> 山中静坐，教子读书，取诸经、三礼，自义疏以来重加辑比，在我者益觉有味，不知世间何乐可以加此。（《鹤山先生大全文集》卷34《答范殿撰》）

在答丁黼的信中又说：

> 自《易》《诗》《书》《三礼》《语》《孟》重下顿工夫，名物、度数、音训、偏旁字字看过，益知义理无穷，而岁月易逝，使非假以暇日，将虚此生矣。今未敢便有所著，且温旧读以发新知，庶几迁善寡过，不为空言耳。（《鹤山先生大全文集》卷34《答丁大监》）

对于时人轻视的"名物、度数、音训、偏旁"这类的"小学"工夫，魏了翁非常重视，认为通过"温旧读以发新知"，认识"无穷"义理，以达到"庶几迁善寡过，不为空言"的目的。有人写信劝他"只须祖述朱文公诸书"，魏了翁回答说：

> 又见得向来多看先儒解说，不如一一从圣经看来。盖不到地头亲自涉历一番，终是见得不真，又非一一精体实践，则徒为谈辩文乘之资耳。来书乃谓只须祖述朱文公诸书，文公诸书读之久矣，正缘不欲于卖花担上看桃李，须树头枝底方见活精神也。（《鹤山先生

大全文集》卷36《答周监酒》)

在魏了翁看来，所谓"先儒解说"，是否准确传达了经典的真义，是存疑的。在当时普遍"尊朱"的风气之下，魏了翁主张"从圣经看来"，以见"活精神"，对"先儒解说"不盲从。所谓"活精神"，无非是得自经典的"义理"，即那些先王的"礼乐刑政"。在答郭黄中的信中，魏了翁对此做了比较明确的阐释：

> 某囚山恰三载，温寻旧读，书味隽永，益觉从前涉猎疏卤。今已迈始衰之年，方粗见端绪，而岁月易得，义理无穷，深惧因循玩愒，以贻无穷之悔。昼抄夜诵，迫之不置，又惧有欲速助长之病。大抵此等事姑以世间习读善记览为词章亦云可矣，要一字一义不放过，则面前何限合理会处。且如先王礼乐刑政，始变于厉宣幽平，浸微于春秋，浸微于战国，大坏于秦，不能复于汉，而尽亡于五胡之乱。今仅从残编中搜讨，于孔、孟、王、郑、伏、杜、诸儒训注中参求古今之物，称谓各异，风气亦殊。汉去古未远，诸儒已是臆度悬料，其大者如郊丘、明堂、庙祧、尸主、田制、邦域，往往一人之见、一时之意，遂定为不可易之制。其不可忽者，音训、声韵、偏旁、点画，往往诸儒所未及，今骤然理会，人亦惊怪，不知要作穷理格物工夫，无三代以前规模在胸中，只在汉晋诸儒脚迹下盘旋，终不济事。程、邵、张诸公皆由此而充者。(《鹤山先生大全文集》卷36《答巴州郭通判》)

魏了翁主张读经要"一字一义不放过"，"音训、声韵、偏旁、点画"等细微之处都不容忽略，从经典和训注之中寻求古今制度的变迁，以及圣人义理之真。他认为只有通过回归经典，先有"三代以前规模在胸中"，才可以去做"穷理格物工夫"，否则就会被汉晋诸儒所误导，离圣人之道愈来愈远。

总之，在魏了翁生活的时代，疑古惑经、蔑视汉唐、束书不观、空言义理的学风甚嚣尘上。诸生往往于经解、语录之中"揣摩剽窃，以应时用"，魏了翁通过"温寻旧读""理会注疏"，主张回归经典，探寻先王制度,发掘义理之真。他一方面通过讲学、书信、奏疏、著作等方式将自己的主张向世人传播、推广;另一方面,他亦见诸行事,在自己的学术实践中,通过《九经要义》《周礼折衷》等著作,对汉唐注疏加以择取,衡论得失,去粗取精,力图矫汉学之弊,纠宋学之偏。魏了翁的"经典观"在当时独树一帜,他在经学方面的成就也得到后世的公认。①

(原载《蜀学》第6辑,巴蜀书社2011年版)

---

① 魏了翁的经学成就,《四库全书总目提要》的评价可作定论。如云《周易要义》"采掇谨严,别裁精审,可谓剪除枝蔓,独撷英华"(引方回说);《尚书要义》"汰其冗文,使后人不病于芜杂,而一切考证之实学已精华毕撷,是亦读注疏者之津梁矣";《仪礼要义》"分胪纲目,条理秩然,使品节度数之辨,展卷即知,不复以词义镂輵为病,其梳爬剔抉,于学者最为有功";《左传要义》"凡疏中日月名氏之曲说,繁重琐屑者多刊除不录,而名物度数之间,则削繁举要,本末灿然"。四库馆臣于辨章学术之际往往尊汉学而贬宋学,但对魏了翁经学推崇备至,这本身就说明了魏氏经学的价值,世所公认。

儒者之政：魏了翁治泸州

魏了翁（1178—1237 年），字华父，邛州蒲江（今四川蒲江）人，南宋著名政治家、理学家。庆元五年（1199）进士，授签书剑南西川节度判官。历任国子正、武学博士、试学士院，因反对擅自开边之议，得罪权臣韩侂胄，改秘书省正字，出知嘉定府。史弥远当国，力辞召命。起知汉州、眉州。嘉定四年（1211），擢潼川路提点刑狱，历知遂宁、泸州、潼川府。嘉定十五年（1222），召为兵部郎中，累迁秘书监、起居舍人。宝庆元年（1225），遭诬陷，被贬至湖南靖州居住。绍定五年（1232），起为潼川路安抚使、知泸州。端平元年（1234），召权礼部尚书兼直学士院。端平二年（1235），同签书枢密院事、督视京湖军马兼江淮督府。官终知福州、福建安抚使。嘉熙元年（1237）卒，年六十，赠太师、秦国公，谥文靖。一生著述甚多，据学者统计，魏了翁的著作达数十种、千卷以上。现存著作尚有三百四五十卷。[1]

魏了翁服膺程朱理学，私淑朱熹、张栻，是南宋晚期最重要的理学家之一，也是宋代蜀学的集大成者。魏了翁之学，理论与实践兼顾。

清代学者全祖望说魏了翁之学"兼有永嘉经制之粹，而去其驳"（《宋元学案》卷80《鹤山学案序录》）。他治学虽以朱熹、张栻为宗主，但不依傍门户，有独立见解，故能卓然自立，成一家之言。清四库馆臣评价魏了翁："南宋之衰，学派变为门户，诗派变为江湖。了翁容与其间，独以穷经学古，自为一家。"（《四库全书总目》卷162《鹤山先生大全文集》）在经学方面论著颇多，造诣极深。时人评论说：

---

[1] 参见许肇鼎《宋代蜀人著作存佚录》（巴蜀书社1986年版）、彭东焕《魏了翁年谱》（四川人民出版社2003年版）相关内容。

> 鹤山公以高明俊伟之姿，刻意于学，不肯随声接响，蹑陈架虚，如求骊龙之珠，必下九渊而亲揽之乃已，故其议论穷极根柢，多异乎人，匪求异人，实能得众人之所未得也。（《全蜀艺文志》卷31《师友雅言序》）

魏了翁不仅政事、理学成就可观，其文章、书法、诗词的造诣，当时也少有人能及。

魏了翁一生沉浮宦海，先后在朝廷和地方担任要职。他与四川泸州结下了不解之缘。他一生多次出川入川，经过泸州。嘉定十一年（1218）春，魏了翁由潼川府路提刑、转运判官、兼知遂宁府改除直秘阁、知泸州，主管潼川路安抚司公事。就在魏了翁准备到泸州上任之时，其母谯夫人病逝。按照礼制，必须为母守丧三年。故魏了翁回蒲江老家守母丧。丧期满后，差知潼川府。嘉定十五年（1222）三月被召入朝，经过中江、成都、双流、嘉定、叙州、泸州、合江，到达重庆，沿江东下，九月抵京。魏了翁自开禧二年（1206）补郡归蜀任职，至此已有十七年之久。此次回京，任兵部郎官兼国史院编修官、实录院检讨官。嘉定十六年（1223）三月，迁太常少卿，这年秋天，友人杨汝明出知泸州，魏了翁有诗送行。

魏了翁入朝后，先后做过秘书监，改起居舍人，迁起居郎。宝庆元年（1225）正月，湖州潘壬起兵谋立济王赵竑为帝，济王讨平之，但权臣史弥远却矫诏杀了赵竑。是年八月，朝廷下诏求直言，真德秀、魏了翁等希望能为济王平反，因此得罪权相史弥远，被贬靖州居住。直到宝庆五年后，才诏复原官。绍定五年（1232）八月，诏除宝章阁待制、潼川府路安抚使、知泸州。魏了翁上书请辞，并举荐游侣自代，有"去国八年，还家万里"之语。朝廷未允，故次年（1233）春，魏了翁即赴知泸州任。

治国安邦，化民成俗，实现"致君尧舜"的理想，是儒家知识分子的追求。魏了翁以名儒知泸州，秉持儒家理想，解决现实问题，尽职尽责为地方办实事，为百姓谋福利。兹根据史料，略述魏了翁在泸州的五项业绩。

一 "以学校为第一事"——重视教育

学校是实施教化、培养人才的重要场所。儒家十分重视教育。《礼记·学记》说:"玉不琢,不成器;人不学,不知道。"这段话是对教育的重要性的较好概括。《大学》开篇即说"大学之道,在明明德,在亲民,在止于至善",体现了儒家以教化为手段的仁政、德治思想。关于教育的作用,《学记》概括为"建国君民,教学为先","君子如欲化民成俗,其必由学乎"。教育的作用一方面是为国家培养所需人才;另一方面是形成社会道德风尚及良俗美政。作为儒家士大夫,魏了翁极其重视教育,"以学校为第一事"。泸州城北原来有孔子庙,建于唐代咸亨年间。北宋仁宗庆历四年(1044),朝廷下令州县兴学,泸州也在孔庙建立了州学。到哲宗元祐五年(1090),泸州将庙学迁于州南。南宋绍兴年间在州学设置教授。从崇宁到嘉泰,泸州州学经过三次修缮,到魏了翁知泸州时,已经过去三十年了。魏了翁到任之后,对州学进行了整顿。

> 治器服,正堂序,坏者更之,未备者补之,所当辨正者定其位而营筑之,使乡里之英,无间远近,皆得以丽习其间,庶几不贻乎无礼无学之忧也。(《鹤山先生大全文集》卷100《端平元年劳农文》)

他上任后首先拜谒先圣先师堂,然后筹措经费,对庙学加以修缮,"撤而新之,前端门术,后建斋寝,左右列从祀位","更建东西序,筑师生之馆于外,尊垒爵洗故以梓,今范金为之,凡二百一十。为有司制冕服,诸生制衣帻"。(《鹤山先生大全文集》卷45《泸州重修学记》)他重建了学校屋宇及师生馆舍,新制祭祀礼器礼服,改善了办学条件。

后来,魏了翁写了《泸州重修学记》,历数自汉景帝时文翁为蜀郡守,立学官,置左右生,而郡国养士自此始;武帝立博士,而大学养士自此始。古者有养老乞言,有旅酬合语。学校为公论之所出,自春秋至两汉,此意尚存。此后历代相沿,或兴或废。追崇之典代增,学校制度日严,当有以远过三代,然而秦汉之后"民之淳漓,世之治乱,顾相反若此"。魏了翁分析其中的原因,认为"学盛而员广,庙隆而祀繁,其殆起于异端日炽,大道寖微之时"。秦汉之后道失民散,异端邪说乘虚而入,败坏了人心。因此要建学立师,"示之以五三六经之准的",使"民少而习之,长而安焉,不夺于奇器异物,不侥于淫辞诐行,不荡于奸声乱色"。他希望学者"相与敷求坠典,搜索遗言,期绍昔闻,开来哲,为万世建长治之策"(《鹤山先生大全文集》卷45《泸州重修学记》)。排除异端的干扰,以孔子圣人之教挽救人心。正是出于"绍昔闻,开来哲,为万世建长治之策"的用心,充分认识到教育在"化民成俗"中的重要作用,魏了翁到泸州甫一上任,即把教育放在第一位。

二 "师保万民之职分"——关注民生

儒家提倡仁政、德治,民生问题是"为政"的重点。史称孔子"所重:民、食、丧、祭"(《论语·尧曰》),孟子认为,"王道"社会就是一片能够让人民生活无忧的乐土,是一个美好的目标,但要实现"王道"理想,首先应该解决民生问题,"使民养生丧死无憾也。养生丧死无憾,王道之始也"(《孟子·梁惠王上》)。"王道"社会即"大同"世界。在儒家所憧憬的理想社会"大同"世界里,民生无忧,人民生活幸福:"大道之行也,天下为公。选贤与能,讲信修睦,故人不独亲其亲,不独子其子,使老有所终,壮有所用,幼有所长,鳏寡孤独废疾者,皆有所养。"(《礼记·礼运》)魏了翁生活的时代,儒家"大同"理想虽然难以企及,但通过从政,去实实在在地解决老百姓"养生、丧死"这两大民生问题,无疑尽到了儒家知识分子的社会责任。

魏了翁对民生问题极为重视。史称其在泸州"蠲宿负,复社仓,创义冢,建养济院",故"居数月,百废俱举"。(《宋史》卷437《魏了翁传》)具体措施今不可考,《鹤山先生大全文集》中保存有他写的《泸州社仓养济院义冢记》一文,讲到自己到泸州后,希望为当地百姓做点实事,故"修校官,增学廪,创县庠,缮城郭,植观阙"。

当时百姓纳税负担非常沉重,贫穷无告者往往拖欠官府赋税。魏了翁上任后,出于爱民情怀,并不一味地催缴税收,而是用官府节省下来的钱代实在无力缴税的百姓缴纳。

此外,他还整顿社仓,完善救济制度。泸州士民原来建有四个社仓,储存粮食，平抑物价，以备饥荒。这对于应付灾荒非常重要。魏了翁对社仓加以完善，除增加社仓储备、严格规章制度之外，还扩大城南养济院，作为救济穷人的慈善机构。原来养济院可以救济一百人，后来逐渐萧条。魏了翁选派官吏进行核实，增加官田若干亩，增养百人，使"老且废者有养，疾且病者有疗，孤有幼者可以成人，鳏寡者有告"。（《鹤山先生大全文集》卷45《泸州社仓养济院义冢记》）通过完善救济制度来实现"鳏寡孤独废疾者，皆有所养"的儒家情怀。

至于"丧死"方面，主要是创立义冢。由于天灾、战乱、疾病等因素，一些贫穷无依者死后陈尸荒野。历史上各朝各代民间或官府往往设立义冢加以收埋。泸州义冢原来由故相赵雄创于真如寺之西偏，后来因为地方狭窄，李寅仲又于寺之南面修建义冢，但规制不完善，致使男女混淆，牛羊踩践，死者不安。魏了翁对此非常重视，命人另选地方，出钱修建义冢，收埋无主之丧，并"周以土墙，饰以门术""分左右以别男女，书年状以待子孙"，指派专人守护，给以秩禀。（《鹤山先生大全文集》卷45《泸州社仓养济院义冢记》）这无疑是一项德政。

有人赞扬魏了翁在重视民生的同时不增加百姓负担，还节省了费用。对此，魏了翁认为：

> 古之为政，壮有用，老有归，幼有养，鳏寡孤独有秩，瘖聋跛躄断者侏儒有食，其徙也相授，死也相葬，不幸而道死也堙之，无主后也里胥主之，骴也蜡氏除之。盈天地间生事死送，无一民弗得其所，此君公帅长所以师保万民之职分也。（《鹤山先生大全文集》卷45《泸州社仓养济院义冢记》）

魏了翁认为作为儒者，担负治民守土的职责，将百姓生有所养，死有所葬，当成自己分内之事，这也是儒家提倡的"仁政"的基本要求。他还对当时官场上的一些弊端进行了批评：

> 今也不然，簿书期会之是务，而区区然为小惠以悦民。且社仓岁籴之数，视昔非不广矣，然生聚之蕃，舟陆之会，是果能为低昂乎？养济之数，视昔亦倍矣，然老癃残疾颠连亡告者亦能无所遗？

患堩死之不广也,为之行营高燥,多其兆域,益其储峙,不知丧无主后,行有死人,亦止于是乎?孝子慈孙欲自致其诚敬者,亦有以处之乎?自圣贤视之,直不满一笑,尚足以为功乎?(《鹤山先生大全文集》卷45《泸州社仓养济院义冢记》)

一些人为了追求政绩,把行政的重点放在"簿书期会"上,搜括聚敛,追求数字指标的落实,做表面文章,老百姓并没有真正得到实惠。轻徭薄赋,是儒家的一贯主张。政府的财政主要来自对百姓的征收。儒家反对政府无节制地搜刮百姓。有若是孔子的学生,有一次鲁哀公问于有若曰:"年成不好,财政不足,怎么办呢?"有若回答说:"为什么不把税收降到十取一呢?"哀公说:"十取二,我还嫌不够用,怎么能十取一呢?"有若回答说:"百姓富足,国君哪能不富足呢?百姓不富足,国君又哪能富足呢?"(《论语·颜渊》)魏了翁认为一些地方官员没有真正理解圣人的精意,仅仅靠施行小恩小惠取悦百姓,还不能做到使百姓养生丧死无憾,也不符合古圣人之意,故不足为功。可见魏了翁基于儒家仁道思想的悲悯胸怀。

三 "各率天常,循理安分"——教化美俗

儒家关注社会,关注现实,因而十分重视作为社会最基本细胞的人。儒家主张对人的教化,自然是希望教行迁善,人人向善,最终达到社会的至善和谐。

魏了翁到任之后即发布《劳农文》,劝谕百姓,历数当时风俗之弊:

> 今或科调百出,民不聊生,浸失常心,有关风教。且如父母尚在,而子孙析居异财,视父母如路人;兄弟乖争,田产费用,纤毫必较,往往迭相吞并,连岁兴讼。又有不幸偶无子孙,远近族属争相睥睨,死者之肉未寒,他人入室,掩有家赀,如被劫盗。其一者诬谤寡妇,撼摇当立之人。此风薄恶,渐不可长。又如甥舅之亲,婚姻之家,虽由人合,实系天伦,或因贫富不侔,以勾贷而争讼;或因孤弱无知,以欺陵而致词,不思一到讼庭,便是仇敌,其如无

理，不免犯法，纵令得理，亦已伤恩。其争起于毫芒，其怨及于子孙。此皆长吏无以感移，唯有闭合思过。然而为士若民，亦宜各率天常，循理安分，相期无讼，省事息争，以召和气，以厚风俗。（《鹤山先生大全文集》卷100《绍定六年劳农文》）

他列举父子异居、兄弟反目、亲戚争讼等种种违礼悖常的恶俗，认为造成这些问题的重要原因是百姓负担太重，民不聊生，从而生出诸般社会问题。因此在解决民生的同时，还需要对百姓进行教化，化民成俗。

他以"积善之家，必有余庆"劝百姓为善。所谓善，无非是"忠于君，勿起贪心，和睦族邻，保护乡井"，不要"身犯重刑，家财破散，骨肉流离"。（《鹤山先生大全文集》卷100《绍定六年劳农文》）后来他又多次发布《劝农文》《劳农文》，希望百姓"服田力穑，以孝养尔父母，辑宁尔族姻"。端平元年（1234）魏了翁被召入朝，临行前他还谆谆告诫泸州百姓要"相保，相教，相救，相赒，相葬"，百姓之间要互助、互保，互为表率，养成良风美俗。"盖无以保则危，无以教则昏，无以救则厄，无以赒则阙，无以葬则伤"，百姓要这样才能人人"务本居业"，各自做好自己的事，尽自己的本分，"安其安无悖于义，事其事无惰于嬉，养老而慈幼，食力而助弱，赋役以时，上下兼裕，则所谓五事者，虽千百年可使为太守者绳绳不替"。（《鹤山先生大全文集》卷100《端平元年劝农文》）他的这些思想与孟子所称道的"出入相友，守望相助，疾病相扶持"（《孟子·滕文公上》）是一致的，这是儒家千百年来所提倡的一种良俗美政。

四　修城置械，申严军律——整顿武备

早在嘉定十一年（1218）朝廷就曾委任魏了翁知泸州，但因其母丧而未果。本次是以潼川府路安抚使知泸州，可谓位高权重。宋代安抚使司是路一级的军政机构，长官为安抚使，以朝臣充任，称为帅司。泸州"地连戎僰，境接巴黔"（《玉海》卷19《地理》），为汉夷门户，巴蜀要冲，水陆交通便利，实为战略咽喉。宋代泸州也是连接西南少数民族的要塞，《宋史》说"泸州西南徼外，古羌夷之地"，"杂种夷獠散居溪谷

中"。(《宋史》卷496《蛮夷四》)这些少数民族时常与宋王朝发生冲突。宋朝一方面对泸南的少数民族实施羁縻政策;另一方面也加强防御,建立军事据点,强化军事部署。由于泸州重要的战略位置,自北宋元丰年间创设泸南沿边安抚司;政和年间,泸州守臣兼带梓、夔路兵马都钤辖。南宋孝宗乾道六年(1170),枢密院检详王之奇上奏请"以泸南为潼川安抚使,俾得刺举一道",泸州自是"权任益重"(《方舆胜览》卷62《潼川府路·泸州》)。泸州统领剑南东川十五州之地,"羁縻千数百里之边面,左接云南,右连交广,皆有统临,而体势益重"(《四川志》卷36《泸南重建府军记》)。因此从北宋以来,就不断对泸州城进行修整。政和五年(1115),由守吏孙羲叟主持进行了一次大规模的筑城工程,历时七个半月,费工六十二万五百七十六工半,费钱二十一万三千多贯。经过这次修整,泸州城面貌焕然一新。绍兴十五年(1145)冯楫任泸帅,两次扩建泸州城,使其"雄壮甲两蜀"。嘉定十年(1217),范子长又进行了重修。①

绍定五年(1232)魏了翁到达泸州之后,即首先加强军事设施的建设。史称"泸大藩,控制边面两千里,而武备不修,城郭不治。了翁乃奏茸其城楼橹雉堞,增置器械,教习牌手,申严军律"(《宋史》卷437《魏了翁传》)。他一方面修整城池,加强军备;另一方面也非常重视军事训练,提高了士兵的战斗力。经过魏了翁的整顿,泸州的防御能力得到巩固,为此后的抗元斗争打下了基础。

五 "经明行修,多士归向"——讲论学术

魏了翁不仅是一位名臣,而且是一位名儒。嘉定三年(1210),魏了翁回乡守父丧,于蒲江城北白鹤山下创办鹤山书院。他在鹤山书院讲学多年,"士争负笈从之"。后来,魏了翁贬谪靖州(今湖南怀化)时,又在当地建鹤山书院。史载魏了翁以起居舍人论事,触怒了史弥远,谪靖州,筑鹤山书院,杜门六载,著《五经要略》。他在此讲学长达五年,吸引众多学子,

---

① 《江阳谱》,《永乐大典》卷2217"泸字韵",参见陈世松、赵永康等《宋元之际的泸州》,重庆出版社1985年版。

"时湖湘江浙之士,不远千里,负笈从学"(《春秋左传要义》卷末《春秋左传要义跋》),传播理学和经学,培养了很多学术和政治人才。后来任潼川路安抚使、知泸州,魏了翁在政事之余,也热衷讲学,讨论经术。

泸州原来有一个江阳书院,又名五峰书院,系魏了翁友人杨汝明创办。魏了翁到泸州后,继续支持江阳书院,延请博学之士训导诸生,前来问学之士络绎不绝。魏了翁常到书院讲学,传授经术与理学。门人苏振文、文复之、杨栋、潘允恭、王辰应、税与权、游侣、严师夔等都到泸州相与问学。合州人文复之曾为四川省试第一名,来泸州拜会魏了翁,魏了翁以其"经明行修,多士归向",聘请他到五峰书院训导生徒。这些人当中学有所成的,魏了翁会向朝廷举荐。如《鹤山先生大全文集》中有《荐三省元奏》,推荐文复之、王辰应、潘允恭三位省元。比如他称赞文复之"实足以副其名,学足以施其用,而能守道自信,不求人知"(《鹤山先生大全文集》卷24《荐三省元奏》),不仅学问扎实,而且有信仰,有坚守,能够通经致用,希望朝廷委以重任。

魏了翁在泸州与门人旧友讲论学术,讨论比较多的是《周礼》。《周礼》又称《周官》,讲官制和政治制度,是儒家的重要经典之一。《周礼》展示了一个完善的国家典制,国中的一切都井然有序,富于哲理。魏了翁重视《周礼》,与晚宋政治不无关系。《师友雅言》记:

> 在江阳书院夜坐,与诸友云:"某初起家赴镇时过叙南诣学,教授合阳赵运臣者升讲堂说《周礼》,以时相方拜少师,遂陈说冢宰兼三公甚详。某为说《周礼》一书止说乡老二、乡公一人,无冢宰兼三公事。郑康成注师氏、保氏,召公为保,周公为师,相成王为左右。以为圣贤兼此官,则乃指师氏、保氏,未见其真是三公否。及《公羊》谓周、召分主陕西、东,而一相处乎内,皆未是定说。前辈虽云三公官不必备,六卿中有道德者可以上兼三公,无事则一相处内而论道,有事则出将六军而征伐。审如此,则六卿之兼三公者为司马,其他五官并听命乎?无所经见,某终疑之。"(《鹤山先生大全文集》卷109《师友雅言》)

此段文字,讨论《周礼》制度时又结合时事,显然针对"时相拜少师"

而发。魏了翁在泸州讲《周礼》，门人税与权记录，成《周礼折衷》一书。《周礼折衷》是一部有关《周礼》的讲义，原稿为上、下两篇，收入《鹤山集》时被析为四卷。其内容仅涉及《周礼·天官》，不是对《周礼》全书的讲解。税氏有一篇《后序》，说明了该书的来龙去脉：

> 右《周礼折衷》上下篇，本名《江阳周礼记闻》，会失其上篇，先生犹子高斯道搜录以见归，二篇始完。间举似泉使考功郎王辰应氏，贻书云："郑诸说于是论定，宜以《鹤山周礼折衷》名之。"（《经义考》卷125）

税氏的《后序》提供了三方面信息：第一，《周礼折衷》的来历；第二，《周礼折衷》的篇数；第三，《周礼折衷》的得名缘由。

税与权还记录了很多魏了翁的讲学之语，有《师友雅言》二卷。税与权《师友雅言序》说：

> 予登鹤山先生之门盖历二纪，以先生出入中外，间七八年，或五六年，或三四年，每一见，则所闻辄一超绝。及先生返自南迁，起家镇泸，予执经从之。相携入京，登宥府视事，洎赐还奉藩，以迄梦奠，湖海往来，永日清夜，瞻前忽后。先生非圣之书不读，多发儒先所未言。昉于甲午夏，以洎丁酉春，随所得录之，反复玩索，如入武库，如游宝藏，如登乔岳，以观天下，斯所谓仰弥高，而钻弥坚者。鸣呼，以予四阅寒暑，凡所见闻如此其富，则二三子久相从游而不离左右者，又可想而知哉！（《全蜀艺文志》卷31）

税氏此序作于嘉熙元年（1237年）。

由上述研究可知，魏了翁作为一位儒家士大夫，以儒家德治、仁政理念为指导，在他的从政生涯中，自觉地将儒家政治理想贯穿在自己的政治实践中。在晚宋民生凋敝、外患严重的历史背景下，他尽自己最大的努力，力图减少民困，化民成俗。他以名儒治泸州，"以学校为第一事"，兴学重教，振兴武备，讲论学术。虽无赫赫之政，但他尽到了儒者的本份。他为泸州留下的政治、文化与精神遗产，值得后人继承发扬。

尊孔·弘道·经世：廖平的经学建构

"经世"是儒家文化最重要的传统之一。从孔子"汲汲求用""为东周""作木铎"，到孟子"平治天下，舍我其谁"，可谓一以贯之。汉代以后，儒术独尊，"通经致用""以经术饰吏治""致君尧舜上""以天下为己任"，更是儒者的理想。儒学本质上是一种入世之学、治世之学。当然，从儒学发展的实际而言，既有"载之空言"的"理论型"儒者，也有"见诸行事"的"实践型"儒者，但更多的情况是二者兼具。无论"载之空言"还是"见诸行事"，其"经世""资治"的特点则是共同的。所谓"经世"，内涵非常丰富，其应有之义可含以下几个层面：一是积极入世的价值取向；二是经邦治国的用世理想；三是追求正义的批判意识；四是悲天悯人的救世情怀；五是以天下为己任的担当精神。儒者存一于此，即可谓有"经世"情怀，近代四川经学家廖平即属其中之一。

一 廖平经学的复杂性

廖平（1852—1932年），四川井研人。初名登廷，字旭陔，号四益；继改字季平，改号四译；晚年更号为六译。廖平经学，以"六变"著称，学界已耳熟能详。事实上，廖氏经学多变，离不开当时的社会环境、时代风气与时势变迁。廖平生活的时代，僻处内陆的四川与全国没有两样，皆面临严重的内忧外患。从学术文化来看，巴蜀自文翁启化，蔚为大邦，魁儒硕学，历代继踵。但至清世，达于国史、置之儒林文苑者实在少之又少。体现清代经学成就的正、续二部《经解》之中，竟不收蜀人之作。虽然不能据此否认四川学者之贡献，但也从一个侧面反映了清代蜀学不振的状况。在张之洞创办尊经书院［光绪元年（1875）］之前，蜀中流行的是制义、帖括，有人甚至"毕生不见《史》《汉》"（《六译先生年谱》）。故学术不兴，人才衰敝。

不过，这种状况在光绪年间开始发生改变。张之洞督学四川［同治十三年至光绪二年（1874—1876）］，创办尊经书院，以"读书"相号召，刊行《书目答问》《輶轩语》，提倡纪、阮两文达之学，以"绍先哲""起蜀学""成人材"勉励蜀士，"要其终也，归于有用"（《创建尊经书院记》），故数月之间，蜀中"文风丕变，沛然若决江河"。加上督部与督学的奖掖，"人人有斐然著述之思"（张祥龄《翰林院庶吉士陈君墓志铭》）。后来王闿运又以名士掌教尊经［光绪四年至十二年（1878—1886）］，治学重大义而略训诂，讲今文学，亦影响蜀中学风。廖平于光绪二年（1876）于尊经书院肄业。他曾自述早年治学经历说：

> 予幼笃好宋五子书、八家文。丙子（1876年）从事训诂文字之学，用功甚勤，博览考据诸书，冬闲偶读唐宋人文，不觉嫌其空滑无实，不如训诂书字字有意。盖聪明心思，于此一变矣。庚辰（1880年）以后，厌弃破碎，专事求大义，以视考据诸书，则又以为糟粕而无精华，枝叶而非根本。取《庄子》《管》《列》《墨》读之，则乃喜其义实，是心思聪明至此又一变矣。（《经学初程》）

廖平在入尊经书院之前，受四川本地学术风气的影响，喜读宋人书，醉心于制义、时文，目的当然在于取科第。但1876年入尊经书院后，始觉宋学空疏无实，故钻研小学，从事朴学考据，学术兴趣发生第一次改变。尽管他后来并没有向朴学考据的方向发展，但早年在尊经书院打下了良好的基础。廖平承认："予初从书院章程治小学、目录、金石、典故，后乃专心治经。今之所以治经虽与训诂家有小别，而得力之处半在初功。"［《六译先生年谱》，光绪二年丙子（1876年）引《经学初程稿》］到1880年以后，受王闿运影响，又觉训诂考据破碎支离，于是转求"大义"。不过，廖平治学不肯依傍，并没有按照张、王所指示的治学道路亦步亦趋。此后学术兴趣不断发生变化，形成廖氏经学独有的特色。

在接下来五十多年的时间里，廖平经学多变，使人应接不暇：第一变为"平分今古",第二变为"尊今抑古",第三变为"小统大统",第四变为"人学天学",第五变为"天人大小",第六变以《黄帝内经》"五运六气"解《诗》《易》。① 其学"六变",重点在于第四变,第五变、第六变只不过是第四变的衍化而已。正如他本人所言,多变之中,有不变存焉。如果归纳"经学六变",又可以浓缩为三个核心问题。

(一)今学与古学

从"平分今古"到"尊今抑古"的第一、二变,其实都是针对经学今古文的问题而展开的。两汉时期,有所谓今文与古文之分。但东汉末郑玄"括囊大典,网罗众家"(《后汉书·郑玄列传》),混合今、古,今、古文界线渐泯。后世学者解经,不再区分今文、古文家法。即使有所分别,也"仅据文字主张今古门面",从文字异同上立说。廖平认为,这是不知今、古根源之所在。若就文字而论,不仅今文、古文之间有差别,即使在今文、古文内部,也存在今与今不同、古与古不同的情况。他通过研究发现,今、古文之分的根本不在文字,而在制度。在廖平看来,有必要根据制度来区分今、古。他的看法集中反映在写成于光绪十二年(1886)的《今古学考》一书中。其要点在于:不以文字而以礼制分今古;今学主《王制》、孔子,古学主《周礼》、周公;《周礼》为孔子早年之说,主法古;《王制》为孔子晚年之说,主改制。其他诸经制度,皆由《王制》《周礼》二经推演。如此,则"两汉今、古学派,始能各自成家,门户森严,宗旨各别"(《四益馆经学四变记·初变记》)。但是,无论今文、古文,都源自孔子,"今、古两家所根据,又多同出于孔子",不分轩轾。这就是所谓的"平分今古"。

廖平以制度分今、古,彰明两汉师法,的确是经学史上的一个卓识。不仅康有为"引为知己",俞樾也称之为"不刊之书"。先后受到廖氏"平分今古"之说影响的,从晚清到中华民国,还有章太炎、刘师培、皮锡瑞、顾颉刚、周予同等,其在学术史上的地位众所公认。对此,蒙文

---

① 关于廖平"经学六变"的时间,言人人殊,此非本文重点,不具论。

通等先生有记述，兹不赘述。①

"平分今古"之说，解决了两汉经学分派的问题，其学术价值自有定论。但是，同为儒经，《王制》与《周礼》在典礼制度方面为什么会产生如此大的差异或矛盾呢？廖平以孔子"法古改制"做解释，其实只是假说，并没有确实的证据。因此，他继续对该问题进行思考，发现"考究古文家渊源，则皆出许、郑以后之伪撰。所有古文家师说，则全出刘歆以后据《周礼》《左氏》之推衍"，所谓古文家的传授渊源和师说，都是出自伪造，与孔子并无关系。而且西汉以前，言经学者皆尊孔子，并无周公，六艺皆为孔子所作新经，并非旧史。根据这些发现，廖平作《知圣篇》以尊今文学，又作《辟刘篇》以驳古文学，其经学思想进入"信今驳古"的第二变阶段。廖平还著有《周礼删刘》一卷，所删者为九畿、九州、五等封诸条，他认为与《王制》不合者，出于刘歆窜入。

"尊今抑古"、不信《周礼》，以《王制》遍说群经，主张素王改制，尊孔子、抑周公，是廖平经学第二变的核心内容。《知圣篇》意在阐发孔子"徒托其言""受命制作""作新经""为素王"的微言大义，并认为"素王一义，为六经之根株纲领。此义一立，则群经皆有统宗，互相启发，针芥相投。自失此义，则形体分裂，南北背驰"（《家学树坊·知圣编读法》）。由于《知圣篇》《辟刘篇》持论与主流学界相左，成书后并没有被立即刊行，但"东南士大夫因转相抄录，视为枕中鸿宝，一时风气为之改变"（《井研县志·艺文四·〈知圣篇〉提要》）。康有为受其影响，作《孔子改制考》《新学伪经考》，倡"素王改制说"，人们追溯其思想渊源，认廖平为始作俑者。②

---

① 参见蒙文通《廖季平先生传》《井研廖师与汉代今古文学》《井研廖季平师与近代今文学》《廖季平先生与清代汉学》《议蜀学》等文，载《经学抉原》，上海人民出版社2006年版。

② 光绪二十三年（1897）六月，长沙刊《湘学报》，揭素王改制之义。七月，张之洞电告江标、陈宝箴纠正《湘学报》文字。电云："《湘学报》卷首即有素王改制（略），尔后又复两见，此说乃近日公羊家新说，创始于四川廖平，而大盛于广东康有为。此说过奇，甚骇人听闻。窃思孔子新周、王鲁、为汉制作，乃汉代经生附会增出之说，传文并无此语，先儒已先议之。然犹仅就《春秋》本经言。近日廖、康之说乃举谓六经皆孔子所自造，唐虞夏商周一切制度事实，皆孔子所定治世之法，托名五帝三王。此所谓素王改制也。是圣人僭妄而又作伪，似不近理。《湘学报》所谓改制或变法为廖、康之怪，特议论与之相涉，恐有流弊。"

对于廖平的这些论说，张之洞非常不满。光绪二十三年（1897）秋冬之初，宋育仁述张之洞戒语："风疾马良，去道愈远；系铃解铃，唯在自悟。"并命改订经说条例，不可讲今古学及《王制》，并攻驳《周礼》。张之洞是廖平的恩师，二人关系非同一般，廖对张十分尊重，张对廖爱护有加，张的意见，廖不能不加以考虑，据说廖平"为之忘餐寝者累月"[《六译先生年谱》，光绪二十三年（1897）条]。廖先给宋育仁写了一封信，重申自己的观点，表示"国虽新立，固非可兵威迫胁而屈服者"（《四译馆文集·与宋芸子论学书》），言语甚为激烈。经过一番激烈的思想斗争，当年十一月，他上书张之洞，情词则较为谦抑，解释自己并非以《王制》强说群经，且表示近来正在对《周礼》进行重新研究，对九畿、九州诸条，"皆考其踪迹，有以通之"，最终力求将诸经"统归一是"，则"不必更立今古之名"[《六译先生年谱》，光绪二十三年（1897）条]。从上述中可以看出，廖平关于今古之分、《周礼》的看法已经开始改变，向"合通今古"的方向发展。

（二）小统与大统

1898年以后，廖平经说又发生重大变化，即以"大统小统说"取代"今古说"，从而泯灭今古界限，实现群经大同。廖氏经学的这一重大改变，与他以经学"经世"的情怀关系尤为密切。19世纪末，中国发生了许多重大的事件。西方的科学技术、思想学说乃至历史地理知识蜂拥而入，远在西蜀的廖平也能读到大量的西学书籍，西方的物质文明比中国发达，西方的制度具有优势，不得不予以承认。而进化论、地理学等知识的传入，使廖平这样的中国儒生开阔了视野。他们不得不承认，中国之外的世界丰富多彩。廖平的友人宋育仁曾游历欧洲，亲身感受到西方世界在物质上的丰富、制度上的先进。所有这些，无疑对廖平的思想产生了影响。在对待西学上，廖平并非食古不化之徒，他竭力使自己理解西学，了解西方。但是，作为一位孔子的忠实信徒，他必须严守儒学疆界，站在儒家的立场去解释世界，力图将西学纳入中国经典的知识体系，将地理知识纳入中国传统的五服、九州、九畿的天下观念之中,从而建立起基于儒家经典的世界图式和解释模式。①

改"古今"为"大小",正是廖平上述"经世"情怀在理论上的建构。它既是廖平经学思想自然发展的必然结果,也是接受师友劝告而做出的必要调整。梁启超所谓张之洞"贿逼"之说固然不成立,但也不能否认廖氏在一定程度上接受了张的意见(尽管廖氏之说始终未能令张满意)。廖平的好友杨桢曾批评:

> 四益经学,美矣盛矣。惟三利未兴,三弊未袪。三利者何?(一)有王,无帝;(二)有海内,无海外;(三)有《春秋》《尚书》,无《诗》《易》。三弊者何?(一)同轨同文,今古相轧,一林二虎,势必两伤;(二)六经不能自立门户,各标宗旨,叠规重矩,剿说雷同;(三)分裂六经,固伤破碎,合通六艺,则嫌复重。②

经学分今古,尤其是信今驳古,虽然极力抬高了孔子的地位,但以古文为伪经,造成儒学内部今、古文之间的争讼互斗,终有割裂"六经"、分裂儒学之嫌,实际上不利于尊经崇儒。廖氏经学"大统小统"之说,正是为了兴此"三利"、除此"三弊"。

对此,廖氏门人施焕《廖氏经学丛书百种解题序》于第二变第三变之故,言之甚详。他观察道:"蜀中学人,海内老宿,其指瑕索瘢者,盖不止盈箧,师悉写而藏之,随加订正。急欲求通,不能遽化。卸官杜门,谢绝书札,忘餐废寝,须白齿落,如此又十年,专治《诗》

---

① 关于这一点,魏怡昱博士作了很好的分析:"传统以经典建立起来的价值体系,随着海外世界的开通,许多人认识到中国并不等于天下,孔子未曾认识过当今的世界,故传统的教化已渐渐地不适用于今。面对晚清认识世界的地理学兴起之时,为了不让传统儒学建立起来的世界观受到动摇,廖平也建构了一幅世界地理图像。在不否认真实的测量结果、真实的全球地理分布的基础之上,以'经典'来建构一个'文化'的世界地理图像。这表现了一个处在近代的传统知识分子,他以何种方式来重新诠释儒学,要使孔经能够适应新时代的意义。"参见魏怡昱《孔子、经典与诸子——廖平大统学说的世界图像之建构》,载舒大刚主编《儒藏论坛》第2辑,四川大学出版社2007年版。

② 参见施焕《贺龙骧〈廖氏经学丛书百种解题〉四卷序》,光绪《井研县志·艺文三》,光绪二十六庚子(1900)刻本。案:此言极可能是廖平自说,托之杨桢。

《易》，至于戊戌乃得大通。"（《井研县志·艺文三》）所谓蜀中学人，包括宋育仁、吴之英、杨桢等。因此，面对师友的批评，廖平不得不慎重思考如何使自己的经说做到"既无删经之嫌，又收大同之效"。所谓"大通"，据《三变记》说，戊戌以后，将《周礼》删改诸条陆续通解，乃定《周礼》为海外大统之书，于是"以前所删、所改之条，今皆变为精金美玉，所谓化腐朽为神奇"。

廖平所作的《四益馆经学目录序》，对"大统小统说"的形成过程，也有自述，说第二变期间，"在群经中惟力攻《周礼》立异数条，著为专书，归狱新莽。名师挚友，法言巽语，自诩精详，未肯遽翻。丁酉秋，宋芸子同年述南皮师语，有云：'风疾马良，去道愈远，解铃系铃，必求自悟。'为之忘餐寝者累月。戊戌夏，因读《商颂》，豁然有会，乃知三统之义，不惟分配三经，所有疆宇，亦列三等。求之《诗》《易》而合，求之《庄》《骚》而合，求之《周礼》，尤为若合符节。因有前后《地球新义》二刻之作"（《井研县志·艺文三》）。

《王制》属王伯小统，治中国；《周礼》属皇帝大统，治世界。以《易》《诗》《书》《春秋》分配皇、帝、王、伯；皇、帝、王、伯之分，由所治疆域大小而出。这是"大统小统说"的核心。

廖平认为，《周礼》中所讲的"九畿"，《大行人》所说的"九州"，过去因为与《王制》不合，定为刘歆篡入之说，其实是不对的。《周礼》为专讲大统礼制之书。唯其书专言海外，故九畿、九州、万里，即邹衍所说的"大九州"，皆与《王制》中所讲小统不同。《王制》中国五千里，《周礼》海外万五千里，广狭不同，这在《诗》《易》二经中也有依据。《诗》中有"小球""大球"之说，指地球而言。如《诗》之"海外有截""九有""九截"，《易》之"鬼方""大同""大川""大人""大过"，《论语》之"浮海""居夷"，《左传》之"学夷""求野"，《中庸》之"洋溢中国""施及蛮貊"，邹衍之"海外九州"，其实讲的都是海外大统，并非中国之事。《山经》《庄》《列》等书，尤属专书。但历代学人皆以中国之事解之，扞格不通，往往被斥为荒唐。而今海禁宏开，过去以为荒诞不经之说，一一得以验证。

"大九州"之说，出自邹衍。但廖氏认为，子书为六艺支流，皆源本于"六经"。子学皆出于孔门四科：道家出自德行，儒家出于文学，纵横生于言语，名、墨、法、农皆沿于政事。孔子以前之黄帝、老、管、鬻者，皆出依托。如此，则诸子百家皆收归孔门。而六艺皆出自孔子新作，海外大统，孔子早已规划。《三变记》说："以《周礼》为根基，《尚书》为行事，亦如《王制》之于《春秋》，而后孔子乃有皇帝之制，经营地球，初非中国一隅之圣。"由此可见，地球之事，孔子早已前知，地球千奇百怪，世界千变万化，不出孔经范围。孔子为全球之圣，孔经为世界大法，得以证明。

（三）人学与天学

廖平的"大统小统说"泯灭今文、古文界限，实现经学统一，应该说尊经、宗孔的目的达到了，经学不再分裂，群经归于大同，皆属孔子制作，为全球立法。到光绪二十八年（1902），"先生因梵宗有悟，始知《书》尽人学，《诗》《易》则遨游六合以外。于是始创天人之说，因据以改正《诗》《易》旧稿"（《四益馆经学四变记·序》）。逐渐转向第四变，着重讲"人学天学"。

以孔子为全球之圣，"六经"为世界大法，所治不过于"六合之内"。顺着尊经宗孔的思路，廖平将目光投身"六合之外"；不仅讲人学，也讲天学；不仅讲圣人，也讲至人、神人、化人。从而使孔子不仅具有人间圣人的身份，也成为宇宙教主，孔子成为神圣，儒学变成儒教。同时，《灵枢》、《素问》、《楚辞》、《山经》、《列》、《庄》、《穆传》辞赋、释典这些曾经被儒生称为"诡怪不经"之书，皆得其解，皆可统摄于天人之学之中。

《礼记》中的《大学》《中庸》两篇，最能反映天人之学之精微。廖平认为，《大学》为人学，《中庸》为天学。《中庸》中动言"至诚""至道""至圣""至德"，于"圣""诚""道""德"之上别加"至"字，以见"圣""诚""道""德"有小大、至不至之分。后世儒者不讲天学，遂以圣人为止境，对于道家之所谓天人、至人、神人、化人，以为属经外别传，无关宏旨。不识《中庸》之"至德""至圣""至诚"，《孟子》已言"神人"，《荀子》已言"至人"，《易》言"至精""至圣""至神""大人"。《中庸》曰："及其至也，虽圣人亦有所不知，所不能。"显然可见圣人之外，尚有进境。因此，"今故以经传为主，详考至人、神人、化人、真人、神人、大德、至诚、大人，以为皇王名号，而以《灵枢》《素问》等道家之说补之，以见圣人、人帝之外尚有天皇。此天人学之所以分也"；"人学为六合以内，天学为六合以外"。(《四益馆经学四变记》)

廖平原以《春秋》《尚书》《诗》《易》分配道、德、仁、义之皇、帝、王、伯，至此也有所改变，认为《春秋》言伯而包王，《尚书》言帝而包皇。《周礼》三皇五帝之说，专言《尚书》；《王制》王伯之说，专言《春秋》。皇、帝、王、伯，制度在《周礼》《王制》，经在《尚书》《春秋》。一小一大，此为人学二经。至于《诗》《易》，以"上征下浮"为大例。《中庸》所谓"鸢飞于天，鱼跃于渊"，为上下察之止境，属于天学。他承认，"周游六漠，魂梦飞身"在当时看来的确为"力所不至"，受到各种技术条件的限制。不过，历史是不断向前发展的，"以今日之人民视草昧之初，不过数千万年，道德风俗，灵魂体魄，已非昔比"；若再加数千年，通过"精进改良，各科学继以昌明，所谓长寿服气，不衣不食，其进步固可按程而计也"。天学化境不属于现在，而属于未来科学进步、文明发展以后的情形。

天学、人学的提出与完善，标志着廖平完成了对经学的重构，也实现了对儒学的改造，孔子成为教主，儒学变成孔教。廖平将经学涵盖的范围从"六合之内"扩大到"六合之外"。经学不仅规划了全球的过去、现在与未来，而且扩大到整个宇宙；人类文明的成果，未来发展的方向，都在孔经范围之内，孔子早已制作，空言俟后，验小推大即得。

此后，在1918年，又有所谓"五变"之说，于"六经"分天人、大小，与《四变记》大体相同而较为详备。归重于"六经"皆孔作，孔作"六经"，必须造字。"五变"尤其强调"六经"皆为孔子所作，凡经传所称引尧、舜、禹、汤、文、武、周公、帝德、王道、伯功，皆属孔子一人之事。"六经"用以俟后，乃新经，非旧史。译新经必须雅言，孔子乃创为六等文字。自刘歆颠倒"五经"，以为"五经"古已有之，伪造三代鼎彝，于是孔子以前乃有"六书"文字，以"六经"乃为帝王陈迹，孔子乃为述而非作。(《五变记笺述》)

从1919开始，直到1932去世，为廖平学说"六变"期，主要以

《内经》说《诗》《易》。柏毓冬《六变记》说:"(1919年)先生得中风,声瘖掌挛,而神智独朗澈,优游中得《诗》《易》圆满之乐,遂半生未解之结,于《灵》《素》获大解脱。"其论《诗》本《乐记》歌《风》、歌《商》、歌《齐》、歌《小雅》、歌《大雅》、歌《颂》之六歌,而悟六诗之师说存于《内经》。订四风、五运、六气、小天地、大天地、二十八宿为六门,以应《乐记》。又以《易》与《诗》互相启发,"合之则双美,分之则两伤"。其说迷离恍惚,可以看成是天人之学的进一步发挥。

以上是廖平经说的大体情况。廖平曾说:"为学须善变,十年一大变,三年一小变,每变愈上,不可限量。……变不贵在枝叶,而贵在主宰,但修饰整齐,无益也。若三年不变,已属庸才,十年不变,则更为弃才矣。然非苦心经营,力求上进者,固不能一变也。"(《经话》甲编卷1)廖平经学以多变著称,这无疑增加了其经学思想研究的复杂性。

二 学术批评与经学重构

廖平经学多变,时风与世风的影响固然不容忽视。而其经学体系的建构,是建立在对汉唐以来学术批评的基础之上的。廖平对汉唐以来的经学人物极少认可,多有针砭,无论汉学、宋学,皆予以贬斥。

(一)诋程朱,攻汉学——对传统经学的批评

清乾隆年间编纂的《四库全书总目·经部总叙》对两千多年来经学流变有一个基本的勾画:"自汉京以后垂二千年,儒者沿波,学凡六变。"并认为:"要其归宿,则不过汉学、宋学两家互为胜负。"主张"汉学具有根柢,讲学者以浅陋轻之,不足服汉儒也。宋学具有精微,读书者以空疏薄之,亦不足服宋儒也。消融门户之见而各取所长,则私心祛而公理出,公理出而经义明矣"。尽管清代也存在汉学、宋学的门户之争,且这种看法长期以来实为学界主流。不过廖平却不这样看。无论汉学、宋学,都在其批评之列。

对于宋学的弊病,廖平是有深刻认识的。他早年研求宋学,冥思苦想,终觉空疏无用,转而钩考典礼、制度、政治、疆域。综观廖平一生

的治学取向，他对宋学的排斥应该说是一以贯之的。他对宋学的批评非常尖锐：

> 古今之为学者，皆学而不教；宋人之谈经也，皆教而不学。自"六经皆我注脚"之说倡，学者于经传皆如生徒之课艺，或得或失，或笔或削，由我自主。故其心一成不变，不能上进求深，积成一师心自用之世界。（《家学树坊·知圣篇读法》）

他批评宋儒不明经义，徒事空谈。元明以来，宋学更流为八比、制义、帖括，庸墨滥调，猎功名，取利禄，于国家无用。（《五变记笺述》卷下）清代顾炎武、毛奇龄、胡渭、阎若璩、戴震、阮元等人，都曾从不同的角度对宋学展开了批评，廖平的这些观点与他们的看法比较接近。但清代学者多站在汉学的立场上批评宋学，提倡训诂考据，这又与廖平异趣。嘉、道以来，由于考据学流弊渐显，给程朱理学的"复兴"提供了有利的时机。方东树、唐鉴提倡宋学，批驳汉学。曾国藩经世名臣，先主张"一宗宋儒"，后提倡"汉宋兼容"，于是谈宋学、尊程朱蔚然成风，成为晚清学术思想界的一道风景。尤其是廖平的恩师张之洞，在光绪元年（1875）于成都尊经书院撰《𫐉轩语》，明确表示应当汉、宋兼宗：

> 愚性恶闻人诋宋学，亦恶闻人诋汉学。意谓好学者即是佳士，无论真汉学未尝不穷理，真宋学亦未尝不读书。即使偏胜，要是诵法圣贤，各适其用，岂不胜于不学者！（《𫐉轩语·语学第二》）

但廖平后来的学术取向实在是背师意而行。他对汉学、宋学皆肆口攻诋。署名"黄镕、胡翼等公拟"，实为廖平自撰的《致匐室主人书》（作于1900年）说：

> 东南谈时务者多放言高论，甚至倡言废经。当世主持大教者，恶其离畔，托之防弊，乃推举宋儒。帖括之毒深矣，积习重如泰山，今方知改，尚未损其毫毛，又复标举旧学以桎梏天下。不知墨

子宗旨首重择务,重典轻典,因乎国势;畸武畸文,关乎世变。宗社之危甚于累卵……乱世重功名而略行检,自古英雄济时变必须伟略奇士,腐儒不足以论国计、救危亡也。

在廖平看来,提倡宋学,希冀以程朱理学来济时艰,无异于缘木求鱼,于国事无补,于危亡无济。

如果说廖平批判宋学、否定宋学主要从"论国计、救危亡"的经世角度着眼,他对清代经学的批判,则更多的是从学术上考虑。《知圣编》所言极为明晰。他事实上是借学术批评来否定清学,从而另起堂构,"推到一世,开拓万古",作郑玄以来第一人,甚至陵郑玄而上之。

对于清代汉学家奉为神明的东汉经学大师郑玄,廖平的批评毫不客气,认为郑学盛行千余年,其人人品较高,号为"经师完人",但至细考其著作,实在看不见其长处何在。《诗》《书》二经,推《周礼》以为说,强四代经文以就其误解之《周礼》,自不必说。平生著述,以三《礼》为优,而于《周礼》《仪礼》误解甚多,已多不能通,而其混合今文、古文,导致师法失传,最为其误。总之,"郑君空负盛名,实多巨误。后生以之为天人,望洋而叹,莫敢考索。由郑学入手者,如入迷途,久而迂谬成习"(《知圣编》卷上)。可见他对郑学几乎全盘否定,这与清代主流学风相异。

廖平对清代经学史有一个基本的评价。在他看来,清代经学有四派,实际上他是将清学分为四个阶段:

> 国朝经学,大约可分为四派:曰顺康、曰雍乾、曰嘉道、曰咸同。国初承明季空陋之弊,顾、黄、胡、姜、王、万、阎、朱诸老,内宋外汉,考核辩论,不出紫阳窠臼,游心文、周,不知有尼山也。惠、戴挺出,独标汉帜,收残拾坠,零璧断圭,颇近骨董家,名衍汉学,实则宗法莽、歆,与西汉天涯地角,不可同日语。江、段、王、朱诸家,以声音、训诂、校勘提倡,天下经传,遂遭蹂躏,不读本经,专据《书钞》《艺文》隐僻诸书,刊写误文,据为古本,改易经字,白首盘旋,不出寻文。诸家勘校,可谓古书忠臣,但毕生勤劳,实未一饱藜藿。二陈著论,渐别今古,由粗而

精,情势然也。李、张、龚、魏,推寻汉法,讼言攻郑,比之莽、操,罪浮桀、纣,思欲追踪西汉,尚未能抵隙古文。咸、同以来,由委溯源,始知尊法孟、荀。开创难工,踵事易效,固其宜耳。综其终始,穷则必通,以横诋纵,后止终胜。(《知圣编》卷上)

清代学术以崇实著称,这种学风由顺、康诸老奠定,雍、乾时期臻于极盛,考据学如日中天。但在廖平眼里,清初学术犹是宋学范围,未免空疏之弊;而声音、训诂、校勘之学,则与古董、钞胥无甚区别。道、咸以来著书,也多为《经籍篹诂》《五礼通考》之子孙。(《经话》甲编卷1)至于常州今文经学,亦不详师法,未知本源。

对清代学者,廖平于陈左海父子(寿祺、乔枞)及陈卓人(立)颇致推挹,称"西汉长于师说,东汉专用训诂。惠、戴以来,多落小学窠臼。陈左海父子与陈卓人乃颇详师说"(《今古学考》卷下)。然而虽有"一偏之长",却"未瞻美富"。(《经话》甲编卷1)

由此看来,廖平对汉学、宋学、清学的学术取向、治学方法、学术成果都是不认同的。他展开学术批评的目的是要重构经学。

(二)明经例,推礼制——经学的根柢门径

在批评旧经学的同时,廖平提出自己新经学的建构,首要在于"明例",这被看成解经的出发点,由此而与旧经学相区别。廖平认为每经皆有"义例"(又称经例、条例、本例),在文字之外,治经应当先求"义例"。"盖欲求义例,必先有师,不能得师,必先于各经先师传说义例……至精至熟,然后可以读经。"而"近人风尚,不蔽文字,则求琐细,一衣一冠,考校累月;一草一木,说以数万言;倘遇丧祭仪节,或考兵农今古,则茫然失措"。(《经话》甲编卷2)文字训诂、饾饤考据,在廖平眼里皆不是经学。实际上自东汉以后,此法久绝,宇内老师宿儒,不知诸经本文之外,别有起例,必须详加推考,无限推索,方能得其主旨,而仅仅以识字解义,详其句读,明其训诂为通经,不求其端,不竟其委,但能识丁,便可作传。因此,"除《公羊》外,今所行之十二经注疏,一言以蔽之曰,望文生训而已"(《知圣篇》卷上)。即使反映清代经学成就的阮、王二刻,在廖平眼中,也大都属于"望文生训"(《知圣篇》卷上)之作。如阮刻《学海堂经解》,多嘉、道以前之书,"篇目虽重,精华甚少。一字之说,盈篇累牍;一句之意,众说纷纭",因此"上半无经学,皆不急之考订;下半亦非经学,皆《经籍纂诂》之子孙"。(《知圣篇》卷上)一言以蔽之,"国朝经学,初近于空疏,继近于骨董,终近于钞胥"(《经话》甲编卷1),皆未通经学之三昧。

廖平曾对吴虞谈到经学家与考据家的区别:"凡考据家不得为经学家,真正经学家即当以经为根据,由经例推言礼制。凡礼之条例,必由经而生,此乃为专门经学。"(《爱智庐随笔》)他于光绪二十年(1894)致康有为信中说:"经学有经学之根柢门径,史学亦然。"如果说"明例"是治经的门径,那么"礼制"则是经学的根柢与核心。尽管廖平经学多变,这一主旨则是他反复强调、始终坚持的。他的这些想法也可与早年之说互相印证:

> 《论语》因革、损益,唯在制度,至于伦常义理,百世可知。故今、古之分,全在制度,不在义理,以义理今、古同也。至于弟子之大义,经师之推衍,乃有取舍不同、是非异致之说。揆之于初,无此分别。(《今古学考》卷下)

儒家的伦理规范历久不变,经典中训诂名物的解释也较确定,但历代制度有因革损益,随时变化。因此宋学重义理,清学重名物,都没有真正找到经学的"根柢门径"。"经学之要在制度,不在名物。"(《经话》甲编卷2)这是他揭橥的与宋学、清代汉学的根本区别所在。正如廖宗泽所言,"分别今古之关键在此,通经致用之途径亦在此"[《六译先生年谱》,光绪十二年丙戌(1886年)条]。廖平一生经说虽有所谓古今、小大、天人之变化,但以《王制》为制度之书,则无不同。他认为,《王制》中所言爵禄、封建、选举、礼乐、食货、兵刑、职官之类,都属于宏纲巨领,为"一王之法"。早年曾集尊经书院诸生撰《王制义证》,以《王制》为经,以杜佑《通典》及秦蕙田《五礼通考》所引经、传、子、史为证明。认为"初学观此,先具规模,不惟经学之本,经济亦有裨益,与拘于名物者,得失何啻天壤"(《经话甲编》

卷2）。"经济""通经致用"，是廖平赋予经学的重要任务。在这一点上，廖平经学与晚清所谓经世思潮并无二致。

（三）探大义，阐微言——弘道意识与经世情怀

廖平经学尽管不囿于今文，但其治经方法却是今文家的路数。因此，特别重视对"微言大义"的阐发，这是其经学的又一重要特征。西汉末刘歆《移书让太常博士》曾说："夫子没而微言绝，七十子终而大义乖。"因此，"经学有微言、大义，有事文，有取义"（《群经大义·序》）。但何谓"微言"？何谓"大义"？刘歆并没有讲清楚，历代学者也含糊其辞。廖平认为，鲁、齐传经有"微言""大义"二派，"微言者，言孔子制作之宗旨，所谓素王制作诸说是也；大义者，群经之典章制度、伦常教化是也"（《家学树坊·致筠室主人书》）。这就非常清楚明白地解释了什么是"微言"，什么是"大义"。前述廖平提倡治经从条例入手，以制度为核心，即是重视"大义"的体现。在经学第一变时期，廖平治经以礼制分今古，主要注重对"大义"的探究。虽然这时也讲孔子制作、素王改制，但并非重点。至第二变以后，他在揭示"大义"的同时，更注重对孔经"微言"的发挥。《知圣篇》说：

> 孔子受命制作，为生知，为素王，此经学微言，传授大义。帝王见诸事实，孔子徒托空言，六艺即其典章制度，与今《六部则例》相同。"素王"一义，为六经之根株纲领，此义一立，则群经皆有统宗，互相启发，箴芥相投。自失此义，则形体分裂，南北背驰，六经无复一家之言。以六经分以属帝王、周公、史臣，则孔子遂流为传述家，不过如许、郑之比。

廖平把"素王"一义看成是群经统宗，"六经"纲领，由此可见他对"微言"的重视。"素王"语出《庄子·天道》篇："以此处上，帝王天子之德也；以此处下，玄圣素王之道也。"廖平认为"素王"即"空王"。《中庸》云"非天子，不议礼，不制度"，孔子不应以匹夫改时制。廖平解释说，如果实为天子，则当见诸施行，今空存其说于"六经"，即所谓"不敢作"之意。孔子惟托空言，故屡辨作、述：

> 盖天命孔子不能不作，然有德无位，不能实见施行，则以所作者存空言于六经，托之帝王，为复古反本之说。与局外言，则以为反古；与弟子商榷，特留制作之意。总之，孔子实作也，不可径言作，故托于述。所云"述而不作"，自辨于作也；"不知而作，无是"，"天下有道，则庶人不议"，自任乎作也。意有隐显，故言不一端，且实不作，又何须以述自明乎？（《知圣篇》卷上）

孔子自称"述而不作"，不过是托词。但作、述之辨，遂为千古学派一大案。廖平对此作了分疏，认为"主'作'为微言，主'述'为大义"。并由此划分两汉经学派别："西汉主微言，东汉主大义。"（《知圣篇》卷上）又曰："以为'作'者，《论》、《孟》、《公》、《谷》、《列》、《庄》、博士是也；以为'述'者，《左》《国》、莽、歆、马、郑古文家是也。"（《家学树坊·知圣篇读法》）在廖平看来，今文、古文二说偏至，皆有流弊。孔子为素王，知命制作，翻定"六经"，皆属微言；"六艺"本为孔子新义，特自托之于"述"。譬如丧期，廖平举例说，孔子制定为三年，三代通同之。《尚书》言"三年"者，非实事，新制也。宰我、子贡疑其事，孔子答以"古人皆然"。"古人"即指《尧典》"三载四海遏密八音"事，不明言改制。曾子问丧，亦有"夏后氏三年"之文，实际上是孔子改帝王制度以合己，并非上古时的真实情形。

孔子作六艺，托古改制，撰述微意，不能明说，因此，"微言秘密传心，不足为外人道"①。因此廖平强调经、史之别，经非旧史，皆为新创，如果以新代旧，变经为史，则其病百出，这是他万不敢苟同的。如果以为"经为古史"，则孔子不过如史公、朱子，"六经"不过如《史记》《通鉴》，就无甚珍贵。

汉宋诸儒都承认孔子"立言"，"六经既曰言，则非已往史迹；既曰立，则非钞录旧稿。经为孔传，专俟后圣，必非古有，而后万世可师，空文垂教，而后天下足法"（《尊孔篇·尊孔大旨》）。经与史最重

---

① 廖平：《尊孔篇·微言门》，载《四益馆杂著》。按：《尊孔篇》作于宣统元年己酉（1909）。

要的区别在于以言立教，垂法万世。"六经"为备，尽善尽美，后世不能踵事增华。若以史学读之，是不知圣人神化。因反对"六经皆史"之说，而及经学与史学的区别：

> 经学与史学不同：史以断代为准，经乃百代之书；史泛言考订，录其沿革，故《禹贡锥指》《春秋大事表》，皆以史说经，不得为经学。（《知圣篇》卷上）

言经必先"微言"，即素王制作，若以史学读之，是不知圣人神化。故廖平强调"知圣"，反对"学圣"，"不求知圣，专于学圣，遂以庸言庸行、村学乡愿为孔子，人人有自圣之心"（《尊孔篇·微言门》），认为圣人不可学，"必知生民未有，贤于尧、舜，生知前知，而后可以言知圣"（《孔经哲学发微·尊孔总论》）。

由此可知，廖平力阐"微言"，弘道意识极为明显。他指出，自西汉以后，微言之说已成绝响，两千多年以来，专言大义。事实上，微言一失，大义亦不能自存；专讲大义，不知"微言"，会造成"六经道丧，圣道掩蔽"。延续至今，"统中外贵贱智愚老少妇女人人心意中之孔子，非三家村之学究，即卖驴之博士。故宋元流弊，动自谓为圣人，信心蔑古。此不传微言之害，彰明较著，有心人所伤痛者也"（《家学树坊·致鄗室主人书》）。

面对当时"人才猥琐，受侮强邻"，"守旧者空疏支离，维新者废经非圣"的现实及儒学危机，廖平主张必须保教，而保教必须尊孔、崇经。要达至此目的，就要将孔子与普通著述家相区别，将"六经"与旧史相区别，尊孔子为圣人，"六经"为万世大法。廖平经学辨今古，别大小，分天人，屡变其说，层层转进，其最终归宿，即在于是。

三 孔经与西学

近代中国的危机，正如张之洞所言，是如何"保圣教""保华种""保国家"的问题。此所谓"三保"，排列顺序实有深意。对于廖平这样的儒家知识分子而言，当时中国面临的首要问题是如何"保教"。在他们眼里，此问题不解决，就谈不上"保种""保国"的问题。

面对来势凶猛的西学冲击，廖平并没有回避，有时甚至也不吝惜赞美之辞。但是，"尊孔""崇经"思想在他的脑海里根深蒂固，他推崇和信守不移的仍然是"华夏中心"和"夷夏之辨"。但是，随着中国人对西方世界认识的增加，华夏之外还有其他文明存在，是一个再也无法否认的客观事实。西方的科学技术、政治体制、学说思想，亦有其自身的特点（姑不论是否比中国先进），传统中国对西方的看法随着接触的增多，需要修正。廖平与其他某些因持保守立场而对西方"深闭固拒"的儒生有所不同，他试图站在儒学的立场去理解西方，诠释西学。这在其经学第三变时期，尤其明显。廖平通过借助古代经典、诸子百家文献和西方地理、历史知识（如《海国图志》《出使四国日记》《采风记》等），倡言大统、小统，对传统的天下观作了重新诠释，最终证明中国不仅仍然是世界地理的中心，而且依然是人类文明的中心，从而从地理位置与文明程度两个方面解释了中国与世界的关系。对此，魏怡昱做了很好的总结，兹不赘述。①

廖平对守旧、维新两派，皆有批评。大概在张之洞《劝学编》出版之后，廖平与门人对西学是下过一番工夫进行研究的，并有不少著述问世。"自中外通商，西书尤资讲习"（《井研县志·艺文三·〈经学守约篇〉二卷提要》）。《井研县志·艺文志》中著录了不少与西学相关的书籍，虽署名廖氏门人、子侄，实际上多出自廖平之手或之意，反映了廖平的西学观。其中如《四库西书提要》二卷（署名廖师慎恭辑），序云：

> 今天下言治者凡二派：曰守旧，曰维新。言教者亦分二派：曰孔子，曰天主教。夫政主维新，而教用孔子，此文质合中、礼失求野之说也。或乃厌故喜新，务求奇辟，于西学不无异同，而独推崇其教，此君子过也。因于《四库》著录存目中学、教二门西书提要编辑排印。分为二卷：上卷言器诸书皆著录，下卷言学诸书皆在

---

① 参见魏怡昱《孔子、经典与诸子——廖平大统学说的世界图像之建构》，载舒大刚主编《儒藏论坛》第2辑，四川大学出版社2007年版。

存目。上卷为守旧者言之，以见西学可用，《四库》于百年前已经著录，发明其精要，则非不可从之书。维新者不惟推其学，并甘心其教，以为大公无我，远在中国上。读此编，然后知早经《四库》驳斥，见绝于圣人，取与从违之间，宜知抉择，而嗜奇好异，颠倒其说者，更可恍然。

显然，编纂此书，主要针对维新变法而言。又如《海外借筹》四卷（署名曾子俊），根据西洋历史而作，专门搜集材料揭露西方国家政治、经济的黑暗面，"以奢侈、民权、讼师、党人、平权、废伦、重敛、黩武、国债、传教、刑罚等为门目"，"考诸海报，弑君杀相不绝，自由党、富贵党君不能约束，议院举人多以赂行，各党争持，互相倾轧"，以此证明"古无久强不敝之国"，西方国家同样会蹈匈奴、吐蕃、回纥、蒙古之覆辙。

又如《经说求野记》二卷（署名廖平），阐述西方人谈天说地，学者认为其奇怪，而不知中国先师如庄、列、邹、墨俱有其说。然其说散见古经传记者，尚不止此数条。廖平撰此书，"凡西人诸说，皆求合于中书，不唯西说可收，古经更可因以征实而大明。孔子有言：'礼失求野。'因取以为名焉"。事实上表达"西学中源"的观点。此外如《全球古今政俗考》二卷（署名陈天泽），既"考古"，也"言今"，借五大洲分疆划界，阐发"大九州"之说。此类尚多，兹不枚举。

廖平的这些研究，目的不是要真正了解西学，而是要纳西学入中学，用中学解释西学。如光绪三十二年（1906）在青神县汉阳坝讲习，所命课题凡一百六十多道，大抵以天人、小大之说为多。其有关时事的，如《左氏古派法补》《辑荀子民权说》《春秋拨乱世今证》《孔子以前时势略如今泰西考》《海外无宗庙议》《泰西各国官制异同表》《泰西姓氏学考》《西人政治学述意》《引法意支那诸条以释春秋谷梁传》《读群学肄言分篇述义》《五大洲女俗通考书后》《天演论书后》，这些著作都与西学相关。由此可见，廖氏经学第三变以后，"中西"问题实为其治学的重点。

西学范围很广，技术、制度、思想、宗教等无所不包。梁启超曾将西学分为"学"（学说）、"政"（政制）、"教"（宗教）三大类。如果依张之洞之说，则还应当加上"艺"（科技）。艺、学、政、教构成西学的主要内容。张之洞《劝学篇》主要阐发"中学为体，西学为用"。无论中学、西学，张氏都强调"致用为要"。张氏又说，如今言西学，"西艺非要，西政为要"（《劝学篇序》）。在"设学"一节中具体指出："大抵救时之计，谋国之方，政尤急于艺。"（《劝学篇·设学第三》）但张氏所讲的"政"，显然离"政制"还有一定的距离，主要应指政策、措施。廖平熟知张之洞之说，而对所谓"政"则提出自己的解释：

  《劝学篇》言学西艺不如西政。近贤声训之学，迂曲不适用，究其所得，一知半解，无济实用，远不及西人之语言文字，可俾实效。近贤论述，皆以小学为治经入手，鄙说乃易以《王制》，通经致用，于政事为近。（《知圣篇》卷上）

  西方人的语言文字之学，尚有实用价值，而清人治"小学"，却无实用价值可言。《王制》着重讲制度，从通经致用的角度说，《王制》离政事更近一些，不如舍"小学"而讲《王制》，"读《王制》，则'学西政'之义，政高于艺"。这也符合张之洞的旨意。他批评段氏《说文注》、王氏《经传释词》《经义述闻》，认为即使全通其说，不过"资谈柄，绣盘悦"，"语之政事、经济，仍属茫昧。国家承平，借为文饰休明之具，与吟风嘲月之诗赋，事同一得，未为不可。若欲由此致用，则炊沙作饭，势所不行"。因此，"以救时言，《王制》之易小学，亦如策论之易八比试帖也"。当然，廖平也声明，这并不是要完全禁人治训诂文字，只是"特不可锢没终身耳"。（《知圣篇》卷上）

  以《王制》代替"西政"，与康、梁等提倡的变法改制相左。从根本上说，廖平对西方政治制度是拒斥的。

  对西方的一些核心观念，廖平也做了诠释。如关于平等，廖平说，近人误解平等，欲废三纲，以三纲初见于《白虎通义》，为汉儒所造。事实上，所谓平等，正谓君君、臣臣、父父、子子、夫夫、妇妇各有其道，为对等关系，不过君必统臣，父必统子，夫必统妇，举君则公、卿、大夫在，举父则长子、次子在，举夫则妻、妾在。而在西方，人臣对于君当绝对服从，应尽忠实之义务，子对于父无正当防卫，谨遵父之训命，

· 245 ·

妻对于夫无独立能力，必受夫之许可。而中国经传尚有君礼、父慈、夫义之说。"由此观之，则西说反不如经说之平等也甚矣！"（《群经大义·纲纪篇》）他对"三纲五常"的解释，有一定的合理性，但对西方君臣父子夫妇关系的理解，未免郢书燕说。

关于民权，廖平承认卢梭、孟德斯鸠等"民为主人、君为奴隶"的学说，为时势所造，彼此是非，不能谓其偏僻。而礼有"夏尚忠，殷尚敬，周尚文"之说，"三尚"殊难实指。廖平以为，以世界时局而言，则所谓忠、敬、文，即西方所谓专制、民权、共和三种政体，他的结论是：西方所谓民权，"有庶民，无君上"，属于"乱世草昧办法"，如果"推行中国，势成龃龉"（《皇帝大同学革弊兴利百目》）。

此外，廖平对西方的选举、议院、宗教、婚姻等问题，都站在儒家经典的立场上发表了看法。认为选举、议院与孔经中所言学校、养老制度相通，西方宗教程度较低，婚姻制度男女无别，皆不及吾国精善。

廖平对西学做了基本评价，主要有两条：一是判断文明程度的标准在于伦理，而不在于物质；二是中西之间的差异，在于文明程度的不同。

他非常佩服进化论，认为人类文明"先野后文，进化公理，人事所必经，天道不能易"（《论礼会成立宣告书》）。因此他不赞成所谓尧舜三代为"黄金时代"的说法，认为尧舜作为名词有三种含义："古史之尧舜，已往者也；法经之尧舜，未来者也；学说之尧舜，随更其所学而变异者也。"古史之尧舜文明草昧，程度极低。而经由圣作，《典》《谟》中的尧舜，圣功神化，文明已达极高水平，是孔子所擘画的未来之尧舜，"盖三代以前之文明，皆出经说空言，实无其事"（《尊孔篇·附论》）。孔子未生以前，实为一野蛮世界，所谓明堂、辟雍、郊社、天神、地祇诸典制，百无一有，经中所言，都是孔子新作，托古改制。

廖平断言，西方文明程度，相当于中国的春秋时代，始由禽兽进于野人的阶段。理由是西人仪文简略，上下等威，无甚差别，与中国春秋之时大致相同。西人以天为父，人人拜天，自命为天子；孔子经教则诸侯以下不郊天，帝王乃称天子。西人君臣之分甚略，以谋反、叛逆为公罪；父子不相顾，父子相殴，其罪为均；贵女贱男，婚姻自行择配；父子兄弟如路人；姓氏无别，尊祖敬宗之义缺焉。故孔子特建纲常，以拨其乱，反之正，"百世以俟"，正谓此耳。（《知圣篇》卷上）中土由海中成陆，在五大洲之先，文明亦占地球之先。草昧之初，其时人民程度尚未足与言礼义。"至于春秋时代，饱食暖衣，大致与今西人等，孔子降生，以立经教，先就三千里设为小标本，故中国当时之民可以言礼义，乃与之言礼义。至于今三千年，初由鲁、卫以推九州，由九州以推外藩，由外藩以推海外，乘桴浮海，正其时也。"（《坊记新解》）

总之，孔经是拯救今日西方的良药，《中庸》说"施及蛮貊"，天生孔子，垂经立教，由春秋推百世，由中国及海外，独尊孔经，以拨全球之乱，推礼教于外人，所谓"凡有血气，莫不尊亲"，礼教固不囿于中国一隅。由此可见，廖平以孔经规划世界的意图极为明显。

四 徒托空言的"经世"

1914年出版的《孔经哲学发微》，可以看成廖平对自己经学思想的一个总结。其中说：

> 平毕生学说，专以尊经、尊孔为主，兼采泰西科学之理而沟通之。其论孔学大要，在经、史之分，语、文之别。古史不传，今所诵习六书文字之书，统出孔后，全属经说。（《孔经哲学发微·尊孔总论》）

这几句话非常精炼地概括了廖平的经学取向。尊经、尊孔，做孔经的守护者，为儒学辩护，是他一生的追求。他的经学凡历六变，著书一百余种，究其核心，皆围绕此一主旨而展开。

晚清之时，中外攻孔、疑经、废经之说甚嚣尘上，其中"章氏（指章太炎）著书尤横肆"。廖平于光绪二十八年（1902）写成的《知圣续编》说："方今中外大通，一处士横议之天下，东南学者，不知六艺广大，统综六合，惑于中外古今之故，倡言废经。中士误于歧途，无所依归，徘徊观望，不能自信。"因此必须要"开中土之智慧，收异域之尊亲"，推尊孔子，阐发微言。（《知圣续编·序》）

1912年蔡元培任"教育总长"，下令"小学读经科，一律废止"；"忠君与共和政体不合，尊孔与信教自由相违"，必须从教育方针中剔除；

公民道德的全部要旨就是"自由、平等、亲爱"。提倡"以人道主义去君权之专制,以科学知识去神权之迷信"(《社会改良会宣言》)。

为此,廖平作《中小学不读经私议》,表达不同的意见。大意谓"古分大学、小学。小节小义,即《周礼》之六艺;大节大义,即六经"。而读经之效已见两汉,不可否认其作用。而且小学读经,易于成诵,故读经贵在初年。

廖平以《庄子》"孔子有谱十二经"之说为六艺"六经":"形而下者谓之器,六艺是也;形而上者谓之道,六经是也。"关于中小学读经的问题,在《孔经哲学发微》一书中有更明确的阐发。以学堂论,六艺为普通学,"所有工械、技艺、农林、商贾各学,语言、文字、算学,皆统于六艺。必先通六艺,而后才具有国民资格;国中无一不通六艺之人,即为教育普及"。"六经"则专设法政高等大学堂。经、艺分途,而后中外学业优劣可见。"大抵六艺为小礼小乐,所谓小道小业;大学为大礼大乐,所谓大道大业。大约修身齐家之事,中小学已有基础,大学专科独在治平。故三年之中,可以通经。通一经即为人才,有政治经验。"(《孔经哲学发微·拨乱观》)

廖平在自己的经学著作中反复谈及通经致用。他认为前人所谓音训之学、义理之学、典考之学、经制之学,其实皆不足以经世。要讲致用,必须首先"发明《王制》《周礼》皇王疆域小大之分,开拓心胸,使全球三万里早在《周礼》经营已久,民胞物与,化其种族之偏见,排外之思想"[《六译先生年谱》,光绪三十二年(1906)条引《群经总义》]。当然,通经致用,并非食古不化,死守经典,亦步亦趋,不知变通。他说:

> 古人通经致用,非为按图索骥,模仿而行。……先就经以学,磨砺其心思,练习其阅历,久之有得,遗貌取神,或从或违,或反或正,投无不利。此通经所以能致用,致用又不囿于经,人才兴盛以此。

显然廖平并不主张将《王制》《周礼》制度完全付诸实践。他的"开拓心胸""遗貌取神"的主张,较为通透。

廖平对秦汉博士制度非常推崇："博士弟子卒业，除文学掾、舍人、郎中、议郎，故秦汉大典大政，博士皆与议，以书生从政府诸巨公后，且议每定于微员后进，鸣呼盛矣！"［《六译先生年谱》，光绪三十二年（1906）条引《群经总义》］博士通经学古，明习典制，廖平认为如能用博士法，则二三年入学者皆可为议员。

《王制》有所谓"养老于庠序"之说，廖平认为实即古之议院附于学堂。《礼记》曰"养老乞言"，故秦汉博士皆能闻朝廷大议。《礼记》又曰"养国老于上庠，养庶老于下庠"，又以东序、西序分，右学、左学分，即今上、下两院之意。以议院附学堂，所以多人才。而唐宋以后，博士制度失效，"学与仕别为两途，仕以吏为师，而鄙儒为迂疏寡效，儒别有所谓道德，天子不能臣，诸侯不能友，贫贱骄人，自谓乐尧舜之道。驯至胜朝，朋党盛而宗社亡"［《六译先生年谱》，光绪三十四年（1908）条引《左氏拨正录》］。学、仕分途，儒者空言论道，缺乏经世之志，不为世用，造成国家危亡，宗社丘墟，这是廖平所痛惜的。

由此可以看出，廖平作为一个经学家、教育家，虽然一生并未从政，但他还是主张"通经"应当"致用"。

成书于中华民国初年的《尊孔篇》，解释"尊孔大旨"有四：一曰守中制（即保存国粹），二曰从微言（即素王改制），三曰尊经，四曰救世。归根结底在于第四条"救世"：

> 近之学人，崇拜欧化，不一而足，攻经无圣之作，时有发表，动云中国无一人可师，无一书可读。中国文庙既主尊孔，鄙意非发明尊孔宗旨，则爱国之效不易收。尽删古史旧说之罅漏，而后能别营壁垒。孔子生知前知，足为天下万世师表。六经中《春秋》治中国，《尚书》治全球，血气尊亲，同入围范。新推尊孔子为天人神化，迥非言思拟议所可及。若以平庸求之，则个人礼德，乡党自好者类能之。即如伦理学史画界分疆，以教化始于孔子，故必尽攻圣废经之敌情，而后可以立国。独尊孔子，则文明不能不属吾国，爱国保种之念，自油然而生矣。（《尊孔篇·尊孔大旨》）

尊孔崇经、提振民族自信，达到所谓"爱国保种"，正是廖平经学建构中所体现出来的经世情怀。

廖平一生跨越晚清、中华民国,所面临的世变之亟,前所未有。因此其思想变化多端,新旧杂陈,极为复杂,其女回忆说:

> 父亲虽然一生尊孔、读经,讲求孝弟,对三纲五常、尊卑老幼等级观念是根深蒂固的,但与当时一般士大夫比较起来,思想并不十分僵化,对新生事物还颇为敏感。五四运动后,他首先令家里的女孩子放足,比我大十岁的大侄女已是大足,这在井研是创举。①

虽然他的学术思想以孔经为归,但他晚年也能接受新思想、新事物。廖氏经学,既是旧经学的终结,又未尝不是20世纪新儒学的先声。廖氏一生为孔经辩护,面对儒学的危机,希望通过自己的阐发,凸显儒学的价值,并努力使儒学与时代合拍。他所面对的问题,在当今依然存在。在"天下一家,中国一人"的全球化时代,如何延续自己的文化传统,保持自身的文化特性,珍视固有的传统资源,正确处理本土文化与外来文化的关系,都是需要认真对待的课题。而廖平所提出的解决之道,虽然"徒托空言",也未尝不值得我们研究反思。

(原载《蜀学》第7辑,巴蜀书社2012年版)

---

① 廖幼平:《我的父亲廖平》,《龙门阵》1985年第5、6期。

至圣前知：廖平的大统世界

从晚清到中华民国初，恐怕没有哪个四川学者能像廖平（1852—1932年）那样享有盛名，并在全国学术界占据显著的位置。廖平以经学家著称，他的经学思想体系，在某种程度上可以说改写了近代中国的学术版图。他提出"以礼制分今古"的学术思想，被誉为清代学术史上的"三大发明"之一。① 不过，廖平经学思想历经六变，"今古学"仅仅是他第一变、第二变时期的主张。如果以1898年为界，将他的学术思想分为前期和后期，那么1898年以后较之前期发生了重大的变化，即以"大统小统说"取代"今古说"，从而泯灭"今古"界限，实现群经"大同"，建立一个兼容古今、囊括中西的宏大思想体系。廖氏经学思想的这一重大改变，与他以经学"经世"的情怀关系尤为密切。②

19世纪后半期，中国面临"三千年未有之大变局"，西方列强用坚船利炮打开了中国的大门，给古老的文明带来了严重的危机。西方的科学技术、宗教文化、思想学说乃至历史地理知识随之蜂拥而入，远在西蜀的廖平也能读到大量的西学书籍。传统的"天下观"轰然坍塌，人们不得不承认，中国之外的世界是丰富多彩的，中国只不过是"万国"之一。而进化论、地理学等知识的传入，也使廖平这样的中国儒生开阔

---

① 另两大发明指顾炎武的古音学、阎若璩的《尚书古文疏证》。参见蒙文通《议蜀学》、向楚《廖平》，载舒大刚、杨世文主编《廖平全集》"附录"，上海古籍出版社2015年版。以下凡引廖平文皆见《廖平全集》。

② 光绪二十七年（1901）廖平五十岁时，曾写信给张之洞，汇报自1897年以来的学术历程："受业行年五十，从此不再治经，拟以余力讲求时务。"（李伏伽《六译先生年谱补遗》）经学第三变之后，廖平学术已经脱离传统经学的轨迹，不再受汉唐训诂、宋人义理的约束，往往别出心裁，天马行空，冯友兰说其"牵引比附，有许多可笑之处"（《中国哲学史》下册，华东师范大学出版社2015年版，第264页），然而我们亦可以将其视为近代儒学转型期的一种探索。

了视野。廖平的友人宋育仁（1857—1931年）曾游历欧洲，亲身感受到西方世界在物质上、制度上的先进。所有这些，无疑都对廖平的思想产生了影响。

在对待西学的问题上，廖平与那些保守人士不同，他并非食古不化之徒，他努力跟上时代的脚步，去了解西方，理解西学。但是，作为一位孔子的忠实信徒和传统文化的维护者，他必须严守儒学疆界，站在儒家的立场去解释世界，力图将西学纳入中国经典的知识体系，将新地理学知识纳入中国传统的五服、九州、九畿的天下观念之中，从而建立基于儒家经典的世界图式和解释模式。①

一 "大统小统说"的提出

改"今古学"为"大小学"，是廖平"经世"情怀在理论上的建构。它既是廖平经学思想自然发展的必然结果，也是接受师友劝告而做出的必要调整。梁启超所谓的张之洞"贿逼"之说固然不成立，但也不能否认廖氏在一定程度上接受了张的意见（尽管廖氏之说始终未能令张满意）。我们观察廖平经学第三变的缘由，不能只强调内因或外因，应该看成是内因与外因合力的结果。廖平本人也是承认的。

首先，廖平的"今古学"提出之后，固然获得了学术界的赞誉，为他带来了经师的声名，但也受到不少批评。廖平治学有一个很好的习惯，就是集思广益，愿意倾听不同的意见。廖师慎《家学纪闻录》提要云：

> 四益（注：廖平号）每立新解，辄求驳议。丁酉（1897年）以前未定之说，悉经改正。近来《诗》《易》卒业，乃以小、大二派为归宿。许、郑驳议，朱、陆异同，乡人拟为《正杨》之作，书未杀青，故命师慎辑为此编。凡南皮、湘潭、钱塘、铁江、徐山、邛州

---

① 在廖平思想体系中，是把"儒学"和"孔学"加以严格区分的。他认为"孔学"是"道术"，是"全体大用"；而"儒学"只不过是"方术"，为孔门四科中的"文学科"，只居"孔学"之一。本文为了叙述方便，暂不区分。

诸老之议论，以及江叔海、陆绎之、周宇人、吴伯揭、岳林宗、杨敬亭、耿焕青、杨雪门、董南宣、吴蜀尤、龚熙台、吴蜀筹之撰述，周炳奎、王崇燕、王崇烈、施焕、帅正华、李光珠、陈嘉瑜、黄镕、贺龙骧、胡翼、白秉虔、彭尧封、李传忠、罗煕、曾上源、李锺秀、刘兆麟等之问难，外如《亚东报》《湘学报》《翼教丛编》，虽不为四益发，宗旨偶同，亦引为心咎，《序》谓"置之座右，以当严师，务求变通，以期寡过"。（《井研县志·艺文四》）

这段话很好地说明了廖平改变旧说的缘由。把1897年之前的经说称为"未定之说"，到此时"悉经改正"，放弃了经学第一变、第二变时期的旧说。《家学纪闻录》把那些批评、讨论、规谏廖平经说的文字悉数收录。在这些文字的作者中，许多人都是廖平的师友，包括张之洞、王闿运、钱保宣、钱保塘、伍肇龄、江瀚，以及章太炎、朱一新等比较激烈的批评者。对此，廖氏门人施焕在《廖氏经学丛书百种解题序》中于第二变、第三变之故，言之甚详：

> 蜀中学人，海内老宿，其指瑕索瘢者，盖不止盈箧，师悉写而藏之，随加订正。急欲求通，不能遽化。卸官杜门，谢绝书札，忘餐废寝，须白齿落，如此又十年，专治《诗》《易》，至于戊戌（1898年）乃得大通。（《井研县志·艺文三·〈廖氏经学丛书百卷解题四卷〉提要引》）

所谓蜀中学人，包括宋育仁、吴之英、杨桢等。面对师友的批评，廖平不得不慎重思考如何使自己的经说做到"既无删经之嫌，又收大同之效"（《井研县志·艺文三·〈廖氏经学丛书百卷解题四卷〉提要引》）。这里所谓"大同"，指"群经大同"，即不再分裂经学，将群经都收归孔门。据《三变记》说，1898年以后，他将《周礼》删改诸条陆续通解，最终确定《周礼》是"海外大统"之书，于是"以前所删、所改之条，今皆变为精金美玉，所谓化腐朽为神奇"（《四益馆经学四变记·三变记》）。

批评者中比较重要的是江瀚、章太炎等人，从学术上对其进行驳正①，而廖平的恩师张之洞则更多地从政治上对其学说进行规诫。面对张之洞的误解及反复劝诫，廖平虽然心有不甘，但也不能不认真思量如何交代，让其满意。加之康有为《新学伪经考》《孔子改制考》，世人多认为其说本于廖平，被指为"非圣乱法"，这也给廖平造成一定的压力。廖平在经学第二变期间所著《知圣篇》中讲孔子为后世制法，从而启发了康有为作《孔子改制考》，并推动了其变法改制思想的形成，这是举世公认的。但"戊戌变法"后，廖平出于避祸需要，对此事有所忌讳。

其次，廖平的"今古学"自身也存在一些矛盾，有待解决。廖平的好友杨桢就曾指出：

> 四益经学，美矣盛矣。唯三利未兴，三弊未祛。三利者何？（一）有王，无帝；（二）有海内，无海外；（三）有《春秋》《尚书》，无《诗》《易》。三弊者何？（一）同轨同文，今古相轧，一林二虎，势必两伤；（二）六经不能自立门户，各标宗旨，叠规重矩，剿说雷同；（三）分裂六经，固伤破碎，合通六艺，则嫌复重。（《井研县志·艺文三·〈廖氏经学丛书百卷解题四卷〉施焕序》）

以礼制分今、古，固然解决了今、古文分派的标准问题，然而"今古学"所能适用的范围，仅仅限于中国一隅，对于海外世界缺少关注和解释。再从"六经"来看，"今古学"所涉及的主要是《春秋》和《尚书》二经，对于《诗》《易》关注不够。经学分今、古，原来以周公、孔子来区分，后来信今驳古，以为"六经"都是孔子制作，指古学为伪学，虽然极力抬高了孔子的地位，但把古文看成伪经，势必造成儒学内部今、古学之间的争讼互斗，终究有割裂"六经"、分裂儒学之嫌，实际上不利于尊孔崇经。廖氏经学"大统小统"之说的提出，正是为了兴此"三利"、

---

① 江瀚（叔海）曾于光绪十四年（1888）写信给廖平，批评其"今古学"，但廖平没有立即回应。直到1913年夏，廖平才作《答江叔海论〈今古学考〉书》，详细解释自己的"今古学"及后来向"大统小统说"的转变。章太炎（化名匐室主人）写了《今古学辨义》一文，主要就廖平经学第一变、第二变中的"偏戾激诡"之说加以辩诘。廖平嘱门人作《致匐室主人书》，署"黄镕胡翼等公拟"；乐山师镇华亦有《答匐室主人书》，然而据帅氏说，答书实为廖平自作。

除此"三弊"。

此外，廖平学术思想自身的发展演变逻辑，可以看成他放弃"今古学"、提倡"大小学"的内因。他在作于1897年仲冬的《四益馆经学丛书自序》中谈到，早在第二变之时，《左传》已经归还今学；在1896年以后，已将《周礼》所删诸条"陆续通解"，删去了"刘歆羼补删改"之说，原来所谓"新学伪经说"已经不再成立，"今古学"的界限也不再划分了。事实上，廖平在1897年年底即已不再坚持所谓"今古"之学，而是"化同今古"了。①

廖平经学第二变时期最重要的著作是《知圣篇》和《辟刘篇》。其中《知圣篇》"专明改制之事"。该书作于1888年，但现在我们看到的《知圣篇》，为廖平于1900年、1901年修订而成，除保留第二变期间"孔子改制"的内容外，做了不少增补，尤其是加入了"大统小统说"的内容，不再攻击《周礼》，也没有所谓"新学伪经"之说。相反，廖平明确提出：原来判分"今古学"最重要的两部经典——《王制》和《周礼》，并不是对立的，而是"互文相起"，互相依存，互相补充的。廖平经学第三变的意义，在于重新确定《周礼》的地位。这个转变发生于1897年冬，时间正是廖平收到宋育仁转达张之洞的批评，"为之忘餐寝者累月"之时，因此是很耐人寻味的。面对恩师的严厉批评，廖平不得不思考如何补救。在苦闷之中，与宋育仁商量再三，决定"不再立今古名目"。（《井研县志·艺文三·〈廖氏经学丛书百卷解题四卷〉施焕序》）廖平以往认为《周礼》中无法讲通的经文，现在他发现并无问题，而是东汉贾逵、郑玄等人的误说造成了混乱。既然《周礼》不再出自刘歆伪纂，也不是古文家所谓的"周公致太平"之书，而是孔子的著作，那么所谓"伪古文"的旗帜已倒，皮之不存，毛将焉附？今、古文的名目再也没有存在的必要了。《周礼》重归孔学，《周礼》《王制》为"骨肉至亲"，可以"互文相起"。廖平经学思想的这个转变是巨大的。

1898年之后，廖平的"大统小统说"更加成熟，于是以《周礼》为

---

① 《井研县志》卷14《艺文四》"《古今学考》二卷提要"云："按《王制》《周礼》封建畿数不同之故，自汉至今，说者无虑千余家，迄无定论，四益丁酉冬于成都作二说，折定一尊，较诸家最为精实。"所谓二说，即《五等封国说》和《三服五服九服九畿考》。

"全球治法"(《知圣续篇·序》),《王制》属于"王伯小统",治中国;《周礼》属于"皇帝大统",治全球。以《易》《诗》《书》《春秋》四经分配皇、帝、王、伯;区分的依据在于所治疆域的大小。这是"大统小统说"的核心内容。

需要指出的是,廖平的这个"大统小统说",在经学史上从来没有人提出过,是廖平的独得之见,"大统皇帝之学,所以通中外,集大成。外间'血气尊亲'之说,久为常谈,引之经、传,则为四益所独创"(《井研县志·艺文四·〈家学树坊二卷〉提要》)。无论后来他提出"天人小大说",还是以《黄帝内经》解《诗》《易》,他的这一主张都没有改变。这是廖平后半生始终坚持的、最为重要的学术思想。

二 "大九州"与地球新义

廖平"小统大统说"的基础,是利用"地球"学说,对传统"九州、五服说"进行改造,加以重新诠释。

"六合之外,圣人存而不论"(《庄子·齐物论》),但先民们还是对宇宙提出了自己的认识。古代中国人对宇宙的看法,主要有"盖天""浑天""宣夜"三种学说。不过,"由于历代统治者将'天圆地方'观念政治化、伦理化,使之在社会各阶层中,特别是在士大夫中浃沦肌髓。传说中的九州、五服、井田制度,皇家建筑中的方圆设计如天坛,地图测绘中的计里画方之法,人体的所谓圆顶方趾,道德说教中的外圆内方,等等,都是这一观念的延伸"①。因此在中国传统思想中,"盖天说"一直占据统治地位。当明末传教士利玛窦将欧洲"地圆说"和五大洲观念介绍到中国时,引起知识界很大的震动,"骤闻而骇之者甚众"(《四库全书总目提要》卷106)。以为"中国千古以来未闻之说"(《广阳杂记》)。在他们看来,"地圆说"违背常识,简直不可思议,只能当成笑话。官绅士庶对域外世界普遍没有足够的认识,知道地球之说者更寥若晨星。

直到鸦片战争前夕,东南沿海一带不断有携带着坚船利炮的"夷人"

---

① 郭双林:《晚清地理学研究与传统天地观念的变异》,《清史研究》1994年第4期。

骚扰,知识界不得不思考他们来自何处。① 于是明末清初的那几本讲地理学的汉文西学书籍再度引起了中国学者的关注。随后发生的鸦片战争,更令官绅士庶不得不重视"地圆说"。徐继畬在《瀛环志略》中就写过"地形如球",魏源在《海国图志》中也摘录了玛吉士《新释地理备考》中关于地圆的论述。(《海国图志》卷96)

不过,在甲午甚至戊戌之前,没有资料证明廖平曾对地球、地圆学说发表过意见。廖平真正将地球观念纳入自己的经学体系,加以经学阐发,是在1897年、1898年。

从廖平本人的学术性格来看,追求"三年一小变,十年一大变",不会故步自封、不思变通。自1888年到1897年,刚好十年,正值廖平所谓"十年大变"时期。内因、外因相互作用,促成了他的经学思想发生巨变,从谈"今古"转变到讲"小大",使其经学由面向以往历史向面对当下世界转变。他在《三变记》中写到,1898年,他在资中艺风书院讲学,课余思考《诗》《书》中的一些问题,忽然领悟,《诗经》《尚书》之中早就有了地球学说,《诗经》中"小球""大球"与"小共""大共"对文,"共"就是"贡",指九州之贡。《尚书·顾命》中所讲的"天球""河图",根据纬书之说,河图就是九州地图。《诗》《书》中"小、大"连文,"小"字都放在"大"字之上,因此可以确定"天球"为天图,"小球、大球"为地图。先小后大,即由内推外。廖平对儒家经典里"小球、大球"与"小共、大共"的理解,显然与历代诸儒的解释大相径庭。当时他的学术思想正处于"十年大变"时期,廖平主观上有求变之心,而师友规诫等外因也对其学术思想的变化起了催化作用。另外需要说明的是,廖平之所以对《诗》《书》中的"小球、大球"与"小共、大共"有这样一种慧解,显然是受到了当时地圆、五洲新说的启发。其中对廖平影响最大的两本书,一是宋育仁的《泰西各国采风记》;二是薛福成的《出使四国日记》。

宋育仁是廖平的好友,1894年由兵部尚书孙毓汶举荐,被派充任驻英、法、意、比四国二等参赞官,随公使龚照瑗出使欧洲。在欧洲期间,

---

① 1832年萧令裕《记英吉利》写道:"英吉利恃其船炮,渐横海上,识者每以为忧。"1834年汤彝《英吉利兵船记》也有英国"以兵船火器横海上"的记述。

著有《泰西各国采风记》五卷，详细记述欧洲政治、教育、宗教、风俗等情况，并站在儒家立场对其加以评价。该书分"政术""学校""礼俗""公法"等部分，但"公法"部分，因中日甲午战争的加剧而辍笔。1897年夏刻于成都。廖平与宋育仁交往密切，在提出"大统小统说"之前，应该已经读到这部书，比较系统地了解到了欧洲政法、教育等方面的情况。廖平在自己的著作中也多次提到《泰西各国采风记》一书。

廖平对薛福成《出使四国日记》关注的重点在于薛氏根据自己"睹大海之汪洋，念坤舆之广远"的观感而得出的"邹子之说，非尽无稽"（《出使四国日记》）的看法。司马迁《史记·孟子荀卿列传》叙述了邹衍的"大九州说"，薛氏过去对此说持一种怀疑态度，认为其"耸人听闻"，简直不可思议。但通过自己亲眼所见、亲耳所闻，对邹衍所谓"大九州说"由疑而信。他在日记中对所谓地球五大洲的划分做了分析，认为地球五洲的地理分布，虽然在细节部分与邹衍之说有些出入，但大体上是吻合的。而《禹贡》所谓九州范围，不出当时清国十八行省的区域，放在上述全球九州之中，"实不过得大地八十一分之一，而《禹贡》所详之一州，又不过得大地七百二十九分之一"，因此薛氏认为邹衍所谓"大九州"之说"其事殆信而有征也"（《出使四国日记》）。

从怀疑邹衍"大九州说""耸人听闻"到相信其"信而有征"，这个转变应该说是相当大的。薛氏的转变，在当时知识界可能具有代表性。廖平读到薛氏日记，对于薛福成的说法，产生了强烈的共鸣。因此他在编写《地球新义》时，将《史记·孟子荀卿列传》中有关邹衍及其"大九州说"的记载、薛福成《出使四国日记》中讲五大洲及"大九州说"的文字全部录入，并称赞其"为谈地球者增一新解，识诚伟矣！"不过，廖平对薛氏之说虽然赞赏有加，但也有不满意的地方："薛君虽能填实衍说，而不知其说所由来，以为古人本有此说，邹子从而推阐之，所谓古人，究生何代？所谓推阐，究本何书？羌无佐证，读之欿焉。"（《地球新义》卷上《书〈出使四国日记〉论大九州后》）薛福成虽然证实了邹衍学说有一定的可信度，但并没有指明邹衍学说的来源，这是廖平不满意之处。虽然有遗憾，却给廖平留下了继续阐发的空间。

邹衍之说究竟来自何处？廖平反复阅读司马迁的邹子附传所谓"必先考小物，推而大之，至于无垠"，综览古今，考索中外，豁然发现：其说"乃七十子之微言,即《周礼》之九畿与《淮南·地形》之九州、八殥、八极也!"也就是说,邹衍之说来自于孔子,实为儒家固有之说!从儒家六艺之流传的空间范围来说,齐鲁无疑是中心,而邹衍是齐人,生活时代又与公羊高、子沈子、子女子这些人相近,因此廖平得出邹衍之学来自《周礼》的结论。(《地球新义》卷上《书〈出使四国日记〉论大九州后》)

廖平的推论并没有确切的证据,当然是受其尊孔立场的指引。而且纬书、《庄子》《列子》等,在廖平看来都出自孔学,其中早已有了地圆学说,都可以为邹衍之说提供佐证。

廖平进而发现,经典中所言"大""小",多与大统、小统相关。在儒家经典《易》与《诗》中,凡言"小""大"之字,都可以由此相推,"大"指大统,"小"指小统。其他如经典中所谓"小畜、大畜""小过、大过""小康、大康""小国、大国""小球、大球""小共、大共","小"指"小九州","大"指"大九州"。明白了邹衍之说讲的是全球大统,则《禹贡》所谓"九州"显然讲的是中国小统。而且周天三百六十度,地球度数由中间某点起算,四面皆九,四九合为三百六十,也与邹衍之说相同。由此可以证明西人所谓地球之说,"中国古实有之"(《地球新义》卷上《书〈出使四国日记〉论大九州后》)。不过,廖平承认,虽然中国古人早知地球,但因治理区域只在中国一隅,加之后人见闻狭窄,其学不传,渐渐不能理解其说,如果不是西洋地图传入中国,唤起国人的历史记忆,人们不能理解"大球""小球"究竟是什么。

廖平将"地球说"与《诗》《书》联系起来:

> 圣人设教,先诸夏然后夷狄,此其例也。盖言小球者,中国禹贡之小九州也;言大球者,合大九州言之全地球也。然则地球之名虽出自晚近,而实古义,早已垂明文于《商颂》。(《地球新义》卷上《释球》)

原来《诗》《书》所言"大""小",都是就"大九州""小九州"而言的,也就是指中国与全球。地球之名虽然出现较晚,但其义在中国古代早已有之;《周礼》一书,过去以为刘歆伪纂,现在看来,其中正包含了

"九州"之说。《周礼》中有两种"九州说",一为"小九州",一为"大九州",其说与其他经典中的大、小之说互相印证。大统为皇帝,小统为王伯;大统为全球之说,小统为禹州(中国)之说,《周礼》一书实兼说大、小二统,不能混淆。大统由小统推衍而出,故曰"验小推大"。因此,邹子"大九州""小九州"之说,不仅不荒唐,而且有充分的证据。

由《诗》《书》推及群经,如《觐礼》所谓王者朝诸侯,设"方明",上玄,下黄,东青,南赤,西白,北黑。关于"方明",汉代经学家郑玄说:"方明者,上下四方神明之象也。"(《仪礼注疏》卷27《觐礼第十》)本为木制神器,方四尺,设六色六玉,乃古代诸侯朝见天子、会盟或天子祭祀时所置。但廖平认为:所谓"方明"即地球;有上下四方,以东西两京、四岳为六合。

又如礼,生者南乡(向),死者北首。中国在北半球,向南,而南半球向北,则中国之人道、鬼道与南半球正相反。廖平由此得出,《易》《诗》之"鬼方",实指南半球之澳大利亚等地而言。"南北相反,人鬼异向,自中国言之,非所谓鬼方乎?是又言地球之所当知者也。"(《地球新义》卷上《释球》)

历史上,《禹贡》"九州说"与邹衍"大九州说"不无矛盾,而所谓"五大洲说"毕竟与中国固有的"九州""大九州说"不完全一致。廖平也看到这个问题,但他以"其实相合,其数目不无多寡之异"进行弥缝。如《诗经·大雅·民劳》五章所说的"四国""四方",廖平以为即指四岳,加上京师,正好共五大洲;五大洲说与"九州说"虽数目有所参差,但本质上是一致的。(《地球新义》卷上《〈大雅·民劳篇解〉》)

不过,我们应当注意到,论证邹衍"大九州说"与经典相合,并不是廖平的最终目的。他要说明的是,今天广为人知的世界五大洲、四大洋,圣人早已前知,并在经典中做了规划。只不过汉代以后儒者逐渐不知大统之说。汉代以后大统之旨失传,儒者将九畿疆域局限于中土,因此当西洋地球五洲之说传入中国后,引起震惊。过去人们普遍认为圣人之教与海外世界无关。如此说来,《中庸》所谓"凡有血气,莫不尊亲",究竟何指?没有着落。将来世界大一统之时,所谓"声名洋溢蛮貊"就成了虚语。

三　大统世界与孔子经制

我们知道，廖平"大统小统说"的起点，是将"地球说""五大洲说"，甚至西方天文学与经典进行比附阐发，从经典中找到解释，从而证明"地球说""五大洲说""行星绕日说"与经典并不矛盾，孔子在"六经"中早就做了规划与说明。廖平认为，先秦时期，孔子经说不仅规划了中国，也规划了海外。伏生、韩生等汉初儒生对此还有一些异闻。到东汉之后，海外大统之说逐渐被遗忘，所以解经家往往用《禹贡》小统之说去解说《诗》《易》之大统，以至于方圆凿枘，处处矛盾。现在地球开通，海外世界历历在目，正好印证了《尚书纬》之"地有四游"、邹衍之"海外九州"、《逸礼》之"五方"之说，而这些学说都来自孔子，证明孔子对于海外世界早已先知。（《家学树坊·〈今古学考二卷〉》）

孔子不仅早知有海外世界，更为重要的是，孔子还对未来地球发展的方向做了规划。自从地球开通之后，邹衍海外"九州"之说得到了验证，学者不知其故，以为是巧合。其实《周礼·秋官·大行人》中就有"大九州说"。邹衍之说来自六艺，可见圣人早知"大九州"的存在。那么，圣人为什么有先知能力？廖平认为，经典中有所谓"百世可知""至诚前知"之说，故圣人具有"先知"（前知）能力，毋庸置疑。但宋元之后儒生讳言前知，或者把休咎得失、卜筮占验之类当成前知。事实上，圣人所谓"前知"，是指为后世制定"大经大法""先天而天弗违，后天而奉天时"的本领；圣人通晓天地之情状，洞悉古今之治理。也就是说，圣人前知，最重要的是为后世立法创制。（《知圣续编》）

经典之中详细规划了"五帝"分司地球五大洲，其中最为重要的设计，是确定了中国在五大洲的中心位置：

> 考五帝分司之法，以地中为都邑，则中国为震旦，西美为西极。青帝建都于中国，则西美为东，地中为西；少昊建都于西，则以地中为东，中国为西。东西左右，由三统京城而定，平时背北向南，一定不易，此东西无极、南北有极之说也。（《知圣续编》）

所谓"地中",指的是昆仑山。廖平认为昆仑为大地之中心。中国在昆仑之东,为震旦;西美(欧美)在昆仑以西。昆仑地中与东方青帝、西方少昊轮流建都,即素、青、黄三统轮替,而"东、西二帝,互相左右",会随着京师都邑的改变而变化,时左时右,故曰"东西无极"。这也就是《诗》所谓"颠倒衣裳"。

不仅《诗》《书》中明确传达了五帝、三统的经制,诸经所记丧服制度,也与五帝、三统相关,并可以与《诗》《书》互相印证。(《知圣续编》)

廖平努力在经典中发现经制,他在这方面论述非常多,读来有似梦呓,实则是他用"大统小统说"来附会经制,说明未来大统世界,圣人早已在经典之中做了规划。不仅规划了疆域划分,也规划了制度安排。经典中的这些数字、方位、颜色等,其排列方式并非巧合,而是圣人的精心设计,皆有微言大义在其中。因此在解读时不可拘泥于字面意思。

在廖平看来,孔经中有"大九州"之说,毋庸置疑。但是,孔经并没有多少对海外"九州"之制的明确记载。为了解决这个矛盾,廖平另辟路径,提出所谓"翻译说"。他认为,翻译可以分为"竖翻""横翻"两类:

> 《论语》"子所雅言:《诗》《书》、执礼",《庄子》孔子"翻十二经以立教",《班志》"《尚书》读近尔雅,通古今语而可知",此竖翻例,通古今异语也。《王制》之寄象狄鞮译,《周礼》之象胥,以通四夷言语,《公羊》之"物从中国,名从主人",《谷梁》之"物地从中国,号从主人",扬子云之《輶轩使者绝代语》,此方言之说,为横翻者也。盖政制以横翻为开化四海之首功,而立教以竖翻为通贯古今之妙用。(《地球新义》卷上《〈翻译名义〉叙》)

孔子"翻译"即"子所雅言",也就是创法改制。竖翻即"通古今语",将古语翻译成今文;横翻则是翻译各种方言。圣人通过"横翻",开化四海;通过"竖翻",通贯古今,为后世立教定制。因此孔子六艺,原从古本之文翻以雅言,属于"翻前"之事,班固所谓《尚书》"通古今语而可知"者,早有明文,为通人所共知。至于为后世立法,属于"翻后",

其大例还很少为人所知。如经典中所言水名、地名，先儒都以为指的是中国地名，这其实是不知大统之义，实际上指的是海外"九州"的水名、地名。

小统上翻三代之古文，大统下翻百世之新事。如海外"九州"，地有定形，其名见于《淮南子》，连"六经"尚且不能详细著录，何况百世以下还不能确定的国名，经传之中更不可能载录。但如果不直录，则不能实指，所以不得已而用"后翻"之例。如中国东南之夷曰淮海邦，而地球东南之国当时不能指名，则借用中国之名来称之。中国正南方曰荆楚，正西方曰氐羌。现在地球南边则有澳洲、非洲，西边则有美洲、欧洲。借用中国的地名来称呼，荆楚即澳洲、非洲，氐羌即欧洲、美洲。

总之，当今世界的五大洲，就是传自孔子的"大九州"，圣人早已为全球疆域做了规划。将来世界大一统，必然在"大九州"中推行帝王政教。廖平说：

> 帝王政教，必先分州作贡。疆界既明，而后政教可施。（《井研县志·艺文三·〈大共图考二卷〉提要引自序》）

《尚书》中的《禹贡》之"小九州"，其范围仅仅局限在中国一隅，为"小一统"（"小共"、小统）。将来地球大一统，则为"大共"（"大禹贡""大一统"）。如何治理"大九州"呢？廖平说：

> 五洲亦如九州，将来大一统，合要、荒为大五服。（《公羊春秋验推补证》第一）

也就是说，世界大一统之后，将采用"大五服"的治理方式。原来《禹贡》中的甸、侯、绥、要、荒五服中，只有甸服、侯服、绥服在中国之境，为王化所及。其余要服、荒服未沾王化，处于政教之外，并不直接治理。但是在将来大一统后的"大禹贡"世界中，要、荒二服也将是王化普及之处，即《中庸》所谓"凡有血气，莫不尊亲"。廖平又说：

> 《论语》云"百世可知"。今二千五百余年，泰西轮舟、电线、

开河越海,正《中庸》所谓"人力所通"也。《禹贡》小九州,地球尽辟为大九州,将来一统,再推广五服,是孔子蕴火尚未发,中外成一统,天覆地载,凡有血气,莫不尊亲,乃为畅发无疑。(《经话》甲编卷1)

在"大九州"中推行五服,从而构成一个全球大统、同尊孔圣之教的治理体系,这是廖平对未来大统世界的设计。廖平把《周礼》与《尚书》都看成是规划世界之书,因此两书中的"九州"、五服、九服可以互为证明。《周礼》为专讲大统礼制之书,与《王制》中小统不同。《王制》限于中国五千里,《周礼》则扩大到海外一万五千里,广狭不同,这在《诗》《易》二经中也有反映。《山海经》《庄子》《列子》等书,更是属于海外专书。但历代学人都用中国之事去解释,故往往扞格不通,被斥为荒唐。而今海禁宏开,过去以为荒诞不经之说,竟一一得以验证。

"大九州"之说虽然出自邹衍,但廖氏认为,诸子为六艺支流,都源于"六经"。如此,则诸子百家皆收归孔门。而六艺都是孔子的新作,海外大统,孔子早已前知,地球千奇百怪,世界千变万化,不出孔经范围。孔子为全球之圣,孔经为世界大法,得以证明。

四 余论

通过阅读西学书籍及中国人的西游见闻,廖平接受了地球学说,并对西方世界有了比较系统的认识和了解。西学的传入,无疑对中国传统的"天下观"造成很大的冲击,中国不再是地理上的"天下之中",也不是世界上唯一的文明国家,中国之外还有其他国家,世界上有五大洲、四大洋,这是毋庸置疑的。

面对日渐清晰的、呈现在眼前的新世界,作为经学家的廖平该如何应对?在传统儒家看来,经典是最高的真理,天文、地理、人事皆包罗于其中。但面对前所未有的挑战和变局,是否如严复所谓"地球周孔未尝梦见,海外周孔未尝经营?"(《三变记》引)儒家经典是否无法解释这个新的世界?如果真是这样,那么经典的价值将不复存在,儒学将退出历史舞台,显然这是廖平不能接受的。因此,他要努力从经典中阐发新义,使经典与现实世界合拍,让经典面向世界。廖平的大统学说,正是希望通过对孔经的阐发,建构一个面向世界的经学思想体系。

  当然,他对大统世界的建构,往往通过曲解经义的方式进行,多是郢书燕说。他将诸子百家收归孔门,甚至纬书、《山海经》、《楚辞》、佛经、道经、医书等,都被他当成建构大统理论的质料而熔于一炉。所有这些,我们如果以纯粹学术研究的眼光来看,固然觉得荒唐可笑。但廖平放弃"今古学"而阐发"大小统",事实上走的已经不是学问家的道路,而是在进行思想体系建构了。学术力求严谨,论据要坚实可信;至于思想,则不妨天马行空,上下求索。廖平对经典的另类诠释,固然与儒学在近代面临的挑战有关。他试图通过扩大孔经的包容性,来拓展经典适用的范围,寻求孔学的时代价值。如果将其放在近代儒学转型的大背景下来观察,这未尝不值得我们加以同情地理解。

(原载《孔学堂》2018 年第 4 期)

清代四川经学三考

清代四川地区之经学，研究者多聚焦于晚清，尤其是廖平等少数几位大师，而对整个清代四川经学著述及发展演变状况却极少论及。由于资料零碎，文献难稽，清代四川学者究竟有些什么经学著作与成绩，的确难以言之。本文通过查阅四川省志、各府县方志及其他相关资料，对清代四川地区的经学著述、经学家进行了统计，获得了一些比较有价值的数据，作成《清代四川经学著述简目》，并在此基础上撰成《时间分布考》《经典分布考》《地域分布考》三考，以期从一个侧面反映清代四川经学研究的总体情况，并试图描述其发展演变的历史轨迹。

一 时间分布考

根据清代四川经学发展演变的状况，结合清代学术史的分期，我们将四川经学划分为前、中、后三个时期：顺治（1644—1661 年）、康熙（1662—1722 年）、雍正（1723—1735 年）三朝为第一期，时间跨度共 92 年。乾隆（1736—1795 年）、嘉庆（1796—1820 年）两朝为第二期，时间跨度为 85 年。道光（1821—1850 年）、咸丰（1851—1861 年）、同治（1862—1874 年）、光绪（1875—1908 年）、宣统（1909—1911 年）五朝为第三期，时间跨度为 91 年。三期共 268 年。

需要说明的是，这样的划分并不是绝对的"一刀切"。首先，许多人物、著作往往横跨两个时期，这就增加了时段划分的复杂性。但这并不构成不可逾越的障碍，我们还是可以根据各方面的数据推断出其经学活动的主要时期。其次，由我们的划分可以看出，各阶段在时间的分配上是不平衡的。这与清代康熙、乾隆两位皇帝在位时间特别长有相当大的关系。这样的划分一方面借鉴了清代学术史的常规分期法；另一方面，更主要的是从清代四川地区经学发展的具体情况出发，确定这样三个时期。根本问题不在于时间的长短，而在于各个时期所反映出来的经学发展的特征。当然，同样需要说明的是，三个时期的经学虽然各有其特点，但也并不决然迥异，毫无交叉。事实上，前一期往往孕育着后一期的经学特点；同样，后一期常常不可避免地保留着前一期的经学烙印。学术的发展并不是推倒重来，而是有继承，有创新，清代四川经学的发展演变也同样如此。

明白了以上几点，我们可以对清代四川经学著述之时间分布做一个分析。为了更直观地说明问题，我们制作了一个时间分布表：

表1　　　　　　　　清代四川经学著述之时间分布表①

时　期		朝　代	著作部数	作者人数	年均部数	年均人数
第一期（前期）共92年		顺治、康熙、雍正	55	34	0.60	0.37
第二期（中期）共85年		乾隆、嘉庆	116	62	1.36	0.72
第三期（后期）共91年	前段 41年	道光、咸丰	105	56	2.56	1.37
	后段 50年	同治、光绪、宣统	409	133	8.18	2.66
合　计		268年	685部	285人	2.56	1.06

由上表可以看出，在整个清代268年的时间里，四川地区285位经学家共著有685部经学研究著作。基本上平均每年诞生1位经学家，平均产出著作2.56部。但在时段的分布上就非常不平衡了：

---

① 由于清代四川经学著作方面的资料极分散，本表中的统计数字主要来自晚清、中华民国和现代新修四川省志及各县志中的经籍、艺文或人物部分，并参考其他文史资料。后面二表亦同。

第一期 92 年，有著作 55 部，经学家 34 人；平均每年产出约 0.60 部，0.37 人。

第二期 85 年，有著作 116 部，经学家 62 人；平均每年约 1.36 部，0.72 人。

第三期 91 年，有著作 514 部，经学家 189 人；平均每年约 5.65 部，2.08 人。

我们把第三期又划分为前后二段。道、咸二朝为前段，共 41 年，有著作 105 部，经学家 56 人；平均每年约 2.56 部，1.37 人。同、光、宣三朝为后段，共 50 年，有著作 409 部，经学家 133 人；平均每年约 8.18 部，2.66 人。

统计数字比较清晰地反映出清代四川经学发展的演变轨迹，即仅从著作部数和人数观察，递增效应是极其明显的。前期 92 年，著作约占 8%，人数约占 12%；中期 85 年，著作约占 17%，人数约占 22%；而后期 91 年，著作约占 75%，人数约占 66%。特别是晚清 50 年间，经学著作约占整个清代总数的 60%，经学家人数约占整个清代的 47%。由此反映出，虽然从整个清代来看，与江、浙、皖等学术文化大省相比，四川地区的经学并不特别繁荣，但还在曲折地向前发展着。

1. 清代前期（顺、康、雍三朝），四川经学极度衰微。各项指标远远低于整个清代的平均数。从明末到清代前期，四川地区长期战乱，经济、文化遭受了空前的浩劫。先是张献忠扰蜀，然后是清军与张献忠之间的战争，继而又有南明政权与清军的对峙，以及南明将领之间的互相厮杀。后来吴三桂反清，四川又成为主战场之一。从顺治元年（1644）到康熙十九年（1680），四川境内大规模战争持续 35 年，其余各年也小战不断，生灵涂炭，庐舍丘墟。加上瘟疫、水旱、饥馑，造成人口锐减，往往千里无人烟。① 在这数十年间，四川人士救死不暇，转徙游离，文教事业无从谈起。从经学研究方面看，无论著作数量还是经学家人数都非常少。

这个时期四川学术文化仍然保留了鲜明的明学烙印，理学仍然是主流，但也出现了费密、唐甄等开清学风气之先的思想家。

---

① 参见孙晓芬《清代前期的移民填四川》，四川大学出版社 1997 年版。

费密、唐甄二人在清初思想界有一定的影响，其思想倾向往往与黄宗羲、顾炎武等相通。费密（1625—1701年），新繁（今属四川新都）人。其父经虞，明末知昆明县，后迁桂林太守，未到任，引疾归，因战乱滞留江都。博学能诗，著述甚丰。返里后讲学著书，卒，门人私谥曰孝贞先生。费密幼承庭训，因蜀乱，辗转于川、滇、陕等地。后出沔汉，游历吴越，至扬州，与王世祯、钱谦益、孙枝蔚、魏禧、屈大均、唐甄、万斯同、陈维崧、孔尚任、朱彝尊等名流交往，众人咸推服其经术文辞。后又往苏门山师事孙奇逢，又至浙江与吕留良论礼。费密守志穷理，讲学著述，经学、史学、文学、医学、书法等方面都有很高的造诣。其主要著作有《弘道书》《文集》《诗钞》《外集》等50种，300余卷，并完成其父所编的《剑阁芳华集》20卷，《雅论》26卷。张邦伸评论说："蜀中著述之富，自杨升庵后，未有如密者。杨主综览旧闻，密则独抒己见，较杨更精。"（《锦里新编》卷5）在学术上，费密以汉儒为宗，力倡实学，反对宋儒空虚疏狂的积习，对其抹杀汉唐诸儒的功绩表示异议，肯定汉唐诸儒在学术上的成就和贡献，并对宋明理学的"道统论"提出批评，在开创清代学风上起了"导夫先路"的作用。经学方面有《春秋虎谈》《尚书说》《周礼注论》《二南偶说》等10种，惜都已失传。著作仅传唐鸿学刻入《怡兰堂丛书》中的《费氏遗书三种》。①

如果说费密之学重点在于反思宋明以来的学术之弊，那么唐甄则主要对两千多年来之专制政治进行批判。唐甄（1630—1704年），四川达州人。从父宦于吴，蜀乱不得归。中顺治丁酉科四川乡试，选授山西长子县知县。以循良著称。不久坐事去职，罢官还吴，潜心著述，家徒四壁，身无完衣，食不果腹，父、母、兄死不能葬，仍振笔著书不辍，乐在其中。生平综贯经史，扬榷风雅，非秦汉之书不读。研精覃思，著《衡书》97篇，天道人事，前后古今具备。其曰"衡"者，志在权衡天下也。后更名"潜书"。（《潜书》附录《西蜀唐圃亭先生行略》）又撰《毛诗传笺合义》《春秋述传》《潜文》《潜诗》《日记》各若干卷。魏叔子禧、梅定九文鼎皆深重其书。唐甄批判"君权神授"，认为天子之尊，并非天地大

---

① 参见刘智鹏《费密著述考》，《四川师范大学学报》（社会科学版）2004年第6期。

神，都是人。历史上的君主只不过是"匹夫""独夫"而已。他提出平等原则，提倡人们应当如兄弟，同处天地之间犹同处一帐之内，并认为此乃"天地生人之道"（《潜书·良功》）。主张给宰相实权，允许"士议于学""庶人谤于道"。主张经世致用，反对儒者空谈误国，把能否救民视为儒者的标准，称追求"道学""气节""文章"者，为"三败类"。（《潜书·尚治》）晚年宗王阳明"良知"之学，认为专致良知，一以贯之，明如日月，四通八辟而无碍。袭王阳明"知行合一说"。梁启超对其政治思想给予了极高的评价，认为其"与黄梨洲的原君论不谋而合，三百年前有此快论，不能不说是特识"[1]。由于唐甄的思想主张"独抒己见，无所蹈袭"，"颇合于17世纪中国启蒙时代的精神"，故侯外庐将唐甄与王船山、顾亭林、黄梨洲、朱舜水、李二曲、孙夏峰、颜习斋等并列为17世纪的启蒙思想家。[2] 唐甄以政论见长，经学并非其所重。他反对于"五经""穷搜推隐，自号为穷经"，认为治经的目的在于"明心见性"，"夫心之不明，性之不见，是吾忧也。五经之未通，非吾忧也"（《潜书·五经》），与宋明以来的经学观一脉相承。

　　清代前期另外几位经学家也值得注意。他们是井研胡世安（著有《大易则通》15卷、《易史》8卷）、长寿李开先（著有《周易辨疑》《礼记胜金讲意》《四书简明讲意》《广韵考》）、射洪杨甲仁（著有《易学验来录》）。[3] 这几位学者有一个共同的特点，即精于易学。

　　以上几位学者，除李开先外，都曾游历各地，结交当时名儒，讨论切磋，见识较广。故他们的学术视野相对比较开阔。费密、唐甄在清初思想界占有相当的地位，他们的主要学术活动在吴越，交游圈亦以江浙人士为多，对四川地区影响反而较小。从经学上看，胡世安由明入清，并无原创性贡献。李开先学宗来氏，杨甲仁学近姚江，虽通"六经"之

---

[1] 梁启超：《中国近三百年学术史》，中国书店1985年版，第163页。
[2] 参见侯外庐《中国思想通史》第5卷《中国早期启蒙思想史》，人民出版社1956年版。
[3] 胡世安，《清史稿》卷238有传。《大易则通》15卷闰1卷，有清顺治十五年（1659）朱之俊刻本，收入《续修四库全书》经部易类。《易史》8卷附卦图，有旧钞本，孙殿起《贩书偶记续编·经部·易类》中有著录。李开先，中华民国《长寿县志》卷9有传。其《周易辨疑》又名《周易六十四卦辨疑》2卷，《四库全书总目》经部易类列入存目。有清乾隆二十四年（1759）刻本，收入《四库存目丛书》经部易类。杨甲仁，《射洪县志》有传，其书在（清）嘉庆《四川通志·经籍志》中有著录，今未见。

旨，并无引人注目之成绩。故清初四川经学，基本上可以看成宋明之学的延续。正所谓"蜀士在乾隆前最重理学，敦行谊"（《四川儒林文苑传·李书传》），在经学方面，很少有影响力的作品问世。

2. 清代中期（乾、嘉二朝），四川地区仍然很不太平。乾隆年间的大、小金川之役，虽然清政府最后取得了胜利，但也付出了沉重的代价，使四川经济遭到严重破坏。同时，从嘉庆元年到十年（1796—1805），白莲教在四川也接连起事，威胁着清政府的统治。据统计，为了镇压白莲教，清政府调兵达十余万。四川总督勒保奏："嘉庆初年，四川乡勇即至三十六万，故全川得以保护。"（《圣武记》附录卷11）到战争结束之时，所调清兵及乡勇至少有50万人以上。这场战争造成海内虚耗，成为清朝由盛而衰的转折点。长期的战乱，对四川经济文化发展的负面影响是相当大的。①

这个时期，就全国而言，考据之风极盛。四川经学虽有所恢复，但与江苏、浙江、安徽等学术文化发达地区相比，差距甚大。四川经学还没有融入全国学术文化的主流，考据学虽在四川地区有所反应，但没有掀起波澜。四川地区的经学仍然比较衰微。

乾嘉时期四川的学术文化，与锦江书院有不解之缘。康熙四十三年（1704），四川按察使刘德芳为振兴蜀学，培养人才，在文翁石室遗址上，成都府学旁重建讲堂斋舍，定名锦江书院，这是四川地区的最高学府，为通省培养人才之所。其师资和毕业生质量都较高，为全川书院之首，规制崇宏，名师较多，人才辈出。雍正时清政府下令京师设金台书院，各省城建省立书院一至二所。锦江书院名正言顺地成了四川省省立书院。"石室云霞思古梦，锦江风雨读书灯"（《锦江书院纪略》）是锦江书院所标榜的。不过，书院虽建立于康熙时，但培养人才有一个过程，到乾隆年间，才显示出比较明显的成效。如蜀中名士丹棱彭端淑（1699—1779年），乾隆二十六年（1761）应四川学使博卿额之聘，主掌锦江书院，造士尤众，名士李调元、李鼎元等即出其门下。端淑工诗善文，质实厚重，跨越一代，士林奉为圭臬，与绵州李调元、遂宁张问陶号称清代四川

---

① 参见王纲《清代四川史》，成都科技大学出版社1991年版。

"三大才子"。① 李调元（1734—1803年）肄业于锦江书院，乾隆二十九年（1764）进士，选翰林院庶吉士，散馆，授吏部主事。后督学广东，任满擢直隶通永道。后因罢官谪戍伊犁，赎免得归乡里。家居20余年，以著述自娱。喜购书，家有万卷楼，为西川藏书第一家。狂放不羁，爱奇嗜博，于经史、音韵、文字、方言、戏曲、碑刻、地理、风俗、博物等无不涉笔。自汉迄明辑蜀人著述、稀见书籍150余种，曰《函海》，又辑《全五代诗》100卷。其他著述尚多，达50余种。蜀中著述之富，费密而后，首推调元。（《罗江县志》卷24《人物志》）在近代以前，锦江书院固然为四川最重要的教育机构，但办学的宗旨在于传播理学，历届掌院多为文士，罕有经学名家。士子所习，亦以制艺文章、"四书"讲义为主。因此书院所成就者，多文士而少经生。

这个时期比较重要的四川经学家，前有绵州李调元，后有双流刘沅。李调元从十六七岁开始就随父游学江南，礼拜乾隆皇帝尊为"九老"其二的宿儒钱陈群、沈德潜为师。青年时与同科探花赵翼、文坛泰斗袁枚、大学士纪昀、桐城大儒姚鼐、戏剧家蒋仕铨，以及陈琮、毕沅、祝德麟、王梦楼等过从甚密。老年返乡后又与道长刘虚静、川剧名伶魏长生等成为至交。他一生都保持同袁枚、赵翼的通信联系。在这个时期的四川学者中，应当说李调元的交游最广，视野最开阔，离当时全国的学术中心、学术精英也最近，对当时吴、皖考据之学也有接触。在他的著述之中，涉经之作占了相当大的部分。如《易古文》3卷、《尚书古文辨异》1卷、《童山诗音说》4卷、《周礼笺》10卷、《周礼辑要》5卷、《仪礼古今考》2卷、《礼记补注》4卷、《夏小正笺》1卷、《左传官名考》2卷、《春秋三传比》2卷、《春秋左传会要》4卷、《十三经注疏锦字》4卷、《逸孟子》1卷，以及文字小学类著作十余种，称得上"遍注群经"了。②

---

① 参见蔡冠洛编著《清代七百名人传》，中国书店据世界书局影印本1984年版；何崇文等著《巴蜀文苑英华》，四川人民出版社1984年版。

② 李调元著述甚富，著作大多刻入《函海》。《函海》共有6种版本：壬寅本（20函）、甲辰本（24函）、乾末本（40函）、嘉庆本、道光本和光绪本。初刻本凡20函，收书142种，134册，刻成于1782年，卷首有李调元自撰《总序》，作于乾隆四十七年（1782）十二月初六日。参见何崇文等著《巴蜀文苑英华》，四川人民出版社1984年版；《李调元研究泛谈》，《巴蜀文化研究通讯》2005年第6期。

这些著作反映出李调元有一定的考据倾向。如《易古文》《尚书古文辨异》皆据日本山井鼎、物观《七经孟子考文补遗》及陆德明《经典释文》等书所引，多集古本，互相考证。《仪礼古今考》博引群书，校正原文之误，补注疏之失，亦颇有精义。《礼记补注》专补陈澔《集说》之略，间订其误，并及郑注、孔疏。不过，李调元的文名盖过经名，治经虽有一日之长，较之同时的吴、皖考据学家，却尚未尽其精微。①

双流刘沅（1768—1855年），嘉、道之间治经亦有重名。其父汝钦，精于易学，亦能诗。沅幼承庭训，博览群书。乾隆五十七年（1792）中举，道光六年（1826）选授湖北天门知县，改国子监典簿，寻乞假归。遂卜居成都淳化街，筑槐轩隐居，奉母讲学，以课徒终其身。工书善诗，学本宋儒，兼综众流，著述宏富，"四书""五经"皆有解，经史杂著甚多，辑入《槐轩全书》行世。② 其学虽以义理为归，但亦往往兼采汉宋，自谓"不必沾沾求合于传注，唯期不谬于圣人"。故解《易》不废象数，甚称王弼之学，至谓程朱皆衍王学。解《书》既讲义理，亦兼考证，对孔传、蔡传皆不排斥。以为孔子删诗书，不过删订之后序其篇次。《书序》非孔子作，乃秦汉之间儒者附会。古文非伪，但其中或有后人增入者，要以义理断之。解《诗》虽以《毛诗》为主，亦兼采三家，融合汉宋，颇有精义。以为《诗序》源于子夏，后儒有所附益。尊信《周官》，每解一官，皆附以总论一段，发挥大义。注释则用郑、贾之说为多。《仪

---

① 近人胡玉缙在指出李调元《礼记补注》疏漏之同时，也承认其书"颇可节取，在善学者之审择焉耳"。相比之下，吴承仕批评李调元《易古文》则更为严厉："统观李氏是编，妄名《古文易》，一蔽也。所录仅及二家，二蔽也。于《释文》妄有去取，三蔽也。引书不注出处，四蔽也。自不下案语，五蔽也。"吴氏又借题发挥曰："蜀人好为文词，不明经学法式，芜杂浅陋，不蹈于大方，李氏殆其一邪？"如此评论，虽有情绪化之嫌，但也指出了蜀中经学的某些流弊。参见胡玉缙《礼记补注提要》、吴承仕《易古文提要》，《续修四库全书总目提要·经部》，中华书局1993年版，第68页、第557页。

② 刘沅《槐轩全书》包括：《四书恒解》14卷；《诗经恒解》6卷；《书经恒解》6卷；《易经恒解》6卷；《礼记恒解》49卷；《春秋恒解》8卷；《周官恒解》6卷；《仪礼恒解》16卷；《史存恒解》36卷；《古本大学质言》1卷；《孝经直解》1卷；《槐轩杂著》4卷；《正讹》8卷；《拾余四种》4卷；《槐轩约言》1卷；《埙篪集》10卷；《子问》2卷；《又问》1卷；《俗言》1卷；《明良志略》1卷；《下学梯航》1卷；《蒙训》1卷。有光绪三十一年（1905）、中华民国三年至中华民国三十三年（1914—1944）、中华民国二十年（1931）三种刻本。2006年9月，成都巴蜀书社据中华民国二十年（1931）西充鲜于氏特园藏本影印出版。

礼》《礼记》之解，亦以大义为主，明白易晓。解《春秋》随文衍义，虽无考证，但所论亦多平实近理。解《孝经》直诂经文，解后附有论辩，所论不为旧解所拘。谓颜芝所藏即汉代古文《孝经》，何以云又有古文与《尚书》同出。疑古文《孝经》至隋代有两本，其说为前人所未发。解"四书"注重理解，全面阐述，或参用他说，或出己意，《大学》不用朱子改本，《中庸》则从朱子分章，《论语》兼采何晏、邢昺之说。其学虽以宋儒为指归，但不尽遵循程朱之说，亦不强调门户疆界，往往会通三教，以《易》解《老》。讲学槐轩时，著弟子籍者前后数千人，成举人、进士者百余，明经贡士者三百余，贤名播于乡里者指不胜屈。嘉、道之间，"槐轩道"（刘门）影响遍于蜀中。咸丰中，福建侯官林鸿年为云南布政使，至蜀得沅书读之，惊喜求问，时沅已死，因受业于沅弟子内阁中书刘芬，尽购其书去。及罢官归，遂以其学转相传习，闽人称为"川西夫子"（《槐轩全书·国史刘沅传》）。

3. 清代后期（道、咸、同、光、宣五朝），我们划分为前后二个阶段。前段为道、咸二朝，东南地区的考据学继续发展，但繁荣期已经过去。由于内忧外患日益严重，以《春秋》公羊学为核心的今文经学影响扩大，经世之学兴起，传统经学面临近代转型。而四川地区经学也逐渐走出低谷。考据学在四川地区有了一定的响应，但影响不大，考据水平也并不高。今文经学还没有在四川引起共鸣，四川经学相对来说还比较保守。

在这个时期，有位对四川学风影响较大的人物，即道州何绍基（1799—1873年），道光十六年（1836）进士，选庶吉士，授编修。绍基承家学，少有名。阮元、程恩泽颇器重之。历典福建、贵州、广东乡试。咸丰二年（1852），简四川学政。绍基通经史，精律算。尝据《大戴礼记》考证礼经，贯通制度，颇精切。又著《水经注刊误》。于《说文解字》考订尤深。其诗类黄庭坚。嗜金石，精书法。初学颜真卿，遍临汉、魏各碑至百十过。运肘敛指，心摹手追，遂自成一家，世皆重之。（《清史稿》卷503《文苑三·何绍基传》）绍基于经学、小学用力最深。其门人林昌彝所撰《小传》称他"于学无所不窥，博涉群书，于六经子史皆有著述。尤精小学，旁及金石碑版文字。凡历朝掌故，无不了然于心"。曾手批《说文释例》《十三经注疏》，蝇头细书，小楷端谨，考订精审，用功至深。著有《惜道味斋经说》8卷、《说文段注补正》4卷等朴学著作。①但绍基治经之名为其书名所掩，没有引起后人足够重视。督学四川之时，他"整顿试事"，严饬科考规程，杜绝伪冒，恢复旧章，并根据形势加以变通。又巡视四川各地，访察地方情形，广交蜀中人士，讲学论艺。至今四川不少名胜古迹尚保存许多何绍基的题咏、墨迹。咸丰四年（1854），他给咸丰帝的奏折中说，四川"才隽之士无郡无之，即以酉阳、宁远之偏僻，亦尽有才思杰出者"（《敬陈地方情形折》）。但他终因"直言无隐，权贵侧目，谤焰炽腾，卒以条陈时事，罣议镌秩"（熊少牧《墓志铭》）。②在川虽不到三年，但提倡学术，选拔人才，足迹所至，及于边远。对于振兴蜀学，功不可没。戴纶喆说："蜀自何公后，蜀人始知治经；张公后，蜀人之治经者始众。"（《四川儒林文苑传·王劼传》）前有何绍基，后有张之洞，都对近代四川经学的发展产生过重大影响。

道、咸之际四川比较知名的经学家，有万县何志高、巴县王劼等。何志高，字西夏，邑廪生。淡于科名，足不履城市，闭户著书数十年，潜心经学，学者称西夏先生。所著《易经本意》4卷、《释书》1卷、《释诗》1卷、《释礼》1卷、《春秋大传补说》4卷，汇为《西夏经义》刊行。③其解《易》注释经传，大抵宗法程朱，推阐义理，证以史事。释《书》或解字句，或释大义，义多浅近。释《诗》首《诗序》，次《诗说》，次删诗论，又次风雅颂分释，亦有精到之语。说《春秋》则重大义，以为夫子因鲁史之旧，变史文，寓褒贬，辞微旨奥，非仅为记事之书。论书法义例，兼采"三传"及宋儒之说，附以己意，考证少而议论多。西夏经学虽无甚高之论，但在当时四川士子重制艺、习帖括，重文辞，轻经学的学术氛围下，僻居穷乡，皓首穷经，诚为可贵。

巴县王劼（一名驹，又名晖吉，字子任，又字海楼），嘉庆十八年（1813）举人。由咸安宫教习以知县发浙江，历官金华、西安、石门、分水等知县十余年。改官江西，道光二十八年（1848）致仕归，主讲字水

---

① 参见张舜徽《清儒学记·湖南学记第七》，载《张舜徽集》第2辑，华中师范大学出版社2005年版。
② 转引自何书置《何绍基年谱》，载《何绍基书论选注》附，湖南美术出版社1988年版。
③ （清）范泰衡等纂《增修万县志》卷29《士女志》，（清）同治五年刻本。按：《西夏经义》今存有（清）道光十八年刻本。

书院，造就多士，一时才望如潘清荫、梅树楠等皆出其门。好为诗，数十年不倦。治《毛诗》功至深。初著《毛诗述闻》20卷、《毛诗篇名解》2卷、《毛诗经传考异》1卷，惜被盗失。晚复成《毛诗读》30卷刊行。（《巴县志》卷10下）王劼历官浙东、江西等地，与当时学术名流交往，视野较一般蜀士宽广，于东南考据之学比较了解，故议论宏达，以考证为主，正句读，析音义，间有精义。包世臣（慎伯）、陈奂（硕甫）极称其《诗》学，四川学使何绍基为其书题签。陈奂作《毛诗传疏》，间亦采用其说。"当乾嘉鸿儒辈出之时，蜀中风气未开，先生独覃精朴学，欲上窥兴观群怨之旨，不可谓非豪杰之士矣。"（《四川儒林文苑传·王劼传》）王劼又有《尚书后案驳正》2卷、《周礼存真》5卷、《短斋经文》20卷及《晚晴楼诗草》10卷行世。其中《尚书后案驳正》为驳王鸣盛《尚书后案》而作。①

总的来说，道、咸之际，四川经学渐有起色，治经人数、经学著作较以往有所增加，考据之学的影响逐渐扩大。四川学者走出去，见闻渐广。而何绍基等外省籍学者入蜀，也给封闭的四川带来新鲜的学术空气。四川经学处于"一阳来复"之时。

咸、同二十多年，清王朝经历了亘古未有之巨变。内忧外患，风声鹤唳。尤其是洪、杨之乱，学术文化中心——江、皖、浙糜烂最甚，公私藏书荡然，耆宿学者凋零，虽有所谓"同光中兴"，但清王朝日薄西山，暮气十足，曾经在这些地区辉煌过的考据之学，这时已经难以为继了。清代经学走过了它的全盛时期，逐渐衰落。随着甲午战争的失败，以"经世"为特征的今文经学打起孔子的旗号，托古改制，掀起一场变法图强运动，但以失败告终。与此同时，宋学之复兴、西学之讲求、排满思想之发动，成为"思想界之新路"②。腐朽的清王朝也最终没能挽救自己的统治，"辛亥"倡义，两千多年的帝制时代宣告结束，中国历史翻开了新的一页。

---

① 王劼《毛诗读》30卷，有清咸丰九年精刊本；《毛诗序传定本》30卷，有清同治三年晚晴楼精刊本；《尚书后案驳正》2卷，有清咸丰十一年刻本（此本收入北京出版社2000年出版的《四库未收书辑刊》）。

② 参见梁启超《中国近三百年学术史·清代学术变迁与政治的影响》（下），中国书店1985年版。

咸、同之间因为四方多故，需要贤才，曾、左幕府，多有蜀士。如忠州李士棻（1821—1885年），中江李鸿裔（1820—1897年），达州林源恩（？—1856年），隆昌范泰衡（1804—1887年），范泰亨（？—1864年），富顺萧世本（1834—1887年），开县李宗羲（？—1884年）等。① 范泰衡"为学以义理为主，极深研几，于汉宋诸儒之说多所发明，亦多所匡正"（《蜀学编》卷2《范宗山先生传》），著有《周易》《尚书》《孝经》及《学》《庸》《论》《孟》等读记若干卷。曾国藩赞其理学，称之为"庶几躬行实践者"（《清史列传》卷67《儒林传上二》）。中江李星根（1817—1899年），幼孤，家贫而富藏书，博览经史百家。同治末入左宗棠幕，左称之为"蜀之积学士"，荐为国子学正。后以年老妻病辞归，左书"读书延年"四字相赠。著有《尔雅纂义》《史学提要续释》，及诗文钞行世②。

清朝的最后50年（同、光、宣三朝），是四川经学发展的黄金时期。从数量来看，这50年间，共产生经学著作409部，经学家133人。而此前200多年间，只有经学著作276部，经学家152人。可见这最后50年所取得的成绩比此前200多年的总和还要多。

道、咸以来兴起的今文经学运动，在同、光年间终于在四川得到了响应。晚清四川经学的发展，与两位外省籍人士有非常大的关系。同治十二年（1873），张之洞担任四川学政。次年四月，丁忧在籍的工部侍郎薛焕（四川兴文人）等官绅上书川督吴棠及学政张之洞，以锦江书院主习制艺八股，不合时宜，请予再建书院一所，继承文翁之教，定名尊经书院。此请得到朝廷的同意。书院始创于同治十三年（1874），建成于光绪元年（1875）春。择郡县高才生百人肄业其中，延聘名儒，分科讲授。张之洞暇日亲至书院，为诸生讲说，并撰《𬨎轩语》和《书目答问》二书，作为诸生读书指导。又撰写《四川省城尊经书院记》，说明办学宗旨是培养蜀中人才，通经致用。他还亲手制定尊经书院章程十八条，作为办学方针，对课程设置、教学方法、学生奖惩、师生关系等方面都做了

---

① 参见成晓军《曾国藩的幕僚们》附录一《曾国藩的其他重要幕僚》，东方出版中心2000年版。

② 陈品全等纂：中华民国《中江县志》卷22《文征四·书李斗垣先生遗集后（游夔一撰）》；又卷8《人物三·著述表》，中华民国十九年铅印本。

非常细致的规定。吴棠也雅尚经术，开书局刊印经、史、小学诸书，张之洞更扩而大之，流布坊间，资士人讲习。（《张文襄公年谱》卷1）书院学生大多是从各府县挑选的高才生，所学课程为经、史、小学、辞章，尤重通经，这与过去锦江书院重制艺有本质的区别。由于张之洞、吴棠的大力提倡，"通经致用"在四川形成风气。

  光绪四年（1879），四川总督丁宝桢聘请湖南著名学者王闿运（1832—1916年）担任书院山长（院长）。王闿运，咸丰举人，初馆山东巡抚崇恩。入京就尚书肃顺聘，后入曾国藩幕。著有《湘军志》《湘绮楼诗文集》等，为晚清著名经史学家，《清史稿》卷482《儒林三》有传。其学由礼入手，考三代之制度，详品物之体用，然后通《春秋》微言，申何休之旨，主今文家说。至于经史百家之学，亦无不探索钻研，求其贯通，故其学极为渊博。王闿运主讲尊经书院时，教人专经史，讲实学，分经受业。对学生要求严格，规定每日读书必须记心得体会，山长以次审改评定，学生作业不得抄袭陈文，或者请捉刀代笔。时井研廖平（1852—1932年）、绵竹杨锐（1857—1898年）、汉川张祥龄（1857—1931年）、富顺宋育仁（1857—1931年）并称"高足弟子"。其后"廖平治公羊、谷梁《春秋》《小戴记》，戴光治《书》，胡从简治《礼》，刘子雄、岳森通诸经，皆有师法，能不为阮氏《经解》所囿，号曰蜀学"①。

  由于张之洞、王闿运等倡导"通经致用"，注意发掘人才，教学方法也比较灵活。因此尊经书院成了当时四川学术文化的中心，以人才荟粹名闻全国。学生治学严谨，思想活跃，喜欢议论时政，臧否人物，这就为改良主义思想在四川的产生和传播创造了条件。尊经书院对新学的重视，迅速影响了全川。四川各地先后办起了许多新式学堂，不仅使四川沉闷的学术氛围为之一新，而且培养了大批人才。近代四川"蜀学鸿儒"和爱国志士除前面提到的诸人外，如彭家珍、罗伦、张澜、吴虞、吴玉章、骆成骧、徐炯、顾应愚、彭毓嵩、范容、张森楷、郭沫若等文化名人，或为成都尊经书院的学生，或一秉师承，次为后进，有私淑之雅，都直接或间接地与尊经书院发生关系。②

---

  ① 参见朱拙存《中国历代名人传·王闿运传》，中国书店1988年影印本。
  ② 参见胥端甫《王湘绮与尊经书院》，《民主评论》1960年第2期。

晚清四川经学，固以廖平为大宗。据廖幼平说，先生著述极丰，目录可考者殆数百种，除有目无书及遗稿散佚，一时无法搜集外，现有未刻者21种，已刻者97种。① 其晚年手定《六译馆丛书》，计有翻译类3种，论学类9种附1种，《孝经》类3种，《春秋》类20种附2种，《礼》类6种，《书》类12种，《诗》类10种附1种，《乐》类3种，《易》类8种，尊孔类10种，医家类21种附5种，文钞类9种，辑古类7种附8种。这些著作大多与经学相关。廖氏经学有所谓"六变"（第一变平分今古，第二变尊今抑古，第三变大统小统，第四变天学人学，第五变天人大小，第六变以五运六气解《诗》《易》），愈变愈玄，高深莫测，当时有"风疾马良，去道愈远"之讥。不过，万变不离其宗，廖氏经学自有其"根荄"所在，即"一屏琐末之事不屑究，而独探其大源。确定古今两学之辨，在乎所主制度之差"②。最知廖氏经学者为刘师培与蒙文通。刘师培称其"长于《春秋》，善说礼制，洞彻汉师经例，自魏晋以来未之有也"（蒙文通《廖季平先生传》引）。蒙文通先生说："廖师既通《谷梁》，明达礼制，以《谷梁》《王制》为今文学正宗，而《周官》为古学正宗，以《公羊》齐学为消息于今古学之间，就礼制以立言，此廖师根荄之所在。"③ 正因为如此，廖氏经学于两汉家法能辨析明白，穷源尽流。由两汉而上溯周秦，进于齐鲁，两千年的经学之源流正变，明白了然。但廖氏经学中的矛盾与缺陷亦颇为突出，学术与世变因缘际会，到廖平这里，传统经学时代画上了一个并不完美的休止符。

除廖平外，晚清四川还有不少经学名家。如彭县吕调阳（1832—1892年），出身农家，励志苦学。同治三年（1864）举人。性甘淡泊，绝意仕途。光绪间主讲本县九峰书院、敖场凤楼书院。工书法，以治经为业。晚居县城外北惜字宫，讲授经世致用之学，兼及史地、训诂、考证之学，一时才俊皆出其门。著书颇多，诸如《易一贯》6卷、《洪范原

---

① 参见廖幼平《六译先生已刻未刻各书目录表》，载《廖季平年谱》附录，巴蜀书社1985年版。
② 蒙文通：《井研廖师与汉代今古文学》，载《经史抉原》，收入蒙默编《蒙文通文集》第3卷，巴蜀书社1995年版，第120—137页。
③ 蒙文通：《井研廖师与汉代今古文学》，载《经史抉原》，收入蒙默编《蒙文通文集》第3卷，巴蜀书社1995年版，第104—115页。

数》1卷、《诗序议》1卷、《考工记考》1卷、《古律吕考》1卷、《逸经》1卷、《群经释地》6卷、《大学节训》1卷、《释天》1卷、《六书十二声传》12卷、《解字赘言》1卷等，收入《观象庐丛书》。① 长寿李滋然（1847—1921年），光绪五年（1879）为四川学使张之洞识拔，举乡试第六。十五年（1889）进士，签分广东，任电白、文昌、曲江、揭阳、顺德、普宁、东莞等县知县。四充广东乡试考官。光绪末因主办新学、废科举被劾去官。通经学，著有《周礼古学考》11卷、《群经纲纪考》16卷、《四库全书书目考》4卷、《明夷待访录纠谬》1卷、《尔雅旧注考证》1卷、《采薇僧诗集》1卷行世。② 成都张慎仪（1846—1921年），博通经史，朴实说经，尤长于语言文字之学，著有《诗经异文补释》，又著有《广释亲》《续方言新校补》《方言别录》《蜀方言》等书，汇刻为《薆园丛书》。③ 巴县潘清荫（1851—1912年），同治十二年（1873）举人，出张之洞门下。以考选二等，任达县训导。光绪十四年（1888）张之洞督两广，召为书局纂校。二十七年（1901）选山东济宁州判。逾年为山东大学堂监督，议叙同知。宣统元年（1909）调补学部实业司主事，任政法学堂庶务长。擢员外郎，晋郎中。辛亥军兴，弃官归。精《尔雅》《说文》，著有《尔雅略例》《读段注说文札记》《巴渝方言证》《说文礼经互证表》《礼制汇表》《诸经摘要》《宋元诸儒粹语》等。诗文杂著名《四本堂集》，刊行于世。（《巴县志》卷10下）名山吴之英（1857—1918年），优贡生。曾任资州艺风书院及简州通材书院讲席、灌县训导、成都尊经书院都讲、锦江书院襄校、国学院院正。响应"康梁变法"，组织"蜀学会"，创办《蜀学报》，并自任主笔。"维新变法"失败，愤然回乡隐居，研究学问，专心著述，有《寿栎庐丛书》传世，包括经学著述《仪礼奭固》《礼器图》《礼事图》《汉师传经表》等。④ 吴氏治经学守

---

① 参见四川省彭县志编纂委员会《彭县志·人物》，四川人民出版社1989年版。按：《观象庐丛书》有清光绪十四年刻本。
② 参见长寿县地方志编纂委员会《长寿县志·人物》，四川人民出版社1997年版。
③ 参见张慎仪《续方言新校补》《方言别录》《蜀方言》，四川人民出版社1987年版点校前言；《薆园丛书》，载顾廷龙编《中国丛书综录》第1册，中华书局1959年版。
④ 参见四川省名山县志编纂委员会《名山县志·人物》，四川科学技术出版社1992年版。按：《寿栎庐丛书》有1920年名山吴氏刊本。

家法，以礼学为主，尤其擅长《仪礼》，明于汉代经学源流。富顺宋育仁（1857—1931年），幼丧父母，奋发苦学考上进士，曾进成都尊经书院学习，26岁就主讲资州艺风书院。写成《说文部首注》，与经学大师廖平齐名，著有《周礼十种》《问琴阁丛书》等。[①] 新繁谢济勋，字放廷，善诗文，精经学。同治中张之洞督学四川，深赏其文，叹为"真读书人"。著作甚多，有《周易象图》《周易上下经学》《系辞传说卦传序卦传杂卦传说》《尚书经义》《诗经序义证》《孝经述》《论语义述》《大学定本述》《中庸释》《新繁清韵》《论孟卮言略说》《论孟卮言详说》《好古敏求斋诗文集》等行世。（《新繁县志》卷10《人物》七之四）郫县姜国伊，字尹人，幼颖悟勤学。笃志经学，尤专于《易》，并精医理。论者谓其经学优于诗赋，诗赋优于文章，医学则在经学、诗赋之间，识者以为笃论。王闿运主讲尊经书院，国伊尝条举"四书"疑义数十以问，闿运极称之。著述有《诗经思无邪序传》《春秋传义》《孝经述》《大学中庸古本述注》《孟子外篇》等二十余种，多刊入《守中正斋丛书》行世。（《郫县志》卷3《儒林》、卷5《典籍》）合川张森楷（1858—1928年），光绪二年（1876），因才华出众，学业优异，为四川学使张之洞赏识，特手谕遴选入州学，定为秀才，一年后又特选入成都尊经书院深造。光绪十九年（1893）中举。经学、史学兼长，一生著作27种，共1134卷。经学方面有《周礼名义通释》4卷、《左史长义较》1卷、《缜密斋治经偶得》1卷、《六书半解》8卷、《文字类要》4卷、《迭韵无双谱》106卷、《通俗正名杂字书》1卷、《同声字谱》10卷、《声律典丽》4卷。[②] 其他专治一经或多经的四川经学家还有许多。

同、光之际四川经学家大量涌现，扭转了清初以来巴蜀经学的颓势。

[①] 四川省富顺县志编纂委员会：《富顺县志》，四川大学出版社1993年版，第694—695页。按：《问琴阁丛书》有中华民国十三年刊本，包括《孝经正义》《急就篇》《管子弟子职说例》《许氏说文解字说例》《夏小正说例》《诗经说例》《大学修身说例》《论语学而里仁说例》《礼记曲礼上下内则说例》《学记补注》《国语敬姜论劳逸说例》《孟子说例》各一卷。另附蒲渊《修身齐家章注》、卢懋《论语新注》、龚道熙《孟子许行毕战北宫锜问章注》各一卷。

[②] 张学君：《张森楷》，载《四川近现代人物传》，四川省社会科学院出版社1986年版，第191—195页。又，刘放皆：《著作等身的历史学家张森楷》，载《四川近现代文化人物》，四川人民出版社1989年版，第98—108页。又，四川省合川县志编纂委员会：《合川县志》，四川人民出版社1996年版，第728—732页。

晚清最后四五十年，四川经学异军突起，产生了重要的影响。同时，以廖平经学为标志，中国传统经学在四川画上了休止符。

二 经典分布考

"四书""五经"，加上《尔雅》等小学类著作，构成了儒家文化的经典体系。两千多年来的经学研究和儒学建构，基本上都以这些经典为核心（当然儒家经典体系的完全形成有一个长期的过程，其间的分合曲折，这里不作讨论）。清代四川地区的经学研究，也没有脱离这些经典的范围。但由于学术风气、学者兴趣等方面的影响，经学家对这些经典的认识并不完全一致，有的人重视"五经"，有的人对"四书"更感兴趣，另外一些人醉心于文字小学。当然也有不少兼通数经的经学家。通过分析经学著作的经典分布情况，我们可以简单描述四川经学家对经典的取向。为了更直观一点，我们根据统计数字绘制了一个经典分布表：

表2　　　　　　　清代四川经学著述之分经统计

经典		前期 顺、康、雍		中期 乾、嘉		后期 道、咸		后期 同、光、宣		总部数	总人数	排序 数序位号	排序 数序位号
		部数	人数	部数	人数	部数	人数	部数	人数				
《周易》		18	17	27	23	22	20	47	31	114	91	3	2
《尚书》		1	1	7	7	7	6	22	17	37	31	8	8
《诗经》		3	3	8	8	11	7	28	20	50	38	7	7
"三礼"	《周礼》	2	2	5	3	3	3	20	14	30	21		
	《仪礼》	0	0	2	2	0	0	13	9	17	12		
	《礼记》	2	2	2	2	1	1	12	5	18	11		
	杂礼	5	3	4	4	3	3	19	14	32	25		
	总数	9	7	13	11	7	7	64	42	93	69	4	4
《春秋》	《左传》	0	0	3	2	5	5	17	6	23	12		
	《公羊》	0	0	0	0	0	0	5	4	5	4		
	《谷梁》	0	0	0	0	0	0	5	3	5	3		
	通义	3	3	7	7	4	3	12	8	26	21		
	总数	3	3	10	9	9	8	39	21	59	40	6	6

续表

经典		前期 顺、康、雍		中期 乾、嘉		后期 道、咸		后期 同、光、宣		总部数	总人数	排序 数序 位号	排序 数序 位号
		部数	人数	部数	人数	部数	人数	部数	人数				
《孝经》		0	0	2	2	2	2	17	16	21	20	9	9
群经总义		3	3	7	6	13	10	50	26	73	45	5	5
"四书"	《论语》	0	0	1	1	5	4	9	7	15	12	0	
	《孟子》	0	0	4	4	1	1	10	9	15	14	0	
	《学庸》	4	4	11	11	9	6	17	10	41	31	0	
	通论	12	12	18	18	10	10	5	5	45	45	0	
	总数	16	16	34	34	25	21	41	31	116	102	2	1
小学	《尔雅》	0	0	0	0	2	2	13	13	15	15	0	
	《说文》	0	0	1	1	3	2	40	27	44	30	0	
	其他	2	2	7	3	4	4	46	26	59	35	0	
	总数	2	2	8	4	9	8	99	66	118	70	1	3
合计		55	34	116	62	105	56	409	133	685	285		

说明：本文所统计的经学家，皆指有经学成书而见于记载、著录或流传的学者。因常常出现一位经学家有多种著作的情况，故"人数"皆是去重后之实际数字。

这个表里面包含了很多信息。我们可以从中分析清代四川经学的一般状况，包括各经著作的数量排序、经学家的人数排序，并可以分析四川学者对各经的关注程度，从而了解他们的经学兴趣的转变历程，以及与四川地区学风转变的密切关系。

清代四川经学论著总部数为685，分经排名的顺序是：1."小学"（118部），2."四书"（116部），3.《周易》（114部），4."三礼"（93部），5.群经总义（73部），6.《春秋》（59部），7.《诗经》（50部），8.《尚书》（37部），9.《孝经》（21部）。

经学家共285人，分经排名顺序如下：1."四书"（102人），2.《周易》（91人），3."小学"（70人），4."三礼"（69人），5.群经总义（45人），6.《春秋》（40人），7.《诗经》（38人），8.《尚书》（31人），9.《孝经》（20人）。

从经典排名看，"小学"居首，"四书"居第二，《周易》居第三，其次是"三礼"、"群经总义"、《春秋》、《诗经》、《尚书》、《孝经》。这个排名需要具体分析。"小学"类包括《尔雅》《说文》和其他语言文字类著作，如果只算《尔雅》，只能排在最后一名。"四书"多为讲章帖括之学，虽然数目众多，但若将其分拆计算，排名则将大大延后。"群经总义"通论众经，不便计入经典排名。故若以单经排名，《周易》数量大大超过其他诸经，稳居第一。

《周易》之学。《四库全书总目·经部·春秋类序》说："《易》包众理，事事可通。《春秋》具列事实，亦人人可解。一知半见，议论易生，著录之繁，二经为最。"从清代四川经学的实际情况看，易学著述最为丰富。四库馆臣所言，只是一方面的原因；另一方面更重要的原因，应当是受两千多年来蜀中易学研究的传统影响，所谓"易学在蜀"，清代也不例外。从时段分布来看，各个时期的易学著述，以及研治易学的人数都较其他诸经多，且分布都比较均衡，显示出在整个清代，四川学者都比较重视易学的阐释。清初四川著名易学家有井研胡世安、长寿李开先、射洪杨甲仁等。

井研胡世安（？—1663年），字处静，别号菊潭，1628年进士，历少詹事，入清官至大学士。著作主要有《大易则通》15卷、《易史》8卷、《龙乘》16卷，以及《寒友编》《异鱼图赞笺》等行世（《井研县志》卷8有传）。《大易则通》汇集杨甲、朱熹、张理、章潢、钱一本易图及图说，间附折中之论。在胡世安之前，有杨时乔、钱一本等抄录前人易图及图说。朱熹、杨甲、胡方平、张理及《道藏》中的一些易图，章潢已收入《图书编》中。因此胡世安《大易则通》所抄易图及图说，大部分是源于章潢的《图书编》和钱一本的《像抄》。但他抄录各家而不注明出处，为学者所诟病。不过，明罗喻义《读易珊瑚篰》及刘养贞《易遗象义》二书原本失传，赖胡世安之抄录而得以流传至今，故虽为抄书，其保存资料之功也不容抹杀。① 长寿李开先，字传一，著有《周易辨疑》4卷（又名《周易六十四卦辨疑》）、《礼记胜金录》、《四书简明讲意》、《广韵考》等。其易学受于乡人来知德，故其

---

① 胡世安，《清史列传》及嘉庆《四川通志》都有传。郭彧《易图讲座》第四十八讲《清代的易图——胡世安〈大易则通〉中的易图》对其易学有比较详细的评介。

书诠解象数，多推阐其师错综之例，惟卦变之说与来氏不合。其中驳朱子《本义》者颇多。(《四库全书总目》卷9《经部·易类存目三·周易辨疑提要》)射洪杨甲仁（字乃所，号愧庵），年十五入邑庠，学通"六经"之旨。曾徒步数千里，从楚南硕儒刘丽虚学，归讲学于金华山中。康熙三十四年（1695）以明经赴京考取中书，于吏部讲解《太极图》，精辟透彻，闻者叹服。关中名儒李颙极赞其说"字字入髓，针针见血，滴滴归源"。归里后潜心攻《易》，著有《易学验来录》，年八十卒于家。(《四川儒林文苑传·杨甲仁传》)

此后郫县向廷赓（著有《易图贯述》）、新都杨凤庭（著有《易经解》）、广元杨冕（著有《读易必究》《易经图说》）、罗江李调元（著有《易古文》）、双流刘沅（著有《周易恒解》）、内江易含章（著有《读易偶得》《卦图管见》《河图管见》《太极图说》）、万县何志高（著有《周易本意》《易经图说》）、秀山萧大士（著有《周易汇纂》）、简州汪鼎元（著有《周易述要》）、傅为霖（著有《武库》）、隆昌范泰衡（著有《读周易记》）、彭县吕调阳（著有《易一贯》）、新繁谢济勋（著有《周易上下经学》《周易象图》）、中江林有仁（著有《读易日钞》《易原管窥》）、内江艾庭晰（著有《艾氏易解》）、井研吴克昌（著有《汉易识别》《易图明辨补正》）、彭景云（著有《周易解》）、廖平（著有《易经古本》《四益易说》《易生行谱例言》《易经经释》《贞悔释例》）、富顺萧德骒（著有《易说》）等，皆为清代四川易学名家。

《尚书》之学。清代四川治《尚书》之学者极少。清初费密有《尚书说》1卷（见嘉庆《四川通志·经籍志》）。乾隆时罗江李调元著《尚书古文辨异》1卷（收入《函海》），其书在日本山井鼎及物观所著《七经孟子考文补遗》写本之《尚书古字考》一册基础上，复采诸书而成。篇目依《尚书》，首《尧典》《舜典》，终《费誓》《秦誓》，凡古文异字，皆摘录注以今文，并附考证案语。成都龙万育著《尚书诂要》4卷，以诂字为主，义遵《传说汇纂》。信《书序》出自孔壁；论古文不疑梅颐，而以孔传为郑冲以下人所作，托名安国。论《禹贡》，谓蔡传疏于中州水道。① 双流刘沅作《书经恒解》6卷，以义理为主，亦兼考证，对孔传与蔡传皆不排斥。主张孔子序诗书，不过删订之后，叙其篇次；《书序》非孔子手作，为秦汉之间儒者附会；古文非伪，其中或有后人增入者，要以义理断之。道光中，巴县王劼作《尚书后案驳正》2卷，是书为驳王鸣盛《尚书后案》而作。上卷篇中谓《后案》更有四谬：一疑传记所引有不便者为失真；一诬传记所引之有合者为缀辑；一删改以就己说；一舞文骋辩以乱群书。下卷附编辩顾炎武、阎若璩、惠栋之说，认为王鸣盛《后案》、江声《集注音疏》而外，以孙星衍《今古文注疏》尤劣。（《尚书后案驳正》）王劼相信东晋古文《尚书》乃孔传，排斥疑古诸家之说，其用意与毛西河相似。他对疑古诸家考辨方法的反诘，固有得当之处，但立论亦多爱憎之言。

清末治《尚书》者，多与张之洞、王闿运有关。如井研吴锡昌，在张之洞督学四川时治经已盛声名，著有《尧典月令中星考》2卷。② 富顺陈崇哲，少与本县宋育仁同学于王闿运，著有《古今尚书篇目表》1卷。（《富顺县志》卷15《艺文》）井研廖平著《尚书今文新义》（又名《弘道篇》），分《尚书》《中候》为二，以《尧典》到《微子》为《尚书》义，《金縢》迄《秦誓》为《中候》义。《尚书》11篇，《中候》18篇。全书仍录《尚书》本文，而以新说注疏于下。发挥经义，多前人所未发。又作《书经大统凡例》1卷，以《尚书》疑义逐条辨析，共数十则。以今文为主，以经学分天人二派，其间多精义，然亦附会新说，牵涉西学。

《诗经》之学。道、咸之前作者甚少。新繁费密有《二南偶说》，达县唐甄有《毛诗传笺合义》，罗江李调元也曾作《童山诗音说》（俱见嘉庆《四川通志·经籍志》著录）。除此数种以外，乏善可陈。嘉、道间，双流刘沅作《诗经恒解》6卷（见《槐轩全书》），虽以毛氏为主，亦兼采三家。以为《诗序》源于子夏，而后儒有所增益。解《诗》兼采汉宋，多有精义。道光年间，巴县王劼深研《毛诗》，著书数种。

---

① 参见伦明《尚书诂要提要》，载《续修四库全书总目提要稿本》第15册，齐鲁书社1996年版。

② 《井研县志》卷11《艺文·经部》。

其中《毛诗读》30卷，皆责备贤才，明臣道，与《春秋》相表里，其旨每于"二南"篇中发之。其说《诗》要点有四。（1）古经、传各自为书，郑氏笺《诗》，始以传厕之于经。段玉裁定本厘次传文，使之还旧，每篇俱载经文于前，是以经从传。今为分章系传，使传从于经。（2）序、传皆子夏传之，毛公述之，故传经不传序，但依序作传。后学或不知传而薄序，或亦尊传而恶序，以至以序为卫宏作，皆出于攻击之私意。（3）郑氏以传厕经，笺即参经，其间本易混淆，加之传写之讹，各本往往不同，阮氏《校勘记》亦不能尽得其是。故今详加审定，"传脱入笺者还之笺，笺入传者退之。并经序中讹字讹句，无经者正之，有未确各辩之于注"。（4）训诂宗两汉，字音以陆氏《释文》为宗，引证不遗群书。（《毛诗读》卷首《毛诗读凡例》）其说往往为长洲陈奂《毛诗传疏》所引。此外廖平著有《诗经经释》《诗纬新解》等书，往往贯穿了古今天人之说。成都张慎仪初作《诗考异》，后读李富孙《诗经异文释》，体例相近，因重新编次，更名为《诗经异文补释》（14卷）。所标举经文一以阮刻注疏本为准，征引群书异文，李书有者仍之，误者正之，阙者补之。按语则一主简括，不尚博辩，不袭李说。宋育仁、廖平为之作序，评价甚高。晚清四川《诗经》研究，当以是书为翘楚。①

"三礼"之学，向来号称难治，故晚清之前，著述寥寥，稍可称道者，有罗江李调元《周礼笺》10卷、《仪礼古今考》2卷、《礼记补注》4卷（见《函海》），双流刘沅《周官恒解》6卷、《仪礼恒解》4卷、《礼记恒解》49卷。（见《槐轩全书》）但到晚清同、光之时，四川治"三礼"之学者骤然增多，几乎相当于过去两百多年总和的两倍。他们大多是王闿运主讲尊经书院时的门人高弟及再传弟子。如关于《周礼》，廖平著《周礼订本略注》2卷、《周官考征凡例》1卷、《周礼今证》4卷、《周礼郑注商榷》2卷等多种，阐发他的今古之说（见《新订六译馆丛书》）；长寿李滋然著《周礼古学考》11卷，区分《周礼》今学、古学，以今学为原文，古学为刘氏窜改。大抵以见诸诸经、

---

① 参见江瀚《诗经异文补释提要》，载《续修四库全书总目提要稿本》第1册，齐鲁书社1996年版。

《孟子》《国语》群书者为真，而以不见者为伪。每以《王制》为准，以不合《王制》者为窜改。(《周礼古学考》卷11) 名山吴之英著《周政三图》(见《寿栎庐丛书》)，富顺宋育仁著《周礼古经举例》，合川张森楷著《周礼名义通释》，都有功于《周官》之学。关于《仪礼》，华阳吕翼文著《王氏礼经笺疏》，井研廖平著《容经订本》，富顺陈崇哲著《仪礼士丧虞器服释证》、《礼表》、《馈食仪节》1卷 (《富顺县志》卷15《艺文》)，资中骆成骧著《仪礼丧服会通浅释》(《贩书偶记》卷2《经部·仪礼类》)。而名山吴之英著《仪礼奭固》《礼器图》《仪礼事图》各17卷 (见《寿栎庐丛书》)，创通大义，发疑正读，蔚为大观。折衷古今，简要通达，颇多精义，在晚清治此学者中独树一帜。刘师培尝称《仪礼奭固》"简明雅洁"，图亦较张惠言为优。① 至于治《礼记》者，晚清无疑以井研廖平最有心得，有《分撰两戴记章句凡例》，以今古为统宗，各以类从，分三类，即宗派、篇章、义例。又有《王制集说》，主素王改制，以《周礼》周公作，《王制》孔子作，博采古说经义以明《王制》。

《春秋》之学。汉唐时期主要为"三传"之学。宋代以后，学者多弃传求经，直接阐发《春秋》大义，是为经学变古。清代《春秋》学也承宋明余波，但"三传"之学又有复兴。在顺、康、雍三朝的四川地区，也是"《春秋》三传束高阁"，学者治《春秋》，多弃传说经。比较重要的著作有新繁费密的《春秋虎谈》、达县唐甄的《春秋述传》、双流刘沅的《春秋恒解》、广汉张怀浣的《春秋图解》②、万县何志高的《春秋大传补说》(见《西夏经义》)、内江刘景伯的《春秋析疑》《春秋提纲》、简州汪鼎元的《春秋发微》(《简阳县志》卷20《经籍》) 等。在晚清50年中，廖平"长于《春秋》，善说礼制"，精通"三传"之学，于《谷梁》大义创辟良多。著有《谷梁古义疏》《公羊解诂》《公羊补证》《左传杜氏集解辨正》等。资阳蓝光策著《春秋公法比义发微》(有光绪二十七年尊经书局刻本)，以《春秋》大义比附西学。

---

① 参见吴虞《吴虞日记》1912年5月26条记，四川人民出版社1984年版。
② 张怀浣著有《六经图解》10卷，此为其中之一。参见（清）张超等修《续汉州志》卷9《儒林》，同治八年刻本。

郫县姜国伊著《春秋传义》(有光绪十一年刻本)。至于《左氏》《公羊》《谷梁》"三传",在晚清之前问津者极少。到乾嘉时期,才有李调元《春秋三传比》2卷、《春秋左传会要》4卷、《左传官名考》2卷(刻入《函海》),以及剑阁卫学琦《左传提要》问世。道、咸时期,有秀山萧大士、胡志伊、达县杨在寅、金堂何栩四人研治《左传》,各有成书(分见各县志)。但《公羊》《谷梁》二传还是无人措怀。从清初到咸丰末年共218年,治"三传"之学者仅7人,著作仅有《左传》8种。到了同、光时期,情况有了很大的变化,"三传"研究皆有著述问世。其中关于《左传》的著述有17种,作者6人;关于《公羊》的著述有5种,作者4人;关于《谷梁》的著述有5种,作者3人。在这短短50年间,有关"三传"的著述数量是过去200多年的3.38倍,表明"三传"之学得以复兴。而廖平及其门人是晚清四川《春秋》经学的核心力量,绝大部分著作都出自他们之手。

《孝经》之学。《孝经》不及两千字,几乎人皆可诵,人皆可懂,普及程度极高,故学者专门为之作注者非常少。从清代四川的情况看,顺、康、雍三朝无注本。乾、嘉时期检得二部,其中双流刘沅的《孝经直解》直诂经文,解后附论辩,自畅其说,不为旧解所拘。谓颜芝所藏即汉代古文《孝经》,何以云又有古文与《尚书》同出。疑《古文孝经》至隋代有两本。其说为前人所未发。① 道、咸以后,解《孝经》者始多。到晚清,《孝经》著述大增,50年间,著作数量和作者人数是过去200多年总和的4倍多。井研廖平曾打算作《孝经学》,包括《孝经释文》、《孝经旧传》、《孝经先师佚说》、《事亲仪节》、《孝经广义》、《孝传》上中下、《曾子孝经说》等,规制宏大。惜其书最终未能作成,只先写成《凡例》1卷,共27条。另外郫县姜国伊作有《孝经述》1卷(有光绪十五年刻本),以为《孝经》为孔子亲笔,又以为古书有篇无章,分章出于汉儒。至于诠释字句,能详他人之略,切而不冗。

"四书"之学。元明以来,"四书"高悬令甲,设科取士,作为准绳,

---

① 参见伦明《孝经直解提要》,载《续修四库全书总目提要稿本》第14册,齐鲁书社1996年版。

虽然著作众多，大多敷演集注，依傍程朱，较少创发，基本上属于讲章帖括之学，科举干禄之书，厕于经学之林，实属不伦。清代四川"四书"之作从数量来看仍然比较多。从时间分布来看，变化并不特别明显。如果结合其他经典考察，在晚清50年里，"四书"类著作，以及治"四书"的学者所占比例明显减少。反映出前三个时期以"四书"为核心经典的理学在四川影响颇盛；到光、宣时期，理学的影响逐渐消退，"五经"之学重新受到重视，得以复兴，四川地区的学风发生了显著的变化。

"小学"包括文字、音韵、训诂之书，内容庞杂。一般而言，除《尔雅》厕于"十三经"之林而外，其他语言文字类著作并非经典。但是，清代考据学家多主张由声音文字以通训诂，解经须先审音识字，故治经诸家往往先治"小学"，作为解经之津梁。《四库全书》亦将语言文字类著作总称"小学"，列入经部。因此清代"小学"亦成为经学之重要内容。乾、嘉时期，考据之学极盛，戴震、段玉裁、王念孙、王引之等朴学大师的学术成就，在"小学"研究上得到了充分的体现。但是，在顺、康、雍及乾、嘉时期，四川地区之"小学"研究基本上乏善可陈。

道、咸以后，情况有所改观。中江李星根著有《尔雅纂义》一书，长寿李曾白著《尔雅旧注考证》2卷[①]，巴县潘清荫著《尔雅略例》《读段注说文札记》《说文礼经互证表》《巴渝方言证》，井研廖平、华阳傅世洵都作有《尔雅舍人注考》（《华阳县志》卷16《人物》，又卷23《艺文》）。廖平著有《六书旧义》《文字源流考》《经典释文考证》。双流罗长钰著有《尔雅释诂例证》，资中饶炯著有《尔雅例说》《新订说文部首六书例读》《文字存真》《许书发凡类参》[②]，井研吴季昌著有《尔雅郭注补正》，泸县李伟亦作《尔雅指要便读》。清末治《说文》者更多，同、光、宣50年间，有27人治《说文》，著作达40部。而晚清50年，四川"小学"类著述达99部，作者66人，可谓蔚为大观。晚清"小学"名家

---

① 李曾白为李滋然之父，《长寿县志》有传。《尔雅旧注考证》二卷为曾白撰、滋然补考，有清光绪三十四年刻本。

② 饶炯《尔雅例说》有中华民国十五年成都刊本，《文字存真》有清光绪三十年资州饶氏达古轩刻本，《许书发凡类参》有中华民国十五年成都刊本，《新订说文部首六书例读》有民国七年戊午刊本。孙殿起《贩书偶记·经部·小学类》中有著录。

还有彭县吕调阳（著有《释地》《六书十二声传》）①、罗时宪（著有《说文质疑广诂录存》《说文部首解诂录》《中文古籀篆隶通》）、巴县王金城（著有《说文答问》《转注本义考》等）②、龚秉枢（著有《说文六书举例》《说文部首集解》）（《巴县志》卷10下）、南江岳森（著有《六书次第说》等）③、富顺宋育仁（著有《说文解字部首笺正》《同文略例》《小篆通》《古文举要》等）（《贩书偶记》卷4）、双流李天根（著有《六书释例》《说文部首略注读本》《中国文字来源及变迁》《文字学要义话解》等）④、合川张森楷（著有《六书半解》《文字类要》《迭韵无双谱》《通俗正名杂字书》《同声字谱》《声律典丽》等）、新繁陈彦升（著有《文字十五部通考》）（《新繁县志》卷14《人物》）、成都龚道耕（著有《字林重订补遗》）等。晚清四川"小学"颇盛，与张之洞、王闿运、刘师培等人的提倡有相当大的关系。由于晚清四川学者重视"小学"研究，使整个清代四川"小学"著述高达118部，居经典排名第四位。

三 地域分布考

虽然清代四川行政区划经过一些细微的调整，但大体上比较稳定。至宣统三年（1911），"编户五百四万一千七百八十，口五千二百八十四万四百四十六。都领府十五，直隶州九，直隶厅三，州十一，厅十一，县百十八，土司二十九"（《清史稿》卷69《地理志十六》）。由于自然、社会、文化传统等原因，清代四川各地区经学发展情况是不平衡的。我们根据统计数字，制成地域分布表：

---

① 吕调阳这几种书被刻入《观象庐丛书》，（清）光绪十四年刻本。
② 参见朱之洪修、向楚纂《巴县志》卷10下，中华民国二十八年刻本。按：王金城《转注本义考》二卷有清光绪二十一年刻本。
③ 参见冯汝玠《六书次第说提要》，载《续修四库全书总目提要稿本》第2册，齐鲁书社1996年版。
④ 双流李氏有念劬堂，为清末民初四川著名刻书之家，与渭南严氏和志古堂的刊本齐名。李天根为四川大学教授，除了自刻其所著外，还对外刊刻他人著述，以书养书。这几种书参见孙殿起《贩书偶记·经部·小学类》中的著录。

表3　　　　　　　　清代四川经学著述地域分布表

府名	县名	著作人数	著作部数	府名	县名	著作人数	著作部数
成都府 65人 167部	成都	8	20	保宁府 11人 15部	阆中	3	3
	华阳	6	9		苍溪	1	1
	双流	6	28		南部	0	0
	温江	4	5		广元	1	4
	新繁	8	28		昭化	0	0
	金堂	2	4		巴州	3	3
	新都	5	7		通江	0	0
	郫县	5	16		南江	1	1
	灌县	0	0		剑州	2	3
	彭县	6	23	叙州府 17人 47部	宜宾	3	3
	崇宁	0	0		庆符	0	0
	简州	4	8		富顺	7	32
	崇庆	4	8		南溪	1	1
	新津	0	0		长宁	0	0
	汉州	5	9		高县	0	0
	什邡	2	2		筠连	3	3
重庆府 37人 82部	巴县	8	27		兴文	1	1
	江津	3	5		珙县	1	1
	长寿	6	13		隆昌	1	6
	永川	3	4		屏山	0	0
	荣昌	0	0		马边	0	0
	綦江	0	0		雷波	0	0
	南川	2	2		沐川	0	0
	合州	4	13	夔州府 5人 11部	奉节	1	1
	涪州	5	5		巫山	2	2
	铜梁	2	6		云阳	0	0
	大足	1	1		万县	2	8
	璧山	2	2		开县	0	0
	定远/武胜	1	4		大宁	0	0
	江北厅	0	0	龙安府 2人 3部	平武	0	0
顺庆府 10人 10部	南充	1	1		江油	2	3
	西充	4	4		石泉	0	0
	蓬安	1	1		彰明	0	0
	营山	3	3	雅州府 5人 16部	雅安	1	1
	仪陇	1	1		名山	1	12
	广安	0	0		荥经	0	0
	邻水	0	0		芦山	2	2
	岳池	0	0		天全	1	1
					清溪	0	0

续表

府名	县名	著作人数	著作部数	府名	县名	著作人数	著作部数
嘉定府 13人 22部	乐山	4	10	眉州 7人 8部	眉山	1	2
	峨眉	0	0		丹棱	2	2
	洪雅	3	3		彭山	4	4
	夹江	1	4		青神	0	0
	犍为	2	2	泸州 8人 32部	泸州	5	29
	荣县	2	2		合江	0	0
	威远	1	1		叙永	1	1
	峨边	0	0		江安	2	2
潼川府 30人 51部	三台	3	3	忠州 4人 4部	忠州	2	2
	射洪	3	5		丰都	2	2
	盐亭	0	0		垫江	0	0
	中江	8	24		梁山	0	0
	遂宁	4	4	酉阳州 9人 16部	秀山	6	11
	蓬溪	2	3		黔江	1	1
	安岳	2	2		彭水	0	0
	乐至	8	10		酉阳	2	4
绥定府 12人 14部	达县	7	8	宁远府 1人,1部	西昌	1	1
	东乡	0	0		其他	0	0
	新宁	0	0	永宁州	古蔺	0	0
	渠县	0	0		古宋	0	0
	大竹	3	4				
	太平/万源	2	2				
	城口	0	0				
邛州6人 6部	邛崃	5	5				
	大邑	0	0				
	蒲江	1	1				
绵州 7人 30部	绵州	1	1				
	德阳	1	1				
	罗江	1	20				
	绵竹	4	8				
	安县	0	0				
	梓潼	0	0				
资州 36人 143部	资中	4	10				
	资阳	2	2				
	内江	4	10				
	井研	26	121				
	仁寿	0	0				
				合计		285人	685部

根据上表，各府、州治经人数，排名如下：

1. 成都府（65 人）；

2. 重庆府（37 人）；

3. 资州（36 人）；

4. 潼川府（30 人）；

5. 叙州府（17 人）；

6. 嘉定府（13 人）；

7. 绥定府（12 人）；

8. 保宁府（11 人）；

9. 顺庆府（10 人）；

10. 酉阳州（9 人）；

11. 泸州（8 人）；

12. 眉州（7 人）；绵州（7 人）；

13. 邛州（6 人）；

14. 夔州府（5 人）、雅州府（5 人）；

15. 忠州（4 人）；

16. 龙安府（2 人）；

17. 宁远府（1 人）。

各府州经学著作数量排名如下：

1. 成都府（167 部）；

2. 资州（143 部）；

3. 重庆府（82 部）；

4. 潼川府（51 部）；

5. 叙州府（47 部）；

6. 泸州（32 部）；

7. 绵州（30 部）；

8. 嘉定府（22 部）；

9. 雅州府（16 部）；酉阳州（16 部）；

10. 保宁府（15 部）；

11. 绥定府（14 部）；

12. 夔州府（11 部）；

13. 顺庆府（10 部）；

14. 眉州（8 部）；

15. 邛州（6 部）；

16. 忠州（4 部）；

17. 龙安府（3 部）；

18. 宁远府（1 部）。

其他各州府暂时未检索到经学著作方面的著录。

无论从经学家还是从经学著作方面观察，成都府、重庆府、资州都是前"三甲"。从历史上看，这三个地区向来都是巴蜀经济、文化最发达的区域，有比较深厚的经学文化传统。清代这三个地区继续保持领先水平。但也需要说明的是：三个地区内部各县的发展也是不平衡的。如成都府经学著作较多的是新繁（28 部）、双流（28 部）、彭县（23 部）、郫县（16 部），而灌县、崇宁、新津三县没有一部。重庆府经学著作较多的是巴县（27 部）、长寿（13 部）、合州（13 部），而荣昌、綦江等县无著述。资州著作最多的是井研，达 121 部，为全省之冠。而仁寿县却一部没有。

如果以县排名，在经学著作方面，井研最多（121 部），约占全省总数的 18%。其他排名较前的是富顺（32 部）、泸州（29 部）、新繁（28 部）、双流（28 部）、巴县（27 部）、中江（24 部）、彭县（23 部）、成都（20 部）、罗江（20 部）。各县经学著述的多寡，与当地是否产生过博学大儒有很大的关系。井研廖平，为近代经学大师，著作数量在整个清代四川都高居榜首，已刻 97 种，未刻 21 种，共 118 种，其中经学著作达 67 种，可谓卓然大家，他人无法望其项背。第二名为富顺宋育仁，达 23 种。第三名为泸县李伟，22 种。罗江李调元 20 种，居第四。其他著述较多的清代四川经学家有双流李天根（14 种），彭县吕调阳（12 种），名山吴之英（11 种），新繁谢济勋（11 种），双流刘沅（10 种），新繁费密（9 种），合川张森楷（9 种），郫县姜国伊（8 种），成都龚道耕（8 种），中江林有仁（7 种），万县何志高（7 种），巴县王劼（7 种），潘清荫（7 种），内江易含章（6 种），中江彭光弼（6 种），隆昌范泰衡（6 种），乐山黄镕（6 种），成都张慎仪（6 种），长寿李滋然（5 种），彭县罗时宪（5 种），资中饶炯（5 种）。这些著述较多的经学家，除费密、李调元等少数几人外，大多数都是晚清人物。由此可见晚清四川经学的复兴。

还有一点值得注意的是，一些经济文化并不发达的边远地区，在晚清时期也出现了经学研究的风气。比较典型的是酉阳州，有经学家9人，位居第十；经学著作16部，位居第九，超过顺庆府、保宁府、眉州、邛州等经济文化相对先进的地区。酉阳州在清代中后期文化学术崛起，与该州较早于雍正十二年（1734）改土归流有相当大的关系。改土归流后，清政府在这些地区兴学校，敦教化，宣传儒学，鼓励秀异之士参加科举考试，从而使偏远地区与汉族地区的经济文化交往更加频繁，差距逐渐缩小。清代酉阳州4县中进士的人数达13人，而眉州4县才12人。秀山县尤为突出，道、咸以来，治经蔚然成风。如王大琮（1804—1866年），道光十七年（1837）举人，二十一年（1841）进士。授礼部主事，寻升员外郎，擢郎中，为主客、精膳、祠祭、仪制四司掌印郎中。咸丰十年（1860）充会试提督。致仕归，卒于家。精宋儒义理之学，酷嗜制艺之文。著有《易说》《古大学说》《中庸管见》《孟子管见》《双峰书屋文钞》等。萧大士，字希贤。笃好古籍，泛览诸经义疏，旁及三史、《通鉴》及百家书，授徒自给。耽志著述，尤精于《易》。著有《周易汇纂》《春秋左氏补义》《家礼述宜》《弟子规》《小学韵语》等。由升堂，字石棂，道光贡生。好吟咏，喜言《易》，著有《易无字书》《睡鹤山庄诗集》。谭永懋，字绩之，著有《诗经纂义》10卷；易良图，著《周易易解》4卷；胡志伊，著有《左传纪事本末长编》20卷。（《秀山县志》卷10《士女志》）酉阳冯世瀛（1819—1909年），道光十一年（1831）举人。同治年间尝官金堂训导。亦湛深经术，所著《石经考辨》2卷，于历代石刻凡十一类罗列各家论说于前，附其考辨于后，考辨较顾亭林为详，条理较杭大宗明晰，为研究历代石经之重要著作。又著有《雪樵经解》33卷，凡《易经》5卷，《书经》6卷，《诗经》7卷，《春秋》6卷，《礼记》6卷，《附录》3卷。沿流溯源，辨疑析异，考索甚深，搜罗甚备。初学者往往以此书为治经之阶梯，当时影响很大，"在科举未废日，几于家有其书，翻刻缩印有数本"①。吴楚，字小山，亦酉阳人，著

---

① 伦明：《雪樵经解提要》，载《续修四库全书总目提要·经部》下册，中华书局1993年版，第1387页。

有《说文染指》（又名《说文一脔》）2卷，意在纠正许氏《说文》之误，于诸字皆能旁征博引，曲成其说，多有精义。①

由此看来，晚清四川多通经学古之士，即使在远离当时经济文化中心的边远地区，也有经学名家涌现。

四 简短的结论

巴蜀自文翁启化，蔚为大邦，学风之盛，比于齐鲁，魁儒硕学，历代继踵。但至清世，达于国史、置之儒林文苑者殆罕其人。体现清代经学成就的正、续二部《经解》之中，竟不收蜀人之作。虽然不能据此否认四川学者之经学成就，但也从一个侧面说明清代四川经学离全国先进水平尚有一定的差距。

虽然晚清四川经学出现了相当大的转机，但从总体上看，清代四川经学与江、浙、皖等省的差距还是比较明显的。清代四川经学何以不振，戴纶喆有一个很好的总结：

> 国朝文教昌明，超越古初，经列圣培养以来，涵濡渐被，徧于垓埏。独四川于岳、杨、张、曾诸公铭勋异域，著绩封疆外，曾无一人达于国史、以列诸儒林文苑者。岂其江汉炳灵，顾至今寂寂也欤？良以蜀当献贼之乱，孑遗无几，文献已荡如矣。嗣后吴藩煽逆，科举较迟，而其时隐逸之征，经学之选，博学鸿词之科，际其盛者亦最后，仅一许如龙赴试，而卒不遇，文运举可知也。乾嘉以降，士气非不振兴，而又以金川、西藏，日构兵戎，教匪盐枭，相继谋乱，蓬荜岩穴之中，复何暇撄大府怀乎？况其地距京师数千里，声华之盛，汲引之宏，生既不能与齐鲁吴越诸行省相埒，比其没也，尘编蠹简，几解收藏，郡县志乘，率多简略，又鲜有明于义法者，勒之志传，以表襮而恢奇之。纵揭德振华之士挺起一时，未几而风

---

① 参见冯汝玠《说文染指提要》，载《续修四库全书总目提要稿本》第2册，齐鲁书社1996年版。按：《说文染指》有光绪戊子寄砚山房刊本，孙殿起《贩书偶记·经部·小学类》中有著录。

微顿歇，姓字模糊，在子孙且有不知其祖父之为何如人也者。以故其志莫白，其书莫传矣。(《四川儒林文苑传·引首》)

戴氏归结的两点原因：一是四川长期遭受战乱，影响了学术文化的发展；二是四川僻处西部，远离政治文化中心。这大体上是不错的。

从我们前面的研究可以明显看出，四川地区的经学发展比发达地区往往滞后。究其原因，大体有二：一是四川僻处西部，学术信息不通，新的学术方法、学术热点的传入需要一定的时间；二是从清代四川经学研究的状况看，缺乏开一代新风的学术大师。学风的转移一方面需要四川学者主动去接受、引进；另一方面需要外部力量推动、输入。而这两个方面的结合，需要一定的契机。在晚清之前，并非没有四川学者走出去，如费密、唐甄、李调元，他们都曾与江、浙、皖的学术名流有过密切交往，但他们的兴趣主要不在经学，没有将东南治经风尚（主要是朴学）引入四川。道、咸以后，考据学才在四川有所表现，但考据水平与江、浙、皖相比，差距还是比较明显的。直至同、光时期，由于张之洞、王闿运等外省籍人士的提倡，四川本土人士的响应，才使通经学古蔚然成风，廖平、吴之英、宋育仁、张森楷等硕学鸿儒辈出，四川经学剥极必复，迎来了最后的辉煌。

（原载《四川大学古籍所建设所三十周年纪念文集》，四川大学出版社2013年版）

从迷茫到回归：近百年儒家经典研究平议

一

清代学者阮元有言："学术盛衰，当于百年前后论升降焉。"① 一百年虽然只是历史长河中短暂的一瞬，但刚刚过去的这一百年，对我们有更特殊的意义。从晚清开始，中国传统学术已经开始悄然发生变化，古今、中西之间的争论已经露出端倪，预示了此后百年中国学术之变局。进入20世纪以后，随着帝制时代的结束，西方新的学术思想、理论与方法的输入，这种变化更加剧烈。自19世纪末20世纪初以来，各种各样的学术思想、学术观点经过时间的考验与筛选，有的已被证明是错误的，理应被抛弃，而有的则经受住了时间的考验，为后世学者所认可和接受。不过，无论是错误的观点还是有价值的成果，都将成为学术史上的一个环节，影响到未来学术研究的方向和进程。因此，在世纪之交，对过去百年学术史进行系统的总结和研究，是必要的，也是必需的。

近百年来，中国大地风云激荡，各种思潮此起彼伏，相互推动，十分壮观。而其中的两大政治变局和两次思想运动，最为剧烈，影响深远。一是辛亥革命结束了帝制时代，使制度化儒学解体，儒学作为主流意识形态的地位丧失。接着发生五四新文化运动，对传统伦理道德的批判，使孔子和传统儒学的尊严不再。二是1949年中华人民共和国成立后马克思主义理论成为新的全民信仰。但在一段时期，对传统文化肆意

---

① 阮元《十驾斋养新录序》，载钱大昕《十驾斋养新录》卷首，上海书店1983年版，第1页。

践踏，儒学被看成落后的、反动的、封建的思想文化的代表。直至20世纪70年代末政治上拨乱反正，思想领域也逐渐解放，传统文化才又受到尊敬和重视，关于儒家思想和儒家经典的研究才步入正常轨道，迎来了"一阳来复"的局面。

与政治变迁、思想发展相适应，近百年儒家经典研究也经历了四个历史阶段。晚清到1919年五四新文化运动之前这个时期，传统儒学的政治地位虽然摇摇欲坠，但儒家思想仍然受到尊重，是中国人的主体信仰。与此相应，儒家经典的研究主要是传统的注疏考证，出现过一些较有影响的著作。同时，有些学者已经开始认识到，不能仅仅停留在中西、新旧之争上，这样做没有多大意义；中国学术要有新发展，必须走中西贯通和融合之路。新思想、新材料、新方法也慢慢受到一些目光敏锐的学者如章太炎、刘师培、罗振玉、梁启超、王国维等人的重视，并用之于学术实践。20世纪二三十年代，中国学界呈现一番格外开放的局面。一方面，大量留学欧美的学者回国成为当时学术界的骨干力量；另一方面，一批在本土成长起来的学者也活跃在学界，不少没有受过正规大学教育的学者也被聘到北京大学、燕京大学等任教。这个时期正是中西学术交流与融合最活跃的时期，学者纷纷将西方各种研究方法介绍到中国。如胡适大力宣传杜威的实验主义，何炳松翻译了鲁滨逊的《新史学》。如此之类甚多，无疑开阔了国内学人的视野。与此同时，西方现代学科体系、学术研究方法和理论大量被移植到中国，各种研究机构，各大学文学、史学、哲学、经济学等院系所也纷纷成立。由于中国社会的剧烈变革，加上相对自由的学术氛围，有关思想文化的论战空前活跃。从五四新文化运动到抗日战争前后，诸如问题与主义之争、东西文化之争、科学与人生观之争、社会史的论战、现代化问题的讨论等，空前激烈，让人目不暇接。有人将这种局面看成是20世纪的一场"百家争鸣"。就儒家经典研究领域而言，"古史辨"派和疑古思潮产生了巨大的影响，因此这30年对儒家经典的研究也主要以怀疑、辨伪为主。1949年中华人民共和国成立以后，一直到20世纪70年代末，儒家文化的价值基本被否定，导致这30年的学术研究水平严重下降。不过也应当看到，一些从三四十年代走过来的学者，虽然经历无数次的运动和批判，但他们的学术活力仍在释放。在儒家经典研究领域，唯物史观被广泛运用到学术研究之中，疑古思潮仍有相当大的影响。20世纪80年代以后，经过拨乱反正，学术研究的环境得到改善，传统文化资源的价值重新受到了肯定，从事儒家经典研究的学者日渐增多，对外交流日趋频繁，学科交叉、综合的趋势也越来越明显，研究方法趋于多元化，学术成果如雨后春笋般层出不穷。20世纪90年代之后，由于郭店楚简、上博楚简等地下考古资料的发现与公布，疑古学者的许多观点受到挑战与质疑，儒家经典研究也开始"走出疑古时代"，成为哲学、考古学、历史学研究的热门课题。20世纪最后20年是儒家经典研究的黄金时期，成果丰硕。21世纪初，这种势头继续保持，并有新的发展。总的来说，百年来中国的儒家经典研究，经历了一个从批判到尊重、从迷茫到回归、从"疑古"到"走出疑古"的曲折过程。

二

传统儒家经典研究主要采用经学方法，不外汉学、宋学两派。汉学重训诂名物、章句注疏；宋学则强调义理解经，发挥经典中的思想。近百年儒家经典研究受新思潮、新观念的影响，在方法论上虽有对传统的继承，但总的来说，传统方法随着经学观念的变化而渐趋式微，代之而起的是与新史学思潮相适应的新观念、新方法。其中实证主义作为一种考据和论证方法，在中国可谓源远流长。在20世纪，它又与新史料、新观点，以及西方科学方法相结合，对儒家经典研究与考证影响甚巨。

自司马迁倡导"考信于六艺"，形成我国史学的一个优良传统，即重视实证。至清代乾嘉学派，这种实证方法被运用到极致，出现了精湛的考据学。但乾嘉考据学也有其致命的弱点，"他们的方法是归纳和演绎同时并用"，重视材料的搜集，在一定的范围内，尽量做到网罗无遗。但是，归纳法也有局限性，一般说，"举例证"方法是危险的。[①] 另外，由

---

① 胡适：《清代学者的治学方法》，载《胡适文集》第2册，北京大学出版社1998年版，第282页。

于迷信经典,"治经断不敢驳经"①,影响了其学术方法的客观性。他们考证的根据限于传世文献,重视训诂名物,烦琐饾饤,多属为考据而考据,对社会历史问题缺乏关注。到20世纪,一方面由于新史料的大量发现;另一方面由于西方科学研究方法的传入,实证主义研究方法得到广泛运用,并有新的发展。其中最值得注意的是王国维倡导的"二重证据法",即以出土文物与文献材料对证。陈寅恪先生说,王氏"学术内容及治学方法,殆可举三目以概括之者。一曰取地下之实物与纸上之遗文互相释证。……二曰取异族之故书与吾国之旧籍互相补正。……三曰取外来之观念与固有之材料互相参证。……吾国他日文史考据之学,范围纵广,途径纵多,恐亦无以远出三类之外"②。自从20世纪初王国维提出"二重证据法",大大扩展了史料的范围,为古史、古文献研究开辟出了一片新的天地,从而形成"新证"一派。许多学者在注重传世文献的同时,更重视利用考古资料来解决儒家经典方面的问题,从而使一些聚讼千年的问题有了最终的答案。与此同时,胡适在学术研究方法上提出"大胆假设,小心求证",重视实证材料,强调要"有几分证据,说几分话","有五分证据,只可说五分的话,有十分证据,才可说十分的话"③。傅斯年也倡导"史学便是史料学",主张"上穷碧落下黄泉,动手动脚找材料","一分材料出一分货,十分材料出十分货,没有材料便不出货"④。

  胡适、傅斯年的治学方法与实践,都受到了实证主义的影响。20世纪二三十年代兴起的"古史辨"运动,也体现了中国传统学术方法与西方新理论、新方法的融合。正如陈其泰先生所说:"顾颉刚古史辨伪学说,不仅是传统学术中疑古风气的发展,而且是在五四时期中西学术交融这一意义重大的思想文化思潮的有力推动下兴起的。它是当时西方强劲传入的新学理,尤其是科学理性精神,批判、审查史料的方法,重视

---

① 参见王鸣盛《十七史商榷序》,载《十七史商榷》卷首,上海古籍出版社2013年版。
② 陈寅恪:《王静安先生遗书序》,载《金明馆丛稿二编》,上海古籍出版社1980年版,第219页。
③ 胡适:《文史的引子》,载《胡适文集》第10册,北京大学出版社1998年版,第784页。
④ 参见傅斯年《历史语言研究所工作之旨趣》,载《中央研究院历史语言研究所集刊》第1本第1分册,1928年版。

逻辑、系统和'历史演进'的方法，与传统学术中乾嘉严密考证方法，今文学派猛烈批判千百年来禁锢人们头脑的泥古、守旧、僵化思想体系的怀疑和进取精神，互相结合的产物。"① 当然，思想的解放也导致"疑古"思潮的泛滥，有的地方怀疑过头，造成类似于杨向奎先生所指出的"玉石俱焚"的后果。② 如对孔子与"六经"关系的判断、对《左传》作者与时代的判断、对《周礼》时代的判断，都有不少失误，给当时的古史研究者带来了许多麻烦，以至于有人用了很大力气来正本清源。当然这些只是儒家经典研究史上的小插曲，"疑古"作为史料鉴别的一种手段，本身没有错。经历了"疑古"思潮的洗礼，我们才能更好地走出迷茫，以更加理性的精神对待传统文化和历史文献，使未来的学术研究真正步入求真求信的时代。

除实证主义方法外，唯物史观、人类学、社会学、文化学、诠释学的理论与方法，对20世纪学术也产生了很大的影响，但相对而言，这些理论方法对社会史、思想史的影响更大一些。总之，近百年来儒家经典研究取得许多成绩，实证主义的治学方法功不可没。

三

由于学术观念和研究方法的更新，近百年来儒家经典研究表现出诸多有别于传统经学的新气象，取得了许多超越前人的成绩，简单地说，以下诸问题的研究成绩值得注意。

（一）孔子与"六经"的关系问题

关于孔子与"六经"的关系，其实《史记·孔子世家》有明确记载，孔子对"六经"进行过整理，有述有作。如关于《书》《礼》，司马迁说："孔子之时，周室微而礼乐废，《诗》《书》缺。追迹三代之礼，序《书传》，上纪唐虞之际，下至秦缪，编次其事。曰：'夏礼吾能言之，杞不足征也。殷礼吾能言之，宋不足征也。足，则吾能征之矣。'观殷、夏

---

① 陈其泰：《"古史辨派"的兴起及其评价问题》，《中国文化研究》1999年第1期。
② 杨向奎：《论"古史辨派"》，载《中华学术论文集》，中华书局1981年版，第11页。

所损益,曰:'后虽百世可知也,以一文一质。周监二代,郁郁乎文哉!吾从周。'故《书》传、《礼》记自孔氏。"关于《乐》《诗》:"孔子语鲁太师:'乐其可知也。始作翕如,从之纯如,皦如,绎如也,以成。吾自卫反鲁,然后乐正,《雅》《颂》各得其所。'""古者《诗》三千余篇,及至孔子,去其重,取可施于礼义,上采契、后稷,中述殷周之盛,至幽厉之缺,始于衽席,故曰:'《关雎》之乱以为《风》始,《鹿鸣》为《小雅》始,《文王》为《大雅》始,《清庙》为《颂》始。'三百五篇,孔子皆弦歌之,以求合《韶》《武》《雅》《颂》之音。礼乐自此可得而述,以备王道,成六艺。"关于《易》:"孔子晚而喜《易》,序《彖》《系》《象》《说卦》《文言》。读《易》,韦编三绝。曰:'假我数年,若是,我于《易》则彬彬矣。'"(《史记·孔子世家》)但是,后世流传的"五经"中的某些内容与文献记载有很多不一致之处,因此一些疑古学者根本否认孔子与"六经"的关系,如钱玄同撰《重论今古文学问题》等文,认为孔子无删述或制作"六经"之事,不相信《史记》等文献的记载。[①] 但经过20世纪学者的认真研究,特别是从近年的考古发现和文献研究的最新进展来看,疑古派的很多说法是立不住脚的。现在学术界形成基本一致的看法是,孔子与"六经"发生过非常密切的关系,《史记》的记载当属可信。

(二) 儒家经典体系的形成问题

儒家经典体系的形成,是一个选择、整理与阐释的过程。这个过程的基本完成,应当以"六艺"并称为标志。《庄子·天运》篇记孔子对老聃说:"丘治《诗》《书》《礼》《乐》《易》《春秋》'六经',自以为久矣,孰知其故矣。"这是儒家学派以外的人转述孔子直称"六艺"为"六经"的例子。《礼记·经解》以"经解"说六教,这是儒家著作称"六艺"为"六经"的证明。根据考证,《庄子》和《礼记》都是战国到汉初时的作品。而"六艺"之名,始见于贾谊《新书》和司马迁《史记》。因此有的学者据此认为"六艺"或"六经"并称的时间很晚。有的学者甚至坚持孔子与《易》无关的成见,认为先秦没有"六经"或"五经",

---

[①] 参见钱玄同《重论今古文学问题》,载《古史辨》第5册,上海古籍出版社1982年版。

到秦或西汉，《周易》才被纳入儒家系统，《诗》《书》《礼》《乐》《易》《春秋》才开始并称。这样的看法曾经非常流行。但是，1973年湖南长沙马王堆三号汉墓出土了十二万多字的帛书，其中有六篇《易传》共一万六千余字，记录了孔子与学生关于《周易》的讨论，证实了孔子与《易》的密切关系，表明孔子确有解《易》之事。另外，1993年10月在湖北省荆门市郭店一号楚墓出土了804枚楚简。墓主人的下葬年代在战国中晚期，因此推断简书写成当在战国初期。其中的《性自命出》《六德》《语丛一》等简书虽有残缺，但大体上仍可以看成是孔子门人或后学的作品。其中已普遍将《诗》《书》《礼》《乐》《易》《春秋》以"六经"并称。因此可以确定，先秦时期有《诗》《书》《礼》《乐》《易》《春秋》"六经"，"六经"并称起源于孔子，应该是有根据的。①

（三）"六经"的作者与年代问题

孔子之前，"六经"作为"旧法世传之史"的历史文献就已经存在。孔子所传授的"六经"与后世所传"六经"并不完全相等。孔子虽对"六经"作过阐释、编定，并以此作为教材，传授弟子。但"六经"文本并非从此无变化。孔门弟子、后学对这些儒家文献做过进一步的修订、损益和重编。因此，承认孔子与"六经"有密切的关系，并不是说"六经"完全是由孔子手定。就后世"六经"（实为"五经"）的作者与时代而言，近百年的研究虽没有完全得出一致的结论，但在某些方面已经有了基本相同或相近的看法。就《周易》而言，经过近百年学者的研究证明，所谓"文王重卦"之说是不可靠的。特别是考古学界通过对商周甲骨文、陶文、金文中的一些奇怪符号的探讨，指出这些符号就是商周时期以数字形式刻写下来的八卦、六十四卦符号。因此《周易》卜筮及六十四卦出现的时代至少可以上推至殷商。《周易》卦、爻辞的作者问题，直至今天虽不能说完全解决，但学术界基本上有一个共识，即卦、爻辞的形成，不会是某一个人的作品，也不会是在某一时间突然出现的。它的完全定型，应当经历了一个相当长的时间。西周以前就有卜筮，必然也有卜辞、筮辞。这些卜辞、筮辞的作者是掌管卜筮的巫、史。《周易》

---

① 廖名春：《论六经并称的时兼及疑古说的方法论问题》，《孔子研究》2000年第1期。

的卦、爻辞是在前人留下的卜辞、筮辞的基础上整理加工而成的，成书时代当在殷、周之际。《易传》七种十篇的下限都不出战国。其中《大象传》等可能要早些，《序卦》等可能稍晚些，《彖》《象》二传，都可能晚至战国才写定成篇。《易传》的思想渊源于孔子，但战国时期的孔子后学对《易传》各篇也做了许多创造、发挥工作。而《尚书》各篇的成书年代更加复杂，20世纪学者结合各种历史文献，认真清理，考证力求周密、严谨，提出了许多不同的意见和看法，丰富了《尚书》研究的内容。尤其是对《古文尚书》的研究，学者对清人的意见，从方法到结论都做了重新检讨，提出了一些新的看法，表明对这个问题的研究逐渐深入。《诗经》一书，经过多年的研究与争鸣，对先秦《诗经》的流传、孔子与《诗经》的关系、删诗说、《诗序》的来历等问题有了更进一步的认识，取得了一些共识。《周礼》一书的成书时代争论较大，但现代学者运用金文资料中所载的周代官制与《周礼》进行比较，得出一些非常有价值的结论，证明《周礼》的官制并非空穴来风，这是"二重证据法"在儒家经典研究领域中的成功范例。《仪礼》《礼记》的研究，也取得了不少进展。《仪礼》的形成过程较长，它是由孔子弟子、后学陆续撰作而成的，但不能否认它是一部先秦旧籍。《礼记》各篇虽经汉人编辑整理，但多数篇章的形成，应在汉代之前，是孔门弟子、后学的著作。《春秋》及"三传"的研究，在孔子与《春秋》关系的问题上、《左传》的作者问题上、《公羊》《谷梁》二传成书时代的问题上基本也取得了比较一致的意见，即孔子据鲁史修《春秋》，并根据自己的善恶、是非标准，对史料作过剪裁、删削。"刘歆伪造《左传》"之说已经被彻底否定。《公羊》《谷梁》二传的成书时代，也不会晚至汉代。《孝经》的成书也不晚于战国。这些看法，有的是对前人疑点的回答，有的是对错误观点的纠正。在论证方法上，既有对传统考据方法的继承和发扬光大；也结合西方学术理论与方法，在创新方面有诸多成功的尝试。

（四）出土文献研究与学术史重写

利用出土文献对儒家经典进行研究，近百年来取得了许多重大的成果，许多对中国早期文明的认识也发生了改变。简帛佚籍的发现，对于研究中国早期学术思想史具有极其重要的价值。李学勤先生曾经指出：

"简帛书籍的发现研究作为学术前沿,带动了不少学科的进步,影响是多方面的,但关系最直接、影响最大的,显然是学术思想史","大量简帛'惊人秘籍'的出现,迫使学者们对学术思想史的若干根本问题作重新审查和思考","由于简帛的出现,古代学术思想史必须重写","因为新发现涉及中国传统文化的核心典籍,对古代学术思想看法的改变,同时也必然波及对后世,一直到近代若干学术思想问题的认识",如关于20世纪疑古思潮的重新认识问题。"疑古的一个主要内涵,是对古书的怀疑,而简帛书籍的发现,确实给了大家很好的机会,对疑古思潮所达到的结果进行衡量",对其"进步性应有充分肯定,对其不足及副作用则须补充和修正,并提高到方法论上来反省"。① 我们看到,通过研究甲骨文、金文,可以解决《尚书》、《诗经》、"三礼"文献中的一些疑难问题。石经残片、敦煌吐鲁番出土文献对于研究汉魏到隋唐时期经学流变与经典传承、校勘经籍文字有不可忽视的作用。武威汉简之于《仪礼》,八角廊儒家文献之于《论语》《孔子家语》《说苑》《大戴礼记》,阜阳汉简之于《周易》《诗经》,都有巨大的研究价值,不仅可以丰富我们对汉代经学的认识,而且大量的异文也可校勘后世传本之误。马王堆帛书《周易》经传的出土,使易学史上长期争论不休的一些问题,诸如孔子与《周易》的关系、"六经"并称的时代、《易传》的分合与流变、西汉《周易》的面目等,皆得到新的认识。尤其是20世纪末郭店楚简的出土、上海博物馆藏战国楚竹书的公布,以及近年来清华简的面世,对于推动儒家经典研究向纵深发展,具有特殊的意义。总之,出土文献在近百年学术史上引起一次又一次的震动,掀起一波接一波的研究热潮,改变了长期以来我们对早期儒家经典的模糊甚至错误的认识。这些出土文献的发现,填补了学术思想史上的许多空白,解决了学术思想史上不少悬而未决的疑案,纠正了学术思想史上许多模糊甚至错误的认识,开拓了中国学术思想研究的新途径。通过对出土儒家文献的研究,早期儒家思想传承脉络渐次清晰,孔孟之间的儒家思想发展空档得以填补,先秦以来儒家经典的传承与流变更加清晰,其学术价值无法估量。

---

① 参见李学勤《新出简帛研究丛书总序》,载《新出简帛研究丛书》第1册,湖北教育出版社2003年版。

除以上诸条外，对儒家经典的语言文字、训诂音韵、流传演变、译注整理的研究，以及儒家经典的分人、分时、分专题的研究，近百年来也取得了许多引人注目的成绩，在诸多方面实现了对前人的超越。

四

近百年来，儒家经典研究经历过许多风雨，既有大量值得总结的经验教训，也有许多可以称道的学术成绩。而这些成绩，首要之处在于学术观念的更新。在历史上，传统经学研究虽然经历多次"变古"，但万变不离其宗，"尊孔崇经"的观念则是一致的，并没有因为学术取向、经学研究范式的变化而变化。即使宋代以来兴起的疑经思潮，指出儒家经典存在着这样那样的问题，但他们的出发点是要"卫道"，廓清经典中的"杂质"和后人增加的成分，还圣人之经的本来面目，维护经典的纯洁性。近百年来，由于儒学地位的变化，对经典的认识也发生了根本的改变，人们可以站在一个较为客观的立场上来探讨经典的问题。经典不再是神圣的权威，经书所记不再被看成确定无疑的"信史"，而仅仅是一种需要辨析的"史料"，是可以质疑、研究的对象，使经学角色向史学角色转换，"卫道"信仰向科学研究转换。由于思想束缚被解开，学者可以对过去的经典发表任何看法，这无疑对儒家经典的研究产生了重要且深远的影响，这也是近百年来儒家经典研究领域呈现"百家争鸣"局面的重要原因。

近百年的儒家经典研究也留下了诸多教训。疑古与辨伪实际上是互相联系、互相补充的，"疑"是"辨"的前提，"辨"是对"疑"的回答。因此，疑古与辨伪基本上可以互用。疑古与辨伪都属于中国传统的考据学的范畴。顾颉刚先生对考据学下了一个定义："考据学是一门中国土生土长的学问，它的工作范围有广、狭二义：广义的包括音韵、文字、训诂、版本、校勘诸学；狭义的专指考订历史事实的然否和书籍记载的真伪和时代。总之，它以书籍为主体，要彻底弄明白许多书籍的文字意义和社会意义，来帮助人们了解历史。"[①] 中国历史上，很早就有疑

[①] 参见顾颉刚《古籍考辨丛刊序》，载《古籍考辨丛刊》第1集，中华书局1955年版。

古辨伪的传统。到了清末，康有为受巴蜀学者廖平学术思想的影响，作《新学伪经考》《孔子改制考》，为变法张本，认为孔子不是"六经"的整理者，而是"六经"的作者。"六经"都是孔子为了托古改制的需要而制作的。这样，经典中的历史事实是否可靠，就要打上大大的问号。"古史辨"派的初衷是为了更准确地认识中国上古史，他们认为上古史应当建立在更可靠的史料之上，所以要用"科学"的方法去彻底审查记载古史的文献（尤其是儒家经典）。从这点来说，其出发点无可非议。但是，由于主观和客观因素的影响，他们有些人脑海里往往存有"凡古皆伪"的先见，方法论上采用张荫麟所批评的"默证"、胡适所批评的"丐辞"，由此出发进行的辨伪工作往往并非"科学"，也不能"客观"，导致许多古文献被打入"伪书"的另册，其成书年代被大大拉后，其史料价值被否定或大打折扣，造成中国上古史史料的空白，中华文明史被大大缩短等。幸好"地不爱宝"，20世纪中国考古学取得长足的发展，许多地下文物重见天日，不仅证明了中国文明史可以在时间上追溯到传说中的"五帝"时代，在空间上多元并起，而且还证明了先秦、两汉的许多古籍真实可信。疑古派的许多观点和看法，正在被否定。事实证明，盲目疑古既不符合中国历史和学术发展的实际，也不利于学术的进步。对于20世纪以"古史辨"派为中心的疑古思潮，需要重新加以检讨。早在20世纪30年代，冯友兰先生就提出史学研究"三阶段说"，即"信古、疑古、释古"。他认为，一味"信古"不行，极端"疑古"也不行，"释古"才是我们的方向。1992年，李学勤先生倡导"走出疑古时代"；1994年，他出版《走出疑古时代》一书，有学者认为这是"宣告了疑古时代的结束，是一件划时代的大事"①。李先生提出"走出疑古时代"，得到学术界的广泛响应，也引发了学术界的长期争论。"古史辨"派在史料审查方面建立了一套方法，虽然不都具有科学性，但还是有参考价值的。他们的出发点是"求真""求信"，目的是建立真实可靠的古史系统。无论最终结论如何，其尝试还是值得肯定的。至于疑古过头，我们可以通过再研究，利用考古资料与文献相结合的方法，纠正其偏。不少学者对疑古

---

① ［日］谷中信一：《新出土资料的发现与疑古主义的走向》，张青松译，《中国历史博物馆馆刊》2001年第1期。

派的方法都做过检讨，并利用出土文献、传世文献，结合现代技术手段，对过去认为是"伪书"或"晚出"的文献做了重新研究。

裘锡圭先生曾经指出："我们走出疑古时代，是为了在学术的道路上更好地前进，千万不能走回到轻率信古的老路上去。我们应该很好地继承包括古书辨伪在内的古典学各方面的已有成果，从前人已经达到的高度继续前进。只有这样做，古典学的第二次重建才能正常地、顺利地进行下去。"① 事实上，盲目"疑古"与盲目"信古"都不是科学的态度，对于古文献，应当具体分析，正确的方法应当是"信其可信，疑其可疑"。我们走出疑古时代，其实包含着尊重与吸取清代和近世疑古辨伪学者们的有价值的成果。这种"走出"是辩证地扬弃。古书流传的过程极其复杂，许多书处于"非伪非真"之间。其中既有原作者的原文，也有后世的增补、删改，并不是一个"真"或"伪"就能够简单概括的。② 无论是"六经"还是先秦诸子，都有这类情况。因此，要抛弃成见，做扎实的研究，不能简单地对古文献进行定性。

总之，近百年来，由于政治、社会与文化的变动，儒家经典的研究也表现出诸多有别于传统经学的新气象，经历了一个从批判到尊重、从迷茫到回归、从疑古到走出疑古的曲折过程，留下了一些教训，也取得了大量超越前人的成绩。我们有理由相信，未来的儒家经典研究，应当走历史学、文献学、语言学、考古学，以及与思想史研究结合的路数，打破条块分割，实现多学科的互动、沟通和融合。唯有如此，才能更好地对儒家经典做出阐释。另外，我们也应当把儒家经典放在整个人类文明发展史上加以观照，实现在研究方法上的突破、思想理论上的创新。值此中华民族伟大复兴之际，传统儒学的创造性转化和创新性发展，面临着一个千载难逢的机遇，儒家经典的研究，将会有一个更加广阔的天地。

[原载《四川师范大学学报》（社会科学版）2015 年第 4 期]

---

① 裘锡圭：《中国古典学重建中应该注意的问题》，载《中国出土古文献十讲》，复旦大学出版社 2004 年版，第 14 页。

② 参见余嘉锡《古书通例》卷 4《辨附益古书不皆手著》，中华书局 2007 年版。